KB125618

글로컬 만주

※ 이 저서는 2013년 정부(교육부)의 재원으로 한국연구재단의 지원을 받아 수행된 연구임(NRF-2013S1A6A4017285).

※ 이 저서는 Harvard-Yenching Institute Publication Grant를 받아 출판됨.

이 도서의 국립중앙도서관 출판예정도서목록(CIP)은 서지정보유통지원시스템 홈페이지(http://seoji.nl.go.kr)와
국가자료공동목록시스템(http://www.nl.go.kr/kolisnet)에서 이용하실 수 있습니다. (CIP제어번호 : CIP2018013438)

중국근현대사학회 연구총서 05

# 글로컬 만주

## Glocal Manchuria

| 박선영 지음 |

한울
아카데미

# 서기동래(瑞氣東來)의 지정학

중국을 세계 최대의 제국으로 만든 청나라의 원형인 후금의 수도 선양(瀋陽) 고궁에 가면 "상서로운 기운이 동쪽에서 일어난다(瑞氣東來)"라는 현판이 있다. 이 책은 그 동쪽의 폭풍에 관한 논구이다. 오늘날 한국 나아가 세계의 안보와 직결된 곳은 북한을 포함한 '북방'이다. 노태우 정부 시절 '북방 외교'는 냉전의 틀을 넘어가는 첫 시도였다. 당시 북방은 북한 너머 소련, 중국을 지칭하는 추상적인 지역을 가리켰는데 이 지역과 연결하고자 하던 노력은 88서울올림픽에의 동구권의 대거 참가로 결실을 맺었다.

역사적으로 17세기 청조의 발흥과 중국 정복, 19세기 후반 러시아의 동진, 20세기 전반 러·일 간 쟁패와 조선 병합, 일본의 만주 점령과 뒤이은 중일전쟁, 마침내 일본판 동서양 '최후의 전쟁'인 태평양전쟁, 냉전시대에 강국이 될 러시아의 참전 등 동아시아와 세계의 판을 뒤엎는 폭풍들은 만주에서 발원했다. 이 책은 역사적인 차원에서 동아시아의 발칸이라 할 수 있는 만주의 국제성을 부각한 논구이다. 구체적으로는 세계적인 기구인 태평양문제연구회(IPR)와 국제연맹에서 만주가 논의된 방식, 만주 문제의 역사적 기원, 만주에서 논쟁이 되는 각종 사안, 만주 문제 해결 방안 등에 대해 자세하게 논의한 노작이다.

박선영 교수는 평생 만주 연구에 진력한 드문 학자이다. 그는 만주학회의 창립 멤버로서 이 학회가 한국을 넘어 세계에서도 보기 드문 전문 학회로 성장하는 데 큰 공헌을 했던 분이다. 그는 1920, 1930년대 만주가 초래한 국제질서의 변동에 머무르지 않고, 제2차 세계대전 이후 지역학의 선구라고 할 수 있는 미국의 아시아·태평양 연구의 주요 대상인 만주 연구, 나아가 근래 동아시아 국가들의 만주와 연관된 각종 프로젝트, 즉 중국의 동북공정과 동북진흥 전략, 러시아의 신동방정책, 일본의 환동해권 운동, 북한의 육로·항만구역 일체화 프로젝트 그리고 한국의 유라시아 이니셔티브 정책 등을 통시적으로 분석한다. 한마디로 이 책은, 만주의 위상과 관련된 글로컬 차원의 논구라 할 수 있다.

박 교수는 학계나 시민들이 잊고 있는 만주의 정치적·경제적·지정학적·전략적 가치를 정당하게 부각하고 있다. 만주가 지속적으로 동아시아 협력 및 갈등의 요소가 될 수 있음을, 언제든지 세계와 동아시아 평화를 위협할 수 있는 곳임을 보여주기 때문에 글로컬 차원에서 만주에 대한 관심을 경주할 필요가 있음을 강조한다. 중국, 일본, 러시아, 일본 등 4강에 에워싸인 한반도의 지정학적 관점은 아무리 강조해도 지나치지 않는다. 만주가 한반도의 현실을 환기시키는 의미에서 이 책이 학계의 귀중한 고전으로 자리 남을 것으로 믿어 의심치 않는다.

2018년 4월
동아대 총장 한석정

**일러두기**

1. 이 책에 나오는 외래어와 외국어는 외래어표기법에 따라 표기했습니다.
2. 본문에 사용된 약어는 다음과 같습니다.
   IPR: The Institute of Pacific Relations
   PECC: Pacific Economic Cooperation Council
   RIIA: Royal Institute of International Affairs
   SIPR: Student Institute of Pacific Relations
   SSRC: The Social Science Research Council
3. IPR(The Institute of Pacific Relations)은 조선에서는 태평양문제연구회로, 일본에서는 태평양문제조사연구회로, 중국에서는 태평양국교토론회(이후 태평양국제학회로 변경)로 나라마다 다르게 불려 혼란을 일으킬 수 있으므로, 회의를 지칭할 때는 IPR 회의로 표기했습니다.
4. 만주는 중국에서는 동삼성(東三省) 혹은 동북(東北), 국제적으로는 동북(Northeast) 혹은 만주(Manchuria)로 지칭되고 있습니다. 1920~1930년대에는 만주라는 용어가 광범위하게 사용되어, 당시 중국공산당의 동북 지역 지부명이 '만주성위(滿洲省委)'이기도 했습니다. 또한 이 책에서 깊이 있게 다룬 IPR 회의에서도 '만주'라는 명칭을 사용했으며, 중국 IPR이 제출한 자료에도 'Manchuria'로 표기되어 있습니다. 따라서 이 책에서는 해당 지역의 글로벌성을 고려해 '만주'라는 용어를 사용했습니다.
5. 참고문헌 중 B10070179900과 같이 A나 B로 시작하는 번호가 붙은 자료는 아사이역사자료센터(アジア歴史資料センター)에 소장된 것으로, 본문에서는 소장처 표기를 생략했습니다.
6. 참고문헌의 CULMC는 Rare Book & Manuscript Library(New York: Columbia University)에 소장된 자료를 약칭한 것이다.

평생 나를 위해 기도해주신 부모님께 이 책을 바친다.
부모님께서 살아 계실 때 드릴 수 있어 행복하다.

# 차 례

# 표, 그림 차례

## 1. 표

## 2. 그림

# 책을 펴내며

만주를 왜 변동의 핵이라고 부르는가? 동아시아에서 만주의 위상은 어떠하며 세계는 만주를 어떻게 이해했는가? 만주는 과거와 현재 그리고 통일된 한반도에 어떤 의미로 다가올 것인가?

만주가 국제적인 관심 지역으로 부상하는 데 단초를 제공한 것은 러시아였다. 19세기 러시아의 동방정책은 만주에서의 세력권 확보로 이어졌다. 러시아의 확장정책은 메이지 유신 이후 일본이 국외로 세력을 확장하는 데 빌미를 제공했으며, 이는 만주에서 각국의 갈등을 촉발해 국제적인 관심을 집중시켰다. 이는 일본 근현대사의 변화와도 직결된다.

페리 제독(Commodore Perry)이 이끄는 미국의 흑선이 일본에 정박하면서 260년간 평화 체제를 구가하던 일본 정치계에 한바탕 폭풍이 몰아쳤다. 근대 과학문명으로 무장한 서양 세력에 대항하기 어렵다고 판단한 일본은 메이지 유신을 단행하고 전반서화론(全般西化論)을 주창했다. 한편으로는 서양의 근대 문명과 법적 체계를 받아들이고, 다른 한편으로는 자신들이 미국에 당했던 방법을 활용해 동아시아로 마수의 발톱을 내밀었다. 먼저 제국주의의 첨병인 지도제작자를 동아시아로 파견해 수많은 군사 지도를 작성했고, 이를 기반으로 점령을 한 단계 한 단계 현실화해갔다(박선영, 2011; 2012a; 2012b).

청일전쟁과 러일전쟁에서 승리한 일본은 1910년 한반도를 병탄하고, 1931년에는 만주사변을 단행했다. 이에 중국이 국제연맹에 제소하자 일본은 침략 의도가 전혀 없었다고 누차 강조하며 중국의 배일운동이 불러온 불씨라고 강변했다. 국제연맹이 중립적인 재판관의 견지에서 '우아한 태도'를 취하는 동안, 일본은 침략을 확대할 의도가 없다고 변명하며 실제로는 만주 각지를 점령해, 1932년 3월 만주국을 건국했다.

일본은 1931년 만주사변을 단행한 이래, 국제연맹에서 최종결의안이 나온 1933년 2월 24일까지 1년이 넘는 동안 만주 장악을 더욱 공고히 했다. 그러나 일본에 국제연맹이 별 도움이 되지 않자 1933년 3월 27일 국제연맹을 탈퇴했다. 1937년 7월에는 베이징에서 루거우차오(盧溝橋) 사건을 만들어 중국 내지로 침략을 단행하면서 '강자로서의 자유'를 마음껏 누렸다. 더 큰 강자인 미국에 의해 1945년 원자폭탄으로 제압되기 전까지 일본은 표면적으로 역사 이래 최대 판도를 누리는 달콤함을 맛보았다.

한편, 중국은 전통적인 중화사상 속에 동아시아의 강자로 군림하다가 아편전쟁으로 영국에 패배한 후 1842년 난징 조약을 체결하는 굴욕을 당했지만, 여전히 서양의 힘은 껍데기에 불과하다고 인식하며 중체서용(中體西用)을 강조했다. 1911년 청조를 뒤엎는 신해혁명(辛亥革命)으로 중화민국이 수립되었으나 정치적 혼란은 계속되었다. 국민정부는 1921년 창당한 중국공산당 토벌에 주력하던 중에 만주사변이 발생하자, 먼저 국내를 안정시키고 그 힘을 모아 대외적인 적에 대항하자는 '안내양외(安內攘外)' 정책을 천명하며(朴宣泠, 1998: 제1장), 1931년 9월 21일 정식으로 국제연맹에 일본을 제소했다. 그러나 국제연맹에서 만주로 파견한 리튼 조사단은 만주에서의 일본의 권익과 법적 효력을 일정 정도 인정하는 보고서를 제출했기 때문에, 중국으로서는 불만을 가질 수밖에 없었다.

역사 속에서 약자와 강자를 오가며 자유를 누렸던 중국이나 일본과 달리 조선은 일본에 의해 강제로 개항된 후 1910년에 국권이 피탈되어 식민 지배를 받아야만 했다. 조선은 헤이그 평화회의 등에 호소해보았지만, 제국주의 이익에 편승한 열강은 조선의 아픔과 서러움에 관심을 두지 않았다. 심지어 조선은 민간 차원에서 조직된 IPR 회의에서도 서러움을 당했다. 1925년과 1927년에 열린 제1회와 제2회 회의에는 정식 대표로 참가해 의견을 피력할 수 있었지만, 제3회 IPR 회의부터는 일본의 식민지인 조선이 개별 국가로 참석할 수 없다는 일본의 항의로 조선 참가자는 정식 대표로 인정받지 못했다. 비록 제3회 회의에 참석해 일본의 부당성을 호소하기는 했지만, 한낱 '유령' 취급만 당했다(朝保秘 第2103号, B04122242000). 제3회와 제4회 IPR 회의에서 쟁점이 된 만주 문제의 중요한 요소가 조선이었지만, 조선인의 의견은 배제된 상태였다. 고대로부터 만주를 무대로 활동했고, 근현대에도 간도 지방을 주 무대로 활약한 조선인이지만, 세계적으로 이목이 집중된 만주 문제의 핵심 당사자이면서도 제대로 된 목소리를 낼 수 없었다.

19~20세기를 관통하며 동아시아 갈등의 주역을 차지했던 만주는 세계적인 냉전질서 속에 잠들어 있는 듯했다. 그러나 시간이 흘러 시대가 바뀌자 만주는 또다시 동아시아 국가의 관심사로 떠올랐다. 자국의 이익을 선점하기 위해 경제 발전과 협력 증진을 명목으로 중국의 동북공정과 동북진흥 전략, 러시아의 신동방정책, 일본의 환동해권 운동, 북한의 육로·항만구역 일체화 프로젝트, 한국의 유라시아 이니셔티브 정책 등 각종 프로젝트가 추진되었다. 이와 같은 수많은 프로젝트가 동아시아 여러 국가에 이익이 되는 효과를 보기 위해서는 동아시아 상호 협력이 불가피하다. 자국만 챙기는 이기적인 정책으로는 지경학적·전략적 요지인 만주의 위상을 제대로 드러내기 어렵다.

역사를 조망해보면, 강자의 자유를 영원히 누리는 국가는 없다. 서양의 문명을 주도한 그리스·로마 문명도 변화했고, "해가 지지 않는 나라"로 불린 대영제국도 슬그머니 석양에 물들었다. 국제연맹이나 IPR 회의에서 강력한 역할을 요청받았고, 지금도 경찰국가로 세계 곳곳을 누비며 '맏형' 노릇을 하는 미국 역시 중국이라는 또 다른 강국과 마주 하고 있다.

아테네와 스파르타가 동맹시(同盟市)를 거느리고 싸운 펠로폰네소스 전쟁(B.C. 431~B.C. 404)에서, 아테네는 "강자는 가진 힘으로 할 수 있는 일을 하고, 약자는 그들이 받아들여야 할 것을 받아들여야 한다"고 외치며 멜로스인에게 항복을 강요했다. 역사가 증명해온 강자가 영원히 군림할 수 없다는 사실은 아랑곳하지 않은 채, 시대의 강자는 아테네의 말처럼 여전히 약자에게 복종을 요구한다.

과거로부터 현재까지 시간은 새로운 시대를 창출하며 끊임없이 변화해왔다. 강자의 횡포 속에서 약어의 눈물에 감격하는 시대가 아니라 약자도 자유로울 수 있는 시대상이 필요하다. 이는 국가적 역사에 국한되지 않으며, 개개인의 사회적인 삶에서도 마찬가지이다.

만주 역시 얽히고설킨 강자와 약자라는 틀 속에 위치해 있다. 서로 다른 목적을 만주에서 실현시키려 한 각국의 시도는 역사 속에서 지속되었다. 때로는 전쟁과 갈등으로, 때로는 경제적 목표를 실현하기 위해 동아시아 각국이 협력했다.

이 책은 '만주란 무엇인가'에 초점을 맞추고 있다. 만주가 왜 동아시아 지역뿐만 아니라 세계적인 관심 지역, 즉 글로컬(Glocal) 만주가 되었으며, 과거와 현재의 모습이 어떻게 다른지를 규명하기 위해 세계적인 비정부기구 IPR과 국제평화기구 국제연맹에서의 만주 관련 논의를 비교·검토했다. 『논어(論語)』 「위정(爲政)」 편에는 "옛것을 익히고 새것을 알면 스승이 될 수 있다(溫故而知新, 可以爲師矣)"라고 했다. 글로컬한 만주의 역사를 이해함으로써 현재를 알고 미래를 예측하는 혜안을 얻을 수 있기 바라는 마음이다.

책이 나오기까지 별다른 어려움 없이 연구에 매진할 수 있었던 것은 여러 곳에서 도움을 받았기 때문이다. 먼저 한국연구재단은 3년 동안 연구비를 지원했다. 또한 연구를 완성해 제출하라는 독촉도 출간을 독려하는 촉진제로 작용했다.

도쿄 대학 동양문화연구소에서 연구하면서 마나베 유코(眞鍋祐子) 교수께 후의를 입었다. 이 책에서 활용한 국제연맹과 일본 관련 자료는 이때 수집했다. 와세다 대학 아시아태평양연구과의 야마오카 미치오(山岡道男) 교수는 자신이 연구하는 IPR 관련 자료를 아낌없이 제공해주었다.

하버드 옌칭 연구소에서도 연구 기금을 지원받아 1년간 미국의 지적 재산을 자유로이 누리며 마음껏 연구할 수 있는 환경을 향유했다. 하버드 대학에 머무는 동안 와이드너 도서관(Widener Library), 하버드 맵 컬렉션(Harvard Map Collection), 하버드 옌칭 도서관(Harvard-Yenching Library), 하버드 대학 아카이브(Harvard University Archives) 등에서 다양한 자료를 섭렵할 수 있었다. 하버드 대학의 시스템을 이용해 워싱턴 대학과 주변 대학의 자료도 쉽게 얻을 수 있었을 뿐 아니라, 컬럼비아 대학과 브리티시 컬럼비아 대학 아카이브를 방문해 IPR 관련 사료를 제공받을 수 있었다. 하버드 옌칭 연구소 소장 엘리자베스 페리(Elizabeth Perry) 교수께 감사드리며, 이 책의 출간을 흔쾌히 결정해준 한울엠플러스(주)에도 감사드린다.

학문적으로 이끌어주신 동아대학교 한석정 총장, 서울대학교 박명규 교수, 자주 격려해주셨던 한동대학교 박영근 교수, 한양대학교 임양택 교수, 초고를 읽고 조언해준 경남대학교 조정우 교수, 이 책의 제목을 정하는 데 도움을 주신 키르기스스탄 케인 대학 손정일 교수, 표지에 저서의 내용을 충분히 담아낼 수 있도록 조언해주신 세종대학교 도예반 김영환 교수께 감사드린다. 음으로 양으로 많은 도움을 주신 만주학회 회원들, 연구에 집중할 수 있도록 응원해준 세종대학교 동료 교수들, 자신의 길을 잘 찾아가고 있는 성완이와 성민이에게도 감사드린다. IPR을 연구하는 데는 포항공과대학교 고정휴 교수의 조언도 있었다. 학문적으로 감사드린다. 항상 긍정적으로 위로하고 격려한 한국산업기술

대학교 최재선 교수, 좌절의 늪에서 좌초되지 않도록 마음을 써주신 포항공과
대학교 송우진 교수와 강병균 교수께 감사드린다.

이 책은 한국중국근현대사학회 연구총서로 선정되면서 출판의 길이 열렸
다. 게다가 하버드 옌칭 연구소 출판 기금(Harvard-Yenching Institute Publication
Grant)도 수여받는 영예까지 얻었다. 많은 도움으로 탄생한 이 책이 더욱 새롭
고 참신한 연구의 바탕이 되기를 기원한다.

한반도와 동아시아에서 만주는 무엇인가, 세계적인 차원에서 보았을 때 만
주는 무엇인가를 묻는 것은, 역사를 통해 미래를 이해할 수 있는 하나의 통로가
되리라 기대한다.

2018년 4월
박선영

# 1장

# 만주 문제의 연원과
# 국제 학술의 장 IPR

## 1. 왜 만주인가?

### 1) 아시아의 발칸

만주는 네덜란드, 독일, 프랑스 등 강대국에 둘러싸인 벨기에에 빗대어 '동아시아의 벨기에'로 불린다. 또한 흑해, 마르마라해, 에게해, 이오니아해, 아드리아해에 둘러싸여 있는 발칸에 비유해 '아시아의 발칸'으로 불리기도 한다. 발칸이라고 하면 보통 알바니아, 보스니아, 헤르체고비나, 불가리아, 크로아티아, 코소보, 마케도니아, 몬테네그로, 루마니아, 세르비아, 슬로베니아를 포함한다. 국제적으로 합의된 발칸의 지역 범주는 없지만, 이 반도는 대륙과의 교통이 용이하기 때문에 고대로부터 수많은 민족과 문화가 유입되었다(윤기황, 1998: 141~143). 아시아의 발칸인 만주와 정치적·전략적으로 유사성이 보이는 지점이다.

만주는 지정학적·전략적으로뿐 아니라 교통이나 경제적으로도 매우 중요한 위치에 있어, 동아시아 국가들은 만주를 차지하기 위해 역사적으로 치열한 각축을 벌였다(박선영, 2001: 155~159). 따라서 만주에서 발생한 문제는 단시간에 온전히 해결될 수 없고 상황에 따라 여러 나라의 우호 관계를 깨뜨릴 수 있으므로, 세계사적으로 국제분쟁의 씨앗이 심긴 곳, 언제든 동아시아와 세계의 평화를 위협할 수 있는 곳, 아시아의 화약고, 제3차 세계대전의 전쟁터 등으로 이해되었다(潘雲龍, 1978: 114; Sokolsky, 1932; Matsuoka, 1929a: 1; Condliffe, 1969: 155).

시대에 따라 성격이 변화해온 만주는 역사적으로 중국·일본·러시아·한반도와 이해관계가 깊고, 영국·프랑스·미국 등과는 상대적으로 관계가 소원한 편이다. 러일전쟁 전, 상업적으로 남만주에서 영향력이 가장 컸던 나라는 영국과 미국이었다. 이 나라들은 특히 면화와 오일 무역에 관심이 많았다(Condliffe, 1969: 200). 근대에는 러시아와 일본이 만주에서 판도를 넓혔고, 영국과 미국을 포함한 구미 국가가 얼마간 관심을 기울인 곳이다. 또한 투자 면에서 보면 일본, 러시아, 중국이 일차적으로 관심을 보였고, 다른 열강들은 부차적인 관심을 보였다. 중국에 대한 주된 관심을 온통 만주에 쏟아붓지는 않았던 미국이지만, 특정한 문제로 만주가 세계 평화에 악영향을 준다면 좌시하지 않겠다고 경고하기도 했다(小川節, 1929: 32).

미국의 조지프 반스(Joseph Barnes)는 현대의 평화를 유지하는 데 관심이 있는 사람이라면 만주 문제에 상당히 흥미를 느낄 수밖에 없다고 말했다. 만주는 천연자원이 풍부할 뿐만 아니라, 이곳에서의 갈등은 1918년 이래로 세계 평화에 심각한 영향을 미쳐왔기 때문에(CULMC, Prepared by Joseph Barnes, Box 134) 일본·러시아·중국에도 매우 중요하다고 논했다.

프랑스와 독일을 합친 정도의 크기이며 미국에서 제일 큰 주인 텍사스주와 뉴멕시코주의 두 배 크기(Lytton, 1932a: 3)인 만주는, 지정학적으로나 전략적으로 동아시아에서 사건이 발생할 때마다 논란의 중심에 섰다. 청일전쟁과 러일전쟁은 동아시아와 세계의 인식을 변화시키는 데 크게 영향을 미친 중요한 전쟁이다. 이는 직간접적 또는 지정학적으로 만주와 깊이 연관되기 때문에 만주에서의 이익을 지키기 위해 각국이 벌이는 각축은 단순한 논쟁거리에 그치지 않는다. 특히 세계 정복을 꿈꾸며 그 교두보로 만주를 차지하려 했던 일본과 내지의 안전을 위해서라도 반드시 만주를 지켜야 했던 중국은 한 치의 양보도 없는 싸움을 벌였다.

그러나 만주를 둘러싼 논쟁은 중국과 일본만의 관심사가 아니었다. 미국이 만주 문제에 관심을 기울인 것은 자국의 정치적·경제적 이유뿐 아니라 1922년에 중국의 영토와 행정주권을 인정한 '워싱턴 조약(Washington Treaty)' 체결(Lytton, 1932a: 4; Asada, 2006: 211~212)과 1928년 '켈로그 브리앙 조약(The Kellogg- Briand Pact)' 체결에 관여했기 때문이다(Limberg, 2014: 400~403). 만주 문제의 복잡성은 미국, 영국, 프랑스, 벨기에, 포르투갈, 네덜란드, 일본, 이탈리아, 중국 등 9개국의 권리가 담긴 '워싱턴 9개국 조약'이 체결된 뒤 더욱 명확해졌다. 1925년 8월 5일 발효된 조약으로, 문호 개방, 영토 보전, 기회균등, 주권 존중의 원칙하에 일본의 중국 진출을 억제함과 동시에 중국의 권익 보호를 표명했다. 이렇듯 일정 부분을 양보한 일본이 후일 다시 이권을 주장하면서 만주를 둘러싼 논란은 더욱 가열되었다.

만주 문제가 복잡해진 배경에는 서로 충돌하는 중국, 러시아, 일본의 이해관계가 자리하고 있었다. 중국에서는 더 나은 삶을 찾아 내지에서 만주로 이주하는 사람들이 생겨났다. 러시아에서는 경제적 이윤을 추구하기 위해 부동항의 확보가 절실했다(Imperial and Soviet Russia in Manchuria, 1946: 414). 부동항을 찾기 위한 러시아의 움직임은 이곳의 자원을 활용해 산업 발전을 꾀하려는 일본의 이해와 충돌했다. 만주 문제를 해결하기 위한 방안으로 만주에 대한 중국의 주권을 인정하는 동시에 러시아가 관심을 쏟았던 중동(中東)철도를 중국에 돌려주며, 다시는 만주에 제국주의 철도를 건설하지 않고 원칙적으로 만주의 철도는 러시아도 일본도 아닌 중국에 귀속되어야 한다는 제안도 있었다(Nikolaieff, 1928: 675). 그러나 이와 같은 해결책은 이해관계국 모두를 만족시킬 수 없었다.

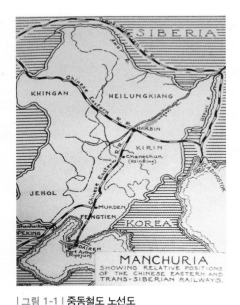

| 그림 1-1 | **중동철도 노선도**

자료: CULMC, Pacific Relations, Box.134 Maps.

그렇다면 만주에 대한 세계적인 관심은 언제부터 시작되었는가? 만주가 세계의 관심 지역으로 부상한 것은 1929년 7월 동북변방군(東北邊防軍) 사령관 장쉐량(張學良)이 중동철도에 대한 소련의 관리권을 무력으로 회수하기 위해 중동철도 사건을 일으키면서부터라고 할 수 있다(김지환, 2013; 2014; 2015; 김영숙, 2006).

중동철도는 '중국동방철로(中國東方鐵路)'의 약칭으로, '동청철도(東淸鐵道)' 혹은 '동성철로(東省鐵路)'라고도 한다. 중동철도는 1897년 러시아가 중국에 '정(丁)' 자형 철도를 시공하기 시작해, 중동철도의 서부 간선인 빈주선(濱州線)을 개통한 것이다. 이는 하얼빈을 중심으로 만저우리(滿洲里), 쑤이펀허(綏芬河)와 다롄(大連)을 잇는 철도 노선으로, 중화민국 성립 후에는 중동철도로 불렸다.

장쉐량은 1924년에 맺은 협정 위반을 이유로 중동철도 관리권을 무력으로 회수하려 했다(〈그림 1-1〉 참조). 20만 명 이상의 병력을 동원한 중소 역사상 가장 큰 무력충돌로, 5개월간 계속된 끝에 중국이 패해 '하바롭스크 협정(伯力協定)'이 체결되었다.

만주에 대한 세계사적 관심의 시작은 중동철도 사건으로부터 시간을 좀 더 거슬러 올라간다. 바로 아시아·태평양 시대의 도래가 예견된 그때부터라고 할 수 있다. 대서양에서 출발해 태평양을 횡단한 포르투갈의 항해가이자 탐험가 페르디난드 마젤란(Ferdinand Magellan)은 1521년 4월 27일 필리핀 군도에서 원주민과 충돌해 죽음을 맞이했다. 이는 태평양 연안에서 동서양이 충돌한 최초의 사건으로서 세계사에 태평양 문제의 시초로 기록되었고(守屋栄夫, 1928: 9), 태평양 시대를 예견했다. 20세기 초에 미 국무장관을 지낸 존 헤이(John Hay)는 "지중해는 과거의 바다이고, 대서양은 현재의 바다이며, 태평양은 미래의 바다"라고 공언하며, 19세기는 지중해 시대, 20세기는 대서양 시대, 21세기는 태평양 시대가 될 것으로 전망했다(박재규·정태동·염홍철, 1985: 208~209). 이 예견에 호응하듯이 아시아와 태평양을 향한 세계의 관심이 확산되었다.

역사가이면서 문명비평가로 널리 알려진 아널드 토인비(Arnold J. Toynbee)는 동서양의 문화적 주도가 800년을 주기로 교체되었다고 하면서, 아시아·태평양 지역의 문화권이 새로운 세계적 문화권으로 확산될 것이라고 예견했다. "운명을 막아낼 갑옷은 없다"(서머벨, 1992: 235)는 토인비의 말은 문명의 역사에서 '자연의 법칙'을 포함하는 주도권의 변화와도 관계될 것이다. 그는 "평화의 확립과 인류 문명의 진전에 주요하고 적극적인 공헌을 하는 것은 동아시아가될 것"(토인비, 1991: 218)이라고 하면서 "언제라도 만주 문제(동아시아_인용자)가 부상하면, 전 국민의 감정이 고조되어 가장 거대한 장애물로 등장할 터인데, 이것이 두렵다"(Dairen, No.116, 1930)고 했다.

전 세계의 관심은 태평양에 있고 태평양의 핵심은 중국에 있으며 중국에서 가장 초점이 되는 곳은 만주이므로, 만주는 전 세계의 관심이 집중되는 곳이라고 할 수 있다(≪益世報≫, 1929.12.4). "확실히 만주는 지금 세계에서 가장 위험한 지역 중의 하나이다"(Hailsham, 1930: 337).

## 2) 글로컬 만주

만주는 현재 중국의 일부이지만, 역사적으로 동아시아 여러 국가가 이 지역을 둘러싸고 각축을 했으며, 이로써 세계적으로 관심을 촉발시켰던 곳이다. 이러한 만주를 효과적으로 이해하기 위해서는 로컬의 글로벌화, 즉 지역적인 차원의 만주의 특성도 중요하지만, 세계적인 차원의 관심도 고려해야만 한다. 만주 내부와 외부의 힘, 안과 밖의 상호작용을 통해 볼 때 만주라는 공간이 더욱 잘 설명될 수 있지 않을까? 따라서 만주에 대한 지역적이고 세계적·비균질적인 관심과 다양성을 확인하기 위해 이 책의 이름을 '글로컬 만주'로 명명했다(최갑수, 2009: 13; 강수돌 외, 2010: 10, 32). 특히 IPR(Institute of Pacific Relations)과 국제연맹(League of Nations)에서의 만주 논의를 중심으로 살펴볼 것이다.

만주에 대한 관심은 1920년대 말과 1930년대 초를 관통하면서 세계사적으로 더 많은 호기심을 불러일으켰다. 구체적으로 말하자면, IPR의 제3회 회의(1929)와 제4회 회의(1931)에서 중요 의제로 만주 문제가 논의되었다. 이뿐만 아니라 국제연맹에서도 만주 문제를 다루면서 리튼 조사단을 만주에 파견했고, 그들이 제출한 조사보고서를 채택하기도 했다.

IPR은 미국 지식인들이 주도해 1925년 7월 하와이에서 결성되어 1960년대 초에 해체된 국제적인 민간 학술 단체이다. IPR은 미국뿐만 아니라 일본, 중국, 조선, 인도, 인도네시아, 필리핀, 호주, 뉴질랜드, 캐나다 등 아시아·태평양 지역에 위치한 국가 내지 민족공동체들뿐만 아니라 직간접적으로 이 지역에 이해관계로 얽혀 있던 영국, 프랑스, 네덜란드, 소련까지 참여함으로써 20세기 전반기에 최대 학술 단체로 부상했다. IPR은 "태평양 제 국민의 상호 관계 개선을 위해 연구"(「汎太平洋会議雑件附「ホノルル」通商会議/太平洋問題協議会」, B07080548800)하는 것을 목적으로 삼았다. 태평양 지역의 정치, 경제, 민족, 문화 및 국제적으로 중요한 관심 사안들을 연구하고 토론했다(A Report on the second conference of the Institute of Pacific Relations, 1928: 42). 그러나 1960년대 초 해산된 이래로, 아시아·태평양 지역 국제 학술의 장이던 IPR의 역사적 역할은 관심에서 멀어졌다.

그 이유 중 하나는 IPR이 미국에서 발생한 공산주의 열풍으로 불리는 매카시즘(McCarthyism)의 직접적인 피해자인 탓도 있지만, 무엇보다 국제적인 문제를 논의해 화해를 추구하려 했던 IPR의 목적이 세계적인 냉전으로 시대상에서 밀

려났기 때문일 것이다. 매카시즘은 1950년부터 1954년까지 미국을 휩쓴 반공산주의 기류로, 공산주와 관련되는 일련의 사상·언론·정치 활동에 대한 탄압을 일컫는다. 미 상원 의원 조지프 매카시(Joseph McCarthy)가 공화당 당원 집회에서 "미국 내에서 공산주의자들이 암약하고 있으며, 297명의 명단을 갖고 있다"라고 주장한 것을 계기로 풍파가 일었다(Bellah, 2005: 42~43).

1950년 이래 미국 대학들은 매카시즘의 영향으로 많은 시련을 감내해야 했다. 대학들은 학문 자유의 방어 진지라고 선언했지만, 대학 당국은 정치적인 압력에 굴복해 교수들을 대학에서 몰아냈다. 럿거스 대학은 이사회를 열어 역사가 M. I. 핀레이(M. I. Finley)와 수학자 시몬 하임리히(Simon Heimlich)를 만장일치로 해고했다. 하버드 대학과 케임브리지 대학에서 학위를 받고 독창적인 연구를 했던 인류학자 스타우더(Stauder, 1972)는 해고되었다가 다시 하버드 대학으로 복귀했지만, 결국 재임용에서 탈락했다. 해직된 교수(진, 2001: 88~89; 네이더, 2001: 268~270)의 수가 많고 적은 것이 문제가 아니라, 이와 같은 분위기가 대학에서의 표현의 자유마저 질식시켜갔다는 점이다(촘스키, 2001: 5). 1954년 하버드 대학의 사회과학자 새뮤얼 스투퍼(Samuel A. Stouffer)가 실시한 조사를 보면, 조사 대상자의 52%가 공산주의자는 모두 감옥에 처넣어야 한다는 데 찬성했을 정도이다(Caute, 1978; 진, 2001: 89).

하버드 대학의 존 페어뱅크(John K. Fairbank) 교수도 매카시즘의 공포에 떨어야 했지만, 하버드 대학 차원에서 "수많은 사안에 대해 모호하게 답변"하면서 "교수들은 자신들의 정치적 입장과 상관없이 학문 연구의 질로 평가"(네이더, 2001: 270)받아야 한다고 풍파를 막아주어 '무사히' 교수직을 수행할 수 있었다. "당시 하버드 대학 내 곳곳에서 학생들은 목소리를 죽여 공산주의자와 스파이 색출 작업을 이야기했다"고 할 정도로 분위기가 살벌했다. 하버드 대학 법대를 졸업한 동부 상류계급 출신의 진보적인 법률가 앨저 히스(Alger Hiss)도 이런 화살을 피하기 어려웠다. 하버드 대학 등의 대학교수들이 조사위원회(House

Un-American Activities Committee)에 소환되었고, 대학의 각종 조직 구석구석이 공포에 휩싸였다. 당시 세대는 '침묵의 세대', 즉 순응주의적이고 소심하고 수동적이며 무기력한 세대로 불렸으며, 학생들의 사기도 완전히 땅에 떨어졌다(네이더, 2001: 268~270; Chomsky et al., 1997).

그러나 냉전시대가 붕괴되고 동아시아 질서가 새로이 재편되면서 국제 학술의 장이던 IPR에 대한 관심이 되살아나자 만주도 관심의 대상으로 떠올랐다. 동아시아 각국도 만주 및 극동에서의 다양한 협력 프로젝트를 실시하면서 이 지역에 대한 과거와 현재의 변화에 주목하고 있다.

중국은 2013년 9월과 10월 시진핑 주석이 중앙아시아와 동남아시아 국가 순방시에 주창한 '실크로드 경제벨트'와 '21세기 해상 실크로드의 길'의 시작을 계기로, 일대일로(一帶一路, One Belt, One Road) 정책을 확장해 만주 지역까지 엮으려는 노력을 계속하고 있다. 일대일로는 세계다극화, 경제세계화, 문화다양화, 사회정보화 조류에 맞게 개방·합작 정신을 발휘해 공통적으로 개방, 포용, 균형, 보편적 시혜의 지역경제 합작 구조를 구축하고자 하는 것이다. 2015년 3월 28일 국가발전개혁위원회, 외교부, 상무부가 연합해 발표한 "실크로드 경제지대와 21세기 해상 실크로드의 청사진과 행동을 함께 추진하자"는 계획[1]에 의해 구체화되고 있다.

한국은 유라시아 이니셔티브라는 구상을 제시해 한반도에서 유럽까지 이어지는 '철의 실크로드'의 만주 횡단, 동아시아 가스관 설치 등을 통해 만주 개발 참여 가능성을 모색하고 있다(이재영, 2015; 이성우·우준모, 2016; 서병민 외, 2014; 성원용, 2014; 장덕준, 2017; 김영식, 2016; 이창운, 2015). 또한 문재인 정부는 신북방정책의 비전을 통해 러시아의 신동방정책과 접점을 찾으려 노력하고 있다(우준모, 2018). 19세기 러시아의 대외 정책을 동방정책이라 했으며, 현대의 아시아·태평양 정책을 신동방정책이라고 명명한다(于国政, 1997; 米纳基尔 外, 2017; 장덕준,

---

**1** "推动共建丝绸之路經濟帶和21世紀海上丝绸之路的愿景與行動", 中华人民共和国商务部综合司, http://zhs.mofcom.gov.cn/article/xxfb/201503/20150300926644.shtml(2018년 3월 10일 검색).

2014; 우준모, 2018). 현재 러시아는 아시아·태평양을 중시하는 신동방정책을 통해 극동 지역 개발에 박차를 가하고 있으며, 북한과 러시아의 관계 강화(박정민, 2015), 남·북·러의 삼각 협력(성원용, 2013)도 모색하는 등 다양한 경제협력을 추진하고 있다. 이런 다양한 노력은 만주가 세계의 변화, 특히 동아시아 변화상과 긴밀히 연결되어 있음을 보여준다.

이뿐 아니라 북한의 미사일 발사와 핵실험, 탈북자 사태 등은 아시아·태평양 지역의 정치, 경제, 사회, 외교 등 각종 안보 지형과 연관되며 세계의 이목을 한반도와 만주로 끌어들이고 있다. 북한은 2006년 10월 9일 제1차 핵실험을 시작으로 2009년 5월 25일 제2차, 2013년 2월 12일 제3차, 2016년 1월 6일 제4차, 2016년 9월 9일 제5차, 2017년 9월 3일 제6차 핵실험을 단행했다. 이에 따라 동아시아 각국의 관계는 다양한 측면에서 경색되었다(박선영, 2017). 한반도에서는 개성공단 가동이 전면 중단되었고, 일본에서는 대북 송금 제재를 확정하고 인도적 목적을 포함한 모든 북한 선박과 북한에 기항했던 제3국 선박의 일본 입항 금지, 해당 선박 선원의 입국 금지, 자산 동결 대상 확대 등을 포함해 강력한 제재를 독자적으로 가했다(≪아시아경제≫, 2016.2.19).

미국은 2016년 2월 '대북제재강화법'을 발효했다. 이는 북한의 핵과 미사일 개발을 위한 자금뿐 아니라 북한 지도층의 사치품 구입에 사용되는 달러의 유입을 차단하고, 북한의 인권 유린을 제재 대상에 포함시켰으며, 북한과 직접 거래를 했거나 이를 도운 제3국의 개인과 단체에까지 제재 범위에 확대하는 등 강경하고 포괄적인 조치를 담고 있다(≪한국증권신문≫, 2016.2.19). 중국은 대북 제재가 자국 기업에 타격을 입을 것을 염려해 상대적으로 미온적 태도를 고수하고 있어, 미국과의 외교적 마찰이 우려되는 상황이었다.

이렇듯 한반도를 둘러싼 남북 관계가 경색되거나 미·중 간에 갈등이 발생하면 동아시아 안보 지형에 빨간 등이 켜져, 세계적으로도 평화 유지하는 데 어려움을 겪을 수밖에 없다. 그런 까닭에 북핵을 해결하기 위한 다양한 해법과 법적·정치적 제한을 포함한, 인내와 아량 등(Sagan, 2017: 82; Lee, 2017: 451~462; Koo, 2017)의 방법이 제안되고 있으며, 최근에는 평창동계올림픽을 계기로 남북 대화에 물꼬가 트이면서 북미 간 대화 분위기도 조성되어 북미 정상회담이 준비되고 있는 상황이어서 귀추가 주목된다. 북미 대화, 남한·북한·미국·중국 등 동아시아 각국을 포함해 평화를 추구하는 새로운 분위기가 조성되어 한반도에서 '종전 선언'이 이어지면, 한반도의 분위기가 일신해 만주에 대한 관심은 더욱 높아질 것이다. 그러나 국제적인 관심이 고조될수록, 동아시아를 포함한 만주에서의 협력과 갈등은 더욱더 구체화되고 표면화될 수 있다.

## 2. 아시아·태평양학과 IPR

### 1) 지역학은 어떻게 출발했는가?

만주의 위상을 학문적으로 파악하기 위해 먼저 지역학과 IPR의 관계를 확인할 필요가 있다.

일반적으로 '지역학'은 제2차 세계대전 이후에 형성된 것으로 간주된다. 브루스 커밍스(Bruce Cumings)는 지역학이 냉전질서의 산물이라고 했고, 이매뉴얼 월러스틴(Immanuel Wallerstein)도 미국의 안보적 목적에 봉사하기 위해 냉전질서 속에서 지역학이 탄생했다고 했다. 전후의 지역학은 냉전적 지식 권력 체제의 탄생(Cumings, 1999: 173~204; 월러스틴, 2001; 채오병, 2014: 298)에서 시작되었으며, 전 세계를 지역으로 구분하는 '지역학'적 측면에서 보면 "냉전 구도하의 미국에서 탄생"(Katzenstein, 2001: 789; Ashutosh, 2017: 705~706)했다.

미국의 사회과학연구위원회(Social Science Research Council, 이하 SSRC)가 1943년 미국 정부의 요구에 부응해 세계지역위원회를 발족했으며, 「사회과학에서 세계의 지역들」이라는 내부 보고서를 작성해 지정학적 고찰을 시도했다. 이 위원회는 현존하는 (비서구) 라틴아메리카에 대한 전문성의 결여를 점검한 후 "미국에 영구히 이익이 되는 이 정도의 지역(극동과 라틴아메리카)은 없다"고 주장했다. 컬럼비아 대학의 대학원교육합동위원회는 지역연구위원회를 설립해 1943년 준비 보고서를 발간했고, '일반적인 지역 지식' 훈련을 결합한 대학원 과정을 설치하자고 제안했다(월러스틴, 2001: 130~133).

1943년이라는 시점까지 미국에 '지역전문가'가 없었던 이유는 18세기부터 사회과학에 관심을 기울여 19세기 후반에 제도를 갖춘 영국, 프랑스, 독일, 이탈리아, 미국이 1850년부터 1914년까지 사회과학에 중점을 두었던 방식에서 찾을 수 있다(월러스틴, 2001: 134).

어찌 됐든 세계가 냉전에 의해 급속도로 구조화된 1945년 이후 지역학의 필요성이 더욱 절실해졌다. 미시간 대학 정치학과의 로버트 홀(Robert Hall)이 위원장으로, 예일 대학의 웬델 베네트(Wendell C. Bennett), 하버드 대학의 도널드 매카이(Donald C. MacKay), 컬럼비아 대학의 제럴드 로빈슨(Gerold T. Robinson)이 위원으로 있던 세계지역연구회(Committee on World Area Research)에서 1947년 「지역학」이라는 보고서를 작성했다. 그들은 이 보고서에서 지역학은 매우 새롭고 중요한 분야로서 학문적으로 연구해야 할 필요가 있다고 제안해, 지역학을 제도화하는 데 크게 기여했다(Hall, 1947: 86).

1946년에 미국 대학에서 진행된 지역 프로그램은 〈표 1-1〉과 같다.

| 표 1-1 | 1946년 미국 대학에서 진행된 지역 프로그램

| 대학명 | 프로그램 상황 | |
| --- | --- | --- |
| | 분야명 | 진행 여부 |
| 버클리 대학(캘리포니아) | 동북아시아 | U(O), R(P) |
| | 라틴아메리카 | U(O), G(O), R(O & P) |
| 캘리포니아 대학(로스앤젤레스) | 라틴아메리카 | U(P) |
| | 미국 지역 | R(O) |

| | | |
|---|---|---|
| 시카고 대학 | 동북아시아(중국) | G(P) |
| | 서아시아 | R(P) |
| | 동남아시아 | G(P), R(P) |
| | 미주 문명 | G(O) |
| | 대학원 과정에서 극동, 남아메리카, 미국, 유럽, 서아시아, 동남아시아, 슬라브 국가, 영국 연구가 부전공 과목으로 제시되었다. | |
| 컬럼비아 대학 | 동북아시아 | G(O) |
| | 남아메리카 | G(O) |
| | 러시아 | G(O), R(P) |
| | 미주 문명 | G(O) |
| | 유럽(프랑스, 독일) | G(O) |
| 코넬 대학 | 동북아시아 | U(O) |
| | 남아메리카 | G(P) |
| | 러시아 | U(P) |
| 듀크 대학 | 남아메리카 | U(O) |
| | 러시아 | U(P) |
| | 미주 문명 | U(P), G(P) |
| 하버드 대학 | 동북아시아 | U(O), G(O), R(P) |
| | 러시아 | U(P), G(P) |
| | 미주 문명 | G(O) |
| 일리노이 대학 | 미국 지역 | R(O) |
| 인디애너 대학 | 동북아시아 | U(P) |
| | 남아메리카 | U(P) |
| | 러시아 | U(O), G(P) |
| | 유럽(피노우그리아어족) | U(P), G(P), R(P) |
| 미시건 대학 | 동북아시아 | U(O), G(O), R(P) |
| | 남아메리카 | U(O), R(P) |
| | 미주 문명 | U(O) |
| | 미국 지역 | G(O), R(O) |
| 미네소타 대학 | 미국학 | U(O), G(O) |
| | 미국 지역 | R(O) |
| | 유럽(스칸디나비아) | U(P), G(P), R(P) |
| 뉴멕시코 대학 | 남아메리카 | U(O), G(O) |
| | 미주 문명 | U(O), G(O) |
| | 미국 지역 | R(O) |
| 노스캘리포니아 대학 | 남아메리카 | U(O), G(P) |
| | 미국 지역 | U(O), G(O), R(O) |
| 노스웨스턴 대학 | 남아메리카 | U(O) |

| | | |
|---|---|---|
| 오하이오 주립 대학 | 동북아시아 | U(O) |
| | 남아메리카 | U(O) |
| | 미주 문명 | U(O) |
| | 유럽 | U(O) |
| 펜실베이니아 대학 | 남아메리카 | U(O) |
| | 미주 문명 | U(O), G(O) |
| | 아프리카 | R(O) |
| 프린스턴 대학 | 동북아시아 | U(P) |
| | 미주 문명 | U(O) |
| | 서아시아 | U(P), G(P), R(P) |
| 스탠퍼드 대학 | 동북아시아 | U(O), G(P) |
| | 러시아 | U(O), G(O), R(P) |
| | 태평양 연안 | U(O), Navy Program |
| 시러큐스 대학 | 동북아시아 | U(P) |
| | 남아메리카 | U(O), G(O) |
| | 러시아 | U(P), G(P) |
| 텍사스 대학 | 남아메리카 | U(O), G(O) |
| | 미주 문명 | G(O) |
| | 미국 지역 | R(O) |
| 버지니아 대학 | 동북아시아 | U(P) |
| | 남아메리카 | U(P) |
| | 러시아 | U(P) |
| | 유럽 | U(P) |
| 워싱턴 대학 | 동북아시아(중국) | U(O), G(O), R(O) |
| | 동북아시아(일본) | U(O), G(O) |
| | 러시아 | U(O), G(O) |
| | 미국 지역 | R(O) |
| 위스콘신 대학 | 남아메리카 | U(O) |
| | 미주 문명 | U(O) |
| | 미국 지역 | G(O) |
| | 중부 유럽 | G(P), R(P) |
| 예일 대학 | 동북아시아(중국) | U(O), G(O), R(P) |
| | 동북아시아(일본) | U(O), G(O) |
| | 러시아 | U(O), G(O) |
| | 미주 문명 | U(O), G(O) |

주: 1) 다양한 대학과 대학원에서 태평양 연안, 중국, 일본, 러시아 및 서남아시아가 부전공 과목으로 제공되었다.
　　2) U-대학생 프로그램, G-대학원 훈련 프로그램, R-연구 프로젝트, O-운영 중, P-계획 중.
자료: Hall(1947: 88~90).

표에서 볼 수 있듯이 극동 지역 프로그램을 진행한 대학이나 대학원은 버클리 대학, 컬럼비아 대학, 코넬 대학, 하버드 대학, 미시간 대학, 오하이오 주립 대학, 스탠퍼드 대학, 워싱턴 대학, 예일 대학 정도였다(Hall, 1947: 88~90). 록펠러 재단(The Rockefeller Foundation)의 지원으로 하버드 대학, 미시간 대학, 워싱턴 대학과 예일 대학이 자료와 인적자원을 얼마간 갖추기 시작했고, 버클리 대학, 시카고 대학, 컬럼비아 대학과 스탠퍼드 대학은 학과 설립과 연구가 시작되는 단계였다(Hall, 1947: 84).

1939년에 극동학과(Far Eastern Department)를 신설한 워싱턴 대학은 1946년 부터 극동연구소(Far Eastern Institute)를 운영했고(Hall, 1947: 55), 컬럼비아 대학은 1946년 러시아연구소(The Russian Institute)를 설립했다. 1946년 가을부터 예일 대학에서 극동과 러시아 프로그램이 시작된 것도 록펠러 재단의 지원이 있었기 때문이다(Hall, 1947: 52). 극동 관련 연구가 조금씩 체계화되고 SSRC 지역학 프로그램이 정착되는 데는 록펠러 재단이 크게 기여했다.

카네기 재단(The Carnegie Foundation)은 1948년 하버드 러시아연구센터(Russian Research Center)에 거액을 지원했다(Hall, 1947: 52). 중국과 주변 지역에 대한 하버드 대학의 연구도 1946년부터 시작되었다. 하버드 대학의 도서관이나 인적자원, 중국 프로그램의 운영은 미국 대학을 통틀어 최고 수준으로 평가받았다(Hall, 1947: 57~59).

1951년 이후에는 포드 재단(Ford Foundation)이 독점적으로 지원했다. 1952년에 해외 지역 연구 프로그램을 마련한 포드 재단은 1962년까지 직접 운영하다가, 이후에는 SSRC와 미국학회협의회(ACLS: Advanced Cardiovascular Life Support)의 합동위원회를 통해 지원했다(월러스틴, 2001: 149). 포드 재단은 "정부와 기업에 유용한 연구를 추진"할 목적으로 1952년부터 1964년까지 1억 3800만 달러를 제공함으로써 지역학 정착에 기여했다(네이더, 2001: 278). 지역학 발전에는 연방정부의 역할도 중요하게 작용했다.

군인이자 정치가로서, 제2차 세계대전 시에는 유럽연합군 최고사령관, 1951년에는 북대서양조약기구(NATO: North Atlantic Treaty Organization) 초대 사령관, 1953년부터 1961년까지 제34대 미국 대통령을 역임한 드와이트 아이젠하워(Dwight D. Eisenhower)는 1958년 '국방교육법' 제6조에 의거해 20여 년 동안 미국 전역의 지역연구센터에 보조금을 지급할 수 있도록 했다. 이 과정에서 교수진과 훈련 프로그램 그리고 도서관도 국제화될 수 있었다(월러스틴, 2001: 149).

이런 까닭에 미국의 지역학 연구가 냉전적 분위기에서 탄생했다는 인식이 일반론으로 자리 잡았다. 초기에 미국에서 동아시아학을 연구한 학자들은 주로 선교사나 군인으로 파견되어 해당국의 언어를 배운 사람들이거나 미국에서 지역학 차원의 재정적 지원을 받은 이들이었기 때문이다(신동준·하루투니안·커밍스, 2001: 131).

한국학의 경우, 한말에는 '본국학', 일제강점기에는 '조선학', 1945년 이후에는 '국학'으로 표현되다가 1960년대 이후에는 '한국학'이라는 개념으로 통용되기 시작했다. 한국학이라는 용어의 탄생 역시 미국에서의 지역학 개념의 확산과 궤를 같이한다. 하버드 대학은 1958년 미국 대학 중 처음으로 한국학을 개설했다(이훈상. 2002: 124). 개설 연도와 관련해 1959년에 개설되었다는 견해도 있다(Reischauer, 1986: 147~148) 한국에서는 1980년대 이후 특히 1990년대에 들어와 본격적으로 한국학이 논의의 대상으로 부각되었다(김경일, 2003: 129, 131, 140; 이훈상, 2002: 124).

물론 전 세계를 라틴아메리카, 중동, 아프리카, 소비에트와 동유럽, 동아시아, 동남아시아 및 서남아시아(David, 2004; 채오병, 2014: 304~317) 등 지역적으로 나누어 '지역학'으로 연구했던 것은 제2차 세계대전 이후라고 할 수 있다. 1930년대에 극동과 라틴아메리카의 극히 일부가 관심의 대상이었으나, 제2차 세계대전 이후 '지역학'에 대한 관심이 높아지면서 세계 전역을 대상으로 연구가 이루어졌다(Hall, 1947: 1).

물론 아시아 지역에 대한 관심은 일찍부터 있었다. 영국의 아시아 지역 연구의 시작은 헨리 2세(Henry II)의 스승 애덜라드(Adelard of Bath)가 다수의 아랍어 책을 라틴어로 번역한 시기까지 거슬러 올라가기도 한다(월러스틴, 2001: 143). 또한 1814년 콜레주 드 프랑스(Collège de France)의 전신인 콜레주 루아얄(Collège Royal)에 만주어-중국어문학과가 개설되고, 뒤이어 아시아학회(SociétéAsiatique)의 창설과 ≪아시아학 저널(Journal Asiatique)≫의 창간(1822)이야말로 구미에서 근대적인 방법으로 동아시아학을 연구한 시발점으로 보기도 한다(심재훈, 2014: 397).

일본의 경우 대학에 동양사학과가 처음 개설된 것은 청일전쟁 이후이다. 일본의 입장에서 서양과 같은 시선으로 동양을 분석하고 실증하기에 가장 직접적이고 손쉬운 대상이 조선이었다(박광현, 2009; 장세진, 2012: 96).

물론 일국의 역사는 개별 국가사와 광의의 지역사로 분리되기도 한다. 예를 들어 개별 국가사적 차원에서 중국을 연구한 자료가 1920년대에 발표되기도 했다(Latourette, 1930: 778~797). 그러나 여기에서 역사적으로 '지역'으로 아시아·태평양을 언제부터 어떻게 연구해왔고 그것이 학문적으로 어떤 성과를 축적해왔는지 규명하려면, 아시아·태평양 지역을 대상으로 '학문적인 지역학 연구'를 했던 IPR의 역할을 검토해야만 한다.

## 2) IPR과 지역학

아시아·태평양학(동아시아학)을 탄생시킨 시조는 누구일까? 하버드 대학 존 페어뱅크 교수는 "신진 연구자들에게 시조가 누구인지 알려줄 것"(Hooper, 1988: 99)이라고 했는데, 그것이 바로 IPR이다.

1925년 호놀룰루에서 제1회 IPR 회의가 개최되었을 때 중앙위원회 위원장 프랭크 아서턴(Frank C. Artherton)은 태평양이라는 이름의 시작에서부터 태평양이 어떻게 세계의 무대가 되었는지 간략히 설명했다. 즉 1520년 11월 28일 태평양에 진입한 페르디난드 마젤란이 '퍼시픽(Pacific, 태평양)'이라는 단어로 이 지역을 명명한 이래, 폭풍우 같은 애틀랜틱(Atlantic, 대서양)과는 대조적인 고요하고 평화로운 '퍼시픽'이 되었다고 했다. 그 후 1778년 영국인 제임스 쿡(James Cook) 선장이 하와이를 발견하고, 1852년 페리 제독이 일본으로 항해를 떠났을 때 미국의 상원 의원 윌리엄 시워드(William Seward)는 세계에서 가장 거대한 사건은 태평양에서 열릴 것이라고 했다(Atherton, 1925: 53).

1905년 러일전쟁 종결을 중재한 시어도어 루스벨트(Theodore Roosevelt)는 "나는 우리의 미래 역사가 대서양에서 유럽을 대하는 위상보다는 태평양에서 중국을 마주하는 위상에 의해 결정된다고 믿는다"(Atherton, 1925: 54)라고 했다. 그 외에도 식견이 높은 지식인들은 대서양보다는 태평양이 세계의 중심으로서 중요한 사건이 많을 것이라고 예견했다. 이렇게 시작된 태평양에 대한 관심은 아시아·태평양을 구체적으로 이해하려는 노력으로 표출되었다.

IPR의 핵심 관심 지역이 동북아(North Pacific)라는 단어는 IPR에 참여했던 G. E. 소콜스키(G. E. Sokolsky)에 의해서도 언급되었다(CULMC, 'Notes on Confidential Interview with Mr. George Sokolsky', 1931.3.26: 8). 태평양을 학문적으로 체계화하는 데 공헌했던 IPR의 활동과 학문적 성과를 구체적으로 살펴보면 IPR을 이해해야 할 이유가 더욱 분명해진다. 이는 아시아·태평양학의 형성과 발전이라는 계보를 제대로 세우기 위해서라도 필요할 것이다.

IPR의 활동은 크게 연구와 회의 두 가지였는데, 이것이 바로 IPR의 핵심 가치이기도 했다. IPR 회의는 지속적인 연구와 학문적 성과를 바탕으로 논의되었기 때문이다. 사회과학적 방법론을 응용해 연구하고 토론해 현실적인 공공 정책에 영향을 주며, 학문의 질이 담보될 수 있도록 하기 위해 록펠러 재단은 거금의 연구비를 투자했다(CULMC, "Relations between Research and Conference").

IPR의 활동 중 연구에 대해 우선 살펴보자.

IPR은 아시아·태평양 지역에 대한 조사와 연구 활동을 정리해 30여 년간 각종 조사보고서와 연구서, 팸플릿 등 다양한 자료를 출간했다. 20세기 전반기 IPR의 학술 활동에서 가장 큰 비중을 차지한 '극동(極東)' 또는 '원동(遠東)'으로 불린 동북아시아는 중국, 일본, 한국(조선), 만주, 몽골, 시베리아를 포함하는 지역이었다. 지역 명칭에는 중심과 경계, 헤게모니의 문제가 뒤따르는데, '극동'이나 '원동'이라는 용어에는 유럽 중심적 세계관이 반영되어 있다. 특히 1931년 만주사변 발발을 전후해 IPR 회원국들의 관심이 자연스럽게 만주 문제로 집중되면서 이 지역에 대한 조사와 연구가 촉진된 바 있으며, 그 결과물들은 각국의 IPR 이사회를 통해 출간되었다.

IPR에서 출판한 자료 1321종(Hooper, 1995)을 지역별로 분류하면, 동북아시아 지역이 695종, 동남아시아 지역이 260종, 태평양 지역이 366종이다. 지역을 구체적으로 살펴보면 ① 동북아시아 지역은 총론 189종, 중국 260종, 일본 169종, 만주 27종, 소련(시베리아) 23종, 한국(조선) 18종, 몽골 4종, 타이완 3종, 홍콩 2종이다. ② 동남아시아 지역은 총론 34종, 인도 64종, 필리핀 55종, 인도네시아 40종, 인도차이나 22종, 말레이시아 19종, 파키스탄 10종, 미얀마(버마) 8종, 태국 6종, 스리랑카(실론) 2종이다. ③ 태평양 지역은 미국 55종, 미국과 태평양 74종, 하와이 18종, 호주 66종, 캐나다 54종, 태평양 섬들 36종, 뉴질랜드 34종, 영국 23종, 프랑스 6종이다. IPR에서 출판한 자료는 이 1321종 외에도 더 많은 자료가 있으므로, 관련 연구는 더 많을 것으로 보인다.

통계를 통해 확인할 수 있듯이, 지역학이 성립되기 이전부터 각 지역에 대한 구체적인 연구 성과가 IPR을 통해 축적되고 있었다. IPR은 학술적으로 일본을 연구한 선구적인 기관이었을 뿐만 아니라 미국 대학과 연구 기관의 일본 연구 동향을 최초로 조사한 기관이기도 했다(南直子, 2017: 257~258).

다음으로 IPR의 활동 중 회의에 대해 살펴보자.

IPR은 2~3년 주기로 회의를 개최해 아시아·태평양 지역의 현안에 대해 논의했다. IPR 회의에 참석하는 각국 대표는 정부의 공무원들이 아니라 각 분야의 '자발적인' 전문가들이었다. 정부에서 파견된 외교 관리들은 자신이 한 말에 책임을 져야 하기 때문에 해결 가능한 다양한 방안을 자유롭게 토론하거나 제시할 수 없었다. 그러나 IPR은 어떤 특정한 중요 사안에 대해 각국 정부가 정책을 수립하기 전에 참가자들이 논의해 문제를 해결할 수 있는 다양한 방안을 고안해서 정책에 영향을 미치기도 했다. IPR 회의를 통해 개인뿐만 아니라 국제적인 관계에서 상호 공평하고 정의로우며 아름다운 표준을 살려내고, 그 정신을 바탕으로 국가 간의 이기적인 확장보다는 '선한 의지(goodwill)'을 추구하고자 했던 것이다(Atherton, 1925: 58~59). IPR은 인내와 관용을 IPR의 정신으로 삼고, 회의를 통해 미지의 상대방에 대해 적어도 절반 이상을 이해하려고 노력했다. 굳이 회의라는 어려운 과정을 택한 것도, 미래를 위해 좀 더 올바른 길을 열 수 있기를 희망했기 때문이다.

따라서 IPR 회의는 토론한 후에 표결을 하지 않고(Toynbee, 1930: 190), 토론의 요점을 세계에 알려 여론을 선도했다. 그러나 그 영향력은 여느 외교 관리가 토론한 것보다 더 크게 발휘되었다. 각국 대표는 이 회의에서 자유롭게 발언을 해도 책임을 묻지 않았기 때문에 의사를 자유롭게 교환하고 다양한 방안을 제시할 수 있었다(張伯苓, 1978: 177). IPR은 출범 당시 아시아·태평양 지역의 정치, 경제, 사회, 문화 등 제반 문제에 대한 순수 학술 조사와 연구 활동을 통해 이 지역 국가들 간의 상호 교류 및 이해 증진과 공동 번영의 추구를(CULMC, Constitution of the Institute of Pacific Relations, Article II, Box 174) 목적으로 내세웠다.

IPR의 활동으로, 아시아·태평양 지역이 하나의 지역권으로 인식될 수 있는 학문적 기반이 마련되었다. 이는 서양에서 동아시아학을 형성·확장시키는 토대가 되었을 뿐 아니라, 환태평양이라는 개념을 형성하는 데도 크게 기여했다.

IPR은 또한 태평양경제위원회(PBEC: Pacific Basin Economic Council), 태평양

경제협력회의(PECC: Pacific Economic Cooperation Council) 같은 아시아·태평양 경제협력체(APEC)를 발족하는 데 선구적 사례가 되기도 했다(Woods, 1993).

태평양경제위원회는 1967년 4월 도쿄에서 3개국이 결성한 민간 경제 자문 기구로, 1984년 한국이 타이완과 함께 정회원으로 가입한 이래 현재 미국, 호주 등 20개 국가가 참여하고 있다. 정부 차원의 경제협의체인 APEC(Asia-Pacific Economic Cooperation, 1989년 결성)과 함께 아시아·태평양 지역의 경제 발전을 주도하는 양대 수레바퀴로 역할을 하고 있다.

태평양경제협력위원회(Pacific Economic Cooperation Council, 이하 PECC)는 세계 각 국 간 경제 협력의 중요성이 대두되던 1980년대에 아시아·태평양 지역에서의 자유롭고 열린 경제 교역을 기치로 역내 국가의 경제 발전 및 공동 번영에 기여 하기 위해 설립되었다. PECC은 정부(Government), 업계(Business & Industry), 학 계(Academia)의 3자 참여(Tripartite partnership)라는 독특한 원칙으로 구성되었 다. PECC은 개인 참여 원칙(Independent)에 따라 참여자들이 정부, 업계, 학계 의 경험과 지식을 공유하면서도 형식에 얽매이지 않고 자유로운 논의와 연 구를 할 수 있도록 토대를 마련하고 있다(PECC의 목적, http://www.kiep.go.kr/ sub/pecc.jsp, 2018.3.20) 기관 멤버로 태평양 무역과 발전 회의(PAFTAD: Pacific Trade and Development Conference)와 태평양경제위원회, 이 두 기관이 참여하고 있다.

국제적인 회의를 통해 세계적인 이슈의 해결책을 찾아보려는 움직임은 당 시 대학생들에게도 전이되어 학생을 중심으로 한 SIPR(Student Institute of Pacific Relations)이 활동하기도 했다. 1926년에 시작된 이 단체의 기본 방침과 목적은 IPR과 같았다. 태평양 지역이 당면한 경제적·인종적·문화적·정치적 인 문제를 연구하고 토론하는 학생들의 모임으로, 구성원을 100여 명으로 제 한했다. 샌프란시스코 베이 인근의 대학에 모여 토론했는데, 호주와 뉴질랜 드, 태평양 주요 국가의 학생과 유럽의 학생들이 참여했다.

SIPR의 운영을 담당하는 영구적인 조직은 없지만, 매년 4일간 열리는 대회를 후원해준 단체가 개최를 책임졌다. 대표적인 단체는 세계 클럽(Cosmopolitan Clubs), 국제관계클럽(International Relations Clubs), 각국 학생회(Student National Clubs), 기독학생회(Student Christian Associations), 그리고 각 대학에서 참여하는 학생회가 있었다.

1931년 제6회 SIPR은 북부 캘리포니아 나파(Napa) 근처 로코야 로지(Lokoya Lodge)에서 개최되었는데, 1931년 10월 상하이에서 개최된 제4회 IPR 회의의 주요 의제인 만주 문제를 논의했다. 일본, 중국, 유럽, 미국 학생들이 토론에 참가했는데, 이들은 만주의 경제와 정치 상황을 실질적으로 명확히 이해하는 것을 목적으로 삼았다.

SIPR에서는 만주사변의 발발로 중국과 일본과의 갈등이 극대화된 데 대해 해결 가능한 방법을 고려하기보다 현상을 정확히 이해하려 했으므로, 중국과 일본을 비롯해 세계 각국의 관점이 논의되었다. SIPR은 태평양 지역의 문제는 민족적·감정적 관점으로는 해결할 수 없기 때문에, 객관적으로 조사해 역사적·국제법적으로 해결 가능한 방안을 모색해야 한다는 것과 세계가 상호 이해하고 협력해야 한다는 것을 일깨우는 데 영향을 미쳤다(Notes on events, 1932: 251~252).

이렇듯 학생들도 태평양 지역에서 발생하는 현상을 예의 주시하고 논의하게 됨으로써, 아시아·태평양학은 자연스럽게 저변을 넓혀 갈 수 있었다.

물론 지역학의 정착은 IPR뿐만 아니라 카네기 재단이나 포드 재단이 1955년부터 하버드 대학의 석사 과정 프로그램인 '지역 연구: 동아시아'에 거액의 자금을 지원했기 때문에 가능했다. 미국 최초로 특정 '지역'에 관심을 가졌던 조직 '극동협회(Far Eastern Association)'가 탄생했고(The Far Eastern Association, 1948: 410), 1956년 '아시아연구회(AAS: Association for Asian Studies)'로 개편되었으며, 하버드 대학은 1957년 '동아시아학 센터(CEAS: Center for East Asian Studies)'를 발족해 지역학을 '학문'으로 체계화하는 작업을 구체화했다(슐레스키, 2008: 30~34;

장세진, 2012: 89).

제도적으로는 1950년대 말부터 1960년대 초까지 미국 정부가 일본어, 중국어, 한국어, 아랍어 등 당시 국가 안보에 중요한 언어를 교육시키기 위해 '외국어교육법령'을 제정(신동준·하루투니안·커밍스, 2001: 128)한 것도 지역학 발전에 일조했다.

그렇다면 이와 같은 학술 토론은 과연 학술의 발전만을 고려한 것인가? 현 시대를 풍미하는 지역학으로서의 아시아·태평양학의 탄생 과정을 보면, 학문의 정치화와 정치의 학문화라는 역설적인 면모를 볼 수 있다. 이는 IPR 참여자들의 면면과 IPR에서의 구체적인 논의, 그리고 각국 외교부와 IPR 회의와의 관계성을 통해 확인해볼 수 있다.


## 3. IPR 연구와 만주 문제

### 1) IPR에 대한 연구

IPR의 역사적·학문적 위상은 어떠했는가? IPR은 1925년 미국의 주도로 탄생해 활동하다가 1960년대 초에 해산되기까지 다양한 학문적 성과를 냈지만, 매카시즘 열풍으로 공포감이 감돌던 정치적 분위기 속에 해체된 까닭에 IPR에 대한 연구는 제대로 이루어지지 않았다.

그간 간간이 명맥을 이어오던 IPR에 대한 연구는 최근 들어 확산되는 추세이다. 전후 매카시즘과 IPR의 관계를 다룬 연구(Thomas, 1974), IPR을 국제주의 발전사의 일부로 자리매김한 연구(Hooper, 1980), 태평양경제위원회와 태평양경제협력회의 같은 아시아·태평양경제협력체가 발족하는 데 IPR이 선구적인 역할을 했음을 검증한 연구(Woods, 1993) 등이 있다. 또한 19세기 말부터 오늘에 이르기까지 국제조직의 탄생과 성장, 활동성과를 검토해 국제조직의 개념과 역할 등을 고찰했다. 전쟁 시기 아시아·태평양 지역에서 윌슨식 국제주의가 어떠한 성격을 띠었으며 의미를 가졌는지 검증하면서 IPR의 사례를 활용하기도 했다(Akami, 2001). IPR 연구를 확대하는 데는 존 페어뱅크(Fairbank, 1979~1980)와 폴 후퍼(Hooper, 1995)의 회고록이 많은 도움이 되었다(Iriye, 2002).

IPR에 적극적으로 참여해 만주 문제를 논의했던 일본은 다양한 연구 성과를 축적해왔다. 일본 와세다 대학원 아시아·태평양연구소에서 야마오카 미치오(山岡道男) 교수의 주도로 1991년부터 2020년까지 'IPR의 역사'라는 주제로 연구가 추진되고 있다. 일본의 IPR 활동과 관련해 일본의 자유주의 지식인과 중도 성향의 지식인을 고찰한 연구(中見真理, 1985; Wilson, 1992)와 IPR을 일본의 국제주의 단체 중 하나로 간주한 연구도 있다(緒方貞子, 1971). 또한 중앙 IPR과 일본 IPR의 아시아 연구 및 남만주철도 조사부와 동아연구소를 연결시켜 분석한 연구(原覚天, 1984), IPR의 대일 점령 구상에 관심을 기울인 연구(油井大三郎, 1989), YMCA와 IPR의 관계 및 중국 IPR 등을 포괄적으로 다룬 연구(山岡道男, 1997)가 있다. 또한 영국 왕립국제문제연구소(Royal Institute of International Affairs, 이하 RIIA), 외교문제평의회(The Council on Foreign Relations), IPR과 국제질서와의 관계를 정리한 연구(塩崎弘明, 1998)와 문화·외교적인 측면을 강조해 IPR의 의미를 부각시킨 연구도 있다(松村正義, 2002).

최근 중국에서도 중국 IPR과 관련된 연구가 진행되고 있는데, IPR 성립의 역사적 근원과 초중기 활동에 주목한 연구가 있다(王纯, 2008; 王建朗, 1996). 중국의 국민외교와 IPR의 학술적 성과에 천착한 연구(张静, 2006)와 항전 전후 중국 지식인의 대일 외교에 대한 태도 변화를 중국 IPR과 연관하여 분석해 '인내-저항-일본 타도'의 방향으로 나아갔음을 고찰하기도 했다(欧阳军喜, 2005). IPR이 다룬 중국 농촌과 관련된 연구(张静, 2007), IPR에 참여한 천한성(陳翰笙)·후스(胡適)·

위리장(余日章)에 대한 연구도 있다(张海峰·张铠, 2004; 欧阳军喜, 2006; 치芬, 2016). 제3회 교토 회의에서 논의된 내용에 대한 중국 지식인의 반응을 다루거나(张静, 2004), 국민외교적 차원에서 분석하거나(张静, 2005), 일본의 반중국 선전의 장으로 IPR을 분석한 연구(欧阳军喜, 2007)도 있다.

당시 일본의 식민지였던 조선이 IPR 회의에 두 차례 참석한 것을 토대로 조선지회에서 활동한 내용과 조선인의 IPR에 대한 인식을 고찰한 연구(고정휴, 1991; 2004; 2005; 2008; 2017; Ko, 2014)가 있다. 또한 국제 민간 기구로서의 IPR 활동과 성격을 강조한 연구가 있다(김경일, 2004).

이 책이 규명하려는 만주 문제와 관련해 왕메이핑(王美平)과 가타기리 노부오(片桐庸夫, 2003; 王美平, 2008)의 연구가 있기는 하지만, 태평양 제 국가가 만주 문제에 대해 어떻게 논쟁했는지를 구체적으로 분석하지는 못했다. 왕메이핑은 1929년에 개최된 제3회 교토 회의와 1931년에 개최된 제4회 상하이 회의의 내용을 혼재해 논의를 전개함으로써, 만주사변 전후의 논쟁이 어떻게 다른지 파악하는 데 혼란을 주기도 한다.

일본인 가타기리 노부오의 연구에서는 일본이 만주 문제를 설득력 있게 토론함으로써 국제사회의 호응을 얻은 것으로 묘사했다. 그러나 중국인 왕메이핑의 연구에서는 일본 IPR은 어용적이라고 비판한 반면, 중국 IPR은 국제질서를 옹호하는 민간단체로 묘사했다. 더구나 중국 대표가 의견을 발표하자 각국 대표가 만족감을 표시했다고 주장했다.

일본인 가타기리 노부오와 중국인 장징 및 왕메이핑(片桐庸夫, 2003; 张静, 2004; 王美平, 2008) 연구의 공통점은 당시 IPR 회의 기록은 참고하지 않은 채, 신문 보도나 자국 중심으로 정리된 자료를 활용해 IPR 회의에서 만주 문제를 논의했다는 점과 자국의 논의가 우세했다고 강조한 점이다. 즉, 각기 자국의 국가적 의사를 대변해 상대국을 비하하는 식인데, 이는 IPR 회의 당시 일본 대표와 중국 대표의 태도가 현재 각국의 연구에도 고스란히 투영되고 있음을 보여준다. 따라서 정치적·경제적으로 이해관계가 가장 첨예하게 대립했던 중·일의 당시 갈등 상황을 연구하는 데는 도움이 될지 모르나, 1929년과 1931년에 태평양 제국가가 논의했던 만주 문제의 진상을 파악하는 데는 한계가 있다.

당시 IPR에서 논의되었던 만주 문제의 논쟁에 대한 반응을 자의적으로 분석하기에 앞서, 논쟁 자체에 주목할 필요가 있다. 또한 IPR이 간행한 만주 관련 간행물을 구체적으로 분석함으로써 동아시아의 화약고였던 만주가 어떻게 인식되었는지 필요가 있다. 근대 국제법적 권리를 주장하는 일본과 역사적 유산을 주장하는 중국 간에 만주를 둘러싼 논의와 IPR 회의를 통해 제시된 해결책을 검토해 만주 문제의 실상과 한계의 딜레마를 분석해보려 한다. 또한 미·중 양국 시대를 맞이한 현시점에, IPR의 만주 논의와 국제연맹에서의 만주 논의가 아시아·태평양의 세력 지형에 어떤 의미를 주는지 되새겨볼 필요가 있다.

앞에서도 이야기했듯이 만주 문제를 처음으로 논의한 국제회의가 제3회 IPR 회의이다. 따라서 중국과 일본은 자국의 관점을 관철시키기 위해 많은 노력을 기울였고, 일본 IPR에서는 각 위원들의 발언을 일일이 정리해놓기도 했다. 이는 일본이 참고용으로 정리해둔 것으로 생각된다. 그러나 제4회 회의의 만주 관련 회의록은 일본 국회도서관뿐만 아니라 IPR 관련 자료가 대량으로 소장된 컬럼비아 대학이나 브리티시 컬럼비아 대학 아카이브에서도 아직 찾지 못했다. 따라서 양 회의의 만주 논쟁을 비교하는 데는 자료 인용에서 차이가 있다. 제3회 회의는 구체적인 회의록을 활용했고, 제4회 회의는 각국 IPR에서 공식적으로 정리한 자료를 활용했다. 그럼에도 두 회의의 내용을 비교해볼 수 있는 것은, 비록 구체적으로 논의한 주제는 달라도 기본적으로 중·일 양국의 만주에 대한 관점에는 별다른 변화가 없기 때문이다.

다음으로 국제연맹과 관련된 연구 성과를 살펴보자. 국제연맹의 성립과 해체는 미국과 직간접적으로 관련이 있다(Quan, 1939; Park, 1932). 제1차 세계대전 이후 미국의 주도로 탄생한 국제연맹은 이후 미국이 참여하지 않은 채 운영되다가 결국 기능을 상실하고 말았다. 따라서 국제연맹과 미국과의 관계는 일찍부터 연구 대상이었다.

극동 지역의 문제를 처리하면서 미국과 갈등 관계에 있던 국제연맹의 무력함을 분석한 연구도 있다(華爾托斯, 1964). 국제연맹은 미국이 주동적으로 국제연맹에 가입해 활동해주기를 바랐지만, 미국은 내부의 반대로 동맹에 직접 참가해 영향력을 발휘할 수 없었다.

또한 국제연맹이 극동 지역 사태를 다룰 때 자신들의 이익을 위해 미국과 합작해 일본을 억압했음을 강조한 연구(信夫淳平, 1932), 미국과 국제연맹이 극동문제를 해결할 때 자신들의 이익만 고려했음을 강조한 연구가 있다(韋貝羅, 1975; 馬士·密亨利, 1998).

1931년 만주사변 이후 미국과 국제연맹이 아시아·태평양 문제를 처리하는 과정에서 책임을 전가하기 위해 협력적인 태도로 변해가는 과정을 고찰해 쌍방의 관계를 고찰한 연구(陶文钊, 2009), 미국과 국제연맹은 결국 일본이 사건을 확대하는 것을 저지하지 못했다고 강조한 연구(卡直甫·王直, 1992; 於永志, 2010; 熊志勇, 1990; 宗成廉, 1997; 张敬禄, 2005)도 있다. 또한 리튼 조사단이 제출한 보고서는 중국에 불리한 내용이었는데, 이는 미국과 국제연맹이 서로 책임을 전가한 것과 관련이 있다고 주장하는 연구(张敬禄, 1988; 洪岚, 2004)도 있다.

또한 미국에서 생성된 근대화론과 민주주의, 인권 문제, 미국식 사상 및 제도 관련 지식이 전 세계적으로 어떻게 확산되어갔는지 살펴보는 것은, 이 책에서 논의하는 학문과 정치, 즉 지식과 국제정치를 이해하는 데 유용하다(홍성민, 2008: 30~31). 지식은 권력이고, 권력은 정치적·경제적·사회적 제도에서 유래하기 때문에 지식(학문)과 정치의 간극을 이해하는 것은 무엇보다 중요하다(한석정, 2012; 2016; 박선영, 2016c).

## 2) 만주를 어떻게 볼 것인가?

이 책에서는 국제 학술의 장이던 IPR의 만주 논의뿐만 아니라 국제연맹에서의 만주 논의를 함께 검토해 만주와 관련된 세계사적 논쟁을 분석해보고자 한다.

국제적 민간 학술 단체이자 비정부기구의 효시(Asia-Pacific Research Center, 1999)로 평가받는 IPR을 통해, 만주 지역에 대한 당대 아시아·태평양 지역 지식인들의 관심과 시각, 시대적 특징을 확인할 것이다. IPR의 간행물과 회의 내용을 구체적으로 분석해 만주에 대한 다양한 시각과 특징을 살펴보고, 1929년과 1931년에 개최된 IPR 회의에서 동아시아의 발칸으로 비유되는 만주가 논의의 대상이 된 이유가 무엇이며, 어떻게 논의되었는지, 그 의의가 무엇이며 과거뿐만 아니라 현재 및 미래에 시사하는 바가 무엇인지 확인해볼 것이다.

1929년 제3회 교토 회의와 1931년 제4회 상하이 회의의 준비 과정과 만주 관련 논의 등을 분석해 중국, 일본, 미국, 영국 등 만주 지역에 직간접적으로 이해관계를 갖고 있던 나라들이 당시 만주를 어떻게 인식하고 있었는지 살펴볼 것이다. 또한 만주 문제에 대한 열강의 관심이 학문적으로 체계화되는 과정도 추적해, IPR과 서양의 아시아·태평양학(동아시아학) 형성과의 연관성도 규명해보고자 한다. 사실 만주를 포함한 동북아 지역에 대한 연구는 IPR을 통해 과학화·체계화되었다. 미국 내에서 지역학인 '극동학(Far Eastern Studies)'이 자리 잡게 된 것도 존 페어뱅크, 오언 래티모어(Owen Lattimore) 등을 비롯한 미국 IPR 멤버들을 통해서였다. 지역학이 통념상 제2차 세계대전 이후에 성립된 것으로 인식되고 있으나, IPR의 사례로 볼 때 이미 그 이전에 아시아·태평양학에 대한 학문적 기반이 다져지고 있었음을 확인할 수 있다.

제3회와 제4회 IPR 회의에서 집중적으로 논의된 만주 문제와 국제연맹 리튼 조사단의 보고서는 당시 만주관을 이해하는 데 많은 도움이 된다. IPR 회의에는 국제연맹과 국제노동기구(International Labour Office)에서 참관인을 파견해 회의를 경청했다. 따라서 이 책은 1920년대 말과 1930년대 IPR의 만주 문제 논의뿐 아니라 IPR의 만주 문제 연구와 국제연맹(리튼 조사단)의 만주관이 어떤 공통점과 차이점이 있는지 비교·검토해볼 것이다.

IPR은 민간 국제 학술단체로서 외양적으로는 민간인이 구성한 학술 관련 단체이지만, 실질적으로는 각국 외교부가 관여했다는 점도 밝힐 것이다. 중국과 일본 외교부는 IPR 회의에 관심을 갖고 관련 정보를 수집했다. 국제연맹에서 논의된 만주 문제는 무엇이며, IPR과 국제연맹이라는 세계적인 기구에서 논의된 만주 문제의 공통점과 차이점을 확인함으로써 역사적인 만주의 위상과 의미를 확인해보고자 한다. 더 나아가 만주가 현시대와 미래에 주는 의미를 전망해보고자 한다.

IPR이 주도한 아시아·태평양 연구는 동북아를 하나의 공동체로 인식하려는 '동아시아공동체론'의 이론적·역사적 입론에 근거를 제공한다. 비록 시대상은 다르지만, 20세기 전반기에 IPR을 통해 논의되었던 동북아 문제는 '동북아공동체론'의 역할 모델을 이해하는 데도 유용하다.

피터 하스(Peter Haas)는 인식공동체 구성원의 사회적 행위는 가치에 토대를 둔 추론을 제공한다고 주장했다. 인식공동체의 전문성과 능력, 문제의식, 믿음이 어떻게 구성되고 누구에 의해 인정받게 될지를 질문할 때 지식과 권력 간의 관계를 객관적으로 성찰할 수 있다(김성현, 2008: 102~103; Haas, 1992: 1~35)는 것이다. IPR의 지식 생산과 지식 전파가 사회적·국제적 관계를 통해 순환하는 데 주목한 이 책은, 공유된 가치를 모색해본다는 점에서 의의를 찾을 수 있다. 지식의 국제적인 순환에 대한 연구는 지식이나 전문성의 유입과 외부로의 전파가 만들어내는 국내적 결과에 대한 성찰로 이어져, 해당 지식의 근원을 성찰하고 지식을 관리할 때, 주체적인 역량을 키울 원동력으로 작용할 것이다.

이것이 바로 글로컬 만주라는 책을 통해 성찰해보고 싶은 점이다. 글로벌과

로컬의 관계 속에서 자아정체성을 어떻게 찾아야 할 것인지가 관건이다. 한반도에게 만주가 무엇인지를 묻는 것과 만주에 대한 주체적인 인식이 무엇인지, 글로컬한 만주를 어떻게 수용하고 활용할 것인지는 이 시대에 던져진 또 하나의 숙제이다. 이 책은 이를 성찰하기 위한 도우미로서 역사의 구체적인 면모를 확인하는 데 기여할 수 있을 것이다.

## 2장

# IPR의 형성과 활동

## 1. 민간 외교 시대와 상호 이해의 확대

### 1) 다양한 민간 교류

제1차 세계대전 이후 1920년대는 '민간 외교 시대'라고 할 정도로 다양한 형태의 국제적 민간 회의가 있었다. 초유의 충격적인 대전을 경험하면서 국제 관계를 개선하기 위해서는 평화를 실현해야 한다는 당위적인 목표를 달성하기 위해 민간 외교 활동이 활발해졌을 뿐만 아니라 국제정치학이 탄생할 수 있는 배경이 마련되었다.

웨일스의 데이비드 데이비스(David Davies)가 1919년 애버리스트위스 대학에 처음으로 국제정치학과를 창설했는데, 국제정치학은 국제기구와 국제법에 대한 연구 강화를 통해 제1차 세계대전과 같은 재앙을 막고 인류의 평화를 이룩하자는 분명한 비전과 목표가 있었던 규범적 학문이다(양준희, 2010: 134).

이후 국제정치 및 국제 관계를 개선하기 위해 민간 차원에서 다양한 회의를 개최했다. 1920년경 미국 상하 양 의원들이 아시아를 시찰하면서 일본의 간다 다카히라(神田孝平)와 도쿠가와(德川)의 후원을 받아 범태평양협회를 창립해 호놀룰루에서 교육가 모임, 신문기자 모임, 상업회의소나 과학 모임 등을 개최하다가 후에 범태평양학술회의로 독립해 1회는 하와이, 2회는 호주, 3회는 일본, 4회는 자바에서 개최했다(石川文吾, 1923: 1). 범태평양협회의 회의에는 비즈니스 회의도 있었는데, 제1회는 1920년 8월에 학술회의로 개최되었고, 제2회는 1921년 8월에 교육회의로 개최되었으며, 1921년 11월은 신문사업회의로 제3회가 개최되었다. 그 외에 범아시아주의를 제창한 일본의 아시아민족대회, 태평양학술협회 주관의 태평양학술회의, 프로핀테른 산하의 범태평양노동조합회의 등이 있었다(고정휴, 1991: 285).

태평양 지역 여러 국가의 과학자들이 태평양 지역 민족의 번영과 행복을 증진시키기 위해 서로 협력해 과학적인 문제를 신속히 해결하려고 회의를 개최하기도 했다. 제1회 범태평양학술회의는 1920년 호놀룰루에서 개최되었고, 제2회는 1923년 호주 학술연구회 주최로 멜버른과 시드니에서 개최되었다. 회의 개최에 대한 반응이 좋아 이 회의를 정기적인 회의로 만들기로 했고, 제3회는 1926년 일본에서 개최되었다(「第三回汎太平洋学術会議」, 1926: 534~535).

제3회 회의에서 다룬 것은 태평양 관련 학술 문제로, 공동으로 연구할 만한 중요한 계획이나 태평양의 물리학, 생물학, 해양학에 관한 지식 등이 논의되었다. 물리학과 관련해서는 특히 태평양 지역의 천문 관측, 지구물리학적인 문제로 태양의 활동, 지자기(地磁氣), 기상, 무선통신, 지도 제작, 전파, 지진, 내진 구조, 화산, 온천, 지층, 광물자원, 희소 원소, 통상 관계 등을, 생물학과 관련해서는 육해상 식물 분포, 농산물 및 가축 개량과 관련된 유전학, 곤충, 생태계, 천연기념물, 착생식물, 농업가치, 토양, 식물 검역 및 예방, 인류 기원, 민족의 인체 측정, 인종, 의식주 등 다양한 문제에 대해 논의했다(「第三回汎太平洋学術会議」, 1926: 536~537). 제4회는 1929년 네덜란드령 자바에서 개최되었으며, 천문학에 관심이 집중되었다(「第四回汎太平洋学術会議」, 1929: 342).

그러나 다양한 국제회의는 각종 정치적·경제적 문제로 명맥을 유지하기 힘들었고, 수년에 걸쳐 세계적 회의를 개최해왔던 기독교청년회(Young Men's Christian Association: 이하 YMCA) 역시 당시 세계 대회 개최에 어려움을 토로하고 있는 상태였다. YMCA는 1919년에 개최된 세계적인 회의를 관심 있게 준비했고, 1921년에는 위스콘신의 레이크 제네바(Lake Geneva)에서 YMCA 실무자 회의를 개최하기도 했다("History and Organization", 1925: 7). 그러나 1922년 베이징에서 개최된 학생 중심의 세계대회 역시 조직 구성이나 경제적인 측면 등에서 많은 어려움을 겪어야 했다(斉藤惣一, 1929: 97).

1923년 유럽에서 개최된 YMCA 소년지도자대회에서 범태평양기독교청년회 회의의 개최가 논의되었고, 1924년 회의에서는 기독교 신자 외에도 참여할 수 있도록 '태평양 민족 문제에 관한 회의(Conference on Problem of the Pacific People)'로 명명해 '이민법'을 논의하고자 했으며, 1925년에는 명칭을 IPR로 변경해 제1회 회의를 개최했다(斉藤惣一, 1929: 100~101).

원래 구성했던 것은 세계 여러 나라의 YMCA 회의에서 출발해 기본적으로 기독교 조직의 문제와 사업 등을 다루는 것이었다. 그러나 YMCA의 관심은 좀 더 넓게는 태평양 문제와 연결되는 것이기 때문에, 기독교 정신으로 문제의 해결점을 찾는 것이 더 의미가 있다는 의견도 나왔다. 따라서 YMCA가 주최하지만 참가자 범위를 각 분야의 전문가로 넓혀 국제회의 형태로 개최했다. IPR은 아시아·태평양에서 상호 오해나 갈등을 해소하고 우정과 협력을 강화하는 조직체로 발전해가기를 희망했는데, 이것이 바로 IPR이 추구하는 바이다("History and Organization", 1925: 7).

IPR 회의는 각국의 YMCA가 주체가 되어 성립되었으며, 종교주의·평화주의로 뜻을 같이해 이상주의로 치우칠 우려가 있을 만큼 순수하고 사적인 단체였다. "분파와 갈등 그리고 선전이 없는"(Thomas, 1974: 4) 회의를 선언한 IPR은 기본적으로 문화 교차적인 접촉과 개인적인 의견 교환에 집중했다.

IPR 회의는 태평양 문제를 다루는 교육적인 회의로, 각국에서 대중에게 영향력을 행사할 수 있는 소규모 오피니언 리더 그룹에 의해 진행되었다. 태평양은 하나의 세계를 이루는 데 더는 걸림돌이 아니며, 여행과 비즈니스가 케이블이나 무선으로 즉각 소통이 이루어질 수 있는 곳이므로, IPR 회의는 새로운 세계로서 태평양을 역사의 한 페이지로 써 내려가고자 했다("History and Organization", 1925: 12~13). 따라서 IPR 회의는 처음부터 사안이 무엇이든 솔직하게 토론함으로써 상대방을 이해하고 존중하려고 노력했다.

## 2) IPR의 성격

그렇다면 IPR은 왜 아시아·태평양에 관심을 기울였고, 구체적으로 어떠한 목적을 달성하고자 했는가? 물론 다시 강조하지만, IPR을 운영하는 목적은 아시아·태평양 지역 국가의 상호 이해와 친선을 증진시켜 평화로운 관계를 공고히 하는 것이었다. 그러나 약소국의 관점에서 보면 IPR이 내세운 의도는 현실과 부합되지 않았으며, 그들은 IPR이 감추고 드러내놓지 않는 내적 이익이 있다고 보았다. 당시 중국에서는 "제국주의의 대변자", "제국주의자에 영합하는 주구"(劉馭萬, 1932: 1)라며 IPR을 비난했고, 조선은 "제국주의 편의대", "제국주의 대변 기관", "제국주의자의 어용 기구" 등 구체적인 이유를 들어 IPR 회의를 비판했다(홍효민, 1931: 10; 곽상훈, 1931: 13; 김경재, 1931: 15).

① 전전에 자본주의가 성숙되어 있던 유럽은 전쟁으로 피폐되었기 때문에 새롭게 떠오르는 거대한 시장인 중국을 중심으로 한 아시아·태평양에 눈을 돌리게 되었다.

② 대영제국은 오래전부터 동아시아에 진출했고, 미국 등 신흥 제국주의의 필요

가 부상함으로써 중국 등지에 관심을 쏟았다. 일본과 미국의 대립관계가 격화되고 영국과 미국 간 대립, 프랑스와 이탈리아의 중국에 대한 경쟁 등은 태평양 연안을 중심으로 제국주의 국가들이 결전장을 만들고 있다.

③ 소비에트 동맹이 아시아 지역에 강하게 영향을 미치면서 전 세계에 파급 효과가 있다(김수봉, 1931: 3).

조선은 IPR이 이런 이유로 아시아·태평양에 관심을 둔다고 보았기 때문에 IPR 회의 자체를 반대했다. IPR이 논의하는 내용은 두말할 것 없이 태평양 연안에 잠재한 자원과 상품 시장을 파악해 제국주의에 활용하기 위한 것이라고 평가했다. 따라서 단지 관념적으로 반대하는 것이 아니라 구체적인 반대운동으로까지 확산되어야 한다고 보았다(서병하, 1931: 6~7).

이 외에도 IPR을 반대하는 이유는 다양했다.

조선에서는 IPR 회의가 "제국주의를 찬양하는 유상·무상한 무리들의 모임이므로 소수민족의 이해관계와도 거리가 먼 것"(「권두언: 태평양회의에 대한 우리의 태도」, 1931: 1)이라든가 제국주의가 자본주의의 세계적인 네트워크를 활용해 국제적 모임의 중심 세력을 형성하는 것이라는 비판도 있었다(김수봉, 1931: 2). 또한 IPR 회의는 제국주의 국가가 약소민족 국가를 억압하기 위한 것으로, 태평양 제 국가의 생활 형태, 발전상 등을 자세히 파악해 미국식 신제국주의가 "동양 미개민족과 아울러 그들의 식민지를 좀 더 넓히는 데 있다"(홍효민, 1931: 10)든가, "세계제국주의가 태평양 연안을 가급적 더 잘 분할하고 더 꼼짝 못하게 압박하고 더 찍소리 못하게 탈취하기 위하여 필요한 존재"(성한용, 1931: 13)라는 등의 비판도 있었다.

이뿐 아니라 "(IPR) 회의의 내부를 요모조모 살펴보면 구역질이 날 만큼 추악하고 부정한 것"이라 하여 '제국주의 대변 기관'이라 일컫기도 했다(정운영, 1931: 6). IPR이 표방하는 것처럼 태평양 제 민족의 평화와 복리를 꾀하는 것이라면 모든 농민 대중의 이익과 자유를 위한 것이어야 하지만, 본질적으로는 반농민적이라는 비판도 있었다(서병하, 1931: 7). 피침략자에 대한 모든 불합리를 합리화하는 사기적인 모임(정희찬, 1931: 8), 이리저리 따져도 찬성할 구석이 하나도 없는 회의(우봉운, 1931: 8), 제국주의를 찬양하는 무리의 모임(김종택, 1931: 9), 약자와 강자가 악수한다는 것은 강자들의 지위를 높여주는 한낱 족대(足臺)에 불과하다는 비판(이종린, 1931: 9)도 있었다. IPR의 부분적인 활동을 반대하는 것이 아니라 IPR을 근원적으로 반대하는 이유는 범태평양 제국주의 정치가, 어용학자, 종교인들이 모여 어떻게든 자신의 현재 지위를 보전 또는 유리하게 하려고 노력하며, 입으로만 평화, 공동체 복지를 말하기 때문이라고 했다(이남철, 1931: 10).

IPR 회의와 어떠한 관계도 없고, IPR 프로그램에 대해서도 아는 바가 없다고 스스로 주장한 일본인 한자와 교쿠조(半澤玉城)는 IPR이 표면적이든 내면적이든 국내의 어떤 사상을 대변하는 것도 아니고, 국가적으로 책임이 발생하는 것도 아니라고 규정했다. 그러나 대중문예가 유행하는 현대에서 국내외 문제가 때때로 유행 분위기를 지배하는 것처럼 국제연맹이나 부전조약 같은 유행 문학의 일종이 될 수 있으므로, IPR은 일종의 국제 문예 좌담회(半沢玉城, 1929: 12)라고 평가했다.

IPR에 대한 반대는 미국에 대한 직접적 불만으로 표출되기도 했다. "일찍이 인도·정의라는 명목 아래, 세계평화라는 명목 아래 독일을 영원한 질곡 속에 밀어 넣었고, 이민족인 흑인종의 학대와 홍인종의 묵살, 필리핀의 영구 점령과 배일안(排日案)의 통과 및 중국에 대한 미국식 침략"(홍효민, 1931: 11)을 자행한다고 목소리를 높였다.

IPR 회의에 적극적으로 반대하는 인사들만 불만이 있었던 것이 아니라, 적극적으로 참여한 인사들 중에서도 다양한 불만이 불거졌다. 친밀하지 않은 다양한 사람들과의 토론을 통해 목적에 부합하는 결과를 얼마나 얻을 수 있을지, 2년마다 개최되는 IPR 회의의 국제사무국과 태평양위원회의 내적 관계에 대해서도 이해하지 못하는 이들이 많았다. 일부는 IPR 회의에서 강조하는 연구의 중요성을 의심했고, 국제 프로그램 위원회가 어떻게 기능하는지에 대해서도 궁금해했다. 또한 국제사무국이나 연구조사위원회 또는 개별 국가위원회와 얼마나 잘 융합하는지에 대해서도 의심의 눈초리를 보냈다(TUBCA, Handbook of the Institute of Pacific Relations, Box 81, 1931: 5). 중국의 천리팅(陳立廷)은 이런 국제대회가 무용지물이고 세계적인 동정이나 국제적 호감 등은 맹인의 헛소리라는 비난이 있지만, 국제적인 충돌이 심할수록 평화를 위한 노력을 더욱 공고히 해야 하며, 국제 문제에 대한 상호 이해를 기초로 장래의 성공을 이루어가야 한다고 강조했다(陳立廷, 1932: 1).

1925년 제1회 IPR 회의에 참석했던 스탠퍼드 대학의 페이슨 트리트(Payson J. Treat)는 "회의에서 상당히 비현실적인 공기를 통감"(鶴見祐輔, 1938: 156)한다고 했으나, 일본의 쓰루미 유스케(鶴見祐輔)는 6회까지의 IPR 회의 중 제6회가 사실의 발견, 개인 자격으로 참여, 과학적 연구라는 IPR의 특성에 맞게 "가장 현실성이 농후한 회의"(鶴見祐輔, 1938: 156)라고 평가했다. 공산국가 소련이 대표로 참가했다는 것은 제6회 IPR 회의의 가장 큰 변화 중 하나였다(高柳賢三, 1938: 167).

IPR은 의심과 믿음을 동시에 받으면서도 당대의 가장 뜨거운 주제를 선정해 회의를 이어나갔다. IPR은 회의의 주제를 아시아·태평양 국가들의 의견을 고려해 선정했으며, 주제의 범위에 특별한 제한이 없었다. 1925년 회의는 이민 문제가, 1927년에는 중국과 타국과의 조약 관계가, 1929년 교토에서 개최된 제3회 IPR 회의에서는 중국과 일본에 가장 이슈가 되었던 만주 문제가 핵심 주제였다(Loomis, 1930: 128). 1931년 상하이에서 개최된 제4회 IPR 회의에서는 태평양 국가의 국제경제 관계와 중국과 외국의 관계가 핵심 주제였다. 또한 만주 문제도 여전히 비중 있게 논의되었다. 따라서 논쟁이 첨예한 만주 문제를 논의하기 위해 「만주의 외교 사건 개략(A brief accunt of diplomatic events in Manchuria)」을 발표한 영국의 해럴드 팔릿(Harold Parlett)(L., 1930: 487~487), 「중국 식민지화와 만주의 발전(Chinese colonization and the development of Manchuria)」를 발표한 미국의 월터 영(Walter Young)("Chinese Colonization and the Development of Manchuria", 1929: 1~2), 중국 옌징(燕京) 대학의 쉬수시(徐淑希), 일본의 로야마 마사미치(蠟山政道) 교수가 특별 연구를 실시했다. 사실에 기반을 두고 정밀히 조사·연구해 정책과 외교 방침에 활용할 수 있도록 노력했다. 만주 문제 외에 토지 이용, 식량, 태평양에서의 외교 관계, 태평양 속령, 태평양 통신, 아시아의 산업화, 외국 투자, 무역에 관한 것도 주요 의제였다(斉藤惣一, 1929: 103).

IPR 회의는 회를 거듭할수록 국제적으로 서로를 이해할 수 있는 좋은 도구로 인식되었을 뿐 아니라 회의 자체도 자신감과 책임감이 확대되면서, 주제도 다채로워졌다. 상대방의 입장에서 사안을 생각해보는 아량을 가지려고 노력했다(CULMC, "Opening Statement", 1929: 1~2). 일례로 미국은 1927년 난징 사건 이후 중국에 부과한 20만 달러에 달하는 보상금에 대해 선교단에서 철회를 요청했고, 1928년 4월 2일 이를 비준했다. 또한 1928년 7월 25일에는 관세조약을 체결해 관세를 규정했다(CULMC, "Opening Statement", 1929: 6).

IPR은 태평양 지역에서 당시 가장 이슈가 된 문제를 선정해 연구한 후 각국의 지식인이 모여 태평양 지역의 이해를 심화해나가는 국제회의 기구였다. IPR 회의는 가장 첨예하고 민감한 이슈들을 토론했으므로 솔직한 의견 제시와 표현으로 소란스러운 분위기였지만, 회의를 거듭하면서 상호 존중과 이해의 폭이 넓어져 갔다(TUBCA, Handbook of the Institute of Pacific Relations, Box 81: 21). 참석자들은 대체로 이와 같은 비공식적 토론에 상당히 만족해했고, 상호 이해도가 상승했다고 평가했다(TUBCA, Handbook of the Institute of Pacific Relations, Box 81: 21~22).

그러나 "평등하게 공존한다"(安富正造, 1929: 57)를 내세운 IPR 회의였지만, 당시 일본의 식민지였던 조선은 IPR 헌장에 규정된 회원 관련 규정에 의해 제3회 회의부터는 참가가 제한되었다. 1927년 조선 대표들은 헌장에 명시된 '주권국'

이라는 단어를 '국가'로 수정해 조선 대표들이 IPR에 정식으로 참여할 수 있게 해달라고 요청하면서, 헌장 제3조 2항에 명시된 "민족(인종)" 뒤에 붙은 "자치국 (autonomous state)"이라는 문구에 대해서도 고려해달라고 했다. 조선이 과거 4000년간 정치적으로 조선인과 조선 민족으로 생활했고, C. K. 웹스터(C. K. Webster) 사전에도 조선의 민족적 특징을 설명하면서 "조선은 단일 언어가 있고, 공통된 종교가 있으며, 공통된 전통과 역사가 있고, 시비를 구분할 수 있으며, 이러한 것이 영토 내에 녹아 있다"고 기록했음을 근거로 들었다. 이와 함께 IPR은 정치적인 조직이 아니며 각각이 속한 그 어떤 조직을 대변할 필요가 없고, 태평양 지역의 국제연맹을 지향하는 것이 아니라 비정치적인 조직으로서 서로를 연구하고 이해하기 위한 목적으로 설립된 것인데, 인위적인 회원 기준이 왜 필요한지에 대해 항의했다(CULMC, Letter from Korean Group, Box 113).

IPR 본부는 조선의 IPR 참여 문제가 부상하자, 회원국의 무기명 투표를 통해 조선의 대표가 제3회 회의에 참석해 헌장상의 지위를 해명할 수 있는 기회를 주었고, IPR 분과 토론에도 참석해 의견을 발표할 수 있도록 했다(CULMC, "Relation of Korean Group to IPR", Box 113). 그러나 조선은 IPR에 참여한 회원국과는 다른 대우를 받았다. 결과적으로 조선이 IPR에 참여할 수 없게 된 계기는 일본이 강력히 반대하며 영향력을 행사했기 때문이다. IPR 헌장 제3조 '회원'에서는 민족과 주권 국가 단위로 가입하며, 다른 구성원들의 동의를 얻어야 한다고 규정하고 있었다(CULMC, Constitution of the Institute of Pacific Relations, Article III, Box 174). 따라서 IPR 내부, 특히 식민국이 강력히 반대한다면 국가 단위든 민족 단위든 참가하기 어려웠다.

한때 조선자치론을 주장했던 소에지마 미치마사(副島道正)는 조선인이 IPR 회의에 독립된 그룹으로 참여하는 데 반대하는 이유를 다음과 같이 제시했다.

① 조선에 자치제가 선포되었다면 모르지만 조선은 아직 일본 내지의 연장에서

통치되고 있는데, IPR에 조선을 독립적으로 참가시키는 것은 일본의 통치에 배치되므로 고려해보지 않을 수 없다.

② 호놀룰루에서 개최된 제1회와 제2회 IPR 회의에 참가했던 조선 대표의 태도 는 심히 유감스러우며, IPR 본부가 식민지 조선과 일본을 하나의 단위로 묶어 초대 자격을 변경했기 때문에 조선은 참가할 수 없다.

소에지마 미치마사는 "조선인이 건전한 사상으로 일본인의 통치를 환영하고 온건한 상식으로 자제심을 가져 하루라도 빨리 자치에 이를 수 있도록 노력하는 것이 민족을 위하는 것"(副島道正, 1929: 79)이라고 지적했다.

조선은 제3회 IPR 회의부터 대표권을 인정받지 못하는 수모를 겪었지만, 여전히 IPR 회의에 관심을 보이며 지속적으로 보도했다(≪신한민보≫, 1936.8.27; ≪신한민보≫, 1936.9.10). 제국주의의 횡포가 횡행하던 시대에, 힘을 기반으로 하는 국가 간의 정치적 논리가 '평등과 우의에 기초한' 민간 학술회의에 영향을 미치는 모습에서, 현실과 이상의 괴리가 확인된다.

## 2. IPR 회의 조직과 의의

### 1) IPR 회의 참석자

아시아학의 황무지라 할 수 있는 1925년에 개최된 제1회 IPR 대회에는 호주, 캐나다, 중국, 하와이, 일본, 조선, 뉴질랜드, 필리핀, 미국에서 총 109명의 대표가 파견되었고, 31명의 참관인이 참석했다(Hooper, 1998: 100). 1927년에는 미국, 캐나다, 호주, 뉴질랜드, 중국, 일본 6개국에서 IPR 위원회를 결성해 회의를 준비했으며(Thomas, 1974: 3~4), 136명이 참석했다(Loomis, 1930: 127). 그 후 프랑스, 영국, 인도, 네덜란드(나중에 인도네시아), 파키스탄, 필리핀이 위원회를 결성했으며, 소련과 버마가 소규모 조직을 만들면서(Hooper, 1998: 101) IPR은 더욱 체계화되었다. 〈부록 1: IPR 기구표(1931)〉에서 확인할 수 있듯이 중앙위원회, 조사위원회, 프로그램위원회 등으로 구분해 각국의 위원이 참석했다. 또한 각국 IPR 조직도 있어 각국에서 사전에 IPR 회의를 준비할 수 있었다.

IPR 회의에 참석하는 이들이 매회 고정적이었던 것은 아니다. 각국의 사정에 따라 또 논의할 내용에 따라 참여자들의 범주나 숫자에 차이가 있다. 적게는 수십 명에서 많게는 수백 명까지 참가했다. 제9회 회의는 12개국 200여 명이 참석했다(「第九回太平洋問題調査会会議／概況」, B04122245100). IPR 회의에서 논의하는 내용의 중요성과 대표성이 각국에서 관심을 받게 되고, 국가 간 외교 관계도 중시되면서 학식과 경험이 있는 전문가들이 대거 참가했다(松岡洋右, 1931: 5).

모든 문명의 철학적 동시성(同時性)과 등가성(等價性)을 투시해 전경적(全景的)·공관적(共觀的) 시야를 회복한 석학으로 평가(강기철, 1982: 22)될 뿐만 아니라, 이슬람 세력의 팽창으로 아시아와의 육로 무역이 어렵게 된 상황을 타개하고자 바다로 나가 마침내 인도와 중국에 닿아 포르투갈의 열망을 실현한 바스코 다가마(Vasco da Gama) 시대 이후 서구 문명이 지구상의 모든 문명과 조우했했고 그로부터 500년간의 역사에서 독보적인 인물로 평가되는 영국의 토인비도 IPR 회의에서 주요한 역할을 했다. 하버드 대학의 교수 존 페어뱅크는 「아시아의 다음 단계」(TUBCA, "Next step in Asia", Box 11)를 연구했고, 하버드 대학 교수이자 하버드 옌칭 연구소 소장을 역임했던 에드윈 라이샤워(Edwin Reischauer)는 IPR에 참여해 「오늘날 일본과 미국」(TUBCA, "Japan and America today", Box 7), 「미일 관계의 이슈들」(TUBCA, "Some Issues in Japanese-American Relations", Box 13) 등 중국 및 일본 관련 자료를 생산해냈다.

1925년과 1927년 호놀룰루에서 개최된 제1회와 제2회 IPR 회의에 이어, 1929년 제3회 회의에는 미국·영국 등지에서 200여 명의 정회원이 참가했다

(Condliffe, 1969: 8; Wright, 1930a: 451). 제3회 회의가 이토록 성황을 이루자, IPR 회의가 아시아·태평양 지역의 국제연맹이나 다름없다는 평가까지 나왔다.

제3회 IPR 대회에 참석한 사람은 총 300명으로, 이 책의 〈부록 2: 1929년 교토 회의 참석자 명단〉에서 확인할 수 있다. 실제로는 300명이 조금 더 넘으며, 앞서 설명했듯이 조선 대표 7명이 참가했으나 대표 자격이 박탈되어 참석자 명단에는 포함되어 있지 않다. 조선인 참가자 일부는 토론회에 참석해 발언하기도 했다. 명단에는 필리핀인 8명도 포함되어 있다(Wright, 1930a: 451).

제3회 IPR 회의에서 공식적으로 인정된 참석자 300명 중 권속으로 참여한 72명과 각국 대표의 비서로서 비정식 대표로 참석한 14명을 제외하면 정식 대표는 총 214명으로 생각된다. 국가별 대표자를 보면 일본 50명, 미국 45명, 중국 30명, 캐나다 28명, 영국 17명, 호주 11명, 필리핀 8명, 뉴질랜드 7명이다. 전체 대표자 214명(Loomis, 1930: 127) 중 사무국 직원과 국제연맹 및 국제노동기구 등에서 참석한 참관인을 제외한 196명의 직업을 살펴보자.

참석자 명단 자료를 보면, 직업 구분이나 소속이 명확하지 않은 경우도 있고, 기록된 소속만으로 정확한 직업을 확인하기에 한계가 있는 이들도 있다. 그러나 개략적으로 교육계 89명, 실업계 28명 및 금융계 10명 등 38명, 정치외교계 25명, 시민운동 18명, 언론 12명, 법조계 7명, 출판계 6명, 기타 의사 1명으로 나눌 수 있다. 참석자들의 이력으로 보아 관련 분야 토론에서 충분히 자신의 목소리를 낼 수 있는 전문가들로 볼 수 있다.

자료에 따라 참석자 수에서 차이가 나기도 하는데, 제3회 IPR 회의 참석자 수를 218명으로 보는 경우도 있다. 일본 48명, 미국 45명, 중국 31명, 캐나다 29명, 영국 15명, 호주 11명, 필리핀 8명, 조선 7명, 뉴질랜드 6명 등이다. 또한 호놀룰루 IPR 중앙사무국에서 8명, 그 외에 소련, 프랑스, 네덜란드, 멕시코, 국제연맹, 국제노동기구 등에서 참관인을 보냈다. 제3회 회의에 참석한 토인비는 경제적으로 어려운 중국에서 31명이나 참석한 것은 이 회의를 매우 중요하게 여기고 있음을 보여준다고 보았다(Toynbee, 1930: 192).

위원 중에는 서로 매우 친밀한 관계인 경우도 있었는데, 영국의 맬컴 맥도 널드(Malcolm MacDonald), 일본의 스즈키 분지(鈴木文治), 캐나다의 톰 무어 (Tom Moore), 미국의 폴 세하런버그(Paul Seharrenburg)는 자주 교류하는 사이 였다. 전체 참석자 중 여성은 33명이고, 대학에서 72명이 참석했으며, 금융이 나 실업가는 44명, 언론인 18명, 종교적 활동가 17명, 그리고 소수의 의회 및 전 정부 관료, 사회운동가, 법률가, 노동지도자와 의사가 참여했다. 영국은 인 도 민족주의자를, 미국은 흑인을 대표자에 포함시켰다(Wright, 1930a: 451). IPR 회의에 참석한 여성 참가자는 1925년에 109명 중 18명이었는데, 1927년에는 136명 중 25명, 1929년에는 214명 중 33명이었다. 세 차례의 IPR 회의에 17명 만이 모두 참석했고, 58명은 두 번, 나머지 384명은 한 번 참가했다(Loomis, 1930: 127).

특히 만주 문제와 관련해 격론을 벌였던 중국과 일본의 참석자들을 보면 중 국의 경우 총 30명이 대표로 참석했는데, 그중 교육계 17명(만주 지역 4명, 베이징 5명, 톈진 2명, 상하이 2명, 푸저우 1명, 광동 1명, 난징 1명, 창사 1명), 실업 및 금융계 5명, 시민운동 4명, 언론 및 출판계 3명, 의사 1명이다. 일본의 경우는 총 50명이 대 표로 참석했는데, 교육계 17명(도쿄 13명, 교토 2명, 오사카 1명, 시카고 1명), 정치·외 교계 9명, 언론 및 출판계 11명, 실업 및 금융계 10명, 시민운동 3명으로 구성되 었다.

이 책 〈표 3-5〉에서 자세히 확인할 수 있듯이 제3회 IPR에서는 기계문명과 전통문화의 접촉, 공업화 문제, 중국 치외법권 철폐 문제와 조차지 취소 문제, 만주 문제, 인구와 식량 문제, 태평양 외교 문제 등이 논의되어, 주제와 관련이 있는 전문가들이 참석했다. 제3회 IPR 회의에서는 접대 프로그램도 있었다. 영 국의 헤일샴(Hailsham)은 다양한 활동이 교토에서 열렸는데, 가든파티, 티타임, 저녁 식사 등 온갖 환영 행사가 준비되었고 일본 정부에서 철도 자유 이용표도 제공해주었다고 했다(Hailsham, 1930: 339)[이 책의 〈부록 3: 제3회 IPR 회의 접대 프로그램(1929.10.24~11.15)〉 참조].

이 책의 〈부록 4: 1931년 상하이 회의 참석자 명단〉에서 구체적으로 확인해 볼 수 있듯이 제4회 IPR 회의 참석자는 166명으로, 그중 각국 대표 129명, 비서 및 사무원 20명, 호놀룰루 본부 사무원 5명, 나머지 12명이 권속이었다. 국가별로는 중국이 37명, 미국 34명, 영국 22명, 일본 21명, 캐나다 18명, 호주 11명, 뉴질랜드 및 필리핀이 각 6명, 그 외 참관인으로 네덜란드와 국제연맹이 각 1명, 국제노동국에서 3명이 참가했다(佐藤安之助, 1931: 95). 각국의 자료에 따라 참가자 수에 차이가 있다. 중국 자료에 의하면 제4회 IPR 참가자가 140명이고 중앙집행부의 직원 5명과 각 참가국 직원 및 회원 가족 34명을 포함하면 179명이다(劉馭萬, 1932: 7). 참가자는 중국 38명, 미국 26명, 영국 20명, 일본 19명, 캐나다 11명, 호주 9명, 뉴질랜드 6명, 필리핀 5명, 네덜란드 1명, 국제연맹 2명, 국제노동국 3명이다. 네덜란드, 국제연맹, 국제노동국에서 참가한 참관인과 출석 회원 중 여성은 24명이었다(劉馭萬, 1932: 6~7). 직업 분포를 보면 교육계 44명, 상업 및 은행업 26명, 정계(현직 및 은퇴자) 17명, 사회서비스 12명, 언론계 9명, 변호사 6명, 부녀운동 지도자 4명, 작가 4명, 기술자 4명, 노동전문가 2명, 의사 2명, 기타 10명(劉馭萬, 1932: 7)이다.

미국 IPR 자료에 의하면, 제4회 상하이 회의는 시국의 여파로 각국 대표가 자유롭게 참가하기 어려웠기 때문에 150명만 참석했다고 한다. 호주·뉴질랜드·필리핀·중국·일본·영국·캐나다·미국에서 참가했고, 네덜란드 동인도(Dutch East Indies)·국제연맹·국제노동기구에서 참관인을 보냈다고(斉藤惣一, 1932: 1~2) 한다.

이 책 4장의 〈표 4-2〉에서 확인할 수 있듯이, 제4회 IPR 회의에서는 태평양의 무역 관계와 중국의 경제 발전 가능성, 노동 문제, 문화와 사회관계, 태평양에서의 외교 기관, 태평양 주변국의 독립과 원주민, 중국의 외교 관계 등이 논의되었다. 제4회 참석자도 주제와 관련된 전문가가 참석했다.

IPR 회의의 정점인 원탁회의는 형태적으로나 내용적으로 보면 객관적이고 학술적으로 기탄없이 토론해야 하기 때문에 참석자는 유자격자로 국한했다. 국제 문제를 무비판적으로 국민감정에 호소하게 되면 불행한 충돌을 야기할 수 있다. 이런 까닭에 감정에 지배되지 않고 냉정하고 객관적으로 문제의 본질을 검토하며, 국민감정도 반성하고 숙고해 문제 해결이 합리화될 수 있도록 하는 데 공헌하고자 했다(長野朗, 1929: 60). IPR 회의 그 자체가 자국의 정치적 경제적 이익을 추구하기 위해 정치적인 선전의 도구로 활용될 수 있는 가능성을 철저히 경계했던 것이다(松岡洋右, 1931: 5).

≪뉴리퍼블릭(The New Republic)≫의 기자 크롤리가 "정치적으로 들에 핀 백합"(斉藤惣一, 1932: 97)이라고 묘사한 IPR 회의는 '사실발견위원회'라고도 불렸다(鶴見祐輔, 1938: 157). IPR의 사명은 국민외교라는 명목으로 국가 외교 정책에 간여해 효과를 발생시키는 것이 아니라, 사실에 기초해 조사하고 공개 강연과 원탁회의를 통해 "자유, 솔직, 대담함"이라는 IPR 회의의 표어대로 진솔하게 논의해 문제점을 확인하고 비판하는 것이었다(安富正造, 1929: 57). 대화의 진솔함을 확보하기 위해 비밀을 유지하기도 했는데, 이는 현대적 의미의 자유사상과 본질적으로도 부합되는 것으로 보인다(安富正造, 1929: 48). 사실에 기반을 둔 학술적 연구와 실제 문제 등을 연결시키는 것이 본래의 사명이므로 회의에서 다루는 의제를 학술적으로 연구하고 토론하지만, 일국의 외교 방침을 추진하거나 국위를 선양하는 것이 아니기 때문에 의결은 하지 않았다. 회의 참석자는 자기 자신을 대표하므로 국가적 위상을 놓고 싸울 필요가 없으며, 적극적인 이익이나 결과를 위해 노력할 필요가 없었다(Condliffe, 1969: 156).

그렇지만 회의에 참석한 전문가들의 자유로운 발언은 각국 정부가 취해야 할 방침을 암시했고, 잠재적으로는 정치적·외교적 파급력이 컸기 때문에 태평양 각국과 태평양에 관련된 열강은 상당히 심혈을 기울여 참가자를 인선했다

(潘雲龍, 1978: 3).

　　물론 참가자로 인선되었다고 해서 모두 대표성을 인정받은 것은 아니다. 중국의 경우, 중국 참가자가 중국 전체를 포괄적으로 대표하기는 어렵다고 하면서 새로운 피의 수혈이 필요하다는 의견도 제시되었다(CULMC, "Notes on Confidential Interview with Mr. George Sokolsky", 1931.3.26: 7). 중국의 경우 베이징 대학이나 톈진의 난카이 대학이 주체가 되었기 때문에 나름 저명한 인물이기는 했지만 지역적 편향성이 있을 수 있었다. 또한 전 중국을 대상으로 참가자를 선정하는 데도 한계가 있었다.

## 2) IPR 회의의 의의

　　각국에서 다양한 분야의 전문가가 참여해 각종 주요 사안에 대해 토의했던 IPR 회의에 어떤 의미를 부여할 수 있을까?

　　첫째, IPR은 '세계적 차원'에서 아시아·태평양을 대상으로 하는 국제 학술의 장을 형성했다.

　　서구에서는 1920년대 말까지 아시아 및 태평양과 관련해 체계적인 학문이나 대학원 프로그램이 없었으며, 연구소, 전문 학회, 정규적인 회의, 관련 도서 자료실 또한 없었다. 이런 가운데 조지 블레이크슬리(George Hubbard Blakeslee)가 「최근 미국의 외교정책(The Recent Foreign Policy of the United States)」(1925), 「극동: 국제 조사(The Far East: An International Survey)」(1938)를, 스탠리 호른베크(Stanley Hornbeck)가 「중국의 오늘(China Today: Political, World Peace Foundation pamphlets)」(1927), 「극동의 당대 정치(Contemporary Politics in the Far East: American imperialism)」(1970), 「외교적 좌절(The Diplomacy of Frustration: The Manchurian Crisis of 1931~1933)」(1981)을 저술했다. 케네스 라투레(Kenneth Scott Latourette)은 「일본의 발전(The Development of Japan)」(1918), 「중국인 역사와 문

화(The Chinese, their History and Culture)」(1934), 「극동간사(A Short History of the Far East)」(1946)를 저술하는 등 일부 학자들이 관련 분야 연구에 박차를 가했지만, 학과에 가장 기초적인 과정을 개설할 정도로 체계를 갖추지는 못했다. 이런 상황에서 거의 IPR 홀로 이런 풍토를 변화시키기 위해 노력했다.

최초의 민간 국제 비정부기구로 평가되기도 하고 서양의 대동아시아 정책과 동아시아학을 창시한 배경으로 평가되는 IPR은 1960년대 초 시대의 변화와 미국의 매카시즘, 경제적인 문제로 해체되기 전까지 주요 대회를 13차례 개최했다(Hooper, 1995: 3; Woods, 1999).

1925년과 1927년 제1·2차 회의는 미국 호놀룰루, 제3차 대회는 1929년 일본 교토, 제4차 대회는 1931년 중국 상하이와 항저우, 제5차 대회는 1933년 캐나다 반프, 제6차 대회는 1936년 미국 요세미티, 제7차 대회는 1939년 미국 버지니아비치, 제8차 대회는 1942년 캐나다 몽트랑블랑, 제9차 대회는 1945년 미국 핫스프링, 제10차 대회는 1947년 영국 스트랫퍼드, 제11차 대회는 1950년 인도 러크나우, 제12차 대회는 1954년 일본 교토에서 개최되었고, IPR이 해체되기 전 공식적으로 개최된 제13차 회의는 1958년 파키스탄 라호르에서 개최되었다(Hooper, 1995: 102). IPR은 시대적 사명을 다하기까지 활동을 하면서 다양한 성과를 냈다(Thomas, 1974: vii).

IPR은 지속적으로 회의를 개최함으로써 아시아·태평양과 관련된 다양한 주제에 대해 연구 프로그램을 활성화하고 연구·토론한 내용을 출판해 근현대 아시아·태평양 연구의 기초를 다졌다(Hooper, 1988: 98). 다른 어떤 기관도 IPR같이 학문적 영역에 크게 공헌한 조직은 없었다고 할 수 있다.

로싱 버크(Lossing Buck)의 『중국의 토지 활용(Land Utilization in China)』, 조지 카힌(George Kahin)의 『인도네시아의 민족주의와 혁명(Nationalism and Revolution in Indonesia)』, 펠릭스 키싱(Felix Keesing)의 『현대 사모아(Modern Samoa)』, 오언 래티모어의 『중국의 아시아 내륙 변경(Inner Asian Frontiers of China)』, 허버트

노먼(Herbert Norman)의 『근대 국가 일본의 출현(Japan's Emergence as a Modern State)』, 리처드 토니(Richard Tawney)의 『중국의 토지와 노동력(Land and Labour in China)』, 덩쓰위와 존 페어뱅크[Teng Sse-yu(鄧嗣禹) and John King Fairbank]의 『서양에 대한 중국의 응전(China's Response to the West)』 등은 IPR의 중요한 저서로 손꼽힌다(Hooper, 1995: 98).

이와 같은 연구에 간접적으로 영향을 받아 새로운 연구 과제를 생성한 경우도 있다. IPR 회의에서 토론을 위해 사전에 준비한 자료는, 회의를 통해 과학적으로 충분히 인정된 것만 엄선해 IPR 종합 보고서에 부록으로 수록했다. 이런 자료를 많은 각국의 연구자뿐만 아니라 학생들이 인용해, 대학에서의 수업과 성인 교육에 적절히 활용되어, 사회에서 공공연히 받아들이는 보편적인 지식으로 자리잡아갔다.

IPR의 연구자들은 그동안 전혀 연구되지 않았던 선구적인 주제를 선정해 연구했기 때문에, 사회적으로 명성도 얻고 존경의 대상이 되었다. 로싱 버크 교수의 '중국 농업 연구'와 브루노 래스커(Bruno Lasker)의 '필리핀 이민 연구'가 대표적인 사례이다. 또한 만주 문제와 관련된 일련의 연구는 리튼 조사단이 보고서를 작성했을 때, 사건의 역사적인 배경을 이해할 수 있는 기초 자료로 역할을 했다(CULMC, "The value of the work", 1933).

이는 단순히 연구의 가치를 파악하고, 연구 분위기가 조성되지 않은 국가에 몇 차례 연구 기회를 제공하는 데 그친 것이 아니라, 이를 계기로 각 국가에 영구적인 연구 기관을 설립하도록 이끌었다는 점에서 성과라고 할 수 있다. 또한 학생들에게 정확하고 과학적인 학문적 태도를 훈련시켜 근대 국가를 통치하는 데 꼭 필요한 전문적 지식을 효과적으로 익힐 수 있게 했다는 점이 무엇보다 중요하다.

난징 대학의 로싱 버크 교수가 학생들과 함께 진행한 거대한 홍수 피해와 관련된 재난 조사는, 급박한 상황에서 정부가 어떻게 대처해야 하는지를 잘 보여주었다. 이 연구에 참여한 이들은, 1932년 일본 침략 후 정부의 요청을 받아 상하이 외곽의 전쟁 피해를 조사해 성과를 내기도 했다(CULMC, "The value of the work": 36).

톈진의 난카이 대학 경제학과는 1928년 이래 여러 가지 프로젝트를 수행했는데, 1931년에는 중국과 외국으로부터 지원을 받아 향후 난카이 경제연구소를 설립하는 데 초석을 마련했다(CULMC, "The value of the work": 36).

또한 극동 연구에서도 매우 중요한 성과가 있었다. 중국과 일본 대학에서는 IPR 프로젝트 연구를 통해 생생한 사회과학적 주제를 교육할 수 있었다. 사라져버릴 권력이나 이미 조사된 자료를 서류화하는 데 머물지 않고, 기금을 지원받아 연구에 몰두함으로써 현실에서 직면하는 문제를 직접적으로 접하며 실용적으로 연구할 수 있었다. 가령 독일인이나 네덜란드 학자가 쓴 책으로 중국의 농촌 현실을 배우는 것이 아니라, 실제로 시장에서 씨앗을 구매하며 중국의 농촌현실을 직접 조사했기 때문에 중국의 수공업, 가내공업, 공장 등의 현실을 파악할 수 있었다. 이는 현실에 뿌리내린 실제를 이해하는 것으로, 책으로 배우는 것과는 차원이 달랐다. 이를 계기로 국가의 기반이 되는 경제를 가르치고 다양한 차원에서 현실을 생생히 반영한 연구를 수행해 중국 교육의 미래에도 중대한 역할을 했다고 평가받았다(CULMC, "The value of the work": 37). 물론 연구에 참여해 현실을 파악하고 실용적인 효과를 경험할 수 있었던 연구자나 학생 수가 극히 제한적이어서 한계는 있으나, 변화를 꾀할 첫걸음으로 큰 의의가 있었다.

둘째, IPR은 꾸준히 회의를 개최해 아시아 관련 학문을 진작시켰으며, 다양한 연구 프로젝트를 진행해 많은 관련 저서를 출판할 수 있었다. 동아시아학과 관련해 대학출판사도 이제 막 첫걸음을 떼던 1930년대에, IPR는 상업적 출판을 확대해 동아시아 관련 학문을 확산시키는 데 기여했다(Thomas, 1974: 7).

중요한 저작물을 출판할 때는 단순히 개별 연구자들의 개인적 관심에 따라 주제를 선정하는 것이 아니라 IPR 연구위원회에서 주제를 정해 연구를 충분히

| 표 2-1 | 1928~1933년 국제연구위원회 연구 과제명

(단위: 달러)

| 과제명 | 비용 | 비고 |
|---|---|---|
| 식량, 인구와 토지 이용 | 92,000 | SSRC의 7500 달러는 포함하지 않음 |
| 만주 경제와 정치 연구 | 31,000 | |
| 중국과 일본의 산업 발달 | 23,000 | |
| 중국과 일본의 농촌 문제 | 17,500 | |
| 태평양 원주민 보호 | 17,500 | |
| 관세 무역과 투자 | 17,750 | SSRC의 1만 7000달러는 포함하지 않음 |
| 국제 정치와 법학 | 10,500 | |
| 문화 관계 | 12,000 | |
| 이민과 생활 수준 | 9,000 | |

자료: CULMC("The Main Fields of Research", 1933: 23).

지원함으로써 연구의 질을 향상시켰다. 이 책의 〈부록 5: 국제연구위원회〉에서 볼 수 있듯이 각국의 연구 위원들이 참가하고 있었기 때문에 특정 국가가 일방적으로 주제를 결정하는 것을 피할 수 있었으며, 회의를 개최해 토론한 후 주제를 결정하여 특정 열강의 입김을 차단하려 노력했다. 연구 관련 회의의 회의록만 단순히 작성한 것이 아니라 발언까지도 일일이 기록한 데서 그런 노력을 확인할 수 있다(CULMC, "China conference Interim Program Suggestion", Box 450). 각국 IPR에서 제안한 내용이나 아시아·태평양의 민감한 정치 및 국제 관계와 관련된 사안이 회의의 주제가 되었으며, 연구 주제를 결정하는 국제조사위원회에는 영국이나 미국뿐만 아니라 중국과 일본 위원들도 참석했다(CULMC, "International Research Committee", Box 459). 이런 과정을 거쳐 출판된 자료는 아시아·태평양학을 학문적으로 구성하는 데 기반이 된 과제의 연구 영역을 확장시키는 데도 기여했다.

1928년부터 1933년 사이에 국제연구위원회에서 진행한 연구 항목은 〈표 2-1〉과 같다.

연구 과제 중 가장 큰 프로젝트는 식량·인구·토지 문제(Problems of Food Supply, Population and Land Utilization)로, 회의 때마다 이 주제와 관련해 소규모 프로젝트가 진행되었다(CULMC, "The Main Field of Research").

해당 기간 중 더 구체적인 연구 과제를 살펴보면 〈표 2-2〉과 같으며(CULMC, "The Development of the Program", 1933; 4~8), 각국의 연구 주제와 연구비 현황에 대해서는 〈부록 6: IPR 연구 프로그램〉을 참조할 수 있다.

표는 시기에 따른 연구 과제의 변화상을 보여줄 뿐만 아니라 연구 수행 행태의 변화도 함께 보여준다.

연구 과제의 변화상을 시기별로 나누어보면, 첫 번째 시기(1928~1929)는 중요한 주제를 선정해 조사·연구하는 데 집중했다. 그러나 두 번째 시기(1930~1931)에는 1929년 제3회 IPR 회의를 거치면서 연구위원회의 구체화된 연구 계획의 중요성을 깨달아 새로운 영역의 주제를 여러 개 선택해 연구했다. 세 번째 시기(1932~1933)에는, 1931년 제4회 IPR 회의를 거치면서 연구 주제의 확장뿐만 아니라 특정 연구 주제에 대해 각국 IPR이 공동으로 참여해 협력 연구를 하고, 이에 대해 요약 및 종합·정리할 필요를 느꼈으므로 새로운 차원의 프로젝트를 진행했다.

앞에서 언급했듯이 IPR의 연구는 갈등 상황만 대상으로 한 것이 아니라 근본적으로 새로운 환경의 창출에도 관심을 기울였다. IPR의 연구는 표면적인 현상뿐만 아니라 시간에 따른 변화나 움직임도 포착하려고 했다(TUBCA, Handbook of the Institute of Pacific Relations, Box 81: 32). 따라서 시기에 따라 연구 주제를 달리했을 뿐 아니라 연구 형태를 확대하거나 변화시켰다. 게다가 IPR에서 연구한 주제를 근간으로 개별 연구를 실시하는 경우도 많아, 연구 주제의 다양화와 특정 연구의 심화에도 크게 공헌했다.

리처드 토니(Richard Tawney) 교수의 중국 연구에 영향을 받은 난카이 대학 경제연구소 C. M. 창(C. M. Chang) 교수는 「중국 북부 지방 정부와 마을 조직」

| 표 2-2 | IPR 연구 프로젝트 일람표

| 연도 | 이름 | 소속 | 과제명 | 비고 |
|---|---|---|---|---|
| 1928~1929 | W. J. 힌턴 (W. J. Hinton) | 홍콩대학 정치경제학과 | 영국령 말라야로 간 중국인 이민 | 1929년 IPR 회의 데이터 페이퍼 (Data Paper)로 출간 *Government of Pacific Dependencies: British Malaya* |
| | 쉬수시 (Shuhsi Hsu) | 베이징 옌칭 대학 정치학과 | 정치적 관점으로 본 만주 문제 | 1929년 IPR 회의에서 의사록 (Proceedings)으로 제출 Problems of the Pacific 1929 |
| | 추샤오 (Chu Hsiao) | 톈진 난카이대학 경제학과 | 경제적 관점으로 본 만주 문제 | 1929년 IPR 회의 자료로 제출, 만주의 통계 조사 Problems of the Pacific 1929 |
| | 로야마 마사미치 (Masamichi Royama) | 도쿄 제국대학 공공행정학과 | 만주에서의 일본의 지위 | JIPR에서 1929년 회의 자료로 제출 Problems of the Pacific 1929 |
| | 로싱 버크 (Lossing Buck) | 난징 대학 농경제학과 | 중국의 토지 이용 | 중국의 농촌 경제, 시카고 대학 출판사와 상하이 상업출판사 연구 기간 1929~1933년 |
| | 나스 시로시 (Shiroshi Nasu) | 도쿄 제국대학 농학과 | 일본의 토지 이용 | 1929년 회의에서 데이터 페이퍼로 제출 연구 기간을 연장해 시카고 대학 출판사에서 『일본의 토지 이용』으로 출판 |
| 1930~1931 | 다카야나기 겐조 (Kenzo Takayanagi) | 도쿄 제국대학 | 세계적으로 본 보이콧의 활용과 효과에 관한 비교 연구(동아시아 중심) | |
| | F. M. 케싱 (F. M. Kessing) | | 태평양 지역 원주민과 보호령 | 이 프로젝트는 다른 여러 국가의 IPR과 협력 연구를 하도록 함 |
| | 나스 시로시 | 도쿄 제국대학 | 일본 농촌 사회생활 변화 연구 | |
| | R. H. 토니 (R. H. Tawney) | 영국 경제사학자 | 중국의 농업과 산업 | 중국의 토지와 노동력 (Allen and Unwin, London) |
| | J. 코트먼 (J. Coatman) | 런던정경대학 제국 경제 관계 학과장 | 영국의 태평양 무역 주도권 | |
| | 공동 연구 | 각국 IPR 협력 | 이민 문제 | 1925년 회의 과제와 관련된 것으로 각국 IPR과 협력 연구 |
| | 프랭클린 호 (Franklin Ho, 何廉) | 난카이 대학 | 중국 내지에서 만주로의 중국농민 대량 이민 | |
| | | | 조선과 뉴질랜드의 토지 이용에 대한 조사 | |
| | D. K. 류 (D. K. Lieu) | 난징 통계국 | 상하이 지역의 산업화 | |
| | J. 아사리 (J. Asari) | 국제노동국 도쿄 지사 | 일본의 산업 발달과 산업 효율성 | |

| 연도 | 이름 | 소속 | 주제 | 비고 |
|---|---|---|---|---|
| 1932~1933 | 노먼 매켄지 (Norman McKenzie) | 토론토 대학 | 기존 중요 연구의 요약과 비교·검토 | |
| | 필리프 라이트 (Philip Wright) | 전 워싱턴 브루킹스 연구소원 | 태평양의 무역 관세 | 1931년 회의 과제 종합 |
| | C. L. 앨스버그 (C. L. Alsberg) | 스탠퍼드 대학 식량연구소 | 토지 이용 관련 프로젝트 종합 | |
| | | | 태평양의 군비와 외교 연구 | 호주 연구위원회에서 종합 |
| | 각 국 IPR | | 태평양의 통신과 교통 조사 | 노먼 매켄지와 미스 엘리자베스 그린(Miss Elizabeth Green)이 종합 정리 |

자료: CULMC("The Development of the Program", 1933: 4~8)을 참고해 재구성.

을 연구했으며, 또한 H. D. 퐁(H. D. Fong) 교수의 「톈진의 도시와 공장 산업」을 기반으로 「중국 북부 지역 수공업 프로젝트」로 확대했다. 또한 새로운 프로젝트로 필리핀 대학 사회학과의 마카라이그(Macaraig) 교수는 「필리핀의 인구 재배치와 토지 이용의 문제」를 연구했다.

연구비를 지원받으며 시작된 연구는 아니지만, 추후에 지원받는 경우도 있다. 문화와 관련된 마쓰미야(Matsumiya) 교수의 「일본 가족 시스템」과 판춰엔틴(Quentin Pan) 교수의 「중국의 인간성에 대한 연구」가 이에 해당한다(CULMC, "The Development of the Program", 1933: 8).

IPR 연구위원회는 토지 사용 문제를 종합적으로 비교·검토하는 것이 의미가 있다고 판단해 몇 개 국가에서 동시 프로젝트로 진행한다거나, 장기적 연구를 할 수 있도록 배려했다. 기반이 되는 연구를 중심으로 새로운 연구가 파생될 수 있도록 하여 각 주제에 따른 연구의 폭과 깊이를 심화하도록 노력했다.

연구 프로젝트는 IPR 연구위원회의에서 주도하는 것뿐만 아니라 각국의 IPR에서 주도해 〈표 2-3〉과 같이 다양한 연구 과제를 만들기도 했다.

영국이나 미국처럼 연구부 혹은 정보부가 잘 조직되거나 일본이나 호주처럼 추진 그룹이 있어 나름대로 체계적인 조사·연구 계획을 세우는 경우도 있었지

| 표 2-3 | 각국의 IPR 연구 과제명

| 연도 | 국가별 | 과제명 | 비고 |
|------|--------|--------|------|
| 1928 | 호주 | 호주인 | 멜버른 대학 출판사 |
| | | 호주 관련 연구 | 멜버른 대학 출판사 |
| 1929 | 일본 | 근대 일본의 서양 영향 | 시카고 대학 출판사 |
| | 뉴질랜드 | 뉴질랜드 관련 연구 | 크라이스트처치 연구소 |
| 1931 | 중국 | 중국 문화 연구 | CIPR(상하이) |

자료: CULMC("The Development of the Program", 1933).

만, 모든 국가의 조직이 일률적인 것은 아니어서 각국의 형편에 맞게 회의를 위한 조직체를 운영했다(CULMC, "Research in the National Councils": 14).

호주의 경우 시드니와 멜버른의 호주 국제관계연구소(The Australian Institute of International Affairs)가 주도적인 역할을 했는데, 주된 연구 프로젝트로는 「호주의 정착(The Peopling of Australia)」, 「호주인 연구(Studies in Australian Affairs)」, 「뉴기니아에 대한 호주인의 의무(The Australian Mandate for New Guinea)」가 있었다. 1931년까지 캐나다 국제관계연구소(The Canadian Institute of International Affairs)는 비교적 소규모의 연구 프로그램인 '원주민 연구', '외국인 상황', '관세와 무역' 등을 수행했다. 그러나 1931년부터 토론토 대학의 노먼 매켄지(Noman McKenzie)가 ≪퍼시픽 어페어스(Pacific Affairs)≫의 편집인으로 참여해 '태평양의 교통과 통신' 등에 관한 프로젝트를 진행하면서, 무역 및 투자 등에 좀 더 관심을 두고 연구했다. IPR은 각국의 토지 이용 문제나 태평양의 외교 기관과 관련된 특정 과제, 태평양의 교통, 관세 및 무역과 관련된 프로젝트는 모든 국가가 협력해 연구할 수 있도록 독려했다(CULMC, "The 1931 report of the research committee": 39).

캐나다 IPR은 7~8개 주요 도시에 지소를 두고 활동하며 분산 연구했다. R. A. 매카이(R. A. Mackay, 핼리팩스의 댈하우지 대학)나 H. F. 앵거스(H. F. Angus, 브리티시 컬럼비아 대학)는 연구 활동에 참여했고, 그 외 존 매카이(John Mackay, 위니펙),

C. C. 코완(C. C. Cowan, 오타와), H. F. 갤리(H. F. Galley, 리자이나), 존 임리(John Imrie, 에드먼턴), 코벳(Dean P. E. Corbet, 몬트리올 맥길 대학) 등이 활동에 참여했다 (CULMC, "Research in the National Councils", 1933: 14~15).

1928년부터 1933년까지 12만 달러의 연구비를 쏟아부으면서 연구한 것은 중국이다. 1929년 IPR 회의를 위해 추샤오(C. L. hisao, 메드허스트 대학) 교수는 '상하이의 국제 정착(The International Settlement at Shanghai)'이라는 과제를 연구해『상하이 상황(The Status of Shanghai)』(Kelly and Walsh, 상하이)으로 출판했다. 1931년에는 제4회 회의를 위해 '중국 문화 심포지엄'(CIPR, 상하이)을 준비했으며, 1933년 제5회 캐나다 반프 회의를 위해서는 삶과 음식, 관세권, 치외법권, 중국 광산 관련 이익과 광산물의 해외 운송 등 다양한 자료를 준비했다.

영국의 경우는 RIIA가 굳건히 자리하면서『국제 정세 개관(A Survey of International Affairs)』(Oxford University Press)을 출판하는 등 학문 진작에 크게 기여했다. 특히 1930년에 토인비가 영국 RIIA의 연구 책임자가 되면서부터 활발히 활동했다. 영국 그룹은 '중국에서의 영국 투자(British investments in China)'와 '태평양 지역의 영국 무역(Trade in the British Pacific Dominions)' 등의 프로젝트를 수행했다(CULMC, "Research in the National Councils", 1933: 16).

IPR 연구에서 가장 중요한 주제로 자리 잡은 중국에 이어, 두 번째 관심국이던 일본은 1928년부터 1933년까지 5만 2000달러의 연구비를 투입해 아홉 가지의 주요 과제와 소규모 연구를 진행했다. 니토베 이나조(新渡戸稲造, Inazo Nitobe)의 「근대 일본의 서양 영향(Western Influences in Modern Japan)」이나 나스 시로시(那須皓, Shiroshi Nasu)의 「일본의 토지 이용(Land Utilization in Japan)」, 로야마 마사미치(蝋山政道, M. Royama)의 「만주에서의 일본의 위상(Japan's Position in Manchuria)」이 특기할 만한 것이다(CULMC, "Research in the National Councils", 1933: 17~18).

네덜란드는 드카트 안엘리노(A. de Kat Angelino)가 「식민정책(Colonial policy)」

연구에 참여했고, 뉴질랜드는 벨쇼(H. Belshaw, School of Commerce, Auckland University College)가 「뉴질랜드 토지 이용(Land Utilization in New Zealand)」 연구에 참여했다.

필리핀은 1931년 공식적으로 IPR 회의에 참석한 이후부터 적극적으로 활동에 참여했으며, 필리핀 대학의 마카라이그는 F. M. 키싱(F. M. Keesing)의 「필리핀 산악인 연구」 조사에 협력했다(CULMC, "Research in the National Councils", 1933: 18).

미국 IPR은 1931년 회의 이래로 산하에 연구 인력을 둘 정도로 커져 다양한 연구 기관에 영향력을 미쳤다. 엘리엇 미어스(Eliot G. Mears)의 『미국 태평양연안에 거주하는 동양인(Resident Orientals on the American Pacific Coast)』과 매켄지(R. D. McKenzie)의 『동양인 이민(Oriental Immigration)』이 모두 시카고 대학 출판사에서 출판되었다. 1931년 회의를 위해 필립 라이트(Mr. Philip G. Wright)의 『미국 관세와 동양 무역(American Tariffs and Oriental Trade)』과 필드(Mr. F. V. Field)의 『중국 컨소시엄의 미국 참여(American Participation in the China Consortium)』가 준비되었는데, 이것도 시카고 대학 출판사에서 출판되었다. 1931년 이래 정식 멤버로 IPR 활동에 참여한 소련은 시베리아나 태평양 지역 영토 관련 문제에 적극적으로 참여해 그동안의 공백을 메웠다. 소련은 레닌그라드의 사회과학원(The Academy of Science)과 모스크바 공산과학원(The Communist Academy of Science), 소비에트 아시아 과학연구회(The Soviet Asia Scientific Research Society), 모스크바와 레닌그라드의 동아시아연구소(The Oriental Institutes in Moscow and Leningrad) 등이 참여했다(CULMC, "Research in the National Councils", 1933: 19~20). IPR 재정의 구체적인 현황은 이 책 〈부록 7: IPR 재정 상황표〉에서 확인할 수 있다.

IPR이 선정한 주제를 연구하기 위한 기금은 사회과학연구위원회, 카네기 재단이나 록펠러 재단 등에서 지원했다. T.우즈(T. Woods)는 IPR과 록펠러 재단이 긴밀히 연관되어 있다고 지적했다(Woods, 1999). 사회과학연구위원회는 1928년 다섯 개 프로젝트에 4만 600달러를 지원해주었으며, 상하이 대학(Shanghai College) G. B. 크레시(G. B. Cressey)의 「중국의 경제지리학(The Economic Geography of China)」 과제도 지원했다(CULMC, "The Development of the Program", 1933: 5~6).

카네기 재단에서는 1926년에 11만 5000달러, 1927년에 2만 5000달러를 지원했다. 록펠러 재단은 1926년에 1만 5000달러를 지원했고, 1928년에는 1만 달러, 1929년과 1930년에는 조건이 명시된 지원금 2만 5000달러(CULMC, "Financial History", 1933: 9)와 조건 없는 지원금 2만 5000달러를 지원했다. 1950년 까지 지속적으로 지원한다고 명시된 2만 5000달러는, 1931~1933년까지 외부에서 들어온 현금 2달러당 1달러, 즉 2 대 1 비율로 2만 5000달러까지 지원했으며, 1934~1935년까지는 3달러당 1달러, 즉 3 대 1 비율로 2만 5000달러를 지원했다. 이는 IPR이 받은 지원금의 50% 정도에 해당하는 금액이었다(Hooper, 1995: 102~103). 록펠러 재단이 1924년부터 1945년까지 IPR에 지원한 금액은 150만 달러 내지 180만 달러로 추산되기도 한다(Woods, 1999: 152).

참고로 중앙비서국의 예산을 보면, 1930년의 경우 국제적인 연구 예산이 4만 8542.79달러이고, 경상비용은 8만 706.69달러여서 총 12만 9249.48달러였다. 1931년의 경우에는 국제적인 연구 예산이 5만 4750달러, 경상비용이 9만 9130달러로 총 1538만 8000달러였다(TUBCA, Report of Acting General Secretary: 1; CULMC, "Financial History", 1933: 9).

특정 주제에 대해서는 상당한 금액을 별도로 지원하기도 했는데, 1928년부터 1935년까지 7만 달러를 제공받은 로싱 버크는 난징 대학과 협력해 중국의 토지 활용 문제를 연구해 성과를 냈다. 나스 시로시의 경우 도쿄 제국대학 연구생들이 대거 참여해 일본의 토지 활용 문제를 연구했다(Hooper, 1995: 105).

장기적인 연구로는 「중국의 토지 이용(Land Utilization in China)」, 「톈진의 산업화(Industrialization Project in Tientsin)」, 「인구이동(The Population Movement Project)」, 「상하이의 공업화(Industrialization Project in Shanghai)」, 「만주 연구(Manchurian

Studies)」가 있다(CULMC, "Manchurian Studies").

그중 쉬수시 교수는 1930년 500달러를 지원받아 ① 「만주 문제(The Manchurian Questions)」(개정판), ② 「만주 문제와 관련하여(Questions Relating to Manchuria)」, ③ 「만주의 딜레마(The Manchuria Dilemma: Force or Pacific Settlement)」, ④ 「만주에서의 일본 은행권(Japanese Bank Notes in Manhuria)」, ⑤ 「만주 재정(The Finance of Manchuria, 중국어)」, ⑥ 「만주의 조선인 문제(The Problem of the Koreans in Manchuria, 중국어)」(CULMC, "Manchurian Studies", 1931) 등을 연구했다.

IPR은 산하의 각종 위원회 심의와 회의 과정을 통해 학문적으로 의미가 있다고 평가된 자료는 출판함으로써, 그 성과를 공유하는 데 크게 기여했다(CULMC, "Selection of Publications Embodying Institute Research", 1933: 40, IPR의 선택적 출판 목록에 대해서는 〈부록 8: IPR의 선택적 출판 목록(1928~1933)〉을 참조). 그렇지만 IPR의 활동에서 드러난 수많은 '오해'와 '비판' 또는 '진실'과 '사실'의 간극은 계속된 연구를 통해 해석하고 평가해야 한다.

셋째, IPR은 아시아·태평양 관련 도서를 체계화하는 데도 기여했다.

현재 서구에서 아시아·태평양과 관련된 도서 자료가 가장 많은 곳은 하버드 옌칭 도서관이다. 1928년 미국에서 알루미늄 회사(The Aluminum company of America)를 창업한 찰스 홀(Charles M. Hall)의 지원을 받아 건립된 하버드 옌칭 연구소가 적극적으로 동아시아 관련 자료를 수집한 결과이다.[1] 그러나 1959년 P. 버크(P. Buck)가 하버드 대학 도서관장으로 취임하기 전에 한 "1903년에 하버드의 논문 중 고대 그리스·라틴, 서유럽, 미국 이외의 주제를 다룬 논문은 단 하나도 없었다"(월러스틴, 2001: 134)는 말에서 20세기 초 미국에서의 아시아·태평양(동아시아) 연구의 수준을 단적으로 보여준다. 이런 상황에서 벗어나 아시아·태평양학의 연구 기반을 갖출 수 있었던 것은 IPR이 있었기 때문이다.

---

1    History of the Harvard-Yenching Institute, www.harvard-yenching.org/history.

IPR은 도서관도 운영했는데, 초기에는 IPR 본부가 하와이 호놀룰루에 있어 하와이 대학에 IPR 도서관을 두었기 때문에 지금도 이 대학에는 상당량의 IPR 관련 자료가 보관되어 있다. 하와이 대학 도서관은 아시아와 관련된 자료와 서적을 수집했는데, 1931년 2100권, 교토 회의 이후 950권이 더 추가되었다. 당시 34권의 학술잡지를 구독했고, 81권은 기관지 ≪퍼시픽 어페어≫와 교환해 얻은 것이며, 63권은 증정받았다(TUBCA, Report of Acting General Secretary: 4). 이 책의 〈부록 9: IPR 도서관 연간물 목록(1931)〉을 보면 1930년 당시 아시아·태평양 문제를 연구하거나 분석한 전 세계의 학술지를 확인할 수 있다.

IPR 도서관의 가치는 1930년 6월 26일 제네바에서 제임스 콘들리페(James Condliffe)가 카터(Carter)에게 보낸 서신을 통해 알 수 있다. 콘들리페는 중앙사무국 F. M. 키싱의 편지 내용을 인용해 카터에게 편지를 보냈다.

우리는 호놀룰루에 있는 자료를 최대한 잘 활용했다. IPR 도서관은 매우 독특하며 소장하고 있는 자료가 모든 미국 도서관을 훨씬 능가하는 것으로 규모가 작은 것은 일시적인 문제이다. 비숍 박물관에서도 IPR보다 더 나은 자료를 얻기 어렵다. 이곳에서 제공되는 모든 것은 다른 곳에는 없는 것이다(TUBCA, "Library Report", 1931: 10).

또한 이 도서관을 활용해본 그레이엄 스튜어트(Graham H. Stuart)는 1930년 12월 16일에 IPR 도서관의 캐슬린 뮤어(Kathleen Muir)에게 편지를 보내 다음과 같이 평가했다.

IPR 도서관은 국제 관계를 배우는 학생들에게 가장 적합하고 가치 있는 자료로 가득하다. 사실 태평양 지역 관계에 대해 이곳의 수집 자료는 이례적인 것이다 (TUBCA, "Library Report", 1931: 11).

파푸아뉴기니, 피지를 연구한 L. A. 맨더(L. A. Mander)는 1931년 6월 13일 도서관의 뮤어에게 보낸 편지에 IPR 도서관 자료는 "특히 태평양과 관련된 국제 관계 자료가 상당히 가치 있어" 연구에 도움이 되었다고 했다. 심지어 "수업 중에 학생들이 읽어야 할 도서가 오직 IPR 도서관에만 있어 협력이 불가피하다"라고 말했다. IPR 도서관에 소장된 국제 관계 학술지의 유용성을 지적했을 뿐만 아니라 다른 도서관에서는 얻을 수 없는 귀중한 연구 자료가 많다고 말했다 (TUBCA, "Library Report", 1931: 12).

이상의 내용에서 확인할 수 있듯이 당시 IPR 도서관은 아시아·태평양 관련 자료를 집중적으로 수집한, 작지만 특색 있는 도서관으로 해당 전문가들의 연구에 도움을 주었다.

IPR은 아시아·태평양 관련 저서 등을 출판했을 뿐만 아니라 자체적으로 잡지를 꾸준히 발행해 이 분야의 연구를 확산시키는 데도 기여했다. IPR의 기관지 ≪퍼시픽 어페어≫는 ≪인스티튜트 뉴 블러틴(The Institute New Bulletin)≫을 1928년에 개명한 것으로, 매달 간행해 학문적 소식지로서 역할을 했다. 1933년 엘리자베스 그린(Elizabeth Greene)(Green, 1930: 92~107)에서 오언 래티모어로 편집장이 교체된 후 1941년까지 논쟁적인 주제를 자주 다루면서 아시아·태평양 학자군을 넓히는 데 기여했다. ≪파 이스턴 서베이(Far Eastern Survey)≫(후에 Asian Survey)는 미국위원회의 지원을 받아 1932년에 발간된 잡지로, 주로 경제적인 면에 초점을 맞췄다. ≪IPR 노트(IPR Notes)≫는 IPR의 일반적인 활동을 지속적으로 보도했다. 각국에 설립된 IPR 관련 조직에서도 기관지를 발행했는데, 영국 RIIA의 ≪인터내셔널 어페어(International Affairs)≫, 프랑스 대외정책연구원(the Centre d'Etudes de Politique Etrangere)의 ≪외교정책(Politique Etrangere)≫ 등이 그것이다(Hooper, 1995: 107~108).

아시아·태평양 연구의 서막을 열면서 국제적으로 폭넓은 활동을 전개하던 IPR은 미국에 불어닥친 매카시즘 열풍과 시대의 변화, 결정적으로는 록펠러 재단의 재정 지원이 끊기면서, 조직을 유지하기 어려워졌다. 매카시가 활동한 시기에는 정치적 현상에 따라 미국 IPR의 극동 전문가들에게 관심이 집중되었다. 특히 아시아 관련 저작물이 출판되면 더 많은 관심을 받았다. 반공산주의 열풍에 휩싸인 1950년대 미국의 정치 현상은 아시아·태평양학 자체에 직접적인 영향을 미쳤다(Thomas, 1974: 120).

결국 IPR은 1960년대 초에 해체되고, 미국위원회는 1962년 2월에 해체되었다. 그러나 호주·캐나다·영국·인도·네덜란드·뉴질랜드·파키스탄의 경우에는 '국제정세연구소(Institute of International Affairs)', '세계정세위원회(World Affairs Council)'라는 이름으로 살아남아 지속적으로 활동했다. 지역 조직이 살아남은 경우도 있었다. 미국 서부 지역은 '세계정세위원회(World Affairs Councils)'로, 호놀룰루 지역은 '아시아·태평양 정세 위원회(The Pacific and Asian Affairs Council)'로 개명되었다. 또한 IPR의 기관지 ≪퍼시픽 어페어스≫는 브리티시 컬럼비아 대학이, ≪파 이스턴 서베이≫는 버클리의 캘리포니아 대학이 출판을 담당했다(Hooper, 1995: 121).

30여 년간 집중적으로 아시아·태평양학을 생산해오던 IPR이 해체됨으로써 특정 주제를 조사·연구하고 논의하던 분위기는 변화했지만, 각국에 남아 있던 IPR 조직들이 타 연구 기관에 계승됨으로써 아시아·태평양학은 나름대로 변화·발전해갔다고 할 수 있다.


## 3. IPR의 만주 관련 간행물

### 1) 만주 관련 간행물의 내용 분석

IPR의 학술 활동 중 가장 큰 비중을 차지하는 것이 중국과 일본을 중심으로

한 아시아·태평양 지역 연구이다. IPR 국제 사무국에서 1925년부터 1952년까지 출간된 간행물 목록을 보면, 중국 관련 자료가 상당하며 그중 이 책에서 집중적으로 다루고 있는 만주 관련 간행물은 총 27종이다(Hooper, 1995: 531, 573~574). 그 외 1종은 일반 중국 연구로 분류되었지만, 그 내용이 랴오닝(遼寧)에 관련된 것이라 이 책에서는 만주 관련 간행물로 간주했다. 이에 따른 총 28종의 만주 관련 간행물 목록은 〈표 2-4〉와 같다.

이 간행물을 먼저 간행 연도별로 나누어보면, 제3회 IPR 회의가 개최되었던 1929년 10종, 1931년 6종, 1932년 1종, 1933년 2종, 1936년 5종, 1939년 1종, 1947년 1종, 1949년 1종, 연도 불명 1종이다.

발행 기관으로 분류해보면, 중국 IPR이 11종, 일본 IPR이 8종, 미국 IPR이 3종, 영국 RIIA이 2종, 미국 IPR과 영국 RIIA가 1종, 국제 IPR이 2종이 간행되었다. 그중 논문 형태가 18종, 단행본이 5종, 팸플릿이 2종, 회보가 1종, 기조연설이 2종이다.

이 중 중국의 자료가 총 11종인데, 저자별로 나누어보면 추샤오(Chu Hsiao) 1종, 판취엔틴(Quentin Pan) 1종, E. C. 닝(E. C. Ning) 1종, 쉬수시(Hsu Shuhsi) 5종, 허우수퉁(Hou Shutung) 1종, 프랭클린 호(Franklin L. Ho) 1종, 중국 IPR 1종이다.

추샤오가 저술한 「만주: 자원·산업·무역·철도와 이민의 통계조사(Manchuria: A Statistical Survey of Its Resources, Industries, Trade, Railways and Immigration)」(Condliffe, 1969)는 부제에서 알 수 있듯이, 만주의 자원·산업·무역·철도와 이민 관련 상황을 통계적으로 검토했다.

쉬수시는 「만주 문제(Manchurian Question)」(Condliffe, 1969: 466~523)에서 이른바 청일전쟁 이래 만주 문제의 기원이 된 일본의 관여, 러일전쟁, 21개조의 문제점을 설명하면서, 만주 문제를 해결하기 위해서는 일본이 노력해야 한다고 주장했다. 제1차 세계대전 중인 1915년 1월 18일, 일본은 자신들의 권익 확대를 요구하는 21개조를 중국 위안스카이(袁世凱) 정부에 강압적으로 요구했고,

| 표 2-4 | IPR의 만주 관련 간행물 목록

| 번호 | 간행물명 | 저자(편자) | 발행 기관 및 연도 | 비고 |
|---|---|---|---|---|
| 1 | 만주 강연: 그 과거와 현재 (Address on Manchuria: Its Past and Present) | 마쓰오카 요스케 | 일본 IPR, 1929 | 제3차 태평양회의 기조연설문 |
| 2 | 만주: 그 과거와 현재 (Manchuria: Its Past and Present) | 마쓰오카 요스케 | 일본 IPR, 1929 | 회의 자료, 논문 |
| 3 | 만주에서 일본의 위상 (Japan's Position in Manchuria) | 로야마 마사미치 | 일본 IPR, 1929 | 회의 자료, 논문 |
| 4 | 만주: 자원, 산업, 무역, 철도와 이민 통계 조사(Manchuria: A Statistical Survey of Its Resources, Industries, Trade, Railways and Immigration | 추샤오 | 중국 IPR, 1929 | 회의 자료, 논문 |
| 5 | 만주에서 중국의 식민화 (Chinese Colonization in Manchuria) | 판취엔틴 | 중국 IPR, 1929 | 회의 자료, 논문 |
| 6 | 중국 식민화와 만주의 발전 (Chinese Colonization and the Development of Manchuria) | 월터 영 | 미국 IPR, 1929 | 회의 자료, 논문 |
| 7 | 만주의 국제관계 (The International Relations of Manchuria) | 월터 영 | 미국 IPR, 1929 | 단행본 |
| 8 | 만주의 외교적 사건 개관 (A Brief Account of Diplomatic Events in Manchuria) | 해럴드 팔릿 | 영국 RIIA, 1929 옥스퍼드 대학(런던) | 단행본 |
| 9 | 북만주의 중국인 농업 (Chinese Farming in Northern Manchuria: Digest from a Russian volume) | E. E. 야시노프 | IPR 국제사무국, 1929 | 팸플릿 |
| 10* | 랴오닝성의 역사적 기록 (Historical Account of the Liaoning Province) | E. C. 닝 | 중국 IPR, 1929 | 회의 자료, 논문 |
| 11 | 만주 정세 강연 (Address on the Manchurian Situation) | 쉬수시 | 중국 IPR, 1931 | 제4차 태평양회의 기조연설문 |
| 12 | 만주 딜레마 (Manchuria Dilemma: Force or Pacific Settlement) | 쉬수시 | 중국 IPR, 1931 | 회의 자료, 논문 |
| 13 | 만주 문제에 관하여 (Questions Relating to Manchuria) | 쉬수시 | 중국 IPR, 1931(베이징) | 회의 자료, 논문 |
| 14 | 만주 문제 (Manchurian Question) | 쉬수시 | 중국 IPR, 1931 | 회의 자료, 논문 |
| 15 | 만주의 일본 은행권 (Japanese Banknotes in Manchuria) | 허우수퉁 | 중국 IPR, 1931 | 회의 자료, 논문 |

| 16 | 만주로의 인구 이동<br>(Population Movement to the<br>Northeastern Frontier) | 프랭클린 L.<br>호 | 중국 IPR, 1931 | 회의 자료, 논문 |
|----|----|----|----|----|
| 17 | 만주 문제<br>(The Manchurian Problem) | 쉬수시 | 중국 IPR, 1932 | 단행본 |
| 18 | 만주의 최근 사건이 경제에 미치는 영향<br>(Notes on the Economic Consequences of<br>Recent Events in Manchuria) | 챈덤하우스<br>연구조 정리 | 영국 RIPR과<br>미국 IPR, 1933 | 제5차 태평양회의<br>자료, 논문 |
| 19 | 만주에서의 충돌과 미국의 역할<br>(The Conflict Around Manchuria and<br>America's Part in It: A Study course in Six<br>parts for American Women) | 미국 IPR* | 미국 IPR, 1933 | 팸플릿 |
| 20 | 만주국의 철도 발달<br>(Development of Railways in Manchoukuo) | 가도노<br>조큐로 | 일본 IPR, 1936 | 제6차 태평양회의<br>자료, 논문 |
| 21 | 만주의 경제적 발달과 남만철도주식회사의<br>역할(The South Manchuria Railway<br>Company's Part in the Economic<br>Development of Manchuria) | 가나이<br>기요시 | 일본 IPR, 1936 | 회의 자료, 논문 |
| 22 | 만주국의 경제 성장<br>(Economic Development in Manchoukuo) | 가나이<br>기요시 | 일본 IPR, 1936 | 회의 자료, 논문 |
| 23 | 만주국 통화 정책<br>(The Monetary Policy of Manchoukuo) | 야마나리<br>교로쿠 | 일본 IPR, 1936 | 회의 자료, 논문 |
| 24 | 1931년 이래의 만주<br>(Manchuria Since 1931) | 존 R.<br>스튜어트 | IPR 국제사무국,<br>1936 | 회의 자료, 논문 |
| 25 | 만주국 정치와 경제<br>(The Politics and Economy of<br>Manchoukuo) | 고이즈미<br>요시오 | 일본 IPR, 1939<br>(far eastern conflict<br>series) | 단행본 |
| 26 | 1945-1946년의 만주<br>(Manchuria in 1945-1946) | F. C. 존스 | 영국 RIIA, 1947 | 제10차 태평양 회의<br>자료, 논문 |
| 27 | 1931년 이래의 만주<br>(Manchuria Since 1931) | F. C. 존스 | 영국 RIIA, 1949 | 단행본 |
| 28 | 만주 문제 조사 자료<br>(Materials for the Study of Manchurian<br>Problems) | 중국 IPR* | 중국 IPR(연도 불명) | 회보 |

주: 일련 번호 10번의 *는 'IPR Publication on the Pacific, 1925-1952'에서 중국 항목으로 분류된 자료이지만, 라오닝 성에 대한 것이어서 인용자가 만주 관련 간행물에 포함시켰다. 일련 번호 19번과 28번 저자 정보도 이 자료에 근거한 것이다.

자료: IPR Publication on the Pacific, 1925~1952: International Secretariat Institute of Pacific Relations(1953); Hooper(1995: 531, 573~574).

중국은 1915년 5월에 이를 승인했다. 주요 내용은 ① 일본의 남만주 이권을 확장·강화한다, ② 산둥 반도의 독일 권리를 일본에 이양한다, ③ 일본인에 의한 철도·광산의 경영을 인정한다, ④ 타국에 중국 연안이나 도서를 할양하지 않는다, ⑤ 중국은 일본인 고문을 정치·재정·군사 부문에 초빙하고 경찰관으로 채용한다 등이다. 이는 1919년 5·4 운동을 유발했고, 결국 워싱턴 회의(1921~1922)에서 21개조 요구안이 철회되었다.

또한 쉬수시는 「만주의 딜레마(Manchuria Dilemma: Force or Pacific Settlement)」에서 중·일 간에 불거진 만주 문제의 실마리를 찾아야 근본적인 해결이 가능하다고 강조했다(CULMC, "The Manchuria Dilemma", Box 459; Hsu and Duncan, 1932: 103). 그는 만주의 정치적·경제적 갈등과 주권 문제 및 외교사의 원론을 설명(Hsu, 1931a: 120)했다. 「만주 문제에 관하여(Questions Relating to Manchuria)」에서는 일본의 조차권, 남만주철도의 상황, 철도 연변의 특권, 조선과 일본의 이민 상황 등 만주에서의 첨예한 갈등을 요약했다(Hsu, 1931b: 30). 특히 뤼순·다롄항 문제 및 남만주철도와 관련된 여러 가지 문제, 즉 철도회사, 철도연선의 거주, 철도수비대, 일본인 내지 거주와 관련된 내지영사권, 영사경찰, 조선인 문제, 일본의 정치적 역할 등이 포함되어 있다(CULMC, "Questions relating to Manchuria, Box 459; "Pamphlets", 1932: 189).

판취엔틴은 「만주에서 중국의 식민화(Chinese Colonization in Manchuria)」에서 명대로부터 중국이 어떻게 만주로 이민을 가서 점령하고 개척했는지에 대해 서술하면서, 그런 작업이 여전히 진행되고 있다고 설명했다. 그는 「한·일의 만주이민」, 「초기 만주의 중국 식민화」, 「만주에서 중국 식민화의 질적 측면」, 「최근 만주의 중국화」를 1929년 ≪중국비평(The China Critic)≫에 게재했다(Pan, 1929).

중국에서의 만주 연구는 역사적으로 중국과 만주와의 관계를 먼저 규명하고 근대에 어떻게 이민이 확대되었는지를 설명했다. 또한 일본이 만주를 점령해 정치적·경제적으로 세력을 확대하면서 다양한 갈등 관계가 형성되었음을 설명하는 데 치중했다.

일본의 만주 관련 자료는 총 8종인데, 그중 마쓰오카 요스케(松岡洋右, Yosuke Matsuoka)가 2종, 로야마 마시미치(蠟山政道, Masamichi Royama) 1종, 가도노 조큐로(門野重九郎, Chokyuro Kadono) 1종, 가나이 기요시(金井淸, Kiyoshi Kanai) 2종, 야마나리 교로쿠(山成喬六, Kyoroku Yamanari) 1종, 고이즈미 요시오(Yoshio Koizumi) 1종이다.

로야마 마사미치는 「만주에서 일본의 위상(Japan's Position in Manchuria)」(Condliffe, 1969: 524~593; Royama, 1929: 103)에서 일본이 역사적·지역적으로 만주와 연관되어 있으며, 이곳에서 정치적 권리, 경제적 이익, 문화적 성취를 이루었다고 주장했다. 만주에서 일본의 권리는 역사적이고 합법적임을 강조하면서 각종 조약에 명시된 권리와 일본이 만주의 경제 발전에서 기여했음을 강조했다.

마쓰오카 요스케는 「만주: 그 과거와 현재(Manchuria: Its Past and Present)」에서 만주의 잉커우(營口) 개항 이후, 남만주철도를 이용한 교통의 발달과 이민 및 무역 확대 등 경제적인 측면에서 얼마나 많은 변화와 발전을 이루었는지를 설명했다(Condliffe, 1969: 594~601).

가나이 기요시는 「만주국의 경제 성장(Economic Development in Manchoukuo)」에서 만주국의 정부 조직과 활동, 군대 체계, 정부 재정, 산업과 경제적 조건, 교육과 외국 무역 등을 설명했다(Field, 1936: 571). 그는 남만주철도가 만주의 경제 발달에 기여한 점도 설명했다(Kanai, 1936: 571).

가도노 조큐로는 「만주국의 철도 발달(Development of Railways in Manchoukuo)」에서 만주국에서 어떻게 철도가 발전했는지를 규명했고, 야마나리 교로쿠의 「만주국 통화정책(The Monetary Policy of Manchoukuo)」에서 만주국 통화정책의 형성과 발전 과정을 종합적으로 이해할 수 있도록 구체적으로 설명했다(Field,

1936: 571).

일본의 연구는 역사적·지역적으로 일본이 만주와 관련되어 있음을 강조하면서 만주에서의 일본의 권리가 합법적임을 강조했다. 특히 만주가 경제적으로 발전한 것은 단연코 일본의 역할이 컸다고 주장했다.

중국과 일본의 이와 같은 관점은 IPR 회의에서 만주 문제를 토론할 때도 그대로 이어졌다는 점에서 연구와 토론 내용의 일체성을 확인할 수 있다.

미국의 자료는 총 4종으로 월터 영(C. Walter Young)이 2종, 미국 IPR이 2종을 냈다. 월터 영은 「중국 식민화와 만주의 발전(Chinese Colonization and the Development of Manchuria)」(Condliffe, 1969: 423~465)에서 고대로부터 만주가 어떻게 점령되었는지 검토한 후, 1924년 이래 200여 만 명이 만주로 이주한 요인을 다양하게 분석했다. 그는 만주를 아홉 개 지역으로 나누어 이주민들의 정착 상황을 설명하고 북만주의 토지 이용 상황을 검토했다. 또한 『만주의 국제 관계(The International Relations of Manchuria)』에서는 1895년부터 1929년까지를 4개 시기로 나누어(① 1895~1905년, ② 1905~1915년, ③ 1915~1921년, ④ 1921~1929년), 만주 관련 조약과 협의 사항을 정리했으며, 각 시기마다 일본, 러시아, 다른 국가의 조약상 지위가 어떻게 변화했는지를 설명하면서 협력 관계를 강조했다(Treat, 1930: 622~623).

영국의 자료는 총 3종으로 해럴드 팔릿 1종, F. C. 존스(F. C. Jones) 2종이다. 해럴드 팔릿은 「만주의 외교적 사건 개관(A Brief Account of Diplomatic Events in Manchuria)」에서 그가 외교관으로 지냈을 때 얻은 지식과 경험, 외교 자료를 활용해 당시 만주 지역의 외교사를 정리했다. 일본의 은행이 외교에 협조하고, 소수의 남만주철도 병력으로 어떻게 제국주의적 침략을 확대해 만주를 혼란에 빠뜨렸는지 설명했다. 또한 15만 일본인과 250만 중국인의 갈등이 만주를 어떻게 긴장 상태로 만들었는지도 서술했다(Hinton, 1930: 277~278; Clyde, 1930: 337~338; Batchelder, 1931: 148; J.P.B., 1930: 226).

F. C. 존스는 「1931년 이래의 만주(Manchuria Since 1931)」에서 일본이 만주를 대륙 침략의 기지로 삼기 위해 산업화하고, 착취하는 과정을 자세히 설명했다. 일본의 정치적·행정적 조직을 개괄했을 뿐 아니라 만주인의 민족적 감정에 대해서도 서술했으며, 일본의 이민과 정착, 통화 발전, 재정, 교통과 통신·산업 및 농업 정책의 발전, 소비 정책과 외국 무역, 도시 발전과 사회복지를 포괄적으로 검토했다. 또한 1945년부터 1947년까지 만주에서 열린 다양한 행사에 관해서도 언급했다(TUBCA, Manchuria since 1931).

　국제 IPR에서는 E. E. 야시노프(E. E. Yashnov)와 존 스튜어트(John R. Stewart)가 각각 1종씩 냈다. E. E. 야시노프의 「북만주의 중국인 농업(Chinese Agriculture in Northern Manchuria)」(CULMC, "Chinese Agriculture in Northern Manchuria", Box 458)에서는 기본적으로 만주에서 한 번도 공식적인 센서스가 없었다고 설명하면서, 연구에 사용한 데이터가 지방정부에서 만든 부정확한 자료임을 밝혔다. 그러면서 17세기 중반 만주와 몽골은 완전히 무인지대여서 러시아 농민이 시베리아와 아무르 강변을 넓게 차지할 수 있었는데, 이는 일본이나 중국보다 시기적으로 훨씬 빨랐다고 했다. 이런 이유로 20세기 초반 헤이룽장성(黑龍江省)과 지린성(吉林省)의 인구는 200만 명을 넘지 않았고, 북만주의 인구도 150만 명을 넘지 않았다. 그러나 러일전쟁 이후 북만주로의 이주가 증가하면서 1908년 570만 명, 1914년 810만 명, 1919년 900만 명으로 확대되었다고 한다.

　이상의 자료를 바탕으로 E. E. 야시노프는 북만주의 농업인구를 다섯 가지 유형으로 나누었다.


　① 많은 토지를 소유해, 일부 땅을 소작 주는 대지주
　② 소작을 줄 정도는 되지 않지만, 먹고살기에 충분한 토지가 있는 지주
　③ 토지를 소유했지만, 생업을 영위하기에는 충분하지 않은 토지 소유자
　④ 소유한 토지가 없어 소작하는 농민

⑤ 그 외 상당수의 농업 노동자

E. E. 야시노프는 이 다섯 가지 유형의 농업 인구가 북만주에서 끊임없이 변화·발전했음을 밝혔다.

존 스튜어트는 「1931년 이래의 만주(Manchuria Since 1931)」에서, 만주에서의 일본의 경험, 즉 통화, 교통, 산업, 외국 무역, 투자, 예산, 남만주철도의 특수 지위와 활동에 대해 효과적으로 이해할 수 있도록 정리했다(Field, 1936: 570~571).

이상의 만주 관련 논저가 만주나 만주국의 역사적 상황, 경제 발전과 관련된 다양한 분야의 변화상을 설명했다면, 미국 IPR의 「만주에서의 충돌과 미국의 역할(The Conflict Around Manchuria and America's Part in It)」은 미국 여성들이 토론을 통해 만주에서의 미국의 역할을 모색하려 했다는 점에서 차별성이 있다. 미국 여성들을 교육하기 위해 6개 주제를 놓고 중국과 일본 중 어느 쪽에 문제가 있는지, 이 두 민족이 발생시킬 수 있는 문제가 무엇이고 어떻게 악화될 수 있으며 그 해결 방법은 무엇인지, 그리고 다른 국가가 얻을 수 있는 이익은 무엇인지를 토론하게 했다.

여섯 가지 주제란 구체적으로 ① 미국 여성은 만주의 갈등에서 무엇을 고려해야 하는가? ② 무엇이 현재의 갈등을 촉발시켰는가? ③ 어떠한 정치적 요인이 존재하는가? ④ 어떠한 경제적 요인이 존재하는가? ⑤ 어떻게 갈등이 평화적으로 정리될 수 있는가? ⑥ 갈등을 조정하는 데 어떤 역할을 할 수 있는가? 그룹 토의를 훈련시키기 위해 다소 도발적인 주제를 사용한 것으로 볼 수 있다("Pamphlets", 1933: 137).

다른 논저들은 특정 관점에서 만주와 만주국의 상황을 설명하는 데 주력한 반면, 미국 IPR의 「만주에서의 충돌과 미국의 역할」은 만주에서의 갈등에서 미국은 정치적·경제적으로 무엇을 얻을 수 있으며, 그 과정에서 미국이 어떤 역할을 할 수 있는지를 논의했다는 점에서 기타 자료들과 차별성이 있다고 하겠다. IPR 회의는 1929년 제3회와 1931년 제4회 회의 이외에도 지속적으로 만주와 관련된 연구를 진행해 출판함으로써 학문적 성과를 축적하는 데 크게 기여했다. 기존의 만주 관련 자료가 주로 여행기를 근거로 정리된 데 비해, IPR에서는 구체적인 조사와 연구를 통해 만주를 정리함으로써 만주를 학문적으로 규범화했다.

## 2) 1920~1930년대 만주 관련 출판물

만주에서 중국과 일본이 여러 차례 충돌하고, 1929년과 1931년 두 차례에 걸쳐 IPR 회의에서 만주 문제가 논의되자, IPR 조직뿐만 아니라 다양한 기관에서 만주 관련 자료들이 출간되었다("Pamphlets on Manchuria", 1932: 189~190). 이 책의 〈부록 10: 만주 분쟁 관련 자료〉에서 중·일 간의 갈등 현황을 확인할 수 있다. 또 IPR 회의를 전후로 세계 각국의 신문과 잡지에 관련 소식과 인터뷰 기사가 실려 회의의 내용과 성과를 대중에게 전했다. 〈표 2-5〉는 각 기사를 필자가 정리한 것이다.

일본의 경우, 특히 IPR에 참여한 중국 대표들의 IPR 회의 전후의 동정과 강연 내용까지 자세히 정리해 보고했다(機密第201号, 1929.12.15, B04122242000).

당시 출간된 만주 관련 간행물 중 한스 마이어(Maier, 1930: 59)가 저술한 『만주의 국제정치와 세계 경제(Die Mandschurei in Weltpolitik und Weltwirtschaft)』에서는 만주가 단순히 일본과 러시아의 제국주의적 소유물이 아니라 세계가 산업적으로 착취할 수 있는 풍성한 지역이라고 하면서, 만주 문제는 중국과 세계와의 관계에서 비롯된 것이 아니라 러시아와 일본 사이의 문제라는 점을 강조했다.

빅터 프렌(Victor Frene)은 중국에서 철학과 사회학을 공부했을 뿐만 아니라 동아시아에 오래 거주한 경험을 바탕으로, 동아시아의 급속한 근대화가 군국

| 표 2-5 | IPR 관련 회의 및 인터뷰 기사 목록

| 번호 | 내용 | 게재지 | 일시 |
|---|---|---|---|
| 1 | 東三省問題不解決 太平洋沿岸和平無望 | 新民晚報 | 1929.11.16 |
| 2 | Reed College President Tells of Visit to Sacred Shrines in Land of Nippon | Morning Oregonian | 1929.11.17 |
| 3 | Fear I. P. R. Opposes League of Nations Gone Says Farrington | Honolulu Star Bulletin | 1929.11.20 |
| 4 | 東三省問題 | 新晨報 | 1929.11.21 |
| 5 | I. P. R. Party Returns From Tokyo Meet | Honolulu Advertiser | 1929.11.21 |
| 6 | 太平洋討論會經過 | 益世報 | 1929.11.25 |
| 7 | 閻玉衡報告 太平洋會議經過: 滿蒙問題利得各國諒解 | 東三省民報 | 1929.11.25 |
| 8 | I. P. R. Meeting is Battleground of China, Japan, Says Farrington | Honolulu Star Bulletin | 1929.11.26 |
| 9 | W. R. Farrington Describes Many Novel Entertainments at Kyoto | Honolulu Star Bulletin | 1929.11.27. |
| 10 | Forum Hears Delegates to Peace Meeting | Oakland Tribune | 1929.11.28 |
| 11 | New Method of Settling Rows Praised | S. F. Chronicle | 1929.11.28 |
| 12 | John D. 3rd Here after Japan Meet | S. F. Examiner | 1929.11.28 |
| 13 | Farrington Sees Hope of Relief in Strained Japan-China Feeling | Honolulu Star Bulletin | 1929.11.29. |
| 14 | C. F. Adams, Kyoto Conclave Results Lauded | Oregon Journal | 1929.12.2~ 1930.1.2 |
| 15 | Japan to Say "Hands Off" if Russia Offers to Appropriate Manchuria | Morning Oregonian | 1929.12.2~ 1930.1.2 |
| 16 | 太平洋討論會中國支部黑幕重重 | 益世報 | 1929.12.3 |
| 17 | Sees Benefits in Kyoto Convention | Gazette | 1929.12.4 |
| 18 | 鮑明鈐 講演 中日間之重要問題 | 益世報 | 1929.12.5 |
| 19 | Japan Facing Birth Control as Necessity | S. F. News | 1929.12.6 |
| 20 | Japanese Men's Club Hears Mills Head Talk on Women | Oakland Tribune | 1929.12.6 |
| 21 | Hugh Bays, Japanese meet Chinese in Debate | New York Times | 1929.12.8 |
| 22 | Canadian Press, 1929 Conference Aids relations of China and Japan | Gazette | 1929.12.10 |
| 23 | Prevention, Not Cure Needed to Stop War | The Seattle Daily Times | 1929.12.12 |
| 24 | Shotwell Speaks on World Peace | The University of Washington Daily | 1929.12.13 |
| 25 | Atherton Tells Business Men Japan Has Many Things to Teach Western World | Honolulu Advertiser | 1929.12.14 |
| 26 | Judge Carey is Impressed with Regime in China | Oregon Journal | 1929.12.16~ 1930.1.16 |
| 27 | 太平洋會議中之中東路問題 | 新晨報 | 1929.12.17 |

주의적 형태를 띠었으며 산업조차 군사적 요구에 종속되었음을 강조했다(Frene, 1931: 24).

특별 기관지 ≪11월 16일 이전의 만주(Manchuria Before November 16)≫(Manchuria Before November 16, 1931: 20)에는 윌리엄 린위선(William Lin Yu Shen), P. C. 쉬(P. C. Hsu), 즈멍(Chih Meng), T. A. 비슨(T. A. Bisson), 에드워드 흄(Edward H. Hume), 아서 영(Arthur A. Young) 등이 쓴 간단한 글과 논평, 만주 관련 통계자료가 실렸다. 쉬툰창(Tunchang Hsu)은 1931년 만주사변 후의 사건을 재점검하고, 국제연맹에서 갈등을 일으킨 문제가 무엇인지 설명했다(Hsu, 1931c: 45).

『만주 문제(The Manchurian Problem)』(The Manchuiran Problem, 1931: 34)에서는 만주 지역에서 일본의 개별적 상업 행위를 국제적인 문제로 해석해 그곳에서 국제적인 재앙이 잉태되었다고 주장했다. 이 책에는 중국인의 항일 구호와 토비에 의해 파괴된 빌딩이나 선전용 사진 등이 대거 실려 있다.

남만주철도주식회사에서 출판한 『중·일간 충돌에 대한 성명(Declaration on Sino-Japanese Clashes)』(Declaration on Sino-Japanese Clashes, 1931: 16)에는 만주와 몽골 지역에서 일본인이 조선인을, 중국인이 일본인을 어떻게 대했으며, 중·일간의 충돌의 역사가 어떠했는지를 설명했다. K. 무라이(Murai, 1931: 40)는 만주에서의 중국인의 잔악상을 고발했고, 1927년과 1929년에 만주를 답사한 로이 히데미치 아카기(Akagi, 1931: 68)는 『만주의 이해(Understanding Manchuria)』에서 정치, 지리, 자원, 산업, 외국 무역, 철도 문제, 재정 등에 대해 문답식으로 정리했다.

이와 같은 출판물은 중국과 일본이 자국의 논리를 강화하고 확산시키기 위해 다양한 형태의 팸플릿으로 제작해 배포한 것으로, 출판을 통해 행한 중·일간의 '측면 전쟁'이라 할 수 있다. 직접적으로 갈등한 중국·일본과 달리, 서구에서 출판된 만주 관련 자료들은 만주에 대한 정확한 정보를 얻고자 하는 '학술적 노력'에 의한 결과이다.

| 표 2-6 | 1929~1932년에 각지에서 출간한 만주 관련 목록

| 번호 | 내용 | 게재지 | 일시 |
|------|------|--------|------|
| 1 | C. Walter Young, "The International Relations of Manchuria" | *The University of Chicago Press* | 1929 |
| 2 | C. Walter Young, "Japan's Special Position in Manchuria: Its Assertion, Legal Interpretation and Present Meaning" | *Johns Hopkins Press* (Baltimore) | 1931 |
| 3 | George Bronson Rea, "The Communist Menace in Manchuria" | *Far Eastern Review(American)* (Shanghai) | 1931.8 |
| 4 | reprinted article, "Manchuria and Mongolia" | *Japan Chronicle* (British) (Kobe) | 1931.9.17 |
| 5 | Editoria, "The War in Manchuria" | *New Republic* (New York) | 1931.9.30 |
| 6 | Franklin L. Ho, "Population Movement to the North Eastern Provinces in China" | *Chinese Social and Political Science Review* (Peiping) | 1931.10 |
| 7 | F. W. Mohr, "Fundamentals of the Manchurian Conflict" | *Europaische Gesprache* (Hamburg) | 1931.11 |
| 8 | Unsigned, "The Manchurian War and the Anti-Imperialist Struggle" | *Information Bulletin of the League Against Imperialism* (Berlin) | 1931.11.15 |
| 9 | Editorial, "Disarmament and Manchuria" | *Trans-Pacific* (American) (Tokyo) | 1931.11.19 |
| 10 | Edwin Haward, "The Manchurian Medley" | *North-China Herald(British)* (Shanghai) | 1931.11.24~12.1 |
| 11 | S. Washio, "Demilitarized Manchuria Best Solution" | *Trans-Pacific* (American) (Tokyo) | 1931.11.26 |
| 12 | Karl Haushofer, "Further Developments in the Manchurian Question" | *Geopolitik* (Berlin) | 1931.12 |
| 13 | Unsigned, Manchuria, "Paris and Disarmament" | *News Bulletin, National Council for Prevention of War* (Washington, D. C.) | 1931.12 |
| 14 | Unsigned, "The Manchurian Cirsis" | *Round Table* (London) | 1931.12 |
| 15 | Louis Fisher, "Russia and Japan in Manchuria" | *The Nation* (New York) | 1931.12.9 |
| 16 | Wai Chiao-chia, "Trois Mois D'Occupation Japonaise En Mandchourie" | *Revue Nationale Chinoise (French)* (Shanghai) | 1931.12.14 |
| 17 | Special Mukden Correspondence, "Under the Japanese Flag in the Manchurian Capital" | *China Weekly Review (American)* (Shanghai) | 1931.12.19 |
| 18 | T. A. Bisson, "Basic Treaty Issues in Manchuria Between Japan and China" | *Foreign Policy Reports* (New York) | 1931.12.23 |
| 19 | Leading article, "The Pacification of Manchuria" | *Japan Weekly Chronicle(British)* (Kobe) | 1931.12.24 |
| 20 | Shuhsi Hsu, "Eassys on the Manchurian Problem" | China Council, *Institute of Pacific Relations* (Shanghai) | 1932 |

| 21 | H. B. Elliston, "Mandate for Manchuria" | The Forum, New York | 1932.1 |
|----|----|----|----|
| 22 | Walter H. Mallory, "The Permanent Conflict in Manchuria" | *Foreign Affairs* (New York) | 1932.1 |
| 23 | Herbert B. Elliston, "Realities in Manchuria" | *Asia* (New York) | 1932.1 |
| 24 | Cyrus H. Peake, "The Clash of Arms in Manchuria" | *Current History* (New York) | 1932.1 |
| 25 | A. E. Hindmash, "Is There War in Manchuria?" | *Nations* (New York) | 1932.1.6 |
| 26 | Reports, "The Situation in Manchuria" | China Critic, Shanghai, "Weekly Periodical" | 1932 |

자료: *Review*, Vol.26, No.1, 1932: 217; *In the Periodicals*, Vol.4, No.11, 1931: 1034, 1042, 1043; *In the Periodicals*, Vol.5. No.2, 1932: 193~201; E. G., 1933: 121~122; Wilson, Review, 1932: 216~217; *Treat*, 1930: 622~623.

제4회 IPR 회의가 개최된 1931년에도 만주 관련 자료가 출간되었는데, 이는 IPR 회의에서 만주 문제가 공식적으로 집중 논의된 것과 관련이 깊다. 1929년부터 1932년 사이에 출간된 만주 관련 목록을 살펴보면 〈표 2-6〉과 같다.

표의 목록에서 살펴볼 수 있듯이 이 시기에 각지에서 출간된 만주 관련 보도는 만주를 국제적으로 각인시키는 데 도움이 되었다. 이뿐만 아니라 중국과 일본은 자신들의 주장과 방향을 논저 속에 담아 토론 시 타국 위원들로부터 공감을 얻어내고자 노력했다. IPR 회의를 준비하기 위해 연구된 만주 관련 성과와 IPR 회의 전후에 각종 언론에 보도된 만주 관련 기사, 당시의 만주 관련 출판물을 종합해볼 때, 이 시기야말로 만주 연구의 기반이 착실히 다져진 때라고 할 수 있다.

**3장**

# 만주 문제와
# 1929년 IPR 회의

## 1. IPR 회의와 중·일의 준비

### 1) 만주 문제 논의의 배경과 중앙 IPR 회의 준비

IPR은 30여 년간 활동하면서 회의를 총 13차례 개최했는데, 그중 1929년 제3차 교토 회의와 1931년 제4차 상하이 회의에서 만주 문제가 집중적으로 논의되었다. 이 책 제2장에서 볼 수 있듯이, IPR의 만주 관련 간행물의 절반 이상이 1929년부터 1931년 사이에 발간된 것도 일본과 중국 등 각국 이사회에서 이 회의에 대비하려 했기 때문이었다.

20세기 태평양 국가들 사이에서는 분규를 일으킬 만한 암초가 많았다. 미·일 이민 문제, 중·일 문제, 필리핀 독립 문제, 열강의 식민지 통치 문제 등 일촉즉발의 위기가 도처에서 움트고 있었기 때문에 태평양 문제는 단순히 환태평양 제 민족의 문제일 뿐만 아니라 세계 전 인류의 문제이기도 했다(潘雲龍, 1978: 1). 그중에서도 만주 문제는 동북아시아에서의 분쟁과 평화를 판가름하는 최대 현안이었다.

제3회 IPR 회의에서 만주 문제가 본격적으로 논의된 배경에는, 영국의 프레더릭 화이트(Frederick Whyte)의 주장이 자리하고 있다. 그는 1927년 제2회 IPR 회의에서 만주 문제를 의제로 삼아야 한다고 강력히 주장했다. IPR 회의에 처음 참석하고 만주도 가보았던 토인비는 매우 인상이 깊었다고 증언했다. 세계에서 가장 중심적으로 중요한 이슈를 토론하는 IPR이 왜 개최되어 만주를 논의하는지를 깨달을 수 있었기 때문이다(Toynbee, 1930: 189~190).

러일전쟁 이후 남만주 지역에서는 일본이 세력을 확대하며 각종 갈등이 불거졌다. 1928년 6월 4일 일본 관동군에 의해 열차가 폭발해, 군벌전쟁에서 전세가 불리해져 베이징에서 만주 지역으로 돌아가던 장쮀린(張作霖)이 사망한 일명 황구툰(皇姑屯) 사건이 발생했다. 이뿐 아니라 1929년 중국과 러시아의 중동철도 문제, 중국의 대규모 만주 이민 문제 등이 결합되어 중·일 간에 끊임없는 분쟁이 야기되면서 만주에서의 갈등이 세계적인 뉴스로 등장했다(Young, 1930: 250).

> 만주는 장래 중국의 만주, 일본의 만주, 러시아의 만주가 될 수 있는 중요한 곳이다(陳衡哲, 1930, B04122242600: 68).

따라서 이를 국제회의의 의제로 삼아 해결의 실마리를 찾아보려고 했던 것이다.

제3회 IPR 회의를 1929년 10월 교토에서 개최하기로 결정한 후 1928년 5월 11일 중앙사무국 간사장 J. 머를 데이비스(J. Merle Davis)가 약 3주 동안 교토에 체류하면서 이사회와 연구회를 개최하는 등 사전 준비를 했다. 교토 대회 개최를 위한 구체적인 제1보는 1929년 2월 8일 교바시(京橋) 무역회관에서 개최된 제17회 이사회였다(斉藤惣一, 1930a: 9~10). 그 후 1929년 10월 23일부터 10월 26일까지 중앙이사회와 국제연구부 기타 위원회 회의가 나라(奈良) 호텔에서 개최

| 표 3-1 | 제3회 IPR 회의 준비 위원회 구성

| 명칭 | 이름 |
|---|---|
| 제3회 IPR 회의 의장 | 니토베 이나조(新渡戶稻造, 일본) |
| 중앙이사회 의장 | 위리장(余日章, 중국), 이글스턴(Eggleston, 호주) |
| 위원 | 뉴턴 로웰(Newton Rowell, 캐나다), 커티스(Dr. Curtis, 영국), 매서슨(Matheson, 호주), 니토베 이나조(일본) |
| 명예위원 | 헤일샴(Hailsham, 영국), 사가타니 요시로(阪谷芳郎, 일본) |
| 간사 | 카터(Carter, 미국), 사이토 소이치(齊藤惣一, 일본) |
| 회계 | 애서턴(Atherton, 미국) |
| 교토 대회 예비위원 | 나가오 한페이(長尾半平, 일본)<br>간사: 고마쓰 다카시(小松隆, 일본) |
| 프로그램위원회 위원장 | 카터(Carter, 미국)<br>간사: 로즈(Rose, 영국), 차리터스(Charteris, 호주), 라운(Lown, 뉴질랜드), 넬슨(Nelson, 캐나다), 기버트릭(Girbertrick, 미국)*, 타오멍허(陶孟和, 중국), 쓰루미 유스케(鶴見祐輔, 일본) |
| 홍보위원회 위원장 | 로윈(Lorwin, 미국), 즈모토 모토사다(頭本元貞, 일본) |
| 연구위원회 위원장 | 숏웰(Shotwell, 미국) |

주: *는 기버트릭(Girbertrick)은 킬패트릭(Kilpatrick)의 오기로 보인다.
자료: 潘雲龍(1978: 7).

되었다(斉藤惣一, 1930b: 35).

이 예비 회의에는 영국의 웹스터, 커티스(Curtis), 호주의 이글스턴(Eggleston), 미국의 제임스 숏웰(James T. Shotwell), 윌리엄 킬패트릭(William H. Kilpatrick), 중국의 위리장(余日章), 일본의 니토베 이나조, 사카타니 요시로(阪谷芳郎) 등 60여 명이 모여 제3차 IPR 회의의 의장과 간사를 선출했다(潘雲龍, 1978: 5). 당시 구성된 제3회 IPR 위원회는 〈표 3-1〉과 같다.

중앙이사회는 여러 가지 문제를 세심히 고려했는데, 신문 보도 방침이라든가 제3회 IPR 회의의 구체적인 프로그램 등도 준비했다. 원탁회의에서는 신문 발표와 관련해 비공개를 방침으로 정하고, 원칙에 저촉되지 않는 한에서 자유롭게 발표할 수 있도록 신문기자들에게 충분한 편의를 제공하기로 결정했다.

어떤 종류의 정보를 어떤 방식으로 전달할 것인지에 대해서는 원칙적으로 개인 명의로 하고, 특별한 경우가 아니면 단체 명의는 사용하지 않기로 했다. 물론 발표 내용이 본인이나 단체의 의향에 반하지 않는 경우에는 제재하지 않았다. IPR 회의에서 토론된 내용 중, 논의에 참가한 관계자들이 논의 내용의 비공개를 원할 경우에는 일절 공개하지 않았다. 원탁회의에서는 서기 1명이 요점을 정리하는데, 이는 의사록 편찬을 위한 것이었지만 공보를 위한 신문 보도 자료로 활용하기도 했다(斉藤惣一, 1930b: 40~41).

IPR 회의에서 특히 신경을 쓴 것은 만주 문제를 어떻게 취급할 것인가였다. 1925년 제1회 회의에서는 논쟁적인 주제를 토론하는 데 구체적인 설명과 그것을 자료로 입증하는 것이 부족했다(Loomis, 1930: 136). 1927년 제2회 IPR 호놀룰루 회의에서는 중앙사무국이 준비한 의사일정을 영국, 캐나다가 반대해 회의 개최 이틀 전에 프로그램을 모두 취소하고, 급히 프로그램을 편성해 대혼란이 일었었다. 제3회 회의에서는 그때의 경험을 살려 근본적인 문제가 일어나지 않도록 배려했다. 특히 만주 문제를 어떤 위상으로 논의해야 회의의 성격에 부합할지가 회의의 성패를 결정하는 데 결정적이었기 때문이다.

영국이 IPR에 가입한 후 일종의 정치적 성향이 가중되면서 IPR 프로그램 위원회는 회의 일정을 결정할 뿐만 아니라 각국 간의 미묘한 관계까지도 고려했다. "만주 문제에 관한 중·일의 논쟁은 일반적으로는 상상할 수 없을 정도로 심각해 전 회의를 통해 가장 긴장된 장면을 연출했으므로, 국외자가 보면 험악하기 그지없다"(小川節, 1929: 30)고 표현할 정도로 만주 논쟁이 격렬해질 수 있다는 것을 잘 알고 있는 IPR 프로그램 위원회는 효과적인 논의를 위해, 전문가들에게 관련 자료의 연구와 조사를 맡겨 회의를 준비했다(Condliffe, 1969: 160~161). 특히 만주 문제를 놓고 일본과 중국 간에 격렬한 토론이 이루어질 수 있었으므로, 의사일정을 효과적으로 배치하기 위해 노력했다(斉藤惣一, 1930b: 73~75).

| 표 3-2 | 만주 문제 토론을 위해 제공된 기초 자료

| 저자 | 자료명 | 비고 |
|---|---|---|
| 조지 블레이크슬리(George Hubbard Blakeslee) | 태평양 지역: 국제조사 | 세계평화재단 (보스턴, 1929) |
| 로런스 J. 브루피(Lawrence J. Brupee) | 북아메리카 포럼 | |
| 하니하라 마사나오(Masanao Hanihara) | 중일 관계 연구 | |
| 추샤오 | 만주: 통계 조사 | |
| 쉬수시 | 만주 문제 | |
| 고무라 슌자부로(Shunzaburo Komura) | 중일간 상호 불가침과 비폭력 조약 | |
| 마쓰오카 요스케(Yosuke Matsuoka) | 만주 강연: 과거와 현재 | |
| 나스 시로시(Shiroshi Nasu) | 일본의 토지 사용 | |
| E. C. 닝 | 랴오닝성의 역사적 기록 | |
| 오다기리 마스노스케(Masunosuke Odagiri) | 중국에서 일본의 투자 | |
| 판취엔틴(Quentin Pan) | 만주의 중국 식민지화 | |
| 해럴드 팔릿 | 만주 외교 사건의 개략 | 옥스퍼드 대학 출판사 (1929) |
| E. F. 펜로스(E. F. Penrose) | 일본의 농업과 광산물 | |
| 로야마 마사미치 | 만주의 일본 위상 | |
| | 중국과 관련된 조약, 1919~1929 | 카네기 국제평화 기부 (1929) |
| E. E. 야시노프(E. E. Yashnoff) | 북만주의 중국 농업 (러시아 편) | |
| 월터 영 | 중국화와 만주발전 | |
| 월터 영 | 만주에서의 국제 관계 | 시카고 대학 출판사 (시카고, 1929) |

자료: Condliffe(1969: 209~210).

제3회 IPR 회의를 준비하기 위해 나라(奈良)에서 개최된 예비 프로그램 회의
(蠟山政道, 1930a: 226~227)에서 여타의 문제를 먼저 논의한 후, 만주 문제를 둘째
주에 논의할 수 있도록 안배했다. 이는 중국과 일본이 정치적으로 초반부터 감
정이 상하는 것을 막기 위해 고심한 흔적이었다. 만주 문제를 최대한 학술적으

로 또 효과적으로 토론하기 위해 관련 기초 자료를 제공했다. 당시 제공된 기초 자료는 〈표 3-2〉와 같다.

만주 문제의 민감성은 중앙이사회의 일정 조정과 언론에 대한 보도 지침에서 느낄 수 있을 뿐만 아니라 중·일 간의 회의 준비 과정에서도 확인할 수 있다. 만주 문제는 제3회 IPR 회의의 핵심 의제로 세계 여러 나라가 흥미를 갖는 주제여서 중·일 양국은 나름대로 회의 자료를 철저히 준비했고, 중국은 만주와 관련된 자료를 IPR에 따로 제출하기도 했다(蕭蓮, 「东三省之经济概况」; 徐淑希, 「东省问题」; 宁恩承, 「辽宁之历史观」; 潘光旦, 「中国在东省之移民」; 王正浦, 「东省之矿物」, 「太平洋国际学会工作之概况」). 1929년 교토 회의에 제출된 각국 자료 일람표를 통해서도 확인할 수 있다(劉馭萬, 1932: 226~228, 이 책의 〈부록 11: 1929년 교토 회의에 제출된 각국 자료 일람표〉 참조).

## 2) 일본과 중국 IPR의 회의 준비

대부분의 국가들이 세계적인 갈등거리로 부상한 만주 문제를 IPR과 같은 국제회의에서 당연히 다루어야 한다고 생각한 것과 달리, 일본은 그들만의 의견이 있었다. 일본 입장에서 보면 만주 문제는 이미 해결된 것이고, 설사 문제가 있다 해도 일본의 힘으로 해결할 수 있다고 보았다. 중국을 압박하든 어떻든 간에 중·일 양국이 충분히 해결할 수 있어, 유럽이나 미국에 만주와 관련해 의견을 물을 필요가 없다고 보았으므로, 일본은 IPR 회의에서 만주 문제에 대해 논의하는 것을 반대했다.

일본은 만주 문제를 국제 문제화하여 국제회의에서 논의한다면 일본이 만주에서 한 행동은 국제적으로 비난받게 되므로, 자신들이 피고의 지위로 국제 여론의 재판을 받는 것이라고 이해했다. 일본은 IPR 회의에서 만주 문제가 논의된 이유가 중국의 선전과 외국, 그중 특히 미국이 만주 사정에 무지했던 결과라고 보았다(蠟山政道, 1930a: 225).

그러나 만주 문제가 국제 현안으로 IPR에서 논의되는 것은 이미 결정된 일이고, 이에 대해 일본인들이 매우 민감하게 받아들이고 있기 때문에 일본 IPR은 더욱더 철저히 준비했다(潘雲龍, 1978: 100~101). 물론 일본 IPR 참석자들 사이에서도 만주 문제를 논의하는 것 자체에 대해 다양한 의견이 있었지만, 결과적으로 공통된 태도를 보인 이유는 IPR 회의에서 논의하는 목적에 부합할 수 있도록 철저히 사전 준비를 했기 때문이다. 만주 문제는 교토 회의 의제 중 가장 핵심적인 문제일 뿐만 아니라 중·일 양국은 물론이고, 다른 여러 나라도 가장 관심을 갖는 문제라는 것을 일본은 누구보다 잘 알고 있었다.

일본에서는 IPR 회의의 의미가 세간에 알려지면서 원래 87명이던 일본 IPR 회원 수가 139명이 되었고, 제3회 대회 직전에는 156명이 되었다. 일본 IPR 주요 회원의 명단은 〈표 3-3〉과 같다.

수많은 일본 IPR 회원 중에서도 중심 논제가 될 만주 문제에 대해서는 로야마 마사미치를 중심으로 나이토 구스오(內藤楠夫), 곤도 준지(近藤俊二)가 자료를 수집했다(斉藤惣一, 1930c: 2, 4).

만주 문제 조사와 관련해 로야마 마사미치가 주도하는 만주 문제 특별위원회에서는 1929년 2월 8일, 2월 26일, 3월 5일, 3월 12일, 3월 15일 총 다섯 차례의 회의를 개최했다. 시노부 준페이(信夫淳平), 마쓰바라 가즈오(松原一雄), 나가노 아키라(長野朗), 미즈노 게교(水野梅曉), 우에다 교스케(上田恭輔), 고무라 슌자부로(小村俊三郎) 등 특별 위원이 모여 조사 자료와 참고 자료를 제공했다. 로야마 마사미치는 곤도로 하여금 위원회의 일반 경과 보고서를 작성하도록 하고, 자신은 만주 실지 답사를 위해 3월 23일 도쿄를 출발해 고베(新戸)에서 바이칼호를 타고 중국에 도착해 중국과 만주 각지를 조사하고 5월 6일 귀경했다(斉藤惣一, 1930a: 12).

니토베 이나조를 위원장으로, 나스 시로시를 간사로 삼아 경제부, 법정부, 문화부 각 부서당 2~3명의 위원을 두어 조사를 담당하게 했고, 연구부의 활동 방침을 세워 조사 사업을 계획하고 종합·정리하도록 했다. 각 부서는 매월 1회

| 표 3-3 | 일본 IPR 회원 명단

| 구분 | 명단 | | | |
|---|---|---|---|---|
| 평의원 회장 | 시부사와 에이이치(澁澤榮一) | | | |
| 평의원 | 아네사키 마사하루<br>(姉崎正治) | 아리요시 추이치<br>(有吉忠一) | 아사부키 쓰네키치<br>(朝吹常吉) | 아사노 료조<br>(淺野良三) |
| | 엔 다쿠마<br>(團琢磨) | 에구치 사다에<br>(江口定條) | 후쿠이 기쿠사부로<br>(福井菊三郎) | 하라 도미타로<br>(原富太郎) |
| | 하라 구니조<br>(原邦造) | 호리 게이지로<br>(堀啓次郎) | 하야시 쓰요타카<br>(林毅隆) | 하마오카 이쓰오<br>(濱岡五雄) |
| | 하시모토 게이사부로<br>(橋本圭三郎) | 이치노미야 레이타로<br>(一宮鈴太郎) | 이와나가 유키치<br>(巖永裕吉) | 이노우에 슌노스케<br>(井上準之助) |
| | 이케다 시게아키<br>(池田成彬) | 이부카 가지노스케<br>(井深梶之助) | 이타쿠라 다쿠조<br>(板倉卓造) | 가지와라 나카지<br>(梶原仲治) |
| | 고다마 겐지<br>(兒玉謙次) | 가시마 후사지로<br>(鹿島房次郎) | 가도노 주쿠로<br>(門野重九郎) | 나카무라 도베에<br>(中村藤兵衛) |
| | 나카지마 구마키치<br>(中島久萬吉) | 나가오 한페이<br>(長尾半平) | 오카 히로시<br>(岡實) | 사카타니 요시로<br>(阪谷芳郎) |
| | 시오자와 마사사다<br>(鹽澤昌貞) | 시라니 다케시<br>(白仁武) | 소에다 신이치<br>(添田謏一) | 소에지마 미치마사<br>(副島道正) |
| | 사카히 도쿠다로<br>(阪非德太郎) | 스즈키 분지<br>(鈴木文治) | 스에노부 미치나리<br>(末延道成) | 다무라 신키치<br>(田村新吉) |
| | 우치다 가키치<br>(內田嘉吉) | 야마다 사부로<br>(山田三良) | 유키 도요타로<br>(結城豊太郎) | 야쓰시로 노리히코<br>(八代則彥) |
| 이사장 | 준노스케 이노우에(井上準之助) | | | |
| 이사 | | (財務) 이시이 도루<br>(石井徹) | 마에다 다몬<br>(前田多門) | 나스 시로시<br>(那須皓) |
| | 니토베 이나조<br>(新渡戶稻造) | 사카타니 요시로<br>(阪谷芳郎) | (常務)<br>사이토 소이치<br>(齊藤惣一) | 다카기 야사카<br>(高木八尺) |
| | 다카야나기 겐조<br>(高柳賢三) | 쓰루미 유스케<br>(鶴見祐輔) | | |
| 감사 | 구로키 산지<br>(黑木三次) | 마스다 메로쿠<br>(增田明六) | | |
| 호놀룰루 주재<br>대표 | 하라다 다스쿠(原田助) | | | |
| 연구부 위원 | | | | |
| 위원장 | 니토베 이나조<br>(新渡戶稻造) | 연구부 간사 | 다카기 야사카<br>(高木八尺) | |
| 경제부위원 | 아사리 준시로<br>(淺利順四郎) | 구로키 산지<br>(黑木三次) | 나스 시로시<br>(那須皓) | 시마다 고이치<br>(島田孝一) |
| 법정부위원 | 나카오 한페이<br>(長尾半平) | 로야마 마사미치<br>(蠟山政道) | 다카기 야사카<br>(高木八尺) | 다카야나기 겐조<br>(高柳賢三) |
| 문화부위원 | 엔이노(團伊能) | 사이토 소이치<br>(齊藤惣一) | 도모에다 다카히코<br>(友枝高彥) | 야마사키 나오마사<br>(山崎直方) |

회의를 개최해 각종 의견을 교환하고, 1929년 봄 이후에는 매주 회의를 열어 대회를 준비했는데, 특별위원회 회의는 사무 업무와 연결해 개최하기도 했다(高木八尺, 1930b: 17~19).

IPR 회의 관련 특별위원회는 다카야나기 겐조(高柳賢三)를 중심으로 연구회를 개최했다. 전문가를 위원으로 삼아 당국과 기타 관계자의 강연을 중심으로 연구회를 개최했는데, 6~7월에 '태평양에서의 외교 관계'라는 주제로 수차례 회의를 개최해 태평양에서의 중재와 조정 제도 문제, 중국의 불평등조약 문제, 보이콧 문제, 해군 군축 문제 등 주요 문제를 다뤘다(高木八尺, 1930b: 23).

로야마 마사미치가 주임으로 있던 만주문제특별위원회는 1929년 2~3월경 각 방면의 전문가인 시노부 준페이, 마쓰바라 가즈오, 나가노 아키라, 미즈노 게쿄, 우에다 교스케, 고무라 슌자부로의 강연을 기반으로 관련 분야의 논의를 심화했다. 특별위원회 강연에서는 제1회(2월 8일) 때 로야마 마사미치가 연구 방침을 설명했고, 제2회(2월 26일)에서는 시노부가 「만주에서의 일본의 권익」을, 마쓰바라가 「특수권익의 국제법적인 의의」를, 제3회(3월 5일)에서는 나가노가 「북만철도와 영업거주권문제」를, 제4회(3월 13일)에서는 우에다가 「만주에서 일본의 경제적 이익관계」를, 미즈노가 「일·중관계와 난징정부의 외교정책」을, 제5회(3월 19일)에서는 고무라가 「만주를 중심으로 하는 일·중 불가침조약의 체결에 대하여」를 발표하고 이에 대해 논의했다(高木八尺, 1930b: 23). 6~7월 경에는 정부 당국의 정책에 대해서도 두세 차례 논의했다.

1928년 6월 13일 연구부 회의에서 로야마 마사미치가 주도했던 '만주 문제 연구'에 대해 논의하면서 만주 문제에 관한 근본 방침을 결정해 그 결과를 이사회에 전달했다. 연구부는 만주 문제에 대한 조사 내용을 IPR 회의에서 직접적으로 논의하지는 않았지만, IPR 회의에 협력하는 차원에서 국제조사위원회와 교섭해 「만주 문제 조사 요강」이라는 영문으로 된 보조 자료의 출판을 준비했다(高木八尺, 1930b: 22).

| 표 3-4 | 중국 IPR 회원 명단

| 구분 | 명단 | | | | | | | | | |
|---|---|---|---|---|---|---|---|---|---|---|
| 회원 | 위리장<br>(余日章) | 자오진칭<br>(趙晋卿) | 펑수보<br>(方叔伯) | 왕윈우<br>(王雲五) | 황옌페이<br>(黃炎培) | 주징눙<br>(朱經農) | 위칭탕<br>(俞慶棠) | 천리팅<br>(陳立廷) | 차이팅간<br>(蔡廷干) | 탕샤오이<br>(唐紹儀) |
| | 우자오수<br>(伍朝樞) | 천광푸<br>(陳光甫) | 저우쩌우오민<br>(周作民) | 쑹한장<br>(宋漢章) | 류훙성<br>(劉鴻生) | 저우이춘<br>(周詒春) | 쑨중잉<br>(孫仲英) | 쉬칭윈<br>(徐慶雲) | 원시전<br>(溫世珍) | 류다쥔<br>(劉大鈞) |
| | 쉬신류<br>(徐新六) | 쿵융즈<br>(孔庸之) | 옌후이칭<br>(顏惠慶) | 차이위안<br>페이<br>(蔡元培) | 황푸<br>(黃郛) | 장보링<br>(張伯苓) | 중룽광<br>(鍾榮光) | 장멍린<br>(蔣夢麟) | 후스즈<br>(胡適之) | 리다오난<br>(李道南) |
| | 천다<br>(陳達) | 왕지위<br>(王季玉) | 뤄류제<br>(羅有節) | 옌양추<br>(晏陽初) | 단루○<br>(蛋履○) | 황셴자오<br>(黃憲照) | 구쯔런<br>(顧子仁) | 린궈팡<br>(林國芳) | 리사오창<br>(李紹昌) | 뉴후이성<br>(牛惠生) |
| | 뉴쉬헝<br>(牛徐衡) | 천헝저<br>(陳衡哲) | 바오밍첸<br>(鮑明鈐) | 훙예<br>(洪業) | 왕랴오펑셴<br>(王廖奉獻) | 황푸민<br>(黃福民) | 류잔언<br>(劉湛恩) | 우딩창<br>(吳鼎昌) | 쉬수시<br>(徐淑希) | 허롄<br>(何廉) |
| | 타오루궁<br>(陶履恭) | 댜오민첸<br>(刁敏謙) | 런훙쥔<br>(任鴻雋) | 위리쉬안<br>(余日宣) | 주빈위안<br>(朱彬元) | 주지성<br>(朱經聖) | 링치쥔<br>(凌其峻) | 찬바오천<br>(傅葆琛) | 저우쩌치<br>(周澤歧) | 왕스징<br>(王世靜) |
| | 구이즈량<br>(桂質良) | 리잉린<br>(李應林) | 차오옌선<br>(曹炎申) | 정바오선<br>(曾寶蓀) | 난빙판<br>(南秉方) | 둥치정<br>(董其政) | 왕정푸<br>(王正甫) | 왕줘란<br>(王卓然) | 쑤상다<br>(蘇上達) | 저우서우이<br>(周守一) |
| | 닝언청<br>(寧恩承) | 옌바오항<br>閻寶航 | 샤진린<br>(夏晉麟) | 정중젠<br>(曾宗鑑) | 다이아이루<br>(戴藹盧) | 우이팡<br>(吳貽芳) | 쑹메이링<br>(宋美齡) | 쑹쯔원<br>(宋子文) | 왕정팅<br>(王正廷) | 왕징치<br>(王景岐) |
| | 딩원장<br>(丁文江) | 첸융밍<br>(錢永銘) | 판광단<br>(潘光旦) | 추민이<br>(褚民誼) | 천한성<br>(陳翰笙) | 린위탕<br>(林語堂) | 장자아오<br>(張嘉璈) | 왕궈슈<br>(王國秀) | 둥셴광<br>(董顯光) | 진원쓰<br>(金問泗) |
| | 뤄촨화<br>(駱傳華) | 류위안<br>(劉馭萬) | 서우징웨이<br>(壽景偉) | 류스예<br>(劉駟業) | 천창퉁<br>(陳長桐) | 우징슝<br>(吳經熊) | 류스팡<br>(劉世芳) | 장주핑<br>(張竹平) | 류징산<br>(劉景山) | 린원칭<br>(林文慶) |
| | 둬례<br>(多列) | 정광칭<br>(曾廣頃) | ○지가오<br>(○季高) | | | | | | | |
| 집행<br>위원 | 쉬신류<br>(徐新六) | 위리장<br>(余日章) | 저우이춘<br>(周詒春) | 타오멍허<br>(陶孟和) | 류잔언<br>(劉湛恩) | 후스<br>(胡適) | 딩원장<br>(丁文江) | 우딩창<br>(吳鼎昌) | 류다쥔<br>(劉大鈞) | 허롄<br>(何廉) |
| | 장보링<br>(張伯苓) | 천광푸<br>(陳光甫) | 류훙성<br>(劉鴻生) | 우이팡<br>(吳貽芳) | 천리팅<br>(陳立廷) | | | | | |
| 집행<br>위원회 | 후스<br>(胡適,<br>委員長) | 우딩창<br>(吳鼎昌,<br>常務委員) | 류훙성<br>(劉鴻生,<br>書記 兼 司庫) | 천리팅<br>(陳立廷,<br>主任幹事) | | | | | | |
| 상무<br>위원 | 쉬신류<br>(徐新六,<br>副委員長) | 류잔언<br>(劉湛恩,<br>常務委員) | 허롄<br>(何廉,<br>研究主任) | 류위안<br>(劉馭萬,<br>副主任<br>幹事) | | | | | | |

주: ○ 표시는 정확한 글자를 파악하기 어려운 경우이다.
자료: 劉馭萬(1932: 233~234, 「太平洋國際學會會員題名」).

중국도 이 문제를 상당히 중요시해 만주에서 여러 명이 IPR 회의에 참석했다. 중국 IPR 회원으로 활동한 명단을 보면 당시 중국을 대표하는 차이위안페이(蔡元培), 후스(胡適), 딩원장(丁文江) 등 지식인이 다수 참가했음을 확인할 수 있다. 중국 IPR 회원의 주요 명단은 〈표 3-4〉와 같다.

중국 IPR 회원들은 자료의 수집과 정리, 만주 지방에서의 예비 회의 등을 통해 대표자들의 결속을 다졌을 뿐만 아니라 논의 사안에 따라 예비 회의 분위기가 격렬했던 사실이 지역 신문에 보도되기도 했다. 중국의 만주 전문가들은 지린·선양 등지에 연구회를 조직했고, 특히 지린 연구회 활동에 대해서는 일본 외무성 측도 자세히 파악하고 있었다. 지린태평양국교토론회(吉林太平洋國交討論會)로 자료의 수집과 정리, 만주에서의 예비 회의 등을 거쳐 결속을 다졌다. 여기에서는 일본이 만몽을 침략하는 근거와 사실, 만주와 중국과의 관계 등을 논의했다(機密第286号, B02030786200). 중국에서의 준비까지도 세세히 파악하고 있던 일본은 IPR 회의에서 만주와 관련된 논의가 격렬해질 것을 충분히 예상했으므로, 만주 문제 때문에 다른 주제에 대한 논의가 영향을 받지 않도록 회의 준비에 힘썼다(蠟山政道, 1930a: 226~227).

1929년 10월 28일부터 11월 9일까지 교토에서 개최된 제3회 IPR 회의에서 논의해야 할 원탁회의 주제는 여러 가지였다. 기계 문명과 전통 문명과의 관계, 중국 외교 문제, 만주 문제, 태평양 외교 문제(부전조약과 각국의 의무, 국제적 전쟁의 의의, 4개국 조약과 부전조약의 관계, 태평양 평화 보장 기구 설립의 문제, 군축 문제)가 있다. 소규모 원탁회의 의제는 교통 문제, 인구와 식량 문제(각국 인구 정책과 토지 이용 문제, 인구 이동과 국제적 영향, 인구문제와 국제적 해결책), 외국 투자 문제, 공업화 문제이다. 이상의 의제는 상당 부분 중국과 관계가 있지만, 그중에서도 중국 외교 문제와 만주 문제는 다른 여러 주제보다도 가장 논란이 된 주제였다(潘雲龍, 1978: 4, 10, 11).

〈표 3-5〉에서 살펴볼 수 있듯이, 만주 문제는 1929년 11월 4일부터 6일까지

| 표 3-5 | 제3회 IPR 회의 전체 프로그램

| 일시 | 시간 | 내용 |
|---|---|---|
| 1929년<br>10월 29일 | 9:00~12:15 | 기계문명과 전통문화의 접촉 문제, 4개 원탁회의(Keppel, Kilpatrick, 陶孟和, Rose)<br>총사회자: 장보링(張伯苓), 총간사: 쓰루미 유스케(鶴見祐輔) |
| | 20:20~22:00 | 제1차 토론회 대신 강연회로 대체<br>아네사키 마사하루(姉崎正治) 강연: '교토 지방 천주교 전래 상황'<br>숏웰(Shotwell) 강연: '현대 기계 문명 지위' |
| 10월 30일 | | 제1과 제2 원탁: 기계문명과 전통문화의 접촉<br>제3과 제4 원탁: 공업화 문제 |
| | | 기계문명과 전통문화(4개 원탁회의) |
| 10월 31일 | 9:00~ | 제1과 제3 원탁회의: 인구 식량 문제 토론(那須 사회)<br>제2원탁: 기계문명과 전통문명의 접촉 문제 토론<br>제4원탁: 공업화 문제 토론 |
| | 20:00~ | 2차 토론회: 구문명과 신지식(영국 Sir Hailsham 사회) |
| 11월 1일 | 9:00~ | 4개 원탁회의(MacDonald, Hailsham, Newton Rowell, Rowland W. Boyden)<br>중국 치외법권 철폐 문제와 조차지 취소와 조차지 지역 토론 |
| 11월 2일 | 9:00~ | 4개 원탁회의(MacDonald, Hailsham, Newton Rowell, Rowland W. Boyden)<br>중국 치외법권 철폐 문제와 조차지 취소와 조차지 지역 토론 |
| 11월 4일 | 9:00~ | 4개 원탁회의(MacDonald, Hailsham, Newton Rowell, Rowland W. Boyden), 만주 문제 논의 |
| | 20:00~ | 만주 문제에 대해 공개 토의 |
| 11월 5일 | 9:00~ | 마쓰오카 요스케(松岡洋右)과 쉬수시(徐淑希) 변론 |
| | 10:00~ | 어떻게 만주 문제를 해결할 것인가?<br>4개 원탁회의(MacDonald, Hailsham, Newton Rowell, Rowland W. Boyden) |
| 11월 6일 | 9:00~ | 6개 원탁회의<br>제1원탁: 만주 문제 토론, 제2원탁: 중국 재정 문제, 제3과 제4원탁: 만주 문제, 제5원탁: 중국의 조차지 문제, 제6원탁: 인구와 식량 문제 |
| 11월 7일 | 9:00~ | 태평양 외교 관계, 4개 원탁회의<br>제1원탁: 중국 대표 천리팅(陳立廷), 제2원탁: 일본 대표 하니하라 마사나오(植原正直), 제3원탁: 미국 대표 블레이크슬리(Blakeslee), 제4원탁: 미국 대표 제롬 그린(Jerome Greene) |
| 11월 8일 | 9:00~10:30 | 3개 원탁회의: 태평양 외교 관계<br>제1과 제2원탁: 태평양 외교 문제, 제3원탁: 치외법권 문제 |
| 11월 9일 | 9:00~ | IPR의 미래 |
| | 13:00 | 폐회식 |

자료: Condliffe(1969: 636); 瀋雲龍(1978: 49~131).

원탁회의의 주된 의제였다. 특히 중·일 간에는 공식적인 회의뿐만 아니라 비공식 회합을 수차례 하면서 효과적인 논의를 위해 노력했다.

만주는 동아시아에서 가장 주목받는 논제였으며, 중국, 소련, 일본의 이익이 첨예하게 대립되는 곳이었다. 그러나 소련에서 정식으로 회의 참가자가 파견되지 않았고(Toynbee, 1930: 194), 소련계 미국인 참관인을 통해 소련(러시아)의 입장을 듣는 것은 한계가 있었기 때문에 주된 논쟁은 중국과 일본 사이에서 진행되었다(Blakeslee, 1930: 724). 공식·비공식 회의를 포함해 논쟁을 벌였던 만주 문제의 핵심은 무엇이고, 해결 방안은 무엇인가?

## 2. 역사와 사실 사이의 만주 논쟁

### 1) 원탁회의의 구성

제3회 IPR 회의는 네 차례의 원탁회의에서 미국의 제임스 맥도널드(James G. McDonald), 영국의 헤일샴(Viscount Lord Hailsham), 캐나다의 뉴턴 로웰(Newton W. Rowell), 미국의 롤랜드 보이든(Roland W. Boyden)을 각각 사회자로 정해, 만주 문제가 객관적으로 토론될 수 있도록 노력했다(Condliffe, 1969: 154; 蠟山政道, 1930a: 229~230). 각 원탁회의에 참석하는 위원들 역시 여러 국가에서 참석한 위원들이 고루 배치될 수 있도록 세심히 조직해 다양한 의견을 나눌 수 있도록 안배했다. 원탁회의 구성을 보면 〈표 3-6〉와 같다.

표와 같이 조별로 분류하고, 토론해야 할 의제도 여덟 가지로 명쾌하게 제시했다(Condliffe, 1969: 154; 蠟山政道, 1930a: 227~228). 의제의 핵심은 왜 만주가 논란의 중심에 섰고 어떻게 해결할 수 있을까였는데, 모든 원탁회의에서 동일한 의제를 놓고 논의하도록 구성했다.

| 표 3-6 | 1929년 만주 문제 원탁회의 구성 명단

| | 구분 | 참석 위원 | 구분 | 참석 위원 |
|---|---|---|---|---|
| 제1<br>원탁회의 | 호주 | 이글스턴(Hon. F. W. Eggleston)<br>조지나 스위트<br>(Dr. Georgina Sweet)<br>해리 에머턴(Mrs. Harry Emmerton) | 미국 | 블레이크슬리<br>(Mr. G. H. Blakeslee)<br>케리(Mr. C. H. Carey)<br>그린(Mr. R.S. Greene)<br>하라다(Dr. Harada)<br>맥도널드(Mr. J. G. McDonald)<br>모리슨(Mrs. J. W. Morrison)<br>라인하트(Mrs. Reinhardt)<br>셰런버그(Mr. P. Scharrenberg) |
| | 영국 | 웹스터(Prof. Webster)<br>터너(Mr. Turner)<br>허드슨(Mr. Hudson)<br>쿡(Mr. Coke) | | |
| | 캐나다 | 월리스(Dr. Wallace)<br>사우샘(Miss M. Southam)<br>버피(Mr. L. J. Burpee)<br>니컬스(Mr. M. E. Nichols)<br>존 넬슨(Mr. John Nelson)<br>혼 매커디(Hon. F. B. McCurdy)<br>조지 키드(Mr. George Kidd) | 일본 | 후나쓰(Mr. Funatsu)<br>고무라(Mr. Komura)<br>가나이(Mr. Kanai)<br>아카기(Mr. Akagi)<br>사이토(Mr. S. Saito)<br>아네사키(Mr. M. Anesaki)<br>단(Mr. I. Dan)<br>호시노(Miss A. Hoshino)<br>가마다(Mr. K. Kamada)<br>하니하라(Mr. M. Hanihara)<br>다카하라(Mr. M. Takahara)<br>나스(Dr. S. Nasu)<br>쓰루미(Mr. Y. Tsurumi) |
| | 중국 | 쉬(Mr. S. Hsu)<br>수(Mr. S. Soo)<br>퉁(Mr. C. C. Tung)<br>우(Dr. D. C. Wu)<br>정(Miss Tseng)<br>차오(Mr. Y. H. Tsao)<br>판(Mr. Q. Pan)<br>왕(Mr. C. F. Wang) | | |
| | | | 뉴질랜드 | 매서슨(Mr. W. B. Matheson)<br>시턴(Miss M. Seaton) |
| | 미국 | 애덤스(Mr. C. F. Adams)<br>로만조 애덤스<br>(Mr. Romanzo Adams)<br>알렉산더(Mr. W. M. Alexander)<br>앨런(Mrs. E. R. Allen) | 필리핀 | 딘 C. 베니테즈<br>(Dean C. Benitez)<br>티로나(Miss R. Tirona) |
| | | | 참관인 | 커밍스(Mr. H. R. Cummings)<br>아인트호번(Dr. Einthoven)<br>베라 포즈니바<br>(Miss Vera Posdneeva) |
| 제2<br>원탁회의 | 호주 | 차터리스(Prof. Chateris)<br>테일러(Mr. G. F. Taylor)<br>커니스 로스(Dr. Clunies Ross) | 뉴질랜드 | 벨쇼(Dr. H. Belshaw)<br>헤이(Miss V. Hay) |
| | 영국 | 헤일샴(Lord Hailsham)<br>커티스(Mr. L. Curtis)<br>맥도널드(Mr. M. J. Macdonald)<br>애스터(Hon. W. Astor)<br>파워(Miss E. Power) | 일본 | 이시이(Mr. A. Ishii)<br>가바야마(Mr. A. Kabayama)<br>고마쓰(Mr. T. Komatsu)<br>가와다(Mr. S. Kawada)<br>가와카미(Mr. J. Kawakami)<br>마에다(Mr. T. Maeda)<br>도모에다(Mr. T. Tomoyeda)<br>야스이(Mr. T. Yasui)<br>야스토미(Mr. M. Yasutomi) |

| | | | | |
|---|---|---|---|---|
| | 캐나다 | 매클니스(Col. C. S. MacInnes)<br>행킨(Mr. F. Hankin)<br>브레이스(Mr. A. J. Brace)<br>맥그리어(Mr. D. A. McGregor)<br>혼 어드(Sir Hohn Aird)<br>벅스(Col. Birks)<br>베이츠(Dr. Bates) | 필리핀 | 베니테즈(Mrs. C. Benitez)<br>테오도라(Judge A. Teodora) |
| | | | 참관인 | 아오키(Mr. S. Aoki)<br>롬(Mr. V. Romm)<br>아사리(Mr. J. Asari) |
| | 중국 | 바우(Mr. M. J. Bau)<br>호(Mr. F. Ho)<br>닝(Mr. E. C. Ning)<br>창포링(Mr. Chang Po-ling)<br>카이(Miss Kai)<br>타이(Mr. A. L. Tai)<br>왕(Mrs. C. F. Wang)<br>위리장(Mr. D. Z. T. Yui) | 미국 | 베네트(Mr. C. R. Bennett)<br>카터(Mrs. E. C. Carter)<br>패링턴(Hon. W. R. Farrington)<br>페센든(Mr. S. Fessenden)<br>그린(Mr. J. D. Greene)<br>하울랜드(Mr. C. P. Howland)<br>케펠(Mr. F. P. Keppel)<br>킬패트릭(Mr. W. H. Kilpatrick)<br>로엘로프스(Miss Roelofs)<br>숏웰(Mr. J. T. Shotwell) |
| | 일본 | 마쓰바라(Dr. Matsubara)<br>마쓰오카(Mr. Matsuoka)<br>나가오(Mr. Nagao)<br>오다기리(Mr. Odagiri) | | |
| 제3<br>원탁회의 | 호주 | 힌더(Miss Hinder)<br>새들러(Prof. Sadler)<br>트리스턴(Mr. Tristan Buesst) | 일본 | 로야마(Mr. Royama)<br>미타니(Mr. T. Mitani)<br>니토베(Dr. I. Nitobe)<br>오카(Mr. M. Oka)<br>오다기리(Mr. M. Odagiri)<br>오사와(Mr. T. Osawa)<br>소에시마(Mr. M. Soyeshima)<br>다카이시(Mr. S. Takaishi)<br>야쓰시로(Mr. N. Yatsushiro) |
| | 영국 | 토인비(Prof. Toynbee)<br>조잇(Mr. H. Jowett)<br>데이터(Dr. S. K. Datta)<br>세일(Mr. G. S. Sale) | | |
| | 캐나다 | 타(Mr. E. J. Tarr)<br>베스트(Dr. E. N. Best)<br>마틴(Mr. C. Martin)<br>플랜트(Mr. A. Plaunt)<br>어드(Miss Aird)<br>벅스(Mr. W. M. Birks)<br>무어(Mr. Tom Moore)<br>로웰(Hon. N. W. Rowell) | 뉴질랜드 | 호그우드(Mr. L. Hogwood)<br>웨스트왓슨<br>(Miss C. West-Watson) |
| | | | 필리핀 | 딘 J. 보코보<br>(Dean J. Bocobo)<br>존 W. 오스본<br>(Mr. John W. Osborn) |
| | 중국 | 샤(Mr. C. L. Hsia)<br>옌(Mr. P. Yen)<br>왕(Mr. T. Y. Wang)<br>쉬(Mr. P. C. Hsu)<br>우이팡(Miss Yi-fang Wu)<br>천(Mr. L. T. Chen)<br>원(Mr. S. T. Wen)<br>정(Mr. T. K. Tseng) | 참관인 | G. A. 존스턴<br>(Dr. G. A. Johnston)<br>에두아드 라베뉴<br>(Mr. Edouard Lavergne) |

| | | | | |
|---|---|---|---|---|
| 제4<br>원탁회의 | 일본 | 사카타니(Sakatani)<br>사하라(Mr. Sahara)<br>이와나가(Mr. Iwanaga) | 미국 | F. C. 애서턴<br>(Mr. F. C. Atherton)<br>N. F. 콜먼<br>(Mr. N. F. Coleman)<br>프리어(Hon. F. W. Frear)<br>그레고리(Dr. H. Gregory)<br>존슨(Mr. J. W. Johnson)<br>러딩턴(Miss Ludington)<br>파크(Mr. R. E. Park)<br>펠스(Mr. G. S. Phelps)<br>워너(Mrs. G. B. Warner)<br>퀸시 라이트<br>(Mr. Quincy Wright)<br>월터 영<br>(Mr. C. Walter Young) |
| | 호주 | 커리(Dr. Currey)<br>포르시아 캠벨<br>(Miss Porsia Campbell) | 일본 | 즈모토(Mr. Zumoto)<br>시모무라(Mr. H. Shimomura)<br>시다치(Mr. T. Shidachi)<br>스즈키(Mr. B. Suzuki)<br>쓰지(Mrs. M. Tsuji)<br>우에다(Mr. S. Uyeda)<br>야마무로(Mr. S. Yamamuro)<br>다카키(Mr. Y. Takaki) |
| | 영국 | 로즈(Mr. A. Rose)<br>휴 윈덤(Hon. Hugh Wyndham)<br>캐넌 스트리터(Canon Streeter)<br>리틀턴(Mrs. Lyttleton) | | |
| | 캐나다 | 롱(Prof. G. Wrong)<br>킬램(Mr. L. Killam)<br>런던(Mr. T. W. B. London)<br>앵거스(Mr. H. F. Angus)<br>헌터(Mr. H. T. Hunter)<br>매카이(Dr. McKay) | 뉴질랜드 | 론(Mr. G. Lawn) |
| | | | 필리핀 | 맥시모 칼로<br>(Dean Maximo Kalaw)<br>페이(Mr. H. Fey) |
| | 중국 | 조웨(Mr. S. Y. Jowe)<br>천(Mr. L. T. Chen)<br>전(Mrs. Zen)<br>난(Mr. P. F. Nan)<br>류(Dr. D. K. Lieu)<br>루시 웅(Miss Lucy Wong)<br>타오(Mr. L. K. Tao)<br>리(Mr. Y. L. Lee) | 참관인 | 루이스 발레즈<br>(Dr. Louis Varlez)<br>매누얼 가미오<br>(Dr. Manuel Gamio) |
| | 일본 | 시노부(Dr. Shinobu)<br>나가노(Mr. Nagano)<br>다카야나기(Dr. Takayanagi)<br>수에히로(Dr. Suehiro) | 미국 | 앨스버그(Mr. C. L. Alsberg)<br>보이든(Mr. R. W. Boyden)<br>체임벌린<br>(Mr. J. P. Chamberlain)<br>램(Mr. F. Lam)<br>리(Mr. I. Lee)<br>로윈(Mr. L. L. Lorwin)<br>맥더피(Mr. D. McDuffie)<br>맥로플린(Mrs. McLaughlin)<br>마틴(Mr. C. E. Martin)<br>레이턴 스튜어트<br>(Mr. Leighton Stuart) |

자료: 太平洋問題調査會關係一件 第三卷, B041222415.

① 만주 문제의 역사적 기원은 무엇인가?

② 조약상 권리는 무엇이며 이와 관련해 발생한 랴오둥(遼東) 반도의 조차지 행정, 외국 철도 수비, 철도 경찰 및 영사관 경찰, 통신·우편국·전신 및 무전 행정 관리, 내지에서의 거주·영업 및 토지 조차권, 새로운 철도와 항구 건설 문제는 어떠한가?

③ 만주에서 외국의 주요한 경제적 이익은 무엇인가?

④ 한 국가가 외국에서의 권리를 보호하고 치안을 유지하기 위해 조약상 특별히 규정이 없는데도 행동하는 것은 어떠한가?

⑤ 만주철도 문제의 국제적 양상은 어떠한가?

⑥ 만주에서의 조선인 문제는 어떠한가?

⑦ 이상의 만주 문제를 해결하는 방법으로 워싱턴 회의 조약과 파리협약 같은 현존 조약의 규정은 어떠하며 해결 가능한 방법은 있는가?

⑧ 만주 문제 해결을 위한 특별 제안은 무엇이며, 화해 또는 중재 가능한 문제는 무엇인가?


구체적인 의제 설정 등 프로그램 위원회의 세심한 안배에도, 대회 첫날부터 중·일 간에 설전이 오갔다. 그날 저녁 일반 회의에서는 1927년 제2차 대회 이후 2년여 동안의 각국의 상황 변화와 국제 협력 발전에 관해 진술하는 데 주력했다(安富正造, 1929: 53).

그러나 위리장의 발언으로 논란이 촉발되었다(「余日章ノ講演」, B04122241000). 1928년 5월 일본군이 중국 산둥성 지난(濟南)에 있는 일본인을 보호한다는 명목으로 이곳에 군사를 보내 북벌 중이던 중국 국민혁명군과 무력 충돌했던 지난 사건을 거론하며 일본에 경고했기 때문이다. 일본 대표 즈모토 모토사다(頭本元貞)는 위리장의 발언에 대해 "악선전", "평화의 적"(白山映子, 2008: 243)이라고 비난했다. 또한 1928년 6월 장쭤린 폭살 사건과 관련해 범인이 특정되지 않은 상황에서 중국은 무조건 일본을 죄인으로 단정해 열국 앞에서 일본을 피고석에 앉혀 불리하게 만든다고 하면서 일본 측이 강력히 반발했기 때문이다(安富正造, 1929: 53).

위리장의 발언에 일본 대표가 즉각적으로 반응해 논쟁이 일자, 의장은 회원들에게 질의문답식 토론을 허락하지 않았다.

1929년 11월 4일 저녁에 열린 일반 회의에서는 지정된 순서에 따라 마쓰오카 요스케가 먼저 일본과 만주와의 역사적·경제적 관계, 만주 개발에서의 일본인의 공헌, 중국인이 만주 개발로 얻은 혜택, 만주에서 신천지가 펼쳐진 것 등에 대해 설명했다. 쉬수시는 일본 정부, 남만주철도주식회사와 일본인이 만주에서 하는 정치적 행동을 비난하면서(Hsu, 1932: 131~150), 마쓰오카 요스케의 연설에 반박했다(安富正造, 1929: 53~54). 그날은 마쓰오카 요스케에게 재발언권을 허용하지 않은 채 산회하고, 다음 날인 5일 아침에 특별히 원탁연합회의를 개최해 쉬수시의 전날 발언을 재정리한 뒤, 마쓰오카 요스케에게 발언권을 주었다. 그는 만주에서의 일본의 위상을 반복해 설명했다(安富正造, 1929: 48~50). "일본은 만주에서 어떠한 전략적 시도를 하는 것이 아니라 만주 자체가 전략적 가치를 가지고 있고, 만주가 러시아와 조선반도 사이에 놓여 있는 한 (그 가치는) 영원히 지속될 것"(安富正造, 1929: 54)이라고 했다.

IPR 회의의 목적은 각 국가 간에 존재하는 심각하고 어려운 문제에 대해 사실을 파악하고 조사·연구해 개혁을 시도하는 것이므로, 목적이 있는 토론이 필요했다. 그러나 IPR 회의에 참가한 여러 국가와 달리 일본과 중국은 처음부터 논의의 출발점이 달랐다. 중국은 만주 문제의 근본적인 해결을 위해 역사적인 사실을 근거로 삼았지만, 일본은 자신들이 만주를 책임져야 한다고 하면서 만주에서의 철도부설권, 군대 주둔, 이민 등을 주장했다. 물론 이런 것들은 모두 중국이 지향하는 발전 방향과 배치되는 것이었다.

원탁회의에서는 마쓰오카 요스케와 쉬수시의 발언을 기초로 구체적인 토론이 진행되었다. 3일간 진행된 각 원탁회의에는 토론 계획에 제시된 여러 항목이 각 분과에서 동일하게 취급된 것은 아니었지만, 각 원탁에서는 대체로 공통적인 문제가 논의되었다(蠟山政道, 1930a: 230).

## 2) 만주 관련 구체안의 논의

1929년 11월 4일에는 청일전쟁과 러일전쟁 이후 일본이 만주에서 획득한 권익의 범위와 만주의 경제 발전 요인에 대해, 11월 5일 원탁회의에서는 조차지의 조약권(IPR 'Manchuria', Report of round table, No.1, 1929.11.5. B10070179900: 409)과 만주 치안 유지 요인에 대해, 구체적으로 중국 치외법권 철폐와 조차지 취소 문제를 논의했으며(潘雲龍, 1978: 68), 6일 회의에서는 영사권 남용(IPR 'Manchuria', Report of round table, 1929.11.6, B10070179900: 416)과 21개조에 대한 법률적 효력에 대해 논쟁이 있었다. 당시 논쟁이 되었던 사안을 분석하면 만주의 경제 발전 문제, 치안 유지 문제, 조약상 근거 유무와 권리 남용 문제로 종합해볼 수 있다.

### (1) 만주 경제 발전의 문제

만주 문제의 역사적 근원에 대해서는 중국, 일본, 서양 등 관점에 따라 차이가 있었지만, 청일전쟁과 러일전쟁이 만주 문제의 기원과 만주의 발전에 영향을 미쳤다는 데는 모두 동의했다(IPR 'Manchuria', Report of round table, No.3, 1929.11.4, B10070179900: 465). 일본은 만주 문제를 역사와 사실의 문제로 파악했으므로, 이를 규명해 IPR 회의에서 일만(日滿) 관계의 합리성이 충분히 설명되어 국제적으로 일본의 견해가 받아들여지기를 희망했다(半沢玉城, 1929: 2). 일본은 역사적·지리적으로 만주와 관계가 깊고, 이 지역에 대한 정치적 권리와 경제적 이익을 가지고 있으며, 문화를 형성하는 데도 기여했다고 말했다(Condliffe, 1969: 524, 529).

IPR 참가자 중에는 미국의 월터 영처럼 역사적으로 만주 문제를 개관하면서 개인과 국민 차원의 관심을 촉구하는 사람도 있었고, 로저 그린(Roger Greene)처럼 추상적인 정의보다는 실현 가능한 정치 문제를 다루려고 한 사람도 있었다(IPR 'Manchuria', Report of round table, No.1, 1929.11.4, B10070179900: 402). 문호개방 정책이나 만주 문제가 세계평화에 미치는 영향에 관심을 두기도 했지만(IPR 'Manchuria', Report of round table, No.1. 1929.11.3, B10070179900: 400), 만주의 현상과 실상을 정확히 파악할 만한 구체적인 지식이 없었고 예비지식도 결여되어 있어(蠟山政道, 1930a: 231) 실질적인 이권 당사자인 중국과 일본 사이에서 주로 논의되었다.

　먼저 만주의 경제 발전을 어떻게 이해할 것인지에 대해, 일본의 마쓰오카 요스케는 지난 20년간 만주가 경제적으로 발전하고 인구가 증가했으며, 주민이 번영한 것은 일본이 통치한 효과라고 보았다. 국가 안보를 고려하면서 만주의 경제 성장을 이끌겠다는 목적이 분명했다는 것이다(Matsuoka, 1929a: 1). 또한 일본이 효과적으로 평화를 유지해 철도 부설이 확대되었기 때문에 만주로의 중국인 이주와 무역이 급격히 발달했다고 지적했다. 국제무역항인 잉커우 개항 당시 만주는 인구도 회소했고, 일부가 시베리아와 모피 무역을 한 것을 제외하면 현대 세계와 접촉되지 않는 땅이었다. 베이징 정부는 만주 개발을 장려하지 않았고 만주로의 이민도 금지시켰지만, 일본의 노력으로 철도 건설이 확대되면서 무역량이 변화해 만주 경제가 달라지기 시작했다고 강조했다(Matsuoka, 1929a: 2). "자국의 이익에만 집중한 러시아와 달리 일본은 남만주를 차지한 뒤 중동철도를 연결시켜 세계에 개방해 만주의 번영을 가져왔다"(Matsuoka, 1929a: 3)고 하면서, 20년간 만주에 거주하는 중국인이 두 배로 늘었으며, 만주의 외국 무역액이 증가했음을 사례로 들었다(Matsuoka, 1929a: 4~5, 7). 영국은 1898년 168척, 16만 1000톤에서 1928년 556척, 270만 톤으로 늘어났고, 미국은 1898년 4척, 2400톤에서 1928년 127척, 50만 톤으로 증가했다고 했다.

경제 발전을 실질적으로 증명한 통계도 제시했다. 중국에 세관이 처음 개설된 1907년을 100으로 잡아, 1925년에는 중국이 226이고 만주가 534, 1926년에는 중국이 261.1이고 만주가 618.8, 1927년에는 중국이 264.1이고 만주가 634.5, 1928년에는 중국이 279.0이고 만주는 737.7이었으므로, 이는 일본이 만주에서 유용한 역할을 했기 때문이라고 보았다(IPR 'Manchuria', Report of round table, No.4, 1929.11.6, B10070179900: 536; 松岡洋右, 1930: 258~259; Matsuoka, 1929b: 18). 보이든(IPR 'Manchuria', Report of round table, No.4, 1929.11.6, B10070179900)과 콘들리페(Condliffe, 1969: 172)의 통계에서는 1927년 만주가 654로 표기되었다. 통계 수치의 변화를 보면 중국에서 제시한 자료에서도 중국과 만주 사이 대외 무역량에서 차이가 있음을 알 수 있다. 중국의 전체 무역량은 1907년부터 1927년 사이에 69.9에서 198.4로 세 배가 증가한 반면, 만주는 27.1에서 328.3으로 12배 이상 증가해 중국보다 네 배 빠른 성장세를 보였다(Hsiao, 1969: 399~400). 일본은 중국과 만주의 경제적 차이가 이와 같은데도 특이성이 없다고 평가할 수 있는지 반문했다(潘雲龍, 1978: 87).

비록 일본도 러시아처럼 자국의 이익을 위해 남만주를 개발했지만, 결과적으로 타국에도 상당한 이익을 주었다고 주장했다. 타국은 일본이 제공한 항구 시설과 철도를 이용하면서 일본 군대가 지켜주어 안정과 번영을 누릴 수 있고, 근대 도시 건설과 병원 시설 등 일본이 제공하는 혜택을 받았다고 주장했다(Matsuoka, 1929a: 6). 만약 일본이 특정한 야심이 있었다면 계속되는 중국인의 만주 이주를 장려하겠느냐고 반문했다(小川節, 1929: 31~32). 이와 더불어 타국도 직간접적으로 만주에 투자해 만주의 발전과 번영에 기여(Matsuoka, 1929a: 7; Condliffe, 1969: 157)했다고 인정했다. 영국이 베이징과 선양 간에 철도를 개설하면서 남만주철도에 차관을 주자 남만주철도는 미국에서 장비를 구매했고, 러시아는 중동철도를 부설했으며, 프랑스는 자금을 지원했다. 예를 들어 1898년 만리장성 북쪽의 산하이관에서 신민툰(新民屯) 철로에 영국이 자본을 투입했는데, 이 철로는 일본에 의해 선양까지 연결되었다가 1907년에는 중국에 귀속되었다. 이와 같은 교통의 발달은 러시아, 중국, 일본의 사람들이 만주로 몰려들 수 있도록 만들었다.

중국의 쉬수시는 일본이 만주 경제 발전에 도움이 되었는지 의문을 표시하면서 중국이 너무 많은 것을 희생하고 지불했다고 주장했다(IPR 'Manchuria', Report of joint meeting round table, No. 2, 1929.11.5, B10070179900: 449). 또한 중국의 미래를 위해서는 전체적으로 효과적인 시스템을 만들어가는 것이 더 중요하다고 했다(Condliffe, 1969: 203). 쉬수시는 "동삼성(만주_인용자)의 치안 유지는 지리적인 관계에서 기인한 것이고 인구 증가는 관내 인구의 조밀함에 기인한 것이며, 상업 발전은 일반적인 상황으로 동삼성에만 있는 것은 아니다. 또한 동삼성 개발 계획에 대해 일본은 어떠한 원조도 하지 않았고 오히려 파괴했다"(徐淑希, B04122242600: 71)라고 하며, 이는 다양한 자료가 증명한다고 했다. 만주의 지정학적인 위치로 자연스럽게 평화가 형성된 것이지 일본의 힘 때문이 아니며, 일본 군대가 만주에 주둔하면서 오히려 내란이 일어났고, 중국을 희생물 삼아 일본이 이익을 얻었다고 강조했다(潘雲龍, 1978: 85). 만주의 급속한 인구 증가는 만주에 신개척지와 미개간지가 많았다는 경제적 사실에 기초한 것이지, 일본이 만주를 개발하고 치안을 유지했기 때문이 아니라고 반박했다(Hsiao, 1969: 399; 松岡洋右, 1930: 256). 만주의 대외무역량이 증가한 것도 전 중국의 대외무역량이 전체적으로 성장한 중의 일부이며, 일본이 만주에서 경제개발을 한 결과가 아니므로, 만주에 한정된 독특한 현상으로 볼 수 없다고 했다(Matsuoka, 1929b: 17; 潘雲龍, 1978: 87). 그러면서 일본은 중국을 위해 한 푼의 돈도 지불하지 않았다고 강조했다. 이와 함께 일본이 중국과 협력하지 않은 사례로 파쿠먼(法庫門) 철도를 들면서 만주철도를 일본이 독점적으로 운영한 것을 문제 삼았고, 특히 21개조의 문제점을 들어 일본을 비난했다(Condliffe, 1969: 197; Hsu, 1930: 486; 小川節, 1929: 31~32).

이에 대해 일본은 중국의 부적절한 행위를 문제 삼았다. 러일전쟁 후 일본은 베이징 정부와 만철병행철도를 부설하지 않겠다고 조약을 체결했는데, 베이징 정부가 일본과 조약을 체결하는 한편, 영국의 자본가와 손을 잡아 파쿠먼 철도를 계획해 일본과 경쟁시킨 행위는 국제적 신의를 위배하는 행위이며 영국에 대해서는 사기 행위이므로, 일본이 반대한 것이라고 반박했다(潘雲龍, 1978: 87~88).

일본은 남만주철도에서 간접적인 이익을 얻을 뿐 제대로 된 보수를 받지 못하고 있다는 중국의 주장에 대해서도 사실이 아니라고 하면서, 남만주철도의 이익이 중국인의 월급이나 다른 항목으로 지출되고 있다고 반박했다. 더불어 중국이 영토를 보존할 능력이 없기 때문에 일본이 생존을 위해 10여 만 명을 희생하고 20억을 쓰면서 러일전쟁에 참전해 승리했는데, 이때 중국은 한 푼의 군비도 내지 않았다고 하면서 이런 희생은 금전으로 계산할 수 없는 것이라고 했다. 따라서 만주 문제는 러일전쟁부터 생각하지 않으면 해결할 수 없다(IPR 'Manchuria', Report of joint meeting round table, No.2, 1929.11.5, B10070179900: 451; 潘雲龍, 1978: 88~89)고 강조했다.

미국 대표 콜먼(Coleman)은 "일본의 군대가 만주에서 정치적으로 영토 주권을 침해하고 외국자본의 유입을 허락해 철도 및 항만의 발달을 저해하고 문호 개방 정신에 반한다는 중국의 고발은 본질적으로 사실"(Coleman, B04122242600: 38)이라고 했다. 제3회 IPR 회의부터 조선의 대표권이 인정되지 않았지만 개별적인 토론에는 참가해 개인 자격으로 의견을 제시했던 조선인 윤치호(T. H. Yun)는 유대인이 팔레스타인으로 갔듯이 조상의 땅인 만주로 간 조선인의 존재가 만주의 문호 개방과 만주 발전에 주된 공헌을 했다고 강조하면서, 어디를 가나 중국인이 조선인을 제대로 대우하지 않아 안전에 위협을 받았다고 지적했다(IPR 'Manchuria', Report of joint meeting round table, No.4, 1929.11.6, B10070179900: 537, 543, 557). 이에 대해 중국인은 특히 벼농사에 조선인이 기여한 것을 인정하면서도 조선인의 귀화 여부와 이중국적 문제로 만주 문제를 더 복잡하게 만들었다고 주장했다(IPR 'Manchuria', Report of joint meeting round table, No.4, 1929.11.6, B10070179900: 543).

중국은 "일본이 중동철도에서 권익을 취한 것은 순전히 경제적인 이유 외에도 정치적인 병력주둔권, 경찰권, 철도연선에서 행정권을 박탈해 점차 경제적 이권을 회수하려는 방침을 노골적으로 보여주었는데 그중 가장 중점을 둔 것은 병력주둔권이었다"(長野朗, 1929: 123)라고 하면서, 일본이 정치적인 권익을 포기할 것을 주장했다. 이에 대해 일본은 21개조에 의한 법률적·정치적 권익을 부인하는 중국과 근본적으로 의견이 상충하므로 타협점을 발견하기 어렵다고 보았다(長野朗, 1929: 124; Hsu, 1969: 502).

### (2) 치안 유지 문제

중국은 남만주철도 노선에 7000명의 일본 수비병이 주둔하고 있지만, 철도부속지에 국한된 것이어서 당연히 만주 전체의 치안을 유지할 수 없다고 보았다. 비록 수비대 배후에 일본 정부와 일본의 육해군이라는 강력한 힘이 있지만, 만주의 평화 유지가 거기에 의존하는 것은 아니라고 했다(潘雲龍, 1978: 86).

철도 전문가인 일본의 가나이 기요시는 만주에서 수시로 마적과 비적이 횡행해 위험한 것은 사실이므로, 철도수비대가 필요하다고 했다. 중국은 만주에서 치안이 혼란한 주요 원인은 일본이 마적을 비호하고 불량분자를 양성하고 있기 때문이라고 하면서(IPR 'Manchuria', Report of round table, No.1, 1929.11.5, B10070179900: 412), 외부보다 철도연선에 비적이 더 자주 등장하고 있으므로, 일본이 만주에서 치안을 유지할 필요가 없다고 했다(Condliffe, 1969: 190~191; 蠟山政道, 1930a: 243~244). 남만주 철도 지역에서 출몰한 비적은 1906년 9건, 1911년 57건, 1917년 99건, 1920년 183건이고, 일본인 상해를 입은 것도 1913년 7건, 1917년 19건, 1920년 32건이며, 철도 지역 밖에서는 1913년 13건, 1917년 49건이었으나 1920년에는 24건으로 줄어들었다는 것이 중국의 설명이었다(Hsu,

1969: 500). 이에 멕시코의 마누엘 가미오(Manuel Gamio)는 미국이 멕시코에 주둔하고 있어도 철도를 보호하는 수비군은 없다고 거들었다(IPR 'Manchuria', Report of round table, No.1, 1929.11.4, B10070179900: 402).

일본은 조약상 권리로 1만 3000~1만 5000명의 병력을 둘 수 있지만, 남만주철도 연선에 주둔하는 일본 병력은 7000여 명으로 700리의 광대한 철도연선의 치안을 소수의 병력으로 유지하고 있다고 하면서, 만주에 중요한 이익이 있는 일본은 비록 7000여 명의 수비 병력이지만 이 지역의 평화와 질서에 관심이 많기 때문에 강력한 육해군의 힘이 있는 일본 정부가 배후에서 항상 만주의 치안을 직간접적으로 보장하고 있다고 풀이했다(Matsuoka, 1929b: 15~16; 松岡洋右, 1930: 254). 이와 함께 과거 2000년 동안 만주에서는 여러 국가와 종족이 거듭 등장해 전쟁이 이어졌으며, 일본의 개입이 없었다면 만주는 무질서와 혼란에 빠졌을 것이라고 대응했다(Matsuoka, 1929b: 16).

만주에서 치안 유지의 성공 여부는 이민과도 긴밀히 연결되는데, 중국은 전체적으로 인구가 늘고 경제가 발전하고 있으며, 매년 100만 명의 이민자가 만주로 유입된 근본적인 요인은 북방 각 성에서 발생한 내란으로 생명의 안전을 담보할 수 없었기 때문이라고 보았다. 따라서 만주의 인구 증가도 일본이 평화를 유지한 결과가 아니라 북방 지역의 내란에서 비롯된 자연스러운 결과로, 이런 사실을 무시할 수 없다고 했다(潘雲龍, 1978: 86). 일본은 만주에서의 치안 유지와 남만주철도의 편리성을 연결시키면서 중국인이 평화로운 만몽에서 운명을 새롭게 개척하기 위해 자신의 집을 방화하고, 병란과 약탈을 저주하며 만주로 이주한 것이라고 주장했다(松岡洋右, 1930: 256).

그러나 미국의 월터 영은 산둥이나 즈리(直隷)로부터 다롄에 도착한 이민자는 남만주철도를 이용한 것이 아니라 걸어서 만주에 이르렀다고 설명했다(Young, 1969: 429). 또한 중국 내지에서 만주로 이민한 근본적인 배경으로 토지 부족과 과잉 노동력, 비효율적 운수 체계, 가뭄, 홍수, 병충해, 정치적 혼란에서 야기된 과다한 세금 착취, 징병, 테러, 비적 창궐, 강제 아편 재배 등을 주요 요인으로 꼽았다(Young, 1969: 440). 만주로의 이주는 철도나 물의 흐름을 고려하고, 경제지리적 요인, 인구 구성이나 토지 이용 등 경제 발전 정도나 시장과의 관계를 참조해 이주하는 특징을 보였다는 것이다(Young, 1969: 445).

### (3) 조약상 근거 유무와 권리남용의 문제

중일 간 문제를 발생시키는 조약상 권리는 조차지, 남만주철도, 철도연선, 철도수비군, 영사관 경찰, 거주, 무역, 내지 토지 조차권, 새로운 철도와 항구 건설 등이 있다(IPR 'Manchuria', Report of round table, No.1, 1929.11.5, B10070179900: 409). 중일 양국은 조약 규정을 각자의 편의대로 해석하면서 자기 논설의 근거로 삼기도 했는데, 현상을 둘러싼 중일 간의 해석상 갈등은 권리의 남용 여부와 남만주철도 부속지 행정권의 정당성 여부 및 영사경찰권 해석에 대한 문제로 압축할 수 있다.

이른바 만주 문제로 나열된 수많은 사안 중에서 중국은 세 가지 근거를 들어 일본을 비난했는데, ① 만주에서의 일본의 권익은 조약 규정을 엄밀히 해석한 것이 아니다, ② 만주에서 일본의 권익 중 관동주(關東州) 조차지는 별개라고 해도 일본이 장악하고 있는 남만주철도 부속지의 행정권은 조약이 인정하지 않는 정치적 권리로서 통치권의 발로 또는 행사일 뿐이다, ③ 영사관 경찰 문제(蠟山政道, 1930a: 233~236)는 일본이 해석한 것처럼 치외법권에 해당되지 않는다. 다시 말해 권리남용 여부, 조약상 근거 유무, 영사관 경찰권을 두는 것이 치외법권인지 여부에 대해 논의했다.

첫째, 권리남용 여부이다(Condliffe, 1969: 181). 이는 1905년 '포츠머스 조약'의 행정권(the right of administration)에 대한 해석이다. 먼저 중국이 주장한 일본의 만주에서의 권익은 조약의 규정을 엄밀히 해석한 것이 아니므로 일본도 근거를 들어 강력히 반박했다(蠟山政道, 1930a: 233). ① 일본의 만주에서의 활동이 조약의 규정에 근거하지 않았다는 중국의 주장에 대해서는, 만주를 중국 영토와 분리할 수 없는 일체로 인식하기 어렵다고 주장했다. 그러나 만주가 중국 영토라는 데 대해서는 회의 참석자 대부분이 인정했다(Condliffe, 1969: 175). 미국의 퀸시 라이트(Quincy Wright)는 만주가 중국의 일부라고 하면서, 일본 정부가 이미 몇 차례나 영토 보존(Territorial Integrity)에 대해 문자로 성명했고, 조약상으로도 명확하므로 토론의 여지가 없다고 훈수를 두었다(IPR 'Manchuria', Report of round table, No.3, 1929.11.4, B10070179900: 468; 蠟山政道, 1930a: 234). ② 외국 정부가 중국 영토 내에서 외국 소유의 철도를 부설하는 것은 조약의 취지에 명백히 반하는 것으로 중국의 주권을 침해한다는 해석에 대해, 일본은 중국이 추상적인 주권론을 만주에 적용하는 것은 실상에 부합하지 않고, 역사적으로 볼 때 만주에 대한 중국의 주권 행사는 고려해보아야 한다고 주장하기도 했다.

중국이 남만주철도의 실질적인 소유주가 일본 정부라고 비난한 데 대해서도, 러일전쟁 후 '포츠머스 조약'의 연혁을 무시한 것으로, 현상적인 측면에서 본다면 중국도 주주이고 일본도 개별적으로 주주가 되었는데, 일본의 한 상사회사인 남만주철도를 정부 기관으로 인식하는 것은 오해라고 했다. 미국의 월터 영도 남만주철도가 실질적으로 일본 정부의 회사라고 주장하는 것은 의심의 여지가 있다고 했다. 이런 설명에 대해 일본은 수긍하는 자세였지만, 중국은 그렇게 생각하지 않았다.

둘째, 일본의 만주 권익에 대한 조약상 근거 유무이다. 중국은 관동주 조차지는 별개로 하지만, 남만주철도 부속지의 행정권 사용은 조약상 근거가 없는 것으로 정치적인 통치권 행사로 보았다. 즉, 중국은 '중동철도 건설 및 경영에 관한 조약' 제6조 제2항의 이른바 철도연선의 토지에 관한 절대적이고 배타적인 행정권이 있다는 규정을 제한적으로 해석해 주로 철도 경영상 필요한 것에 한정하려고 했다. 따라서 남만주철도 부속지의 경찰, 교육, 우편 등 행정 시설은 당연히 규정을 원용할 수 없다는 것이다. 또한 영사관 경찰의 조약과 관련해서는 다나카 기이치(田中義一) 내각 당시 만주 치안 유지에 관한 국제법상 근거, 푸순(撫順) 및 기타 지역에서의 광산채굴권과 광산회사의 토지 관리권 및 조약상의 근거가 정확하게 있는지를 따졌다.

여러 원탁회의에서 논쟁이 된 내용을 보면, 대체로 일본은 남만주철도 부속지 행정권에 대한 조약 규정을 광의로 해석해 조차지의 행정권과 유사한 것으로 이해하면서, 일반적인 중국의 전관(專管) 거류지 행정권보다 더 강한 것이라고 주장했지만, 중국은 이에 승복하지 않았다. 그러나 미국은 톈진과 상하이의 전관 거류지와 성격상 차이가 없다고 보았고, 캐나다는 자국의 철도 사례를 원용해 외국 철도가 타국의 영토 내에 토지를 소유하는 것이 불합리한 것은 아니라고 하면서 일본에 동의했다. 미국의 찰스 하울랜드(Charles P. Howland)는 조약 체결 후 일본이 소유한 시가지 행정권에 관심을 보였다(蠟山政道, 1930a: 235~236).

셋째, 영사관 경찰이 치외법권인지 대한 해석이다(Condliffe, 1969: 191~197). 일본은 만주 내지의 치안 실상과 국제법 및 기타 법리적 해석을 통해 영사관 경찰 문제를 실질적인 권익 옹호를 위한 치외법권이라고 주장했다. 광산채굴권과 토지관리권도 마찬가지로 일본을 위한 것으로 해석했지만, 중국은 이를 인정하지 않고 일본이 법적·군사적으로 남용했다고 주장했다(蠟山政道, 1930a: 236).

중국은 일본의 침략주의를 공격하면서 만주의 중일 분쟁이 조선 문제에서 출발해, 갈수록 악화되었다고 했다. 중국은 일본이 중국의 통일 정책과 철도 건설 및 경제 활동을 방해했으며, 남만주철도 부속의 관둥주 조차지 밖에서 영사 경찰권을 행사하고 우편국을 설치했으며, 일본인이 중국인의 권리를 침해해 양국의 감정을 상하게 했다고 하면서, 일본의 만주 병력 주둔이나 이른바 21개조 문제를 들어 그 부당성을 설명했다(潘雲龍, 1978: 76~78; 松原一雄, 1929b: 13). 일본은 만주에서의 권익이 역사적 산물이라는 것과 그 근거로 각 조약에 주목했지만, 중국은 그런 조약의 효력을 부인하면서 인류의 주권론, 남만주철도의 경제적 경영, 즉 병력주둔권과 기타 정치적인 권리를 포기하라고 일본에 요구했다(松原一雄, 1929b: 14).

일본은 만주에서의 권리에 대해 역사적으로 정당성이 있다고 주장했지만, 중국은 만주에서 일본의 활동이 조약상 근거가 없거나 범주를 일탈해 중국의 주권을 침해했다고 주장했다. 중국은 1915년 중일 교섭에 의한 조약을 역사적으로 보면 그 조약은 무효하거나 존재하지 않는 것으로 볼 수 있다고 주장했다. 또한 일본인의 만주 장악이 경제적 활동 범위를 벗어난 것이라고 하면서 우편국을 설치하고 철도 지역 및 관동주 조차지 밖에서 영사경찰권을 행사하면서, 중국인의 권리를 침해하고 감정을 상하게 했다고 설명했다. 일본이 남만주철도를 통해 만주에서 중국의 철도 부설과 경제적 활동을 방해했고(小川節, 1929: 30~31), 정치적 활동을 통해 중국 통일을 방해했다(Condliffe, 1969: 190)는 의견도 있었다. 따라서 철도주병권(鐵道駐兵權), 우정권(郵政權), 영사관 경찰과 같은 개별 사항에 대해 일본의 권리가 존재하지 않거나 위반된 것이라고 주장했다(蠟山政道, 1930a: 231~232).

이상에서 볼 수 있듯이, 각 사안마다 중국과 일본의 견해차가 커서 만주 문제를 둘러싸고 양국이 냉정하게 논의하기 어려웠다. 일본은 중국의 주장이 주관적이고 감정적이어서 회의 분위기를 격동시켰다고 하면서, 일본이 주장하는 적극정책(positive policy)을 중국이 영토적 세력확장책(territorial aggrandizement) (Condliffe, 1969: 177)으로 규정한 것을 사례로 들었다. 중국의 천리팅은 일본의 행위를 명백한 침략정책(policy of aggression)으로 규정했다(蠟山政道, 1930a: 238). 일본인은 만주 경영의 실상이 러시아의 남하를 막아 동양의 평화를 보존하는 평화정책으로 보지만, 중국인은 이를 불신해 양 국민 간에 갈등을 초래하는 근본 원인으로 보아 개선책을 제시하기도 했다. 즉, 일본이 세력 확장 개념을 버리고 치외법권을 남용하지 말 것이며, 철도부속지의 통치권적 행정을 포기하고, 철도부속지의 경찰 및 군대를 철수해 중국인으로 대체하며, 문호개방 정책을 철저히 실시하라는 것이었다(IPR ‘Manchuria’, Report of round table, No. 2, 1929. 11. 4, B10070179900: 439~440; 蠟山政道, 1930a: 237~238; 高石真五郞, 1929: 139). 일본은 중국 측 주장을 ① 21개조는 부당한 압박에 의해 체결되었다, ② 철도 수비병의 수비 범위를 자의적으로 넘어 중국의 주권을 침해했다, ③ 남만주철도 부속지의 일본 경찰은 부속지 이외에서 사법권을 남용했다, ④ 일본은 남만주철도와 병행하는 중국 측의 철도 부설을 반대했다, ⑤ 일본은 일본 이외에 중국에 대한 투자를 반대했다고 정리한 뒤, 마쓰바라 가즈오, 마쓰오카 요스케가 다나카 내각의 적극적인 정책이 세력 확대 정책이나 침략 정책으로 비난당하는 것을 변호했다. 그들은 중국이 오해한 것이라고 설명했다(小川節, 1930b: 30~31; 蠟山政道, 1930a: 238).

중일 간의 상호 비난이 회의 분위기에 영향을 미치자 미국의 킬패트릭은 만주 문제 토론의 주된 논점을 전략적 지위, 철도 분쟁, 개인적 정의, 남만주에서 일본의 경제적 지위, 문호개방 정책, 행정통치, 동지철도(東支鐵道), ‘9개국 조약’ 실행 문제, 경찰, 조약상 근거로 정리하고(蠟山政道, 1930a: 239~240), 조약에 동의해 전개된 사태를 인정하는 한 그 외 발생한 것은 사소한 사건(mere incident)에 불과하다고 하면서 개인적 정의(individual justice)에 책임을 전가했다. 헤일샴은 이를 ‘개인적 부당성(personal injustices)’(IPR ‘Manchuria’, Report of round table, No. 2. 1929. 11. 5, B10070179900: 442)이라고 표현하기도 했다.

문호개방에 대한 개념에 대해서도 중일 양국의 해석 차이는 컸다. 월터 영은 문호개방의 정의가 서로 다르므로 ① 무역에서의 기회균등 유지, ② 만주에서의 행정권 통합의 보전이라는 개념 아래 논의가 전개되어야 한다고 말했다. 중국은 일본이 문호개방을 협소한 개념으로 이해해, 영미의 개별적인 투자를 어떠한 것도 허용하지 않았다고 비판했다. 일본은, 경제적 이익은 정치적 이익을 불러오기 마련이므로 일본의 대내외적인 국가 정책이 잘 조화되도록 하면 된다고 했다(IPR 'Manchuria', Report of round table, No.3, 1929.11.5, B10070179900: 477~478).

전체적으로 본다면 중국은 과거의 정치적 상황과 변화를 역설한 반면, 일본은 근대 국제법을 역사적 배경과 결합해 일본의 주장을 확고히 뒷받침할 근거로 사용했다. 철도수비대나 철도부속지 통치권 등의 행정에서 볼 수 있듯이 과거부터 지배해오던 역사적인 세력은 장래를 지배하는 경향이 강하다는 것이다. 이에 대해 숏웰은 '전략적 지위'의 의의와 내용이 시대에 따라 변화한다고 하면서 만주의 경우 러시아의 대일본 태도가 문제가 아니라 일본이 만주에서 치렀던 전쟁에서 어떻게 군수품과 기타 원료를 공급했느냐가 문제라고 했다. 즉 현대 과학적·경제적 전쟁에서 원료 산지가 중요한 전략 근거지가 되므로, 이 지역의 전략적 지위와 경제적 가치는 분리할 수 없다고 했다(IPR 'Manchuria', Report of round table, No.2, 1929.11.5, B10070179900, p.452; 蠟山政道, 1930a: 242). 미국은 솔직하고 합리적으로 토론할 수 있도록 도와 감정적인 반응보다는 상호 존중하고 깨달음을 줄 수 있는 진보적인 토론이 되도록 노력했다고 자평했다(Greene, 1930: 65).

## 3. 만주 문제 해결 방안

만주는 지정학적으로, 전략적으로 동아시아를 연결하는 중요한 위치에 있어 각국의 이권이 맞물리기 때문에 논쟁이 끊임없이 일어나는 곳이다. 특히 만주와 관련된 어떠한 사안에 대해서도 중국과 일본의 일치된 견해를 찾기는 쉽지 않다. 중국인은 일본인의 호전성과 영토욕, 정복욕을 비난했지만, 일본인은 중국인의 속임수를 비난했을 뿐만 아니라 중국의 국가조직이나 사회생활 및 국민성도 이해하기 어렵다고 했다(安富正造, 1929: 55). 양 국민의 심리 상태를 고려하면 만주 문제 해결은 어렵지만 그렇다고 복잡한 현안으로 떠오른 만주 문제 해결을 위해 노력하지 않을 수도 없었기 때문에 제3회 IPR 회의에서는 세 가지 측면으로 만주 문제의 해결 방안을 논의했다.

## 1) 기존의 국제조약 활용 여부

만주에서 발생한 수많은 사안에 대해 비록 중국과 일본의 견해차를 좁히기는 어렵지만, 당사국의 입장에서뿐만 아니라 제3국의 입장에서 만주 문제를 바라보았을 때 해결 방법과 가능성은 있는가? 특히 기존의 국제조약, 즉 워싱턴 '9개국 조약' 및 '세계평화 유지를 위한 파리 부전조약(Kellogg-Briand Pact)'(Condliffe, 1969: 168)과 같은 조약이 IPR 회의에서 논의된 만주 문제의 쟁점과 어떤 관계가 있는가?

이를 확인하기 위해 중동철도 문제를 사례로 들었다. 중국이 분쟁의 원인을 설명했지만, 또 다른 당사자인 러시아의 정식 대표는 1명도 없었고 단지 1명의 참관인만 참석한 상태라 러시아의 입장을 구체적으로 들을 수 없어 토론이 제대로 이루어지지 않았다. 중국은 이 문제와 기존의 국제조약이 관계가 없다고 하면서, 상대국에 통고하는 의무를 인정하지 않으며 분쟁의 실상을 조사하는 조사위원회 성립도 허용하지 않는다고 의견을 밝혔다. IPR 회의에서 분쟁이 발생하자 유감을 표시한 중국에 대해 도덕적으로 비난할 수는 있었지만, 중국에 적극적으로 반박할 법률적인 근거는 없었다. 중동철도 사례에서 확인할 수 있듯이, 만주에서 중일 양국 간에 분쟁이 발생하더라도 기존 국제조약을 통해 해결할 수 있는 방법은 없다. 일본이 '연맹규약'에서 중재재판 채택 조항을 비준하지 않은 이유는 만주 문제와 관련해 제3자의 간섭을 피하려는 것이기도 했지만, 실질적·사법적으로 문제를 해결하기 어렵다(蠟山政道, 1930a: 247~249)고 보았기 때문이다.

## 2) 상설 화해조정위원회 설치

상설 화해조정위원회 설치에 대해서는 중·일 간 관방 차원의 조정위원회와 민간인으로 구성된 만주문제조사위원회 설치라는 두 가지가 제안되었다(長野朗, 1929: 125). 중·일 관계에서 만주 문제 해결을 위해 고려해볼 수 있는 것이 상설화해위원회 등인데, 분쟁이 불거진 후 해결을 요청하는 것이 아니라 평상시에도 화해 조정을 할 수 있는 기능을 갖추는 것이다. 만주 문제를 해결하기 위한 방안으로 "불가침조약 체결과 공동조사위원회 조직"(徐淑希, B04122242600, 1930: 71)이 제안되었고, 일본은 정부 차원이 아니라 양 국민 간 지식인들이 협조위원회를 조직해 각 항에서 충돌되는 문제를 해결하자고 제안했다. 미국은 국제연맹의 도움을 받아 조정위원회를 설치해 문제를 해결하도록 제안했다(潘雲龍, 1978: 81).

일본 고무라 슌자부로는 위원회 설치의 전제 조건으로 중·일 양국 간에 일종의 지역 조약으로 불가침조약을 체결하고, 감정 악화를 완화하기 위해 평소에도 노력(蠟山政道, 1930a: 248~249)할 것을 요청했다. 시노부 준페이는 화해위원회 기능에 관심을 기울였고, 캐나다나 미국 대표도 양국의 국경 문제는 화해위원회를 통해 분쟁 해결이 가능할 것으로 보았다. 많은 국가의 대표들이 화해위원회의 구성에 찬성하면서 주목할 만한 가치가 있다고 평가했다(Ortor: 106, B04122242600). 캐나다의 앵거스는 캐나다와 미국의 국경 문제를 다루었던 국제조정위원회가 만주에서 문제시되는 조약을 해석하는 것은 어려울 테지만, 그런 조직이 자유롭게 제대로 활동한다면 좋은 분위기에서 사건을 처리할 수 있을 것으로 보았다(IPR 'Manchuria', Report of round table, No.4, 1929.11.5, 1929: 515, B10070179900). 알렉산더(Alexander)는 중국과 일본이 모두 국제연맹에 속해 있으므로 중재할 수 있을 것으로 보았다(IPR 'Manchuria', Report of round table, No.1. 1929.11.4: 408, B10070179900). 그러나 중국은 불가침조약을 정치적 고려라고 의심했고, 제3국과 관련된 국제 관계에 대해서도 상당히 민감한 반응을 보여 법률과 관련해 구체적인 세목을 토의하기는 힘들었다.

일본은 관방 조정위원회 구성도 제안하면서 중·일 양국 정부가 각기 3명의 위원을 선발해, 충돌하는 각종 대소 문제를 조사하고 해결하자고 했다(潘雲龍, 1978: 90). 그 전제로 일본은 만주의 중국 영토 주권을 존중하고 절대적으로 불가침을 성명하지만, 중·일 간에 현존하는 각종 조약 협정은 계속 유효하다고 강조했다(IPR 'Manchuria' Report of Round Table, No.1, 1929.11.6: 422, B10070179900).

중국은 양국의 국민감정을 융화하기 위해 다음의 방법이 유효하다고 주장했다.

① 양국 정부가 직접 대표를 임명하고 조정위원회를 조직해 양국 간에 발생한 각
   종 문제를 해결한다.
② 정부가 정식으로 위원을 임명하기 전에 먼저 민간 유자격자가 사적 조정위원
   회를 조직한다.
③ 혹은 관민합판의 위원회를 조직한다(潘雲龍, 1978: 94~95).

중국은 화해위원회가 유효하기 위해서는 먼저 21개조 문제를 어떤 형식으로 폐기하거나 개정할 것인지 의사를 표명해야 한다고 요구했다(IPR 'Manchuria', Report of round table, No.4, 1929.11.6: 556, B10070179900; 蠟山政道, 1930a: 149~250). 일본이 조차권을 남용하는 21개조는 절대 승인할 수 없으며, 국민정부도 이를 인정하지 않겠다는 것이다. 일본이 야심이 없다면 친선적 태도를 견지해야 하며, 남만주철도 같은 경우 중·일 합작으로 중국이 51, 일본이 49로 지분을 나누고 철도수비병과 영사관 경찰을 철수해야 한다고 했다(潘雲龍, 1978: 93~94). 중국은 일본이 권력을 남용하지 않고, 장악하고 있던 경찰권을 중국에 귀속시키며, 모든 정치적·영토적 야심을 버리고 만주 문호개방주의 실행을 엄수한다면 만주 문제는 곧 해결 가능하다고 답했다(潘雲龍, 1978: 82). 또한 단순히 화해위원회 그 자체를 무조건 설치하는 데 찬성하지 않았고, 이와 같은 중국의 태도에 일본 또한 찬성

하지 않았으므로 제안이 구체화되기는 어려웠다(蠟山政道, 1930: 149~250).

　중국은 일본이 철도부속지 이외에 경찰권 행사를 취소할 것인지와 만주에서 문호개방의 성의가 있는지에 주목했다. 반면 일본은 문호개방을 확실히 시행하고 있으므로 각국이 통상무역의 범위에 있다면 결코 무시될 이유가 없다고 응대했다. 그러자 미국과 중국의 대표들은 타국이 철도에 투자하려면 일본이 여러 가지 방법으로 방해하므로 문호개방주의를 위배한 것과 같다고 반박했다. 이에 대해 일본은 철도 투자는 정치 세력이 침입할 가능성이 있기 때문에 반드시 신중하게 고려해야 하는데, 특별한 요구 없이 순수하게 만주의 부원을 개발하려는 목적의 경제적 투자라면 환영한다고 했다(潘雲龍, 1978: 91~92). 유기적이고 복잡하게 얽힌 경제 문제에 대해 일본은 중·일 양국이 상대방의 주장을 인정하지 않으므로, 제3자와 함께 공동조사를 하면 정확한 답을 찾을 수 있다고 보았다(蠟山政道, 1930a: 246). 결국 화해위원회를 설치하는 것은 그 전제 조건으로 예비 교섭의 내용이 조율되어야 하는데 중·일 간에는 내용상 합의하기 어려운 각자의 견해가 너무도 분명했다.

　그렇지만 캐나다의 케펠(Keppel)은 중국과 일본 국민이 상호 협조한다면 각종 현안을 해결할 수 있다고 보았다. 조약의 해결 방법 또는 범위에 대해 광의로 해석해 일정한 조약 규정에 한정하지 말고, 규정의 시행 결과에 따라 발생하는 상태나 사실 및 관행까지 적절히 고려해야 한다고 했다(蠟山政道, 1930a: 243). 케펠의 토론은 경청할 만한 것으로 평가되었지만, 논리적 근거가 상세하지 않아 구체적으로 어떤 사실이 이와 같은 논점에 해당하는지 분명하지 않았다. 어쨌든 그는 만주 문제는 조약 개정의 문제이기도 하므로, 양국이 서로의 국체를 진심으로 이해하고 서로에 대한 불신을 제거한다면 관계가 호전될 수 있다고 보았다(安富正造, 1929: 55). 그 사례 중 하나로 1929년 제3회 IPR 회의의 연구 내용을 들었다. 이는 단순히 서재에서 생성된 연구 결과가 아니라 만주와 중국의 내지를 실지 답사해 얻은 것이고, 조약 개정이 전제되는 각종 문제와 만주의 상황에 대해 역사·경제·정치·법률 등 여러 방면에서 예상되는 학술적 연구 결과를 교환·검토해 새로운 지식을 도출할 수 있기 때문이라고 했다.

### 3) 역사와 현상에 기초한 상호 양보

남만주철도 부속지가 일본 수비대와 일본의 통치 제도를 이용하지 않고 경제적 이익을 담보할 수 있을까? 관둥주의 조차권을 법적으로 취소한다면 남만주철도 부속지에 군대를 주둔할 필요가 있을까? 중·일 간의 절충 방안은 무엇인가?

만주 문제에 대해 제3자적 위치에 있는 미국은 만·몽에 상당히 관심을 쏟았다. 미국 자본가가 남만주철도 병행선을 기도하고 미국 정부가 중동철도와 남만주철도 양 철도에 대해 서로 존중할 것을 제창한 것도 이 시대의 일이다. 극동에 대한 미국의 관심은 여기에만 그친 것이 아니다. 이른바 4개국 차관을 만들어 다른 나라의 대중국 투자를 제한했고, 워싱턴 회의를 열어 극동 문제를 토의하면서 중국의 선전을 경청했으며, 일본과 대륙의 관계를 의심의 눈초리로 보기도 했다(半沢玉城, 1929: 3).

미국은 만주 문제를 해결하기 위해 남만주철도를 둘러싼 일본의 견해와 중국의 이해를 조정하고자 노력했다. 남만주철도 수비대와 영사관 경찰이 때때로 중국인과 충돌해 서로가 증오하고, 시기하고, 심각한 분쟁을 겪는 이유는 남만 지방의 토지권 혹은 재판권이 불명확할 뿐 아니라 일본의 하급 병사와 경찰의 무례한 태도가 중국인을 격앙시키고, 중국의 관리가 방만해 타인이 신뢰하기 어렵기 때문이라고 했다(美國代表楊華德在大阪之演詞, 1930: 119~120). 따라서 중·일 간의 분쟁은 더욱 확대될 것이라고 보았다.

미국은 또한 통상과 국방 문제 등에 얽혀 있는 감정 문제가 국제 관계를 복잡하게 만든다고 보았다. 알자스로렌 지방이나 팔레스타인, 쿠바 등의 문제에서 볼 수 있듯이 국민적 감정이나 잊기 어려운 희생의 문제, 역사적 충돌, 인종적 관념, 통상적 이해관계나 국가주권, 국가 독립 및 안정 등 여러 요소가 국제 관계에 복잡하게 엉켜 있으므로, 만주 문제를 해결하려면 표면적인 갈등의 해소 방법뿐 아니라 문제의 본질을 연구해야 하는데, 이런 것이 전제되지 않으면 해결책은 물거품이 된다고 경고했다(美國代表楊華德在大阪之演詞, 1930: 114~115).

미국이 제출한 자료에는 ① 중국의 주권, 독립, 영토, 행정적인 통합을 존중할 것, ② 중국이 발전하고 안정적이며 효과적으로 유지할 수 있도록 최대한 기회를 보장할 것, ③ 중국 전 영역에서 모든 국가가 산업과 무역에 기회균등 원칙을 유지할 수 있도록 할 것, ④ 특정 내용에 대해 중국에서 특권을 취하거나 국가 안전에 해로운 일을 하지 않을 것 등을 제안했다(Hsu, 1969: 505).

일본은 만주 문제와 관련해 일본의 감정적·심리적 이익(sentimental interest)을 무시할 수 없다고 강조했고, 미국의 피센덴(Fessenden)도 심리적 문제를 연구해야 한다고 지적했다(IPR 'Manchuria', Report of round table, No.2. 1929.11.5: 456, B10070179900). 영국의 토인비는 만주 문제를 정치·경제·심리적 문제로 나눈다면 일본에는 심리적인 문제가 가장 중요하겠지만, 만약 정치적·경제적 문제가 해결된다면 심리적 문제는 제거될 것이라고 했다. 유럽 제국(帝國)의 역사적 사실을 들어 감정은 때로 정치적·경제적 이익이 전이되면서 옅어지기도 한다고 지적했다(IPR 'Manchuria', Report of Round Table, No.3, 1929.11.4: 468, B10070179900; 蠟山政道, 1930a: 247). 중국 대표도 심리적인 문제를 고려하는 것이 문제 해결의 첩경이라고 주장했다(IPR 'Manchuria', Report of round table, No.2. 1929.11.5: 453, B10070179900).

그러나 중·일 양국의 불신의 벽은 높았다. 일본은 청일전쟁 후 체결된 '시모노세키 조약'으로 중국은 랴오둥 반도, 즉 남만주 대부분을 일본에 양도했는데, 리훙장(李鴻章)이 이 조약에 조인하는 동시에 유럽 열강으로 하여금 이를 간섭케 하여 일본이 양도받은 것을 반환하도록 기획했다고 하면서, 이는 만주 조정이나 중국 정치가 및 외교가들의 습관적인 수법이라고 일갈했다(松岡洋右, 1930:

264~265). 또한 1896년 5월 리훙장과 로바노프 협정(중·러 비밀동맹조약)이 체결되고 러시아가 남하를 기획해 만주를 석권하면서 러일전쟁을 유발했는데, 만약 일본이 전쟁 중 혹은 그 후에 이 조약의 존재를 알았다면 결과는 어떠했을까? 일본은 아마 만주 전체를 할거했을 것이고, 이에 대해 어느 나라도 이의를 제기할 수 없었을 것이라고 하면서 중국에 대해 강한 불신을 드러냈다(松岡洋右, 1930: 266~267).

역사에 비추어, 리훙장이 러시아의 힘을 빌려 일본을 압박했듯이 중국이 제2의 리훙장을 일본에 보내지 않으리라는 보장이 없다고 주장했다. 세계 역사는 맹목적인 충동의 착종과 반응에 의해 만들어지고 지적 영향력(inteligent force)은 의외로 기여하는 바가 적다고 하면서 일본인은 이 점에 대해 심히 우려하므로, 중국이 일본의 국방 문제에 대해 만족할 만큼 보장을 해주지 않는 한 일본의 태도를 쉽게 바꾸기는 어렵다고 강조했다(松岡洋右, 1930: 270~272).

일본은 중·일의 여러 현안 해결이 곤란한 가장 큰 원인은 양 국민의 심리 상태를 꼽았다. 중국인이 일본 국체의 정수인 '인의(仁義)'를 충심으로 이해하고, 일본인이 중국 국체를 상호 이해한다면 양국 관계가 호전될 수 있다는 것이다. 만주의 사정에 관해 역사, 경제, 정치, 법률 등 각종 방면에서 예상되는 학술적 연구 결과를 교환하고 검토하는데, 이는 단순히 서재에서 만들어진 것이 아니라 만주와 중국 내지의 실지 답사를 통해 만들어진 것이어서 새로운 지식을 도출할 수 있는 것이라고 했다(安富正造, 1929: 55). 문제는 양국에서 고려되어야 할 심리적인 문제, 그 자체가 갈등이어서 해결하기 어려운 딜레마 상태에 놓여 있다는 것이다.

어쨌든 미국은 만주 문제를 해결하기 위해서는 평화적인 수단이든 무력적인 수단이든 간에 반드시 다음을 유의해야 한다고 강조했다(美國代表楊華德在大阪之演詞, 1930: 116).

① 1904년 이전 러시아가 만주를 점령했을 때, 일본이 크게 희생해 만주에서 러시아를 격퇴했다.

② 중국은 21개조를 국치라고 여긴다.

③ 일본의 농작물 비료는 반드시 만주의 대두를 사용한다.

④ 만주 인구의 90%는 중국인이다.

⑤ 압록강은 중국과 일본의 국경이다(1910년부터 조선이 일본에 병탄되어 있었기 때문에 국제적으로 압록강을 중국과 일본의 국경으로 인식한 것으로 풀이된다_인용자).

⑥ 러시아 측의 권리도 고려하지 않을 수 없다. 그 외 기타 여러 나라의 만주에서의 이익은 모두 일반적인 통상 및 재정과 관계된다.

⑦ 만주에서 평화를 유지하는 것은 전 세계의 공통된 이익이므로, 개별 국가의 단독적인 이익보다 공통의 이익을 고려해야 한다(美國代表楊華德在大阪之演詞, 1930: 115~116).

만주와 일본의 관계를 감정적인 측면에서 보면, 일본의 권리와 러일전쟁은 밀접히 연관된다. 경제적인 측면에서 보면, 일본인의 생활과 만주는 다른 나라에 비해 더욱 밀접하다. 정치적인 측면에서 보면, 중국 이외의 어떤 국가도 일본과의 관계처럼 중대할 수 없다. 만주는 보편적으로 일본의 전략적 안전, 국가적 명예, 경제적인 삶과 직접적으로 연결되어 있다(Condliffe, 1969: 155). 따라서 미국은 중·일 관계의 해결을 위해 다음 세 가지 측면(美國代表楊華德在大阪之演詞, 1930: 117~119)을 고려했다.

① 러일전쟁 후 만주에서의 일본의 행동이 모두 정당하다고 인정하지는 않지만, 중국이 러일전쟁에서의 일본의 위상을 존중하지 않는다면 일본도 결코 받아들일 수 없을 것이다. 만주에서 중·일 간의 근본적인 쟁점은 일본이 관동주를

반환할 의사가 없고 관둥주 조차권을 해결할 수 있는 기회가 없으므로, 중국은 이에 양보해야 할 것이다.

② 중국은 일본이 1915년 21개조에 대해 최후통첩 한 것을 국치로 여기므로, 21개조의 법률적 효력을 부인하는 것은 당연하다. 이로 인해 일본은 국제적인 위신에 상처를 입었고 중국인의 마음에는 종양이 생겼는데, 이 종양을 제거하지 않으면 양 국민 간의 어떠한 친선과 협력도 공언에 불과해 효과를 보기 어렵다. 진실로 문제를 해결하려면, 중국은 러일전쟁에서의 일본의 희생을 인정하고, 일본은 1915년 21개조 교섭의 불완전함을 인정해야 한다고 했다. 따라서 중국은 관둥주의 특정 권리를 일본에 양도하고, 남만주철도 연선상의 특정 권리를 중국이 획득하도록 제안했다.

③ 남만주철도 부속지의 일본 통치권에 대해 국제조약상 엄격한 규정이 있다고 할지라도 일본의 영사재판권에 대해 타인이 인정하기 어렵기 때문에 법률적 이론만으로 분규를 해결할 수 없다. 중국인의 분노를 고려한다면 남만주철도 연선상에서 일본이 향유하는 권한은 순수하게 상업에만 기초해야 한다.

미국은 이상의 모든 문제를 고려해 세 가지 해결 방안을 제안(美國代表楊華德在大阪之演詞, 1930: 121)했다.

① 도쿄, 뤼순, 다롄의 책임 당국이 병사들에게 경거망동한 행동으로 중국인의 반감을 사지 않도록 명령해 치안 유지를 위해 노력한다면, 중·일 조약을 개정하지 않고 국제기관과의 협력 관계를 활용하지 않아도 조속히 문제를 해결할 수 있다.

② 각종 분쟁을 조사하고 화해의 길을 연구하는 중·일화해위원회를 설립해 외교적 수단으로 해결하기 어려운 특수 분쟁을 신속히 해결한다. 또한 상설 혹은 반상설 비공식위원회를 조직해 중·일 분쟁을 조사하고 연구해 분쟁 해결 방

안을 마련할 것을 제안한다. 공정 무사한 국제연맹조사위원회를 임명하거나 기타 중재나 조정 기관 혹은 워싱턴 회의 '9개국 조약'에 서명한 여러 나라와 협력해 평화적인 해결 방안을 도모하는 것도 의미 있는 방안이다.

③ 현행 조약의 법리적 효력을 고집하지 않고 양국이 허심탄회하게 논의해 장래의 양국 국교 교류에 장애가 되는 부적절한 모든 조약을 개정한다.


미국이 제안한 이상의 방안은 상호 감정을 자극하지 않고 문제를 해결하거나, 상설 혹은 반상설 중재위원회 설치 혹은 양국 관계에 장애가 되는 조약을 개정하는 것이다. 그중에서도 제 조약을 근본적으로 개정하는 것이 중·일의 현안을 해결하는 데 도움이 된다고 보았기 때문에, 중국은 러일전쟁을 위해 러시아를 쫓아낸 일본의 희생을 인정하고, 일본은 1915년 중국과의 21개조 체결 및 통고가 일본의 국제적 명성에 적합하지 않다는 것을 인정한다면, 조약 개정에 어려움이 없으리라 보았다. 조약을 개정하려면 상호 협조해야 하는데, 서로 양보할 마음이 없다면 더는 희망이 없기 때문에, 만주는 장차 지속적인 충돌 지역으로 화가 그치지 않을 것(美國代表楊華德在大阪之演詞, 1930: 122)이라고 경고했다.

중국의 운명에 영향을 미치는 지역은 몽골을 포함해 다른 지역이 아니라 바로 만주 지역(Hsu, 1969: 473~474)이다. 중국의 국가적 문제를 형성하는 만주 문제는 중국은 물론이고 러시아뿐만 아니라 미국과 영국도 상당히 관심을 기울였지만, 특히 중국과 일본이 이권을 두고 첨예하게 갈등했다. 세계 정치의 난관이기도 한 만주 문제를 해결하는 것은 중국과 일본뿐만 아니라 세계 각국에서도 관심을 갖는 문제이기 때문에 IPR 회의를 통해 논의했던 것이다. 만주 문제로 어떠한 충돌이 발생할지 또 이런 충돌이 국제 관계를 증진시키면서 해결될 수 있을지(「自上海至長崎途中」; 潘雲龍, 1978: 204)에 대해 실마리를 찾아보기 위한 것이다. 무엇보다도 IPR 회의에서 만주 문제를 논의한 것은 만주가 중국과 일본·러시아에만 직접적으로 중요한 것이 아니라 전 세계와도 관련이 되기 때문이다. 세계는 평화를 원하는데, 만주는 세계평화를 위험에 빠뜨릴 수 있으므로, 심각하게 고민해야 한다는 것이다(IPR 'Manchuria', Report of round table, No.3, 1929.11.5: 477, B10070179900).

제3차 IPR 회의 중 격렬히 논의되었던 만주 문제는 만주에서의 역사적 유산을 주장하는 중국과, 근대 국제법적 질서와 권리를 주장하는 일본 사이에 인식의 차이가 얼마나 큰지를 여실히 보여주었다. 만주의 경제 발전의 요인, 치안 유지 문제, 조약상 근거 유무와 권리 남용의 문제 등에 대해 구체적으로 논의했지만, 어떠한 사안에도 일치점을 찾기 어려웠으며, 해결 방안에서도 이견을 드러냈다. 물론 상설 화해조정위원회 구성에 대해서는 의견이 일치했지만, 21개조 폐기 선언 등을 그 전제로 주장한 중국의 의견은 일본의 의견과 대치될 수밖에 없었다.

중국은 일본이 만주에서 정치적인 영향력을 행사하는 것이 부당하다고 강조했고, 일본은 불가피한 자위책이라고 주장했다. 이에 영국, 미국 등은 양국 국민의 심리를 이해할 필요가 있다고 강조했다. 일본은 러일전쟁에서 중국을 대신해 일본이 희생하며 러시아를 물리쳤기 때문에 권리가 있다고 주장하면서, 중국의 병력이 약하기 때문에 만주에 일본군이 주둔하는 것은 일본의 국방을 위해 필요하다고 지적했다. 중국은 일본이 러일조약과 중일조약에서 승인한 것 이외에 만주에서 어떠한 권한도 없으며 일본의 국방을 위해 타국에 병력을 둔다는 것은 황당무계한 소리라고 반박했다(潘雲龍, 1978: 96~97). 만주는 일본 국경과 상당한 거리가 있는데 어떻게 국방상의 필요라고 하면서 타국에 병력을 둘 수 있는가, 영국, 프랑스, 독일, 오스트리아가 서로 국경을 접하고 있어 문제가 발생해도 영국 병사가 국방상의 필요로 프랑스 국경에 주둔하지 않는데, 일본은 어떻게 만주에 주둔하는 것이 국방상의 이유라고 할 수 있느냐(潘雲龍, 1978: 1930: 97)고 반문했다.

일본은 만주의 중요성이 부각되면 중국과 일본은 정면충돌할 운명이지만,

냉정하게 문제의 본질을 검토해보면 양국 사이에는 근본적인 이해 충돌이 없다고 인식하면서, 대만주 정책의 출발점이 애초부터 다르다는 점을 강조했다. 그러면서도 일본과 중국이 양국 국민의 생활 문제를 염두에 두고 만주를 논의한다면 상호 충돌하지 않고 협조할 수 있는데, 중국은 노동력을, 일본은 기술과 자본 및 경영을 공급할 수 있다(長野朗, 1929: 60~61)고 평가했다. 이와 같은 일본의 의견에 중국은 동의할 수 없었다.

이상과 같이 어떠한 방패도 뚫을 수 있는 창의 논리와 어떠한 창도 막을 수 있는 방패의 논리로 맞선 중국과 일본은 서로 일치하기 어려운 논쟁을 계속하는 한편, 화해 분위기를 조성하기 위해 노력했다. 물론 이런 방법으로 만주 문제가 해결될 수 없다는 것을 잘 알고 있었지만, 딜레마를 활용한 논쟁을 통해 국제사회에서 양국의 국익을 최대화할 수 있는 방안을 모색하고자 했다. 한편 IPR을 포함한 서구 열강은 만주가 중·일만의 문제가 아니라 세계의 문제임을 각인시켜, 만주의 문호를 개방하도록 만들어 모두가 참여해야 할 문제로 확장하려 했다. 만주 문제는 제3회 IPR 회의뿐 아니라 중국에서 개최된 제4회 IPR 회의와 국제연맹에서도 논의되었다.

## 1929년 교토 IPR 회의

사진은 CULMC, Pacific Relations, Miscellaneous Files Photographs, Signature plate of Swope, Edward, Box 453에서 인용했다.

| 그림 3-1 | 1929년 교토 회의에 참석한 주요 인사들

| 그림 3-2 | 1929년 교토 회의에 참석한 미국 IPR 대표단

| 그림 3-3 | 1929년 교토 회의에 참석한 일본 IPR 대표단

| 그림 3-4 | 1929년 교토 회의에 참석한 중국 IPR 대표단

|그림 3-5| 샤, 로윈, 루, 보이든, 그린, 하울랜드, 영

1929년 10월 14일, 허버트 영(Hobart Young) 촬영

|그림 3-6| 록우드, 치차팅, 레오라드 쉬, 후스, 비슨

1929년 10월 14일, 허버트 영 촬영

| 그림 3-7 | 장보링, C. F. 왕, 앨스버그 칼
1929년 10월 30일, 교토 노무라의 집에서 열린 가든파티에서

| 그림 3-8 | 천리팅, W. M. 알렉산더
1929년 10월 30일, 교토 노무라의 집에서 열린 가든파티에서

| 그림 3-9 | **마틴, 니토베 이나조, 라이트, R. 애덤스**

1929년 10월 30일, 허버트 영 촬영, 교토 노무라의 집에서 열린 가든파티에서

| 그림 3-10 | **즈모토, 킬패트릭, 데이터**

1929년 10월 30일, 교토 노무라의 집에서 열린 가든파티에서

| 그림 3-11 | 유(Yui), 니토베 이나조, 그린, 헤일샴

1929년 11월 11일

| 그림 3-12 | 미국 IPR 회원

1929년 11월 4일, 허버트 영 촬영

| 그림 3-13 | 다네오와 그의 아내

1929년 10월 25일, 일본 미야지마(宮島)

| 그림 3-14 | 게이샤와 함께 한 니토베 이나조, 루미스(Loomis)

1929년 10월 30일

**4장**

# 만주사변과 1931년 IPR 회의

## 1. 제4회 IPR 회의 의제

### 1) 중앙과 중국 IPR의 준비

제4회 IPR 회의는 두 방면에서 준비되었다. 하나는 IPR 중앙위원회에서 조직된 각종 위원회의 활동이고, 다른 하나는 제4회 회의를 개최하는 중국 IPR의 활동이었다.

먼저 IPR 중앙위원회를 중심으로 준비 상황을 살펴보면, 제3회 교토 회의 이후 호놀룰루에 거주하고 있던 고문위원회(Advisory Committee)는 15차례의 회의를 가지면서 IPR 회의를 준비했다(TUBCA, Report of Acting General Secretary: 3). 중국에서 개최되는 제4회 IPR 대회의 의제 선정을 위해 1930년 11월 29일부터 30일까지 국제 프로그램 위원회가 개최되었다(斉藤惣一, 1930c: 5). 여기에는 일본, 중국, 호주, 캐나다, 영국, 미국이 IPR 위원회에 참석해 1931년 10월 21일부터 11월 4일까지 IPR 회의를 개최하기로 일정을 확정했다(TUBCA, Handbook of the Institute of Pacific Relations, 1931: 41).

국제조사위원회는 1931년 10월 13일부터 16일까지 상하이 캐세이 호텔(Cathay hotel)에서 회의를 개최해 그동안의 연구 진척 상황과 각지에서 진행된 연구 과제 및 연구 조사 운영 방안에 대해 논의했다. 논의를 활성화하기 위해 연구 주제별로 지회(CULMC, International Research Committee, Box 459)를 만들었는데, 외국인의 지위와 법적인 문제, 관세 문제, 삶의 수준, 토지 이용, 은(銀)과 산업 문제 등을 통해 깊이 있는 논의가 진행될 수 있도록 안배하기도 했다.

1927년 호놀룰루에서 개최된 제2회 IPR 회의 때는 회의 개최 2개월 전에 프로그램을 개정하면서 소란이 있었고, 제3회 교토 회의 때는 위원장 인선 문제로 논란이 있었던 것(鶴見祐輔, 1932: 40)을 감안해, 제4회 회의는 기존 대회의 장단점을 보완하면서 좀 더 효율적인 회의가 될 수 있도록 다양하게 준비했다. 뉴욕에서 개최된 프로그램 위원회에 참석한 쓰루미 유스케는 제3회 회의를 통해 평가된 다음의 내용을 제안(斉藤惣一, 1931: 127~128)해 제4회 대회에 반영될 수 있도록 노력했다.

① 원탁회의에서 논의할 의제 축소: 1925년 제1회 IPR 회의부터 세 차례의 경험에 따라 의제 수를 줄이고, 회의 기간 중에 논의할 수 있는 정도의 의제를 선정한다. 중국 대회는 2~3개로 대주제를 제한하며 5~6개 의제를 집중적으로 토론한다.

② 인원 제한: 회의에 참여하는 인원을 제한하는 데 어려움이 있으므로 의제를 제한해 전문가 수를 조정한다.

③ 대회 의사(議事) 방법: 1929년 회의는 원탁회의가 성공적이었고, 1927년 회의는 포럼이 성공적이었으며, 1925년 회의는 저녁 강연이 성공적이었다. 1929년 회의의 최대 약점은 저녁 모임의 실패인데, 이를 보완하기 위해 원탁회의 시간을 제한해 아침 1회 정도로 한다. 포럼을 원탁회의 직후에 배치하고, 1927년과

같이 대회 출석자 전부가 자유로이 토론할 수 있도록 한다. 저녁 강연회를 1925년과 같이 부활하고, 세계적으로 인정받는 전문가로서 IPR 회의 자체에 권위를 세울 수 있는 2~3명 정도의 소수 정식 멤버를 선정해 준비케 한다.

이상과 같은 제안을 반영하는 등 회의를 준비하면서 많은 것을 조정해갔다. IPR 회의의 구체적인 사무는 이사회, 프로그램위원회, 조사부위원회에서 맡았다. 이사회는 회의를 주제하는 최고 간부 회의이고, 조사부위원회는 회의의 의제를 결정하며, 프로그램위원회는 조사부 위원이 결정한 것을 프로그램으로 만든 일정을 효율적으로 편성했다.

프로그램위원회는 서로 얼굴을 맞대고 토론하는 원탁회의 사회자를 신중하게 선택했는데, 단순히 특정 분야의 전문가가 아니라 토론을 효율적으로 이끌어갈 수 있는 인물을 선정했다. 참여자들이 서로 질문하고 대답하며 토론할 수 있도록 할 뿐만 아니라 주제에서 벗어나지 않으면서 전체적으로 토론하도록 유도하는 것이 사회자의 몫이었다(TUBCA, Hand book of the Institue of Pacific Relations, Box 81: 39).

회의는 원탁회의와 총회로 나눌 수 있는데, 전 회원을 4개 조로 구성하고 각 조마다 약 30여 명을 배정해 모든 조가 동일한 문제를 논의하도록 안배했다. 하나의 의제를 논의하는 원탁회의를 2시간 반에서 3시간 정도의 시간을 들여 열고, 이를 마치면 총회를 열어 각 원탁에서 논의한 것을 정리했다. 만약 필요하다면 의견을 개진할 수 있는 기회를 주었다. 총회 시에는 명사들의 전문 강연도 있었다(佐藤安之助, 1931: 97).

국제조사위원회는 각국이 제출한 조사 내용을 검토하고 장차 조사할 사항에 대해 내용과 방침을 결정하므로, 비교적 학문적인 내용에 집중한 위원회이다(那須皓, 1932: 41~42). 조사위원회는 만주 문제와 같이 민감한 문제를 조사할 때 특정인에게만 의뢰하지 않고 정치학자, 역사학자, 경제학자, 심리학자, 사회학자 등을 초청해 협력하도록 했으며, 사업가나 정치가의 의견도 청취했다. 조사 내용이 과학적으로 분석되었는지를 감찰원들이 점검하기도 했다(TUBCA, Hand book of the Institue of Pacific Relations, Box 81: 32~33). 국제조사위원회의 위원장은 미국 예일 대학의 찰스 하울랜드이고, 부위원장은 나스 시로시였다. 조사위원으로는 일본의 나스 시로시, 캐나다의 노먼 매켄지, 호주의 해리슨 무어(Sir Harrison Moore), 중국의 허롄(何廉, Franklin Ho), 미국의 조지프 체임벌린(Joseph P. Chamberlain), 뉴질랜드의 H. F. 본 하스트(H. F. von Haast), 영국의 록스비(Roxby)가 참여했다(那須皓, 1932: 53).

국제조사위원회의 조사 방침은 제3회 IPR 회의에서 이미 규정했는데, ① 태평양 연안의 국제 관계 및 영토 영역에 관한 것, ② 근본적으로 중요한 문제, 특히 정치적인 면에서 국제적 갈등이 있고, 연구·조사할 수 있는 것(CULMC, "III. Statement of Research Policy", Box 459), 즉 현대를 살아가는 문제와 관련성이 있는 것, ③ 가급적 차기 회의 개최 전에 조사를 완료할 수 있는 것으로 정했다(那須皓, 1932: 50~51).

당시 결정된 주요 조사 연구 내역은 ① 열강의 대중국 투자(연구자: 미국의 리마), ② 동아시아 농산물 소비 경향[연구 지도자: 미국의 아루스페루구, 책임자: W. Y. 스웬(Swen)], ③ 중국 토지 이용 상황(연구자: 중국에 거주하는 파크), ④ 일본 공업의 발전[연구자: 일본 아사리 준시로(浅利順四郎, Asari Junshiro)], ⑤ 보이콧 비교 연구(연구자: 일본 다카야나기 겐조), ⑥ 태평양 속영지 연구(연구자: 자바 키징크), ⑦ 만주 문제 연구(연구자: 중국 쉬수시) 등이었다. 이 외에도 은 문제, 일본 가족제도, 호주의 토지 이용 상황 등의 연구가 결정되었다. 그러나 모든 과제가 중앙위원회로부터 연구비를 받아 연구를 수행한 것은 아니다. 조사 결과는 차기 회의에 보고서로 제출하고, 각국에서 동일 문제를 조사하는 경우 정리하는 내용을 통일하도록 했다. 이런 조사는 국제조사위원회의 추천으로 국제이사회에서 연구비를 보조해 연구하도록 했다(那須皓, 1932: 49).

| 표 4-1 | 제4회 IPR 중국 준비위원 명단

| 직함 | 담당자 |
|---|---|
| 명예위원 | 장제스(蔣介石), 장쉐량, 탕샤오이(唐紹儀), 차이위안페이(蔡元培) |
| 명예회장 | 왕정팅(王正廷) |
| 부회장 | 쑹메이링(宋美齡: 장제스의 아내) |
| 명예회계 | 천광푸(陳光甫) |
| 준비위원 | 위리장(余日章), 정훙성(鄭鴻生), 왕윈우(王雲五), 첸융밍(錢永銘), 쉬신리우(徐新六), 류잔언(劉湛恩), 저우겅성(周鯁生), 위칭예(兪慶業), 우이팡(吳貽芳), 마인추(馬寅初), 카이언쩌우(開恩佐), 수상다(蘇上達), 닝언청(寧恩承), 왕저우란(王卓然), 황푸민(黃福民) |
| 준비회집행위원 주석 | 위리장 |
| 부주석 | 정위슈(鄭毓秀) |
| 회계 | 류훙성(劉鴻生) |
| 서기 | 왕윈우(王雲五) |

자료: 斉藤惣一(1931: 128~129).

다른 한편으로 제4회 IPR 회의를 주관해야 하는 중국은 실질적으로 1929년 12월부터 이 회의를 준비하기 시작했다. 1925년, 1927년, 1929년 회의의 의제를 재검토하고, 1930년과 1931년의 연구 프로그램에 관해 대강을 마련했다. 1930년 10월 7일, 제4회 IPR 회의를 10월 21일부터 11월 4일까지 개최한다고 공표했고, 1931년 2월 3일에는 이 회의를 항저우(杭州)에서 개최한다고 공표했다 (TUBCA, Report of Acting General Secretary: 4). 그 후 1931년 3월 27일 톈진 ≪대공보(大公報)≫에 제4회 회의를 준비할 위원 명단을 〈표 4-1〉과 같이 발표했다.

중국은 위리장 준비집행위원 주석을 중심으로 표의 준비위원들이 회의를 성공적으로 개최하기 위해 노력했다. 1930년 10월 24일 중국 측 위원들이 준비 토론회를 개최한 사실 등에 대해 일본 외교부는 출석자 명단, 회의 개최 장소, 회의의 구체적인 내용, 차기 회의 일정까지 중국의 동향을 상세히 파악해 보고서를 작성했다(林久治郎, 1930: B04122242500). 일본은 각종 정보원을 동원해 중국의 준비 상황을 세밀히 챙기면서 전략적인 대비책을 마련했다.

그런데 만주 지역에서의 중·일 관계가 심상치 않게 전개되자 중국에서 회의를 개최할 수 있을지가 불분명했고, 회의가 개최되기 몇 주 전까지도 최대 관심사는 회의의 개최 여부였다.

1931년 5월 하순 베이징의 '동방문제토론회'는 IPR이 "제국주의 어용 기관"이고 중국 IPR 회원은 "제국주의에 영합하는 주구"라고 하면서, 이는 학술을 내걸고 약소민족을 압박하는 것으로 "제국주의자가 말하는 국제간의 교류는 나쁜 사람을 더 도와주는 꼴이다. 제국주의자가 민족 친선을 촉구하는 것은 호랑이더러 가죽을 달라는 것과 마찬가지"라고 비난했다. 또한 "항저우는 명승고적으로 동방의 순결한 곳인데, 제국주의 대변자들의 활동을 용납해 산하를 더럽히는 것은 혁명 선열 천잉스(陳英士)의 동상을 욕보이는 것으로 혁명 전도에 중대한 영향을 미치므로 이에 동지들과 연합해 반대한다"(劉馭萬, 1932: 1)고 목소리를 높였다. 천잉스는 저장성(浙江省) 출신으로 신해혁명 초기에 황싱(黃興)과 더불어 쑨원(孫文)의 오른팔 역할을 했다. 쑨원은 그를 "혁명의 으뜸 공신"이라고 칭했다.

≪민국일보(杭州民國日報)≫(항저우)는 IPR 회의가 제국주의를 대변한다고 하면서 반대를 표명했다. 또한 난징(南京)의 '동방문제연구회'는 저장성 정부가 수신할 수 있도록 서한을 보내 항저우에서의 회의를 거절해야 한다고 하면서 적극적으로 회의 개최를 반대했다. IPR 회의는 "순수하게 제국주의를 대변하는 것으로 약소민족을 기만하고 압박하는 단체"(「太平洋会議開催反対」, 1931: 194)라고 했다. IPR 회의 개최에 대해 그동안 회의 개최지의 국민이 반대한 사례가 없었기 때문에 반대운동이 구체화되면 주변에 미치는 파급 효과가 상당히 크므로, 국내외에서는 반대운동의 일거수일투족을 주목했다.

중국 IPR은 IPR의 진상을 알리기 위해 주요 지도자를 항저우에 파견하고 여론 변화를 위해 노력했으나 반대하는 여론은 여전히 반대의 목소리를 높였고, 찬성하는 여론은 찬성의 목소리를 높였다. 1931년 7월과 8월 IPR 회의에 반대하는 선언과 경고의 글이 각종 신문에 게재되자, 장제스는 9월 상순 난징에서 IPR에 대해 설명했다.

IPR 회의는 국민정부의 요청으로 항저우에서 거행될 것이다. 당 동지들이 진상을 명확히 몰라 반대했으나, 이 회의는 국민 외교에 심대한 영향을 미치는 것이다. 당과 정부의 신뢰 관계에 영향을 미치므로 특별히 설명하는 바이다. 이 회의는 각국 국민이 자발적으로 대표를 선정해 조직한 것으로, 그 목적은 국민 자격으로 모여 국제간 각종 갈등의 문제를 연구해 상호 이해할 수 있도록 각국 간의 감정을 조절하는 것으로 특정 국가의 행위가 아니다. 재작년(1929년_인용자) 일본 교토에서 개최되었을 때 중국 대표가 일본의 대중국 침략 행위에 대해 토론함으로써 각국의 동정심을 살 수 있었다. 이를 통해 중국의 불평등한 지위를 선전할 수 있었는데, 결코 종교적 의미가 있는 것도 아니다. 설사 종교적인 것이라도 국민에게 신앙의 자유가 있으므로 반대할 수 없다. 당과 정부의 의지가 일치되고 행동도 일치하고 있으므로, 동지들은 IPR 회의의 특성을 고려하고 연구해 반동파의 선전에 이용되지 말고 약점을 노출해 타인의 웃음거리가 되지 않도록 하라(劉馭萬, 1932: 2).

IPR 회의에 대한 장제스의 설명이 있은 뒤부터 반대의 목소리가 잦아들었지만, 1931년 만주사변이 발발하자 또다시 폭풍우가 몰아쳤다. 일본은 제각기 "(IPR)대회를 연기하고 항저우 회의를 포기하라", "필리핀 같은 중립국에서 개최하자", "중국에서 개회하면 일본 회원이 참석하지 않을 것이다", "대회가 일본 회원의 참석 여부를 고려하지 않고 회의를 개최하면 일본 지회는 IPR을 탈퇴할 것이다"(劉馭萬, 1932: 3)라고 주장하기도 했다.

중국은 제4회 IPR 대회를 개최하는 주인이지만, 만주에서 발생한 일련의 사건으로, 특히 1931년 만주사변 발발로 역사에 전례가 없는 국민적 위기감에 직면해

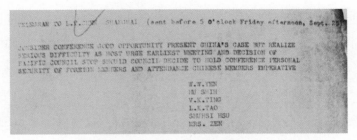

| 그림 4-1 | **참석자의 신변 안전을 위해 회의 중지를 요청한 공문**(1931.9.25)

자료: CULMC, Pacific Relations Box 107.

| 그림 4-2 | **중국이 회의 연기를 요청한 전신**

자료: CULMC, Pacific Relations Box 107.

있었기 때문에, 적대국을 손님으로 맞아 이 회의를 개최할지 결정하는 것은 어려운 일이었다. 태평양의 주요 국가인 중국과 일본 양국이 사실상 전쟁 상태에 있고, 이 전쟁으로 중국인은 굴욕, 분노, 증오라는 강렬한 감정에 휩싸여 있었으므로 IPR 회의가 어떤 효과를 낼지 의심스러웠다(佐藤安之助, 1931: 99~100).

1931년 10월 21일부터 중국 항저우에서 개최될 예정이던 IPR 회의는 정치적 모임도 아니고 정치적으로 영향을 받지 않았음에도, 만주사변이 발발하자 중국은 1931년 9월 25일 긴급하게 IPR 중앙위원회에 전보를 보내 "일본이 즉시 철수하지 않으면 회의에 참석하기 어렵다"(〈그림 4-1〉과 〈그림 4-2〉 참조)고 하면서, 각국 위원에게 회의 중지를 요청했다(「太平洋会議開催中止」, 1931: 193~194). 1931년 9월 18일 만주사변이 발발해 중국의 국민적 정서를 자극했기 때문에 대회를 연기하거나 일본 위원의 출석을 금지시켜야 한다는 강력한 요구(斉藤惣一, 1932: 8~9) 등을 반영한 조치였다.

들끓는 중국 내 여론으로 IPR 회의에 참석할 일본인이 위협을 당할 수 있다고 판단한 IPR 의장 제롬 그린(Jerome Greene)은, 당시 상하이에 체류 중인 위원만 참석하는 것은 어떤지를 일본 IPR에 타전했다. 일본은 일본을 제외하고 IPR 회의를 개최하는 것은 규약 위반이라고 하면서 항저우가 위험하다면 상하이에서 개최하든가 호놀룰루에서 개최하는 것은 어떠냐고 제안하는 등 참여 의사를 강력히 밝혔다(「太平洋会議開催中止」, 1931: 193~194).

중국은 그동안 항저우에서의 IPR 회의를 준비해왔으므로, 장소를 변경해 개최하기도 어려운 상황이었다. 1931년 10월 13일 상하이 캐세이 호텔에서 중앙이사회를 열어, 중국의 IPR 회의 중지 제안을 철회하고 예정대로 1931년 10월 21일부터 11월 2~3일까지 상하이에서 회의를 개최하기로 합의했다(「太平洋会議開かる」, 1931: 215~216).

IPR 회의를 중국에서 개최한다고 최종 결정하기까지는 두 가지 요인이 고려되었다(劉馭萬, 1932: 4). 하나는 1년 전부터 10월 하순 개최를 목표로 IPR 회의를 준비해왔는데, 회의를 연기했을 때 원래 참석하려던 각국의 유명 인사들이 연기된 회의에 참여할 수 있는지가 불투명했다. 또 다른 요인은 영국과 미국의 회원들이 회의 참석을 위해 이미 중국으로 출발한 상황이었기 때문에 회의 연기가 어려웠다. 중국과 일본 간의 수차례 논의 끝에 IPR 회의는 개최되었지만, 외빈에게 위협이 가해질까 염려해 개최지를 항저우에서 상하이 조차지 내로 변경했다(佐藤安之助, 1931: 96).

IPR 중앙이사회 의장 그린이 말했듯이 "이번 회의에 중·일 대표가 참가하기는 상당히 어려운 일"이었다. 그렇지만 중국의 쉬신리우(徐新六)는 회의를 개최하기로 결정된 만큼, 수재(水災), 공산당 창궐, 만주사변 등 중대한 문제에 직면한 중국의 상태에 관해 각국과 의견을 교환할 수 있기를 기대한다(≪東京日日新聞≫, 1931.10.14)고 하면서 회의 개최에 기대감을 드러내기도 했다.

### 2) IPR 의제에 대한 논의

중요한 국제회의에서 어떤 의제를 얼마만큼 어떻게 논의할지에 대한 결정은 그 자체가 이미 각국의 이해관계에 따라 계산이 될 수 있고 주제의 방향에 따라 국가 간에 길항 관계가 형성되기도 하므로, 정치적으로 민감한 주제일수록 의견 조율 과정에서 어려움을 겪을 수밖에 없었다. 이 책의 〈부록 12: 1931년 상하이 회의에 제출된 각국 자료 일람표〉에서도 확인할 수 있듯이, 다양한 주제에 대해 각국은 최선을 다해 객관적인 자료를 준비해 제출했다.

1931년 10월 13일 프로그램위원회가 상하이에서 개최되었을 때 각국에서 정식 위원 1명과 보조 위원 1명을 더해 16명, 그리고 기타 출석자를 포함해 20여 명이 모였다. 의사일정을 결정할 때는 만주 문제를 놓고 여전히 논쟁이 있었다. 일본은 현실적으로 정부와 정부 사이에 교섭해야 할 정치 문제인데, 이를 IPR 회의에서 논의하는 것 그 자체가 IPR 회의를 정치적인 회의로 변질시킬 위험이 있으며, 오히려 중·일 양국의 여론을 자극해 IPR의 미래에도 영향을 미칠 수 있으므로 만주 문제를 의제로 결정하는 데 반대했다.

일본은 제3회 IPR 회의에서 만주 문제를 토론했을 때 일본 정부와 일본인이 곤혹스러워했던 점을 거론하며, 제4회 IPR 회의에서 또다시 만주 문제를 논의하는 데 대해 강력히 반대했다. 개인적 차원이나 사석에서는 만주 문제를 의제로 삼거나 만주 문제를 토론할 수는 있지만, 중국이 회의를 이용해 제3자 앞에서 공개적으로 만주 문제를 토론하는 것은 일본을 국제 법정에 세워 심판받게 하는 것이므로 반대한다는 뜻을 분명히 했다(劉馭萬, 1932: 45).

일본의 주장이 너무나 확고했으므로 만주 문제를 태평양에서 가장 주요한 의제로 삼아 논의하기는 매우 어려운 상황이었다. 일본이 심리적으로 격앙되어 있을 뿐만 아니라 유럽 IPR에서 중국의 경제 문제를 주요 의제로 제안했고, 제3회 IPR 회의에서 이미 주요 논제로 만주 문제를 토론했기 때문에 또다시 만주 문제를 주요 의제로 다루는 것은 쉽지 않았다.

이런 가운데 1931년 6월 나카무라 신타로(中村震太郎) 대위 살해 사건이 발생했다. 니가타현(新潟縣) 출신의 육군참모 나카무라 신타로 대위와 다른 3명이 1931년 6월 27일 군용 지지 작성을 위해 농업기사로 신분을 위장해 중국의 출입 금지구역인 다싱안링(大興安嶺) 동측 일대에서 활동하다가 잡혀 총살된 사건이다. 또한 1931년 7월 2일 중국 지린성(吉林省) 창춘현(長春縣) 만보산 지역에서 조선인 농민과 중국인 농민이 대립해 유혈 사태로 번진 만보산(萬寶山) 사건이 발생했고(Sunyoung, 2016), 만보산 사건이 와전되면서 조선에서 화교들이 공격당하는 배척 사건으로 확대되었다. 게다가 1931년 9월 18일 만주사변이라는 무력 점령이 이어지자, 제4회 IPR 회의에서 만주 문제를 논의하지 않을 수 없게 되었다.

중국은 일본의 행동이 명확히 부당한 것임을 알고 있으면서도 '맞든, 맞지 않든 간에 결국 일본의 문제'라는 원칙을 근거로 일본을 보호한다면 당연히 수긍할 수 없음을 강력히 주장했다. 중국은 일본이 무력으로 만주를 점령한 행동의 정당성을 규명해야 한다는 것이다. 서로 평행선을 달리는 중국과 일본의 주장에 대해 IPR 프로그램위원회는 일본과 중국 IPR의 의견을 고려해 절충적인 방안을 채택했다.

중국과 일본 사이에서 의제를 놓고 팽팽한 줄다리기가 있었기 때문에 결국 제4회 IPR 회의에서는 만주 사건 자체는 논의하지 않고, 만주에 존재하는 근원적인 갈등에 대해서만 학술적으로 연구하고 논의하기로 결정했다(鶴見祐輔,

1932: 41~42). 다시 말해 만주 문제를 논의하기는 하겠지만, 단독 의제로 정하지 않고 중국 외교 문제의 일부분으로 논의(劉馭萬, 1932: 45~46)한다는 것이다.

제4회 IPR 회의에서 논의할 의제는 ① 태평양에서의 통상, ② 중국의 경제 관계, ③ 태평양에서의 외교 기관, ④ 인구와 식량 문제, ⑤ 동서 문화의 접촉, ⑥ 노동 문제와 생활 정도, ⑦ 태평양에서의 속령지와 토착민 문제, ⑧ 태평양에서의 인종과 그 이동, ⑨ 중국의 외교 관계(鶴見祐輔, 1932: 42)인데, 만주 문제는 중국의 외교 관계에서 논의하도록 했다. 이런 상황에서도 중국은 가능하면 만주 문제를 구체적으로 토론할 수 있도록 관련 자료를 IPR에 제출했다(何廉, 「东三省之內地移民研究」; 陳翰笙, 「到東北去的难民」; 徐淑希, 「東北問題」; 徐淑希, 「關於東北問題的方方面面」; 侯树同, 「东三省的日本钞票」; 徐淑希, 「滿洲問題的歧途: 和平呢或武力改決呢」; 劉馭萬, 「太平洋国際学会工作之概況」).

1931년 10월 24일 국제연맹 이사회에서 만주사변과 관련된 결의안이 제시되자, IPR 회의에서도 만주 문제를 구체적으로 토론하기 시작했다. 일본의 다카야나기 겐조는 IPR 총회에서 상당한 시간을 들여 일본 정부를 변호하면서 만주 문제는 복잡해 국제연맹 이사회가 명확히 이해하기 어렵기 때문에, 일본 정부는 국제연맹 이사회의 결의안을 받아들일 필요가 없다고 주장했다(劉馭萬, 1932: 46).

일본은 IPR 회의에서 만주를 지역적으로 제한해 토론하지 말고, 태평양 전반을 논의하는 가운데 그 일부로서 구체적이고 학문적으로 연구하기를 희망했다. IPR 회의가 정치적인 선전무대가 되는 것을 반대하면서 만주 문제가 정치적으로 취급되지 않기를 희망했던 것이다(斉藤惣一, 1931: 131). 제3회 회의에서 일본에 매우 민감한 만주 문제를 구체적으로 논의했던 경험이 있기 때문에, 일본인들은 과거보다는 훨씬 적극적인 태도로 회의 의제에 대해 의견을 피력했다.

IPR 회의의 중요성을 인식한 일본인들은 IPR 회의에 참석하는 위원들을 응원하는 한편 감시하면서, 일본의 현재 및 장래와 깊은 관계가 있는 여러 문제에 대해 각국 위원들에게 사안을 더욱 정확히 이해시킬 방안을 모색했다(松岡洋右, 1931: 8). 만몽 문제에 대해서는 이미 제3회 IPR 회의에서 논의했기 때문에 제4회 IPR 회의에서 논의될 필요가 없다고 하면서, 만약 다시 제기된다면 일본을 불쾌하게 하는 것이므로, IPR 회의의 목적에도 부합하지 않는다고 주장했다. 일본은 만몽 문제에 대해 공명정대하므로, 만주 문제를 재논의할 필요가 없다는 입장이었다. 이는 "일본의 이익을 위해서가 아니라 실제 중·일 양국의 국교를 위한 것"(松岡洋右, 1931: 10~11)이라고 주장했다. 또한 회의에 참석할 수 있는 범위를 넓혀 각 방면의 유력자와 연구자를 망라할 필요가 있다고 주장했으며, IPR 회의 의사록의 공개 방침을 제시(松岡洋右, 1931: 9)하기도 했다.

일본은 자신들을 방어할 제안을 제시해 주체적으로 논의를 끌어가려고도 했다. 만주 문제보다는 중국의 보이콧이나 배외 교육 문제가 더 시급히 논의되어야 할 내용이라 하면서 적극적으로 새로운 의제를 제시했다. 일본은 이와 같은 제안이 중국과 중국인을 공격하려는 것이 아니라 중국과 중국인을 위한 것이라고 주장하면서, 동아시아 전체의 평화를 유지할 수 있을 뿐만 아니라 세계 평화 확보와 행복 증진을 위해 중요하고 긴요한 문제라고 확신하기 때문(松岡洋右, 1931: 11)이라고 했다. 일본은 중국이 오랫동안 일본을 도발했기 때문에 군사적 행동을 감행했다고 하면서, 중국의 질적으로 안전하지 않은 혼란한 치안 상태와 일본 상품 배척 운동이 활성화된 점 등을 문제 삼아 만주 장악의 정당성을 주장했다("Professors and Administrators of the Educational and Cultural Institutions of Peiping", 1932: 1~8).

그러나 중국은 일본이 어떠한 말로 치장을 하더라도 중국과 일본 사이에 갈등이 촉발될 수밖에 없는 근본적인 원인 다섯 가지를 들었다("Professors and Administrators of the Educational and Cultural Institutions of Peiping", 1932: 8~31). ① 만주에 대한 일본의 정책은 항상 경제적인 독점을 추구했다, ② 일본의 경제적인 독점은 정치적·군사적으로 통치를 야기했다, ③ 이로써 일본은 특수 지위를 주장했다, ④ 일본은 안보를 강조하고 있다, ⑤ 정착의 조건을 주장하고 있다.

1931년 10월 14일 국제프로그램위원회는 중국의 경제 발전, 생활수준과 노동 문제, 태평양에서의 외교 기관, 중국의 외교 관계에 대해 원탁회의를 개최하기로 결정했다(「太平洋會議開かる」, 1931: 216). 특정 전문가들이 토론해야만 하는 은(銀) 문제, 속령지와 토착민 문제, 인종과 이민, 문화 관계, 내수 항행권 등에 대해서는 원탁회의에서 한 차례 논의했다(浦松佐美太郎, 1932: 22).

제4회 IPR 회의의 전체적인 내용을 보면 〈표 4-2〉와 같다.

| 표 4-2 | 제4회 IPR 회의 내용

| 날짜 | 시간 | 회의 내용 |
|---|---|---|
| 10월 21일 | 09:00~10:45 | 태평양 무역 관계, 4개 원탁회의 |
| | 11:15~12:15 | 원탁회의 계속 |
| | 12:45~14:15 | 점심과 회의 참석자 환영회, 중국 주최<br>환영사: 쉬신루(徐新六, 중국위원회 의장)<br>답사: 제롬 그린(태평양 위원회 의장)<br>각국 정부 축사 낭독<br>기조연설: 후스(胡適), 회의 의장<br>회의 안내: 찰스 루미스(Charles F. Loomis, 사무총장)<br>공식적인 사진 촬영 |
| | 14:15~14:45 | 국가별 모임 |
| | 20:30~21:45 | 일반 회의: 중국 경제 발전의 가능성과 방향성 심포지엄<br>P. M. 록스비(P. M. Roxby), 지리적 배경<br>C. C. 창(C. C. Chang), 농업<br>V. K. 팅(V. K. Ting), 광물자원<br>O. S. 류(O. S. Lieu), 산업 발달 |
| 10월 22일 | 09:10~10:45 | 중국의 경제 발전, 4개 원탁회의 |
| | 11:15~12:15 | 일반 회의: 중국 경제 발전의 가능성과 방향성 심포지엄<br>샤핀팡(Hsia Pin-Fang)과 G. E. 히버드(G. E. Hebbard), 재정(財政) 문제 |
| | 20:30~21:45 | 일반 회의<br>C. L. 샤(C. L. Hsia, 夏晉麟) 강연, 피덤(Feetham) 리포트와 상하이의 미래 토론 |
| 10월 23일 | 09:00~10:45 | 중국 경제 발전, 4개 원탁회의 |

| | | |
|---|---|---|
| | 11:15~12:15 | 일반 회의: 중국 경제 발전의 가능성과 방향성 심포지엄<br>C. S. 류(C. S. Liu, 劉景山), 교통<br>프랭클린 L. 호(Franklin L. Ho, 何廉), 산업화<br>토론 |
| | 20:30~21:45 | 일반 회의: 중국 경제 발전의 가능성과 방향성 심포지엄<br>P. M. 록스비, 중국의 인구 문제 |
| 10월 24일 | 09:00~10:45 | 중국의 경제 발전, 4개 원탁회의 |
| | 11:15~12:15 | 일반 회의: 중국 경제 발전<br>원탁회의 요약 발표 토론 |
| | 오후 | 항저우 여행 |
| | 저녁 | 절강성 정부 연회, 항저우시 주최 만찬<br>P. M. 록스비, 중국의 인구 문제 |
| 10월 25일 | 09:00~09:30 | 후스: 항저우에서의 중국 역사와 문학 |
| | | 항저우 명승고적 참관 |
| 10월 26일 | 9:00~10:30 | 노동 문제와 삶의 기준, 4개 원탁회의 |
| | 10:50~11:45 | 원탁회의 |
| | 11:55~12:40 | 일반 회의: 노동 문제와 삶의 기준<br>원탁회의 요약 발표<br>강연: 국제노동국 참관인 카미유 폰(Camille Pone)과 데임 앤더슨(Dame Adelaide Anderson) |
| | 18:15~19:30 | 비정규 원탁회의, 문화와 사회관계 |
| 10월 27일 | 09:00~10:45 | 태평양에서의 외교 기관, 4개 원탁회의<br>태평양 독립과 원주민, 1개 원탁회의 |
| | 11:15~12:15 | 일반 회의, 태평양 독립과 원주민<br>원탁회의 요약 발표, 문화와 사회관계 토론 |
| | 18:15~19:30 | 일반 회의, 태평양의 외교 기관<br>다카나야기 겐조(高柳賢三), 만주 문제<br>프랭크 G. 월터스(Frank G. Walters), 국제연맹과 태평양 |
| 10월 28일 | 09:00~10:45 | 4개 원탁회의: 태평양의 외교 기관<br>1개 원탁회의: 독립과 원주민 |
| | 11:15~12:15 | 일반 회의, 태평양의 외교 기관<br>원탁회의 요약 발표/ 토론 |
| | 18:15~19:30 | 일반 회의: 중국의 외교 관계 소개<br>쉬수시(徐淑希), 쓰루미 유스케(鶴見祐輔), 만주 상황 |
| 10월 29일 | 09:00~10:45 | 외교 관계에 관한 4개 원탁회의 |
| | 11:15~12:15 | 원탁회의 |
| | 14:15~16:30 | 원탁회의(중국의 은과 화폐 문제) |

| | 18:15~19:30 | 일반 회의: 국제 관계<br>니토베 이나조(新渡戸稲造)<br>라이크만(Dr. L. Rajchmann) |
|---|---|---|
| 10월 30일 | 09:00~10:45 | 중국 외교 관계(4원탁) |
| | 11:00~12:00 | 원탁회의 |
| | 12:05~12:45 | 일반 회의: 중국의 외교 관계<br>원탁회의 요약 발표<br>토론 |
| | 14:15~15:45 | 원탁회의: 대학과 문화 관계 |
| 10월 31일 | 09:00~10:00 | 일반 회의: 국제조사위원회의 활동과 IPR 다른 활동과의 관계<br>W. L. 홀랜드(W. L. Holland) 연구위 비서 연설과 E. C. 카터(E. C. Carter) 국제<br>프로그램위원회 위원장 토론 |
| | 10:15~12:00 | 중국의 외교 관계<br>상하이의 미래, 1개 원탁회의<br>태평양 회의의 교육관, 1개 원탁회의<br>이민과 종족 문제, 1개 원탁회의 |
| | 18:00~19:15 | 일반 회의: 문화 관계<br>후스 연설: 중국의 문화 충돌 |
| 11월 1일 | 08:00 | 태평양회의 회장 주최 조찬<br>제롬 그린, 후스, 윌리엄 모어, 니토베 이나조 연설 |
| | 10:15~12:00 | 중국의 외교 관계<br>상하이의 미래, 1개 원탁회의<br>태평양회의의 교육관, 1개 원탁회의<br>이민과 종족 문제, 1개 원탁회의 |
| | 18:00~19:15 | 일반 회의: 문화 관계<br>후스 연설: 중국의 문화 충돌 |
| 11월 2일 | 09:00~10:30 | 연안 항행, 1개 원탁회의<br>국제 공동 연구, 1개 원탁회의 |
| | 10:15~11:45 | 회의 비평, 4개 원탁회의 |
| | 12:00~12:45 | 일반 회의: 회의 비평 |
| | 14:30~16:00 | 연안 항행, 원탁회의 |
| | 17:00~18:15 | 회의 폐막: 회의의 교훈 |

주: 매일 12시 45분부터 14시 15분까지는 인터내셔널 레크리에이션 클럽(International Recreation Club)에서 점심 식사
를 했고, 14시 15분부터 14시 45분까지 각국의 위원장 주관으로 국가별 회의를 했다. 나머지 시간에는 비공식 토론
이 진행되었다. 중국을 이해하기 위한 시찰도 많았다. 항저우에 있는 대학, 박물관, 연구소 및 개인 가정을 방문했고,
YMCA와 YWCA의 환영, 중국 문화 공연, 산업 기관 시찰, 새로운 주거 환경, 공원 등 다양한 지역을 시찰했다.

자료: 那須皓(1932: 54~55);「太平洋會議開かる」(1931: 217); 佐藤安之助(1931: 98); Lasker(1932: 512~516); 劉馭
萬(1932: 251~258)을 종합해 작성했다.

표에서 제시하는 회의 진행 상황을 통해 알 수 있듯이 10월 28일에는 태평양 외교 기관, 10월 29일에는 국제 관계, 10월 30일에는 중국의 외교 관계를 주제로 4개 조에서 원탁회의가 개최되었다.

원탁회의에서 가장 주의를 끈 것은 중국의 외교 문제와 상하이의 장래 문제였다. 상하이 장래 문제에는 납세인 회의의 조직과 직권, 공부(工部)이사회 조직과 직권의 범위, 공공 조계에서의 법원 건설 문제와 공공 조계에서의 민형사 사건을 중국 법원에 전부 귀속시켜 처리하는 문제 등이 포함되었다(劉馭萬, 1932: 42~44). 태평양 외교 기관의 원탁회의에서는 당연히 만주 문제가 가장 뜨거운 논쟁거리였다. 상하이의 장래 문제는 영국과 중국이 가장 중요시하는 의제이고, 만주 문제는 일본과 중국이 중요시하는 문제였다(浦松佐美太郎, 1932: 22~23). 상하이 회의에서 만주사변이 중심 의제가 된다는 것은 IPR 회의가 만주사변 후에 개최되었다는 '시간성'이나 중국이라는 '장소성' 때문에 누구나 예상할 수 있었다.


## 2. 만주사변과 국제연맹의 효용성

### 1) 만주사변과 만주 문제

제4회 IPR 회의는 10월 25일의 항저우 유람을 제외하면 총 12일 동안 회의가 개최되었다. 처음 5일은 경제 문제를 논의했고, 나중 5일은 정치 문제를 토론했으며, 마지막 이틀은 IPR의 사무적인 일을 논의했다. 정치 문제를 논의한 5일 중 앞의 이틀은 태평양의 국제 관계 기관의 문제를 논의했고, 이후 3일은 중국의 외교 문제를 논의했다(徐淑希, 1932a: 45). 〈표 4-2〉에서 파악할 수 있듯이 12일 동안 50개 회의 중 31차례의 원탁회의에서 13가지 주요 주제를 논의했고, 17개

포럼과 일반적인 회의도 열렸다(Lasker, 1932: viii).

회의 시작 전에 제4차 IPR 회의에서는 만주사변에 대해 직접 논의하지 않고, 학술적인 입장에서 현상만을 논의하기로 했음에도(≪中外日報≫, 1931.10.20), 결국 만주사변의 배경, 일본의 군사적 행동의 합법성 문제, 만주사변과 국제연맹과의 관계, 해결 방법 등 네 가지 측면이 논의되었다(「太平洋会議の終了」, 1931: 191).

첫째, 만주사변의 배경이다.

만주사변이 야기된 배경에 대해 일본은 자국이 만주에 역사적·지리적·경제적·군사적 이해관계가 있다고 주장했다. 중국은 역사적인 이유 외에도 만주에 상당한 이해관계가 있다고 강조했다(横田喜三郎, 1932: 146~147). 상당수의 IPR 참석자들은 비록 러일전쟁으로 뤼순과 다롄 조차, 남만주 철도에 대한 일본의 특권이 있다 해도 중국의 역사적 만주영유권을 긍정적으로 보는 한편, 만주에서의 일본의 권리를 중시했다(Blakeslee, 1930: 724).

다카야나기 겐조는 만주 문제가 복잡한 원인은 중국인의 희망과 일본의 경제적·전략적·역사적인 특수 이익이라는 두 가지 요소가 교착되었기 때문으로 보았다. 또한 일본이 만주에 관심을 갖는 이유는 자본주의적 권익과 만주에 거주하는 100여 만 명의 조선인과 관련된 일본의 권익과 군사전략적 권익을 들었다. 특히 군사전략적 권익으로는 일본 영토와 만주의 지리적 관계를 강조했다(高柳賢三, 1932: 212). 복잡한 만주 문제를 정확히 이해하기 위해서는 중국의 국민운동 활성화 문제와 일본의 만주 지역에서의 특수 권익, 소비에트 러시아의 외교 정책이라는 중요한 배후적 요소 세 가지를 파악해야 한다고 강조했다(高柳賢三, 1932: 207~208). 또한 배일이나 배외 교과서, 일본 제품 배척 운동 같은 중국의 국민운동은 러시아의 영향하에 있는 공산주의자의 전술이거나 이와 유사한 것으로 판단하면서 이에 대한 불신을 표명했다. 이는 만주의 지방 관헌이 만주의 일본 이권을 박탈하기 위해 특별히 계획한 것으로 보았다.

이에 대해 중국은 일본이 만주를 일본 제국주의의 전초기지로 활용함으로써 양 국민 사이에 적대적인 분위기가 고조되어 언제든지 사태가 폭발할 수 있는 위험성을 동반하고 있다고 파악했다(高柳賢三, 1932: 210). 사소하지만 중·일 간 양 국민의 감정을 악화할 수 있는 미해결 현안이 300여 건이나 되는 상태인 데다 만주사변까지 발발하게 되니 양측의 갈등은 극에 달한 상황이었다.

중국의 주권을 충분히 존중하면서 일본이 만주 개발에 협력한다면 중국은 환영한다고 했다. 그러나 만주 문제를 원만히 해결하기 위해서는 중국이 신뢰할 수 있도록 일본이 형평과 정의에 기초해야만 일본과 직접 교섭할 수 있다고 주장했다. 따라서 만주사변과 같이 조급히 무력을 행사한 후, 무력 철회를 거절하는 태도로는 신뢰 회복이나 협력 증진에 문제가 있다고 했다(徐淑希, 1932b: 212~223).

또한 일본이 난징의 중앙정부와 담판해 현안을 해결하려 하지 않고, 지방정권을 상대로 교섭을 강요한다고 주장했다. 이에 대해 일본은 중국의 중앙정부를 무시하는 것이 아니라 중대한 것은 모두 난징 정부와 교섭하고 있으며, 지방 문제는 중국의 희망에 따라 지방정부와 교섭하는 것이라고 했다. 중국은 문제를 쉽게 해결하도록 하지 않고, 국제적 성의도 표시하지 않은 채 조약불이행이나 항의 등으로 일본 세력을 만주에서 구축하려고만 하기 때문에 현안이 해결되지 않아 중·일 관계가 갈수록 악화된다고 했다(佐藤安之助, 1932: 194~195).

중국의 쉬수시는 만주에서 일본의 경제적 이익은 모두 조약에 기반을 두고 있으며, 중국에서 다른 국가의 경제적 이익과 비교해 보았을 때 별다른 특수성이 없다고 했다. 누군가에게 귀속되는 경제적 이익이 일본에 귀착되었다고 하여 이익 자체가 특수한 것은 아니라는 것이다. 경제적 이익은 일정한 장소에 있는 것으로 그곳이 만주라는 것뿐이지 일반적인 경제적 이익과 본질적으로 차이가 있는 것은 아니므로, 이른바 특수한 전략적·역사적 이익이라는 것은 합법적인 것에 근거한 것도 아니라고 했다(徐淑希, 1932a: 49; 徐淑希, 1932b: 219). 다카야나기 겐조가 인정했듯이, 일본의 러시아에 대한 두려움이 근본적인 요인인데, 설사 그런 위험이 실존한다고 해도 일본 영토 내에서 국방의 권리를 다할 수 있고, 이른바 러일전쟁과 관련된 역사적 이익이라는 것은 조약에 규정된 것 이상으로 생각할 수 없다. 형식적인 승인 문제와 달리 중국은 과거의 영토 및 사람에 대해 유효한 통제를 하고 있는데, 이와 같은 사실은 외국인에게 치외법권을 허락하거나 국내 전쟁에서 일시적인 분열(불통일)에 처했다고 해서 변경되는 것이 아니라고 했다(徐淑希, 1932b: 220~221).

둘째, 일본의 군사적 행동의 합법성 문제이다. 일본의 군사적 행동이 합법적인 자위의 범주인지 여부는 일본과 중국 사이에 격론이 있었던 부분이다. 일본은 만주사변에서 군사적 행동은 자위의 범주에 속하는 것이기 때문에 제3자가 그 사실을 정확히 판단하기는 어렵다고 보았다(橫田喜三郞, 1932: 147).

일본은 상하이와 난징에 거주하는 중국인도 국제연맹과 마찬가지로 만주의 사정을 잘 모르기 때문에 만주사변이 발발한 원인을 모른다고 생각했다. 왜 일본인이 군사행동을 취할 수밖에 없었는지를 이해하지 못하기 때문에 단순히 장쉐량의 선전만 믿고 일본이 영토적 야심으로 만주를 점령했다고 생각하므로, 원탁회의나 총회에서 기회가 있을 때마다 일본을 공격한다고 주장했다. 일본은 되도록 중국인들과 논쟁을 피하면서 중국인이 말한 오류나 부당하다고 생각하는 언사에 반박하고 시정을 요구하고, '일본의 권익'을 지키기 위해 필요한 수단을 취한 것이라고 강조했다(佐藤安之助, 1931: 100).

이른바 '일본의 권익'과 관련된 세부 문제로 영사관 경찰, 치안 문제와 병력 주둔권, 철도병행선 문제, 21개조 문제, 조선인 문제 등이 있었다. 일본은 영사관 경찰 배치에 대한 법리적 근거가 있지는 않지만, 중국의 경찰제도가 불완전한 상황이고, 이런 것이 기정사실화되어 이미 용인되고 있는 문제라고 강조했다. 중국은 일본이 특수하게 만주에서 영사관 경찰을 배치해 일본 경찰의 활동 범위를 중국인 지역으로 확대하고, 때때로 중국인을 체포해 일본 법정에 세우는 것은 부당한 것이라고 했다. 특히 1931년 랴오양(遼陽)에서 일본인 부인을 살해했다는 혐의를 받은 중국인이 일본 경찰에 체포되어 가혹 행위를 받다가 사망했고, 그 중국인을 검시한 선양의 영국 의사가 독살로 진단했음을 사례로 들었다(佐藤安之助, 1932: 189~190).

논의에 참석한 서양 위원들이 남만주 전체에 대해 일본이 경찰권을 행사하는 것으로 이해하자 일본은 영사관 내 또는 철도부속지 내에만 경찰서를 두고 있으며, 행정구역 내에는 두고 있지 않다고 설명했다. 그러나 중국은 일본 경찰서의 분포에 대해 설명하면서 경관이 총 222명이라고 보고했다(佐藤安之助, 1932: 190).

법리적 근거는 없지만 일본인의 생명과 재산의 안전을 위해 병력 주둔이 필요하다는 일본의 주장에 대해, 중국은 만주에 거주하는 다른 외국인은 생명과 재산에 위험을 느끼지 않는데 일본인은 왜 위험을 느낀다고 하는지 이해할 수 없다고 하면서, 이는 단지 침략을 위한 핑계에 불과하다고 했다. 더불어 일본의 병력주둔권에 대한 법리적 설명을 요구했다. 러시아는 동지연선(東支沿線)에서 철병했는데 일본은 왜 철병하지 않는가? 일본은 비적이 남만주철도를 습격하기 때문에 수비병이 필요하다고 주장하지만, 북녕철도(北寧鐵道)나 동지철도(東支鐵道)는 비적의 습격을 받은 적이 거의 없는데 왜 남만주철도는 비적이 습격한다고 하는가? 창춘 이북 지역은 안전한데 이남 지역에는 항상 사건이 많다는 것도 믿기 어렵다고 했다.

이에 대해 일본은 병력주둔권의 근거는 '포츠머스 조약'과 '만주선후조약(滿洲善後協約)'으로 러시아 측이 철병해도 만주의 정치적 불안이 제거되지 않는 한 일본 군대의 철수는 불가능하며, 비적의 횡행에 대한 철도 보호의 필요는 남만주철도뿐만 아니라 동지철도와 북녕철도도 마찬가지라고 했다. 또한 산둥(山東)철도의 경우 250리 선로에 2000~3000여 명의 중국군이 철도 수비병으로 배치되어 있다고 지적하면서, 최근 수년간 남만주철도 연선의 비적 피해 상황과 건수를 제시해 병력 주둔의 실질적 필요성을 강조했다(佐藤安之助, 1932: 191~192).

일본의 주둔병 문제는 주둔병이 조약상 근거가 있는지 여부와 주둔병이 내정 및 시민의 일상생활에 간섭할 권리가 있는지 여부가 쟁점이다(徐淑希, 1932b: 218).

1915년 1월 18일 중국과 일본 사이에 체결된 21개조에 대해 중국은 국민이 조약을 승인할 수 없으니 무효라고 주장했다. 반면 일본은 조약이 유효하고 세계적인 다수의 법률가의 논의에서도 인용되는데, 중국인 말대로 1915년 조약이 중국인 자유의지에 반해 무효라고 한다면, 제1차 세계대전 후 '베르사유 조약'도 무효라고 할 수 있느냐고 반문했다(佐藤安之助, 1932: 193). '베르사유 조약'은 1919년 6월 28일 파리 평화회의의 결과로 31개 연합국과 독일이 맺은 강화조약이다.

일본의 21개조 요구와 관련 있는 상조권 문제는 중국에서 조약 체결의 특수 사정 및 형평과 정의의 근본 원칙을 이유로 무효론을 주장하므로 결과적으로 상조권의 유효 여부가 쟁점이다.

일본에서 가장 중요시하는 철도 문제도 마찬가지인데, 실제 남만주철도 병행선 금지 협정이 있는지에 대해 논쟁했다(徐淑希, 1932b: 218; 徐淑希, 1932a: 54).

철도병행선 문제와 관련해 중국은 철도병행선 가설 금지 조항은 어느 조약에도 명시되지 않은 것으로, 일본이 주장하는 비밀조약에 근거한다는 것은 공론에 지나지 않는다고 했다. 일본의 요코타 기사부로(橫田喜三郎)는 자신은 법리론적으로 비밀조약의 존재를 긍정하며, 조약 원본이 일본에 있기 때문에 그 존재를 의심하는 것은 옳지 않다고 했다. 그러나 국제연맹 성립 후에 체결된 국제적인 조약은 공개를 원칙으로 하여 국제연맹에 통보하고 이를 국제연맹에서 공표할 것(佐藤安之助, 1932: 192~193)이기 때문에 문제가 없다고 인식했다.

조선인 문제는 일본이 배후 조정한 것인지 중국이 조선인을 실제로 핍박했는지로 축약된다. 일본은 조선 농민이 만주에서 수전 경작을 했는데, 중국 관헌이 '각조선인구축령(各朝鮮人驅逐令)', '토지도매금지령(土地盜賣禁止令)', '토지방옥조차금지령(土地房屋租借禁止令)' 등의 밀령(佐藤安之助, 1932: 195)을 내려 조선 농민이 토지를 몰수당하고 계약이 파기되는 피해를 입었다고 보았다.

중국은 조선인의 배후에 일본이 있고, 일본은 조선인 보호를 핑계로 경찰관을 만주 내지로 침입시켰기 때문에 밀령 반포는 불가피한 것이라고 했다. 이는 조선인의 귀화를 허용하면 해결되지만, 조선인이 귀화하면 일본이 조선인 보호를 명목으로 경찰을 투입할 구실이 없기 때문에 조선인의 귀화를 불허한다고 했다.

일본은 중국이 귀화 조선인을 충분히 보호하지 않고, 귀화·불귀화 여부를 식별하기 어려워 단속하는 데 한계가 있다는 점을 조선인 귀화 불허 사유로 들었다. 또한 조선인이 중국으로 귀화할 때 금(金) 8원(圓)을 요구하는데, 조선인의 생활 정도에 비하면 비용이 높기 때문에 실행하기 어렵다고 했다(佐藤安之助, 1932: 196~197).

이상과 같이 중·일 논쟁의 핵심 논리는 법적 근거와 현실을 어떻게 이해할 것인지가 요점이었다. 일본은 법적 근거가 있는 것은 법을 확대 해석해 폭넓게 적용하고, 법리적 근거가 없는 것은 중국의 제도 미비를 빌미 삼아 일본의 이해를 관철시키고자 했다. 이에 대해 중국은 일본이 제대로 된 법적 근거도 없고 설사 특정 사안에 대해 법적 근거가 있다 해도 법에서 규정하는 범위를 넘어 자의적으로 중국의 권리를 침해하고 있다고 반박했다. 21개조의 효력에 대해서도 중국은 국민이 승인할 수 없는 조약이기 때문에 무효라는 견해를 견지했고, 일본은 조약의 유효성을 강조했다.

셋째, 만주사변과 국제연맹과의 관계이다.

일본은 제네바에 있는 국제연맹이 유럽의 외교 기구이기 때문에 태평양의 복잡한 국제 정세에 대해 이해가 부족하다고 하면서, 향후 국제연맹 지부가 극동 지역에 설치되지 않으면 국제연맹은 만주 문제를 논의할 자격이 없다고 했다.

중국은 만주사변에서 일본이 취한 행동은 불법이며, 국제연맹의 일원인 일본이 '연맹규약'을 위반하고 무시한다고 주장했다. 이에 대해 일본은 국가가 자위권을 행사하는 것은 당연하다고 하면서, 일본 내지에서 출병한 것이 아니라

철도 보호를 목적으로 조약상 정당하게 주재 중인 철도부속지 내의 군대를 이용한 것이므로, 국제법을 위반하지 않았다고 항변했다. 요코타 기사부로는 일본은 국제연맹의 충실한 옹호자이지만, 1931년 10월 24일 이사회의 철수 권고를 수락하지 않은 것이 국제연맹 규약을 위반한 것은 아니라고 주장했다. 원래 이사회의 결정이 만장일치로 결의되지 않을 경우 수락할 의무는 없다는 점을 들었다(佐藤安之助, 1932: 197~198). 따라서 정치적으로나 도덕적으로는 비난을 받을 수 있지만, 일본이 국제연맹의 결정을 무시한 것이 법률적으로는 위반 사항은 아니라는 의미였다(橫田喜三郎, 1932: 147~148). 그러나 다른 위원들은 일본이 국제연맹 이사회의 철병 결의를 수락하지 않는 것은 국제연맹을 무시하고 규약을 위반한 것으로 보았다.

넷째, 해결 방법이다.

만주사변의 해결 방법으로 미국과 국제연맹의 역할이 부각되었다. 중·일이 대립 중인 만주 문제는 서로 견해 차이가 크기 때문에 해결하기 어려우므로, 미국, 중국, 일본이 함께하는 삼각 구도가 효과적이라는 제안도 있었다("Notes on Confidential Interview with Mr. George Sokolsky", March 26, 1931: 8). 이는 세계적인 갈등을 해결하는 데 미국의 역할이 강조된 것으로, 국제연맹에서 미국의 역할이 요구되는 것과 궤를 같이한다.

또한 국제연맹이 해야 할 역할로는 조사위원회를 파견하여 조사하는 것이 가장 바람직하다고 제안되었는데, 이 제안은 국제연맹 이사회에서도 가결된 사안이기 때문에 더욱더 만주사변을 해결할 수 있는 방안으로 이해되었다(橫田喜三郎, 1932: 148).

1931년 10월 27일 외교 기관에 관한 일반 회의에서 '태평양에서의 평화 기관'에 관해 강연한 다카야나기 겐조는, 일본은 연맹규약에 허용된 범위 내에서 법률적 수단을 취한 데 불과하므로, 만주의 복잡함을 이해하기 어려운 국제연맹 이사회에서 만주 분쟁을 적당히 처리할 것이 아니라 일본과 중국 간에 외교적 교섭에 따라 직접적으로 처리해야 한다는 의견을 피력했다(高柳賢三, 1932: 205).

다카야나기 겐조는 국제연맹이 사태를 피상적으로 관찰하고 조약이나 조항을 윤리적인 관점에서 판단함으로써 착오를 저지를 것을 우려했다. 따라서 영구적이고 지역적인 기관이나 국제연맹의 일부로서 미국과 러시아가 협력하고, 국제연맹과 긴밀히 협조 관계를 유지하는 독립된 기관이 만주 문제를 들여다볼 필요가 있다고 주장했다. 국제적인 문제를 처리하기 위해 태평양에서도 이러한 기구가 필요하다고 강조했다(高柳賢三, 1932: 214).

중국은 '태평양 평화 기관'을 역설한 다카야나기 겐조의 논점을 반박하면서, '만주 문제에 대하여'라는 연설을 통해 쉬수시가 의견을 피력했다.

국제연맹 이사회는 만주 분쟁에 관해 대중국 직접 교섭을 시작하기 이전인 1931년 9월 24일에 일본이 철도부속지에서 철병해야 한다는 결의를 채택했다. 이때 이사회는 일본과 중국이 주장하는 내용의 시비를 가리지 않고, 분쟁을 해결할 수 있는 방법만 놓고 판단했다고 보았다. 국제연맹 이사회는 세계적인 지도자들의 책임 있는 조직으로 국제분쟁을 해결하는 기능을 하는데, 국제연맹 소재지가 멀리 떨어져 있어 국지적인 만성적 분쟁을 해결하는 데는 국제연맹에 종속된 기관이 적당할 수 있으므로, 일본과 중국이 만주 문제를 논의할 수 있는 영구적인 조정위원회를 구성할 수 있게 해달라고 제의했다(徐淑希, 1932b: 216~217).

이상에서 살펴본 바와 같이 만주사변의 배경부터 해결 방법에 이르기까지 의견의 일치를 보지 못한 중·일은 감정싸움으로 더 큰 파란을 일으켰는데, 그 중심에는 중국 천리팅의 발언이 있었다. 문제는 천리팅의 발언이 논란을 야기한 것인지, 일본의 '중국 국가주권의 부정' 발언이 논란을 야기한 것인지를 놓고도 양국은 인식을 달리했다는 것이다.

중·일이 이 사안을 놓고 자기중심적으로 정리한 자료를 통해 그 실체를 확인할 수 있다. 동일한 시간과 공간에서 발생한 일에 대해 각국이 어떤 의도로 내용을 정리하느냐에 따라 중·일 간 갈등의 간극을 확인할 수 있다. 천리팅의 발언에 대해 일본의 자료는 다음과 같이 정리했다.

중국 외교 관계 원탁회의의 좌장인 그는 10월 29일 원탁회의 후 총회에서 좌장 자격으로 원탁회의 내용을 보고했다. 그러나 원탁회의 결과에 대한 보고라기보다는 개인의 의견임을 전제하면서 영·중, 미·중, 러·중 외교 관계를 개설하고, 중·일 관계에서 일본의 만주 침략 행위를 비난하면서 영토 침략 야심 또는 세계 대전에서 독일의 욕심으로 설명하자 일본의 니토베(新渡戶) 박사가 의장에게 강력히 항의함으로써 회의장 분위기는 냉랭해졌다(강조_인용자). 주최국의 서기장인 천리팅이 손님인 일본 위원을 노하게 하고 회의 진행을 방해한 데 대해 책임을 통감해, 어떻게 사죄해야 일본이 만족할 수 있을지 거론하면서 화해를 모색했다. IPR 중앙위원회 이사장 그린은 천리팅이 서한 형식으로 사죄문을 회의 의장인 후스 박사에게 제출하도록 하는 중재안을 냈다(佐藤安之助, 1931: 101~102).

10월 30일 회의 일정을 변경해 총회를 먼저 열어 후스 의장이 천리팅의 사죄문을 낭독했고, 니토베 이나조가 천리팅과 악수함으로써 양자는 좋지 않은 감정을 해소했다. 천리팅은 다카야나기 겐조의 강연 중 중국은 주권국가가 아니라고 언급한 데 분개해 과격한 용어를 사용했다고 해명했고, 다카야나기 겐조는 중국이 주권국가가 아니라고 한 것은 일본에 있는 영국 국제법학자의 의견을 소개한 것이지 자신이 그 의견에 찬성한 것은 아니라고 부언해 서로 오해를 푸는 식으로 정리했다(佐藤安之助, 1931: 102).

중국 자료도 당시 분위기를 전하고 있지만, 일본과는 어감에 다소 차이가 있다. 중국 IPR은 다음과 같이 정리했다.

IPR 회의에서 만주 문제는 중·일이 긴장된 상태에서 논의되었다. 일본 위원이 비록 군정 당국자보다는 비교적 깨어 있었지만, 국가 정책을 변호하기 위해 강변하는 것은 마찬가지였다. 중국 위원의 발언은 정의롭고 공도(公道)를 지키며 국제 법률에 근거해 발언했으므로 각국 인사에게 깊은 동정을 샀다(강조_인용자). 이는 28일 이전의 대체적인 상황이다. 그러나 28일 수요일 이후 일본 측은 수세에서 공세로 태도를 바꾸고 다카야나기 겐조가 외교 기관에 대해 강연할 때 비록 영국의 어느 법학자의 의견을 빌려 중국의 국가 자격 문제를 논의했지만, 효과적이지 못했다. 당시 청중은 매우 의아해했다.

목요일에 원탁회의를 했을 때 다카야나기 겐조와 중국 위원 천리팅이 같은 탁자에 있었는데, 천리팅이 그에게 질문을 하자 마음으로 중국의 국가 자격을 부인하고 있어 일본이 고의로 침략했음을 숨기지 않았다. 다카야나기 겐조는 일부러 다른 학자의 말을 빌려 자신과 일본 국민은 중국의 국가 자격을 승인하지 않는다고 말했다. 중국 위원 천리팅은 중국의 대외 교섭이 실제로 두 부분이 있는데, 하나는 일본 이외의 국가에 대한 것으로 비교적 간단하지만, 다른 하나는 일본에 대한 것으로 일생 동안 필사의 투쟁을 해야 하는 문제여서 어렵다고 했다. 또한 일본의 침략 정책과 침략 행위에 대해 통렬히 비판하고 다카야나기 겐조가 중국이 무주권 국가라고 한 오류에 대해서도 엄정히 비판해 듣는 자가 동요하지 않을 수 없었다. 이에 화가 난 일본 위원 니토베는 사회자인 영국 위원에게 천리팅의 발언이 회칙에 저촉되는지 여부를 질의했는데, 이는 천리팅의 발언을 저지하려는 의도가 있었다. 사회자는 천리팅의 발언이 회칙에 저촉되지 않는다고 하여 발언은 계속되었다. 이어 일본 위원 다카야나기 겐조와 미국 위원 레이턴 스튜어트(J. Leighton Stuart)가 발언했는데, 이들의 발언이 끝난 후 일본 위원 니토베가 다시 일어나 천리팅의 연설이 일본과 일본 위원을 모욕했다고 하자 장내가 술렁거렸다. 천리팅은 다시 자신의 연설 요점을 설명하고, 말한 것이 모두 사실이며 절대 폄하할 의도가 없다고 하면서 너무 솔직히 말해 일본 위원의 오해를 샀다면 죄송하다고 사과했다. 일본 위원 사토 야수노스키(佐藤安之助, Sato Yasunosuki)와 마에다 다몬(前田多門, Maeda Tamon) 2명이 동시에 발언하자 각국 위원이 더는 참지 못해 회칙을 운운해 사회자는 사토를 앉힌 뒤 시간이 지나 더는 발언할 수 없다고 회의를 정리하면서 풍파가 끝이 났다.

당시 각국 위원은 일본 위원의 부적절한 태도에 모두 불만을 표시하고 신망이 높은 니토베에게 실망을 금하지 못했다(강조_인용자). 이 일이 있은 후에 각국 위원은 모두 근심이 가득해 IPR 회의가 더는 평화롭게 이루어지지 못할 것을 염려했다. 31일 아침 원탁회의 전에 먼저 전체 대회를 한 차례 거행했는데, 사회자가 천리팅에게 발언의 기회를 주자 일본 위원의 감정을 상하게 했다면 죄송하다고 했고, 이에 니토베가 나가 천리팅과 악수함으로써 상호 오해를 풀었으며, 다카야나기 겐조는 수요일 저녁 연설 중에 한 부적절한 언사에 대해 중국 위원이 양해해주기 바란다고 함으로써 한바탕의 소동은 정리되었다(劉馭萬, 1932: 8~9).

이와 같이 천리팅의 발언으로 논란이 일었고 그가 사과함으로써 풍파가 정리된 것이다. 그러나 저자가 강조한 글에서 볼 수 있듯이 일본은 중국의 무례한 발언에 일본이 항의함으로써 회의장 분위기가 냉랭해졌음을 강조한 반면, 중국은 각국 위원이 일본 대표의 부적절한 태도에 불만을 표시했다는 것을 강조했다. 서로가 자국은 논리적인 데 반해 상대국은 감정적이라 타국 위원들의 비난을 받았다고 기술하고 있다.

종합적으로 보면 중국은 만주 문제의 근본적인 해결을 위해 역사를 근거로 삼지만 일본은 현상(사실)에 초점을 맞췄으므로, 문제 인식의 출발점부터 차이가 있었음을 지적할 수 있다. 중국은 주권국가로서 만주의 중동철도에 주권을 행사하고 싶어 했고, 일본은 국제법에 의존해 자신의 이익을 극대화하고자 했다(Wright, 1930a: 455). 일본은 만주가 비록 중국에 유리하지만, 일본이 만주에서 철도부설권을 갖고 이민을 통해 사회를 안정시키며 군대주둔권을 행사해 책임 경영을 한다면, 양국 모두에게 이익이라고 주장했다. 중국은 일본이 만주를 내정 간섭하고, 토비를 창궐시켜 치안을 교란해 궁극적으로 중국의 발전을 저해하는 것(徐淑希, 1978: 183~184)으로 보았다.

결국 명확한 근대법적 근거 여부와 이에 대한 해석의 차이에서 불거진 논쟁은 합의점을 찾기 어려울 정도로 평행선을 달렸다.

## 2) 영구적인 평화 조성 방안

수백 개의 평화조약을 체결하고 몇 번의 군축을 단행해도 국가 간에 적대적인 심리나 상황이 변하지 않으면 영구 평화를 희망할 수 없는 상황에서(安富正造, 1929: 57~58), 아시아·태평양 지역이 평화를 유지할 방안은 무엇인가?

어떻게든 국제적으로 평화를 조성할 방안을 강구하던 IPR은, 군비 축소와 국제연맹의 역할에 영구적인 평화 조성의 길이 있다고 생각해 관심을 기울였다. 1929년 일본 교토에서 개최된 제3회 IPR 회의에서는 군비 축소와 국제연맹의 미래에 대한 여섯 가지 논의 방향을 제시했다(松原一雄, 1929a: 54; 藩雲龍, 1978: 205, 「自上海至長崎途中」).

① 태평양 문제와 관련된 국제연맹의 정책적 방향은 무엇인가?

② 미국과 소련이 국제연맹에 가입하지 않은 상황에서 태평양 지역에 별개의 국제기구가 필요한가?

③ 군비 축소와 관련해 태평양에서 어떠한 조치가 강구되고 있는가?

④ 미국에서 해석하고 적용하는 먼로주의의 공적(유권적) 의의는 무엇인가? 먼로주의와 태평양은 어떠한 관계가 있는가?

⑤ 태평양 지역 국가 간의 국제 관계가 복잡해지고 있는데, 열강의 외교 기관은 어떻게 조치하고 있는가?

⑥ 외국인의 토지 소유 및 조차, 외국인의 경제적 이익과 귀화 등과 관련해 태평

양 제국은 어떠한 법률에 근거하는가? 법률의 시행 상황은 어떠한가? 이러한 것이 국제간에 오해를 불러일으켜 외교적으로 교섭하게 된 경우는 어떠한가?

또한 평화를 조성하기 위한 국제연맹의 역할과 효용성은 원탁회의뿐만 아니라 중국 외교 관계, 만주 문제, 중국의 재정 문제 등 구체적인 주제를 논의할 때도 제기되었다(青木節一, 1930: 285). 국제적 갈등을 해결하기 위해서는 국제연맹이 의미 있는 역할을 하고 그에 따른 효율적인 결과가 있어야지 평화를 정착시킬 수 있기 때문이다. 이런 논의를 점검해보는 이유는 만주 문제를 해결할 평화 기관의 존재와 역할이 관계가 있고, 또한 다음 장에서 언급할 국제연맹에서의 만주 논의를 이해하는 기반이 될 뿐만 아니라 IPR 회의와 국제연맹의 공통점과 차이점을 이해하는 데도 도움이 되기 때문이다.

제3회 IPR 회의에서도 태평양 지역의 평화 기관 설립 문제가 논의되기는 했다. 그러나 만주사변 이후에 개최된 제4회 IPR 회의에서는 더욱더 관심 있게 다루어졌다. 프로그램위원회에서 결정한 토론 의제는 다음과 같다(橫田喜三郎, 1932: 135~148).

① 태평양에서 국제적 외교 기관의 규정을 필요로 하는 문제는 무엇이며, 그 이유는 무엇인가? 군비 축소 문제 같은 국제 문제는 태평양에서 어느 정도까지 지역적으로 처리할 수 있는가?

② 어떠한 평화 기관이 태평양 지역에 존재하는가? 다음의 제 조약은 태평양 지역에서 어느 정도 적용되는가?[국제연맹의 규약, 일반 조약, 선택 조항, 재정 원조 조약과 상설 국제사법재판소, 부전조약, 워싱턴 조약(4개국조약, 9개국 조약, 해군 군축조약), 태평양 지역에 속한 2개국 간의 조약, 대영제국 내의 기관]

③ 태평양 제 국가는 현존하는 평화 기관에 어느 정도 협력하고 있는가?

④ 국제연맹의 영향력을 태평양 지역에 미치게 하려면 어떠한 조치가 필요한가?

⑤ 부전조약의 결점은 무엇이며, 그것을 보충하는 방법은 무엇인가?

⑥ 워싱턴 조약 등 현존하는 국제 평화 기관을 개선해 보충하는 방법은 무엇인가?

⑦ 기타 어떠한 기관을 제안할 수 있는가?

태평양 지역에 지역적 평화 기관의 설치가 가능한가? 특히 군축 문제는 어떠한가에 대해 세 가지 견해가 있었다. ① 지역적으로 군비 축소가 가능하다는 견해이다. 해군은 원격지까지 활동이 가능하기 때문에 태평양 양안 전쟁에서 유효하게 행동할 수 있고, 필리핀이나 싱가포르의 해군 근거지는 세계 군비와 중요한 관계가 없기 때문에 지역적으로 군비 축소가 가능하다. ② 군비는 항상 세계적인 관계에서 규정되기 때문에 태평양 지역만의 지역적 군비 축소는 불가능하다. ③ 절충적인 견해로 태평양 여러 국가 전부를 포함한 지역적 군비 축소는 불가능하다는 것이다. 군비가 부족한 국가의 군비 경쟁을 야기할 수 있기 때문에 불가능하기는 하지만, 군비가 많은 국가들, 즉 미국, 일본, 영국의 해군 축소나 일본, 중국, 러시아의 육군 축소 가능성은 있다고 보았다(橫田喜三郎, 1932: 139~140).

제3회 IPR 회의에서는 이에 대해 논의한 결과를 정리해, 영구적인 평화의 길을 조성할 세 가지 방안이 제시되었다(安富正造, 1929: 58).

① 국제적 분쟁의 원인 또는 그것을 초래한 사태를 정치적으로 해결하거나 제거하는 것

② 기존의 협정 및 조약 위에 효과적인 신평화 기관을 설립하는 것

③ IPR 회의 같은 민간 의사소통 기관의 활동이 필요하다는 것

그러나 어떠한 방법이 제안되어도 실질적으로 얼마나 효율적인 결과를 낼 것인지에 따라 의미가 달라질 수 있으므로, IPR 회의에서는 적어도 실현 가능

한 방안이라도 찾아보려고 지혜를 모았다. 태평양 문제에 대해 국제연맹이 직접 나서야 할 것인지, 아니면 평화 기관을 설립해야 할지를 놓고 여러 가지 견해가 나왔다.

먼저 영국의 C. K.웹스터는 국제연맹이 비록 유럽과 태평양 지역을 포함해 전 세계의 문제를 취급하는 중심 기관이지만, 과연 태평양 문제를 해결하는 데 적절한지에 대해 의문을 제기했다. 그러자 미국의 숏웰(James T. Shotwell)은 4개국 조약과 부전조약과의 조화 가능성을 논하면서 부전조약을 국지적으로 적용해야 할 필요성을 역설하고 평화 기관의 옥상옥(屋上屋)은 불가하다고 했다(青木節一, 1930: 286~287). 영국의 애스터(Hon. W. W. Astor), 호주의 A. H. 차터리스(A. H. Charteris)는 국제연맹을 지지하는 입장에서 평화 기관의 중복은 국제연맹의 힘을 저해해 평화를 수호하는 데 불리하므로, 국제연맹이 태평양 문제에 관여해야 한다고 말했다.

일본의 다카야나기 겐조는 태평양 지역에 독립적으로 평화기관을 설립하는 데 반대했다. 영국의 토인비도 태평양 지역에 국제연맹 외에 다른 국제기구를 설립할 필요가 있는지에 대해 의문을 표명했다. 영국의 제임스 맥도널드는 국제연맹을 지지하면서 국제연맹 지역 회의를 태평양에서 개최하는 데 찬성했다. 미국의 라인하트(Reinhardt), 일본의 마쓰바라 가즈오, 호주의 커리(Currey)는 태평양 지역은 세계와 불가분의 존재이기 때문에 국제연맹 그 자체가 태평양 문제를 처리하기에 적절한 기관이라고 주장했다. 일본의 하니하라 마사나오(埴原正直), 즈모토 모토사다(頭本元貞), 로야마 마사미치, 야스토미 쇼조(安富正造)는 미국이 국제연맹에 가입해야 한다고 역설했다. 기본적으로 국제연맹의 역할을 중시하면서 태평양 지역에 새로운 기관을 창설하는 데 반대했다.

그러나 미국의 콜먼은 국제연맹은 태평양으로부터 멀리 떨어져 있으므로 국제연맹 산하에 태평양 지역 기관을 설치할 필요는 있다고 했다. 캐나다의 톰 무어와 하와이의 H. 그레고리(H. Gregory)는 유럽은 태평양 문제에 무지하므로 국제연맹의 태평양 지부 창설을 제안하기도 했다(青木節一, 1930: 287). 미국의 보이든은 국제연맹이 태평양 문제 해결에 실패했다고 평가하는 것은 아니지만, 국제연맹이 유럽 기관이라는 설에는 지지하는 태도를 보였다(青木節一, 1930: 288~290). 미국의 알렉산더(Alexander)는 태평양에서 중국 문제를 해결하기 위해 중국과 일본에서 각 2명, 국제연맹 추천자 1명, 총 5명이 조정위원회를 구성할 것을 제안했다. 호주의 프레더릭 이글스턴은 국제연맹의 중앙집권에 반대했다. 그는 국제연맹이 태평양 문제를 적절히 처리할 해결자라고 생각하지 않았다. 국제연맹을 지지한다면 국제연맹 산하에 태평양 지역 기관을 만들어 미국과 러시아의 협조를 구해야 한다고 주장했다(青木節一, 1930: 291). 즉, 국제연맹의 위상을 저해하지 않는 범위에서, 필요한 경우 국제연맹 태평양 지국을 두자는 견해였다.

중국은 처음부터 국제연맹을 신뢰하지 않고 배격하면서, 독립된 기관이 필요하다고 강력히 주장했다. 중국 쉬수시는 ① 국제연맹은 유럽 문제를 처리한다, ② 지리적으로 멀리 있어 불편하다, ③ 미국이 가입하지 않았다, ④ 태평양 문제는 유럽의 문제와는 다른데, 국제연맹이 태평양 문제를 해결하는 데 효용이 있겠냐고 주장하며 의문을 표시했다. 바오밍첸(鮑明鈐)은 국제연맹의 원칙 문제를 논의하면서, 특히 산둥과 지난 문제에 국제연맹이 무력했던 사례를 들어 국제연맹에 대해 불신을 피력했다(青木節一, 1930: 288~290).

제3회 IPR 회의와 제4회 IPR 회의에서의 논의는 큰 차이가 없지만, 국제연맹과 아시아·태평양과의 관계에 대한 이해를 심화시킨 측면이 있다. 중국을 제외한 각국 위원은 국제연맹의 효용성과 권위를 부정하지는 않았지만, 미국이나 소련이 가입하지 않은 국제연맹은 부적절하다고 인식함과 동시에, 태평양에 평화 기관이 제대로 갖추어져 있지 않은 상황도 인정했다. 비록 국제연맹의 사상이나 제도에 대해서는 대체로 긍정하지만, 어떠한 방법이 더 효과적이고 적절하게 태평양 지역의 문제를 해결할 수 있을 것인지에 대해서는 여전히 중론이 분분했다(青木節一, 1930: 292~293).

국제연맹과 태평양 지역과의 관계에 대해서는 미국과 국제연맹과의 관계, 동아시아와 국제연맹과의 관계가 문제로 대두되었다. 국제연맹이 세계에서 가장 유력한 평화 기관이지만, 미국이 연맹에 가입되지 않은 것은 국제연맹의 중대한 약점으로 여러 차례 지적되었다. 태평양 지역에서 평화 기관을 확립할 뿐만 아니라 전 세계적인 평화 기관의 확립을 위해 미국의 국제연맹 가입은 당연히 중요한 문제로 부상했다. 특히 만주 문제에서 미국 위원이 참관인으로 이사회에 참여하는 것도 장래 국제연맹과 미국과의 공적인 협력을 추구하는 데 도움이 될 것이라는 견해도 제시되었다. 물론 국제연맹과 미국 사이에 경제적·사회적·기술적인 부분에 대해서는 국제적인 협력이 있었고, 일반적으로 현실적인 정치적 분쟁에 대해서는 미국이 국제연맹과 협력하지 않았지만, 만주사변과 같은 정치적 분쟁에 대해서는 미국이 국제연맹과 협력하기도 했다.

동아시아와 국제연맹과의 관계에 대해서는 국제연맹이 원격지에 있으므로, 태평양 지역에서의 평화기관 확립에 한계가 있다고 지적되었다. 특히 만주사변으로 더욱 확실히 통감했듯이, 국제연맹이 동아시아와 긴밀히 협조할 연결고리를 확보하고 이를 촉진시키는 것이 중요하다. 이에 따라서 국제연맹과 동아시아의 관계를 긴밀히 만들기 위한 방안으로 네 가지가 제시되었다(橫田喜三郎, 1932: 141~144).

① 유럽 중심적인 국제연맹 조직을 지역적인 기초 위에 개조한다. 아시아에는 아시아연맹, 유럽에는 유럽연맹, 라틴아메리카에서는 라틴아메리카 연맹을 설치해 지역적인 문제는 지역연맹에서 처리하고 전 세계의 공통적인 문제에 대해서는 여러 연맹의 연합된 기구에서 처리한다.

② 필요에 따라 일정하게 혹은 정기적으로 국제연맹 총회나 이사회를 동아시아에서 개최한다. 그러나 이사회 회원이 아시아 회의에 참석하기 위해 시간적·

비용적으로 어려움이 많기 때문에 실현하기 곤란하다는 의견도 제시되었다.

③ 아시아에 사무국을 설치한다. 비록 도쿄에 국제연맹 사무지국이 있지만, 규모가 작기 때문에 권한이 큰 사무국의 설치가 필요하다는 것이다. 이 안은 국제연맹 조직의 근본적인 개조를 요하는 것이지만, 현실적으로 실현 가능성이 가장 큰 것으로 많은 사람들의 지지를 얻었다.

④ 중앙이사회 산하에 상설 소위원회를 설치하는 것인데, 제1심으로 지역 이사회나 소위원회가 지역 분쟁을 처리하고, 제2심으로 중앙 이사회가 분쟁을 처리하는 안이다(橫田喜三郎, 1932: 142~144).

태평양 지역의 평화 기관이나 국제연맹의 역할이 주요 논의 대상이 되었던 것은 당연히 당시 중·일 간 만주를 둘러싼 갈등과 분쟁, 그리고 그 분쟁을 해결하기 위한 노력이 필요했기 때문이다.

태평양 지역은 국제적 분쟁의 원인이 되는 지역적인 문제가 다수 존재하므로 그것을 적절히 해결하고 국제적으로 평화를 유지하는 외교적 기관이 있어야 하는데, 다른 지역에 비해 상대적으로 빈약한 상황이므로 태평양 지역의 평화 유지를 위해 외교적 기관이 필요하다고 보았다.

## 3. 만주 논쟁의 효과와 의의

제3회와 제4회 IPR 회의에서의 만주 논쟁에서 중국은 만주가 온전히 중국의 주권하에 있는 지역이라고 일본을 설득하려 했을 뿐만 아니라 IPR 회의에 참여한 타국도 중국의 희망에 동조하기를 원했지만, 일본은 만주에서의 '특수 이익'을 강조하며 중국의 '희망'에 반박했다. 양국 간의 논쟁은 일치점을 찾기 어려웠다. 사안에 따라 근대법을 근거로 들며 만주에서의 권리를 주장하는 일본과,

법에 대한 해석과 법 자체의 유효성에 의문을 제기하며 무효를 주장하는 중국 사이에는 갈등과 긴장의 평행선이 그어졌다. 문제를 해결하기 위해 다양하게 노력했지만, 논의를 통한 해결은 요원한 상황이었다.

이런 상황에 제3자적 방안 제시가 얼마나 효과가 있을지, 일괄적으로 판단하기 어려운 상황이었다. 그렇다면 IPR 회의에서 만주 문제를 논의해 얻은 효과는 무엇인가?

## 1) 상호 이해도 제고

제3회 IPR 회의에서 만주 문제를 논의하는 데 대해 일본은 처음에는 반대했지만, 결과적으로는 나름의 성과를 얻었다고 자평했다. 광고와 선전의 시대에 만몽 문제를 세계에 광고할 필요가 있었는데, IPR 회의를 통해 각국 위원에게 만몽 문제에 대한 일본의 입장을 이해시킬 수 있었다는 점에서 "절호의 기회"(半沢玉城, 1929: 1)였고, 이로써 각국 지식인이 만주 문제의 요점과 중·일 양국의 견해 차이를 정확히 인식(松岡洋右, 1931: 4)하는 계기가 되었다고 보았다.

일본은 잘 정리된 통계와 법률 자료를 활용해 신사적으로 중국의 비난을 반박하는 태도를 보여, 만주에서의 일본의 위상에 대해 국제사회의 공감을 얻었고, 서양인을 이해시키는 데 큰 효과를 보았다고 평가했다. 그러면서 "중국은 자국의 문제 해결을 위해 타국의 힘에 의지하는 경향을 보여 나쁜 인상을 남겼다"고 평했다. 그러면서 국제회의 참석자를 선정하는 데 고려해야 할 것은 용모와 행동거지로, 호감이 가며 인격적으로 비난받지 않는 인물이어야 한다(佐藤安之助, 1931: 104~105)고 덧붙였다. 또한 "양국의 지식인을 위원으로 하는 민간 차원의 화해위원회를 설치해 만주 문제를 해결하자는 조정안을 제시해 타인의 동의를 얻었던 것"도 성과로 보았다. 물론 회의 결과 생긴 조정위원회가 얼마나 실질적인 역할을 할 것인지는 의문이지만, 만몽 문제는 중·일 양국의 해결

과제이지 제3국이 간섭할 문제는 아니라고 보았다. 따라서 IPR에 참석한 중·일 양국 위원이 자국 지식인을 망라해 만몽 문제 조사 기관을 만들어 당면 문제를 논의해 의견이 합치되면 그 결과를 양국 국민에게 발표하고, 필요하다면 양국 정부가 나서 문제를 해결할 수 있을 것(小川節, 1929: 33~34)으로 보았다. 캐나다 위원은 "태평양의 여러 국가 간 문제에 관한 지식이 증진되었다"(Rowell, B04122242600: 63)고 평가했다.

중국은 온갖 갈등에 휩싸여 있는 만주 문제를 공개적으로 토론함으로써 차후 만주에서 타국이 임의로 횡행하지는 못할 것으로 보았다. 또한 외국인이 이 회의를 통해 잘못된 인식을 바로잡을 수 있게 되고, 일본 위원이 회의에서 나온 의견을 일본 정부에 보고함으로써 향후 대중국 외교에 더욱더 신중을 기할 것이므로, 성공적이었다고 평가했다(≪東三省民報≫, 1929.11.25). 비록 IPR 회의에서 만주와 관련해 별다른 결과를 얻지 못했지만, 만주 문제를 해결하기 위해서는 중국이 반드시 통일되어야 한다는 결론에 이르렀다(≪益世報≫, 1929.11.25). 진정한 통일은 중국을 위한 근본적인 방법이며, 만주에서 일본이 누리는 특권을 회수하기 위해서는 군사를 강성하게 만들어야 한다고 강조했다(≪益世報≫, 1929.12.5).

중·일 양국은 IPR 회의에서 공적으로 논쟁하면서도 상한 감정을 풀고 효과적인 결과를 도출하기 위해, 사적으로 모임을 가져 부드러운 분위기에서 격의 없이 의견을 교환하고자 노력하기도 했다(潘雲龍, 1978: 102~106). 일본은 이 기회를 통해 중국의 양해를 얻어 일본의 대중국 교섭 방침에 변화를 꾀하려는 목적도 있었다.

1929년 10월 30일 일본 위원 고무라 슌자부로는 중국 위원 몇 명과 일본 식당에서 만났는데, 회의장에서는 공식적인 발언을 하게 되므로 아무래도 솔직한 이야기를 하기 어렵다는 것이 사적 모임을 시도한 이유였다(Hailsham, 1930: 342). 31일에는 고무라 슌자부로, 가나이 기요시, 노야마(野山), 다카노(高野) 등 일본 위원이 위리장, 장보링(張伯苓), 우딩창(吳鼎昌), 바오밍첸, 천리팅 등 여러 명을 저녁에 초대해 비공식적으로 만났다. 중국 위원은 중·일 양국이 감정을 완화하고 장래의 분규를 종식시키려면 일본이 21개조를 정식으로 취소해야 여러 문제를 순차적으로 논의할 수 있다고 했다. 일본 위원은 만주의 권리는 중국에서 강탈한 것이 아니라 러일전쟁에서 일본이 생명과 재산을 희생한 대가로 러시아로부터 얻은 것이기 때문에, 일본 국민뿐 아니라 어느 내각이라도 양보가 불가능하므로 양해해줄 것을 요청했다. 일본 위원은 먼저 불가침조약을 체결해 양국의 국민감정을 완화시킨 후 국민연구위원회를 설치해 양국의 국제적인 문제를 연구하고, 연구 결과를 양국 정부에 건의해 채택하도록 할 것을 제안했다. 이에 대해 중국은, 이미 '워싱턴 9개국 조약'을 통해 중국의 주권과 영토의 완전한 독립을 존중한다고 성명했고 부전조약도 체결했으므로, 중복해서 새로운 조약을 체결할 필요가 없다고 했다(潘雲龍, 1978: 102~103).

1929년 11월 3일 저녁에는 중국 위원이 일본 위원을 초청해 회의를 했는데, 중국 측에서는 타오멍허(陶孟和), 쉬수시 등이 참가했고, 일본 측에서는 마쓰오카 요스케, 이와나가(嚴永) 등이 참가해 논의했으나 별다른 성과가 없었다. 중국 위원은 일본이 대의로서 불가침조약을 선포하기를 희망했다. 5일 저녁에 다시 만났지만, 모든 국제 문제는 양국이 위원회를 설치해 해결해야 한다고 논의한 것 외에는 별다른 성과가 없었다. 6일 저녁에 다시 만났으나 일부 인사들이 더는 희망이 없다고 판단해 출석하지 않아 불가침조약 등이 논의되지 않았다. 양국은 다음 날인 7일에 각기 3명의 위원을 선정해 회의를 하기로 합의했다. 일본 측에서 마쓰오카 요스케, 고무라 슌자부로, 다카야나기 겐조와 중국 측에서 장보링, 우팅창, 저우서우이(周守一)가 위원으로 참석해 오후에 회의를 하기로 했으나, 일본 측에서 다카야나기 겐조, 노야마, 다카이시를 위원으로 하고 마쓰오카 요스케, 고무라 슌자부로를 고문으로 변경했다. 이에 중국도 장보링, 바오밍첸, 저우서우이를 위원으로 하고 우팅창, 쉬수시, 천리팅을 고문으로 변경했다. 이후 정식위원회를 개최해 치외법권 취소 문제, 만주 관련 모든 문제, 상약 (商約) 체결 문제, 국민 정서 개선에 관한 문제 등 네 가지 의제를 정했다(潘雲龍, 1978: 104~106).

비록 이견을 좁히지 못했고 구체적으로 실행된 것도 없이 공허한 결과만 남겼지만, 서로의 의중을 파악(松岡洋右, 1931: 4)한 것은 의의로 평가되었다. 회의에 참석한 타국의 위원도 중·일 양국 간 상호 문제를 기탄없이 논의해, 악감정을 해소하며 문제의 해결을 위해 노력한 점을 높이 샀다(Birks, B04122242600: 55). 중국 위원은 만주 문제 토론에서 일본 위원은 물론이고 일본 국민도 상당히 당황했다고 평가했다(余日章, B04122242600: 104).

중·일 양국은 문제 해결을 위해 열정적으로 노력하면서 원탁회의에서 만주 문제를 논의한 것 외에도 비공식적인 회합을 회의가 끝날 때까지 매일 가졌다. 비록 확실한 결론에 이르지는 못했지만, 이런 모임은 상황을 분명히 인식하는 데 도움이 되었다고 평가했다(Blakeslee, 1930: 724). 중·일 간에 만주 문제를 둘러싸고 진솔하게 접촉했던 것은 양국 언론계, 교육계, 정치 및 경제 실업가의 심리와 융합해 특정 역할을 했을 것으로 파악되었다(安富正造, 1929: 57). 논쟁의 효과는 각국의 판단에 따라 서로 다르게 평가되었지만, 상호 이해도의 제고 차원에서는 대체로 긍정적인 평가를 받았다.

중·일 간의 만주 문제는 역사와 사실 어느 쪽으로부터 출발하든 간에 해결되기 어려운 문제였음에도 공적 또는 사적으로 논의를 시도해 적어도 '서로 이해하려 노력했다'는 점에서 'IPR의 존재 이유'(Rowell, B04122242600: 63)를 찾기도 한다. "중국인이 일본인을 증오하고, 일본인은 중국인을 경멸"해도 함께 모여 문제를 논의할 수 있었던 것에 대해 토인비는 '회의의 승리(triumph for the conference)'라고 보았다(Toynbee, 1930: 190). 상대방의 의사나 사정에 대해 이해하는 것은 국제적으로 상당한 효과가 있다고 보기도 했다(佐藤安之助, 1931: 103). 중국은 일본이 만주 경제에 집중하는 것이 중요하지만 더 중요한 것은 선한 의지(goodwill)라고 하면서, IPR이 이에 기여하기를 기대했다(IPR 'Manchuria', Report of round table, No.2. 1929.11.5: 457, B10070179900). 수차례의 사적 회합을 통해 안건을 토의했지만, 일치점을 찾을 수는 없었다. 결국 협의를 중단하고 서로 경의와 우정을 표하며 마무리했다. 처음부터 이 협의에 어떤 기대가 있었던 것은 아니므로, 이렇듯 협의하려 노력했다는 점에서 의의를 찾을 수 있다(頭本元貞, 1929: 23).

### 2) IPR 회의에 대한 평가와 의의

IPR 회의는 시각에 따라 긍정적 또는 부정적으로 평가되기도 하는데, 먼저 긍정적으로 평가되는 면, 즉 IPR 회의의 참석자의 수준, 회의의 진행, 정책에 대한 이해의 확대라는 세 가지 측면에서 살펴보자.

#### (1) 긍정적인 평가
##### ① 참석자의 수준
호놀룰루에서 개최된 제1회와 제2회 회의에 비해 제3회 회의에는 더 많은 인원과 유명 인사들이 참가했다(Blakeslee, 1930: 723).

제3회 IPR 회의에 참석한 저명인으로는 일본 귀족원 멤버 니토베 이나조, 영국 보수 정부의 총리 헤일샴, 전 법무장관 프레더릭 이글스턴, 전 캐나다 추밀원 의장 뉴턴 로웰, 옥스퍼드 퀸 대학의 캐넌 스트리터(Canon Streeter), 중국 텐진 난카이 대학의 장보링 총장, 전 중국은행장 우팅창, 전 주미대사 하니하라 마사나오, 일본 전 재정장관이자 사카타니 요시로, 전 만주철도 부총재 마쓰오카 요스케, 전 미국 배상위원회 참관인 로널드 보이든(Roland W. Boyden), 전 하와이 행정관 프레어(Hon F. W. Frear)와 W. R. 파링턴(W. R. Farrington), 중국 상하이시 의회의 스털링 페센던(Sterling Fessendon) 등을 들 수 있다(Wright,1930a: 451~452;

Blakeslee, 1930: 723; 「李應林先生在本會講演第2屆太平洋國交討論會演說詞」, 1929: 143). 또한 미국의 숏웰과 같은 관련 분야의 권위자와 기타 명사들이 참여(頭本元貞, 1929: 19~20)해 친선을 쌓을 수 있었던 점도 긍정적으로 평가되었다.

이 밖에도 12개 대학의 총장과 세계 유수 대학의 교수가 참석했고, 44명의 경영인과 11명의 은행가들이 참여했으며, 최고의 전문가들이 각 원탁회의에 참석해 의견을 교환했다(Blakeslee, 1930: 723).

일본은 교토 회의에 참석한 중국인 참가자를 ㉠ 신진학자와 소장 실무가, ㉡ 학술적인 식견과 다년간의 실지 경험이 있는 연장자, ㉢ 경제계 실력자와 이상을 품은 정치적 현실파로 나누었는데, 이 중 중국과 공존·공영하는 데 가장 믿을 수 있는 친구는 세 번째 부류라고 판단했다(安富正造, 1929: 54). IPR 회의는 유자격자들이 모여 형식 면에서나 내용 면에서 객관적으로 학술적으로 토론할 수 있는 것이 장점인데, "각국에서 정치·경제·사회적으로 신망 높고 인격 있는 인사들이 참석해 공·사석에서 감명을 받았다"(新渡戶稻造, 1930a: 327)고 평가했다.

1929년 10월 29일 ≪도쿄지지(東京時事)≫는 IPR 회의는 원견 있는 아이디어를 내는 매우 중요한 회의라고 치켜세웠다(E. G., 1930: 144). 또한 제3회 교토 회의 개최와 동시에 만국공업가(萬國工業家) 대회와 만국동력(萬國動力) 회의도 일본에서 개최되어, 일본의 진가를 세계에 소개할 수 있는 중요한 계기가 되었다고 보았다(Hailsham, 1930: 339; 阪谷芳郎, 1930: 326).

제4회 IPR 회의에는 후스, 딩원장, 허롄, 류잔언(劉湛恩) 등 중국 지식인이 참여했으며, 일본에서는 니토베 이나조를 중심으로 영어에 능숙한 쓰루미 유스케, 마에다 다몬, 소이치 사이토(齊藤惣一), 마쓰모토 시게하루(松本重治)와 법률 분야에서 다카야나기 겐조, 국제법 분야에서 시노부 준페이, 요코타 기사부로, 경제 및 산업 분야에서 나스 시로시, 우치다 가쓰시(內田勝司, Katsushi Uchida)와 아라기 미쓰타로(荒木光太郎, Araki Mitusutaro), 이타니 젠이치(猪谷善一, Itani Zhenichi), 노동 문제에서 스즈키 분지, 교통에서 가나이 기요시, 중국 사정과 만주 문제와 관련해서는 후나쓰 다쓰이치로(船津辰一郎), 사하라 도쿠스케(佐原篤介, Sahara Tokusuke)가 참석했다(佐藤安之助, 1931: 96).

② 회의의 진행

제1회 회의는 준비가 덜 되었던 반면, 제2회에서는 증대된 관심에 호응해 의제 선택에 집중했고, 제3회 회의에는 각국이 조사해온 자료가 상당량 제시되어 양적·질적으로 진전을 이루었다고 보았다. 제3회 회의는 선전 연설이나 선전 효과 등을 추구하지 않고 사실에 기반을 두고 연구하고 냉정하게 사물을 관찰해 반성의 기회가 되었으므로, 국제연맹을 비롯해 프랑스, 멕시코, 네덜란드령 인도, 소련 등이 참석(斉藤惣一, 1929: 105~106)했다고 평가받았다.

1929년 10월 26일 자 ≪아사히신문(朝日新聞)≫(오사카)은 "매우 중요한 회의가 일본에서 개최되었다"라고 하면서 이 회의의 가장 중요한 가치는 자유롭고 구속이 없는 상태에서 토의하는 것이라고 하면서도, "태평양 문제는 오직 쌍방의 이해와 동정으로 가능한 것이지, 배타주의적인 감정적 대응으로는 해결할 수 없다"라고 경고했다. 상하이에서 발간되는 주간지 ≪중국비평(The China Critic)≫은 1929년 11월 7일 자 기사에 각국 위원들이 의견을 교환해 태평양 지역의 평화를 지키려 하는 것을 의미 있게 다루었다. 1929년 11월 1일 자 ≪뉴욕 시티 트리뷴(New York City Tribune)≫은 교토 회의를 상당히 정의롭게 평가하면서 그 논의가 더 깊은 이해를 가져와 태평양 지역의 긴장을 완화시켰다고 논평했다. ≪뉴욕 시티 포스트(The New York City Post)≫는 1929년 10월 30일 자 기사에서 IPR은 제1차 세계대전 이후 가장 흥미로운 비공식 국제회의라고 하면서 태평양 국가들의 외교 정책에 얼마나 영향력을 미칠지는 예측할 수 없지만, 이런 지식인들의 토론과 연구의 중요성은 의심할 여지가 없다고 평했다(E. G., 1930: 143~145).

### ③ 정책에 대한 이해 확대

다수의 IPR 참가자는 일본이 만주를 침략했다고 생각했으나, 일본은 "일본 측이 스스로의 실력과 국제평화를 존중하는 성의를 충분히 보여주는 행동"(阪谷芳郎, 1930: 326)을 취하며 만주사변의 상황을 설명해 타국의 양해를 얻었다고 자평했다. 중국이 러시아를 막아낼 능력이 없으므로 일본이 국운을 걸고 러시아와 싸웠던 역사를 이해시킴으로써 중국이 외환을 막아낼 충분한 실력을 쌓을 때까지는 일본이 만주에서 권익을 지켜야 할 당위성을 세계에 이해시킬 수 있었다고 일본은 자평했다. 일본은 애초에 IPR 회의에 거부감을 표시했지만, 회의에 참가하면서 세계가 오해하고 있던 만주에서의 일본의 위상을 적절히 설명할 기회를 얻어 다행(頭本元貞, 1929: 20~21)이라고 평가하기도 했다.

캐나다 위원은 "일본의 조약상의 권리를 옹호하기 위해 군대를 주둔시킨 것은 이집트에서 영국의 지위와 유사"(Angus, B04122242600: 52)하다고 했으며, 미국의 월터 영은 "IPR 회의에서 만주 문제가 논의되는 것을 피하려 했던 일본이, 이 기회를 통해 만주에서의 일본의 위상을 설명하기로 태도를 전환했다"(Young, B04122242600: 49)라고 평가했다.

### (2) 부정적 평가

한편 IPR 회의에 불만을 토로하는 경우도 많았다. 의제 선정, 미국의 영향력, 회의 운영상의 문제, 자국의 이익에 치중하는 문제, 상호 비하적 평가가 제기되었다.

### ① 의제 선정에 대한 불만

"의제가 공평해 감복"(新渡戸稲造, 1930: 326)했다는 위원도 있었지만, 만주 문제가 핵심 의제였던 데 대해 일본은 여전히 불만을 품었다. 만주 문제 당사자는 중국, 일본, 러시아이고 특히 중국과 일본 간의 문제인데, 영·미 등 여러 나라가 참여하는 IPR 회의에서 이를 논의하는 것은 일본을 국제적으로 피고의 자리에 앉히려는 음모라고 반발했다. 또한 중·일 양국 모두 국가적·심리적으로 민감하게 반응하는 문제여서 국민적 합의를 이끌어내기 어렵다고 단정(蠟山政道, 1930b: 128~129)하면서 만주 문제 논의에 부정적인 의견을 피력했다.

　IPR 회원국은 일본, 중국, 영국, 미국, 호주, 뉴질랜드 등 태평양 국가인데, 선정된 의제가 제한적인 것에도 불만을 토로했다. IPR 회의의 목적은 태평양을 둘러싼 국가의 국민 상태를 연구·조사하고, 태평양 국가의 관계를 개선하는 것이므로 회의에서 다룰 수 있는 의제는 극동·만몽 문제뿐만 아니라 중앙아메리카·라틴아메리카, 백인 제국하의 아시아 민족자치를 비롯해 태평양 제 국민의 친선 관계를 촉진하는 데 장애가 되는 인종차별 문제도 있다. 그런데도 극동·만몽 문제에 편중해 다른 것은 전혀 의제로 삼지 않으니 공평한 연구가 될 수 없으며, 공평 타당한 결론을 내릴 수 없다고 지적했다(小川節, 1929: 26~27; 松岡洋右, 1931: 4). 산적된 현안, 즉 미국과 멕시코의 관계, 미국과 중앙아메리카 제국, 칠레와 페루의 관계, 미국의 흑인 문제, 금주 문제, 중국의 아편 문제, 미국, 멕시코, 페루 및 네덜란드령 인도의 석유 문제 등을 제외한 채 만주 문제를 논의하는 IPR 회의가 진정 필요한지에 대해 의심의 눈초리를 보내기도 했다(副島道正, 1929: 86).

　IPR 회의가 과연 국제적·학문적으로 어떠한 효과가 있을지 의문을 제기하기도 했는데, 2년 주기로 개최되는 총회에서 2주 동안 수많은 의제를 상정해 토론하는 것은 무리라고 했다. 의제를 철저하고 만족스럽게 연구하는 것은 불가능하며, 토론을 통해 진실을 규명하는 것은 더욱 불가능하므로, 원탁회의를 통해 수확을 얻는 정도라고 평가했다(佐藤安之助, 1931: 102).

## ② IPR에 대한 미국의 영향력 문제
일본은 IPR 회의의 재정이 주로 록펠러 재단에서 나오므로 미국의 의사에 따라 불순한 동기가 더해진다고 보았다. 그 사례로 배일파인 동아일보 사장을 조선 위원으로 회의에 참가시켜 조선과 중국으로 하여금 일본에 암암리에 반대하도록 하여 미국의 동아시아 진출에 유리한 정세를 만들려 했다고 보았다. 미국의 의사대로 극동과 만몽 문제를 핵심 의제로 다루고, 독립국도 아닌 조선 위원을 끌어들인 데 대해 문제를 제기하면서, IPR은 사실상 평화와 국제 협조라는 가면하에 결성된 극동 간섭 기관으로 보았다(小川節, 1929: 28~29).

물론 미국은 만몽에 상당히 관심을 기울였다. 미국의 자본가가 남만주철도 병행선을 기도하고, 미국 정부가 중동과 남만주 양 철도의 중립안을 제창했으며, 이른바 4개국 차관을 만들어 다른 나라의 대중국 투자를 제한했다. 또한 워싱턴 회의를 열어 극동 문제를 토의하고, 중국의 선전을 들어줬으며, 일본과 대륙의 관계에 의심의 눈초리(半沢玉城, 1929: 3)도 보내기도 했다.

일본은 미국과 멕시코 분쟁에 아시아가 관여하는 것을 미국인이 용납하지 않듯이 중·일 간의 만몽 문제에 대해 미국이 간여할 권리가 없음을 천명하면서 양국 문제를 국제 문제화하는 데 불편한 심기를 드러냈다. 이를 해결하기 위해서는 의제를 극동에 국한하지 말 것이며, 포괄적인 논의가 가능하도록 의제를 선정하고 조직의 불공평함을 개혁하기 위해 공동으로 노력해야 한다고 주장했다(小川節, 1929: 29).

### ③ 회의 운영상의 문제

회의 진행상의 문제로는 사회자의 경험 부족과 회원 수 및 토의할 의제가 많다는 것, IPR 회의 내용에 대한 보도 내용, 원탁회의 간의 교류 문제 등을 꼽았다(頭本元貞, 1929: 18~19).

㉠ 회원 중 원탁 사회자로 충분한 자격을 갖추지 못한 이들이 많았지만(Condliffe, 1969: 9), 국가별 배치에 중점을 두다 보니 경험이 불충한 사람이 사회자가 되

어 회의가 효과적으로 진행되지 못했다.

ⓛ 제3회 IPR 회의에 참석한 인원은 가족과 비서를 포함해 350여 명이었는데, 발언 자격이 있는 정회원만도 200여 명이다. 이 중 IPR 의제에 대해 사전 지식이 있는 이들은 20~25% 정도의 소수인데, IPR 회의가 회원을 교육하는 것이 아니기 때문에 회원 수가 너무 많아 효율적으로 토론하기 어려워 시간이 낭비되었다.

ⓒ 2주간의 IPR 회의 기간 중 일요일과 개회 및 폐회 당일을 제외하고 10일 동안에 만주와 중국 문제 이외에 인구와 식량, 기계문명 등 방대한 문제를 토의했기 때문에 시간이 없어 어떠한 문제도 충분히 논의할 수 없었으므로(頭本元貞, 1929: 20~21), 이러한 폐단을 막기 위해 향후 조절할 필요가 있다.

ⓔ IPR 회의 내용과 관련해 일본에서 발간된 신문과 영어권 신문의 보도 내용에 다소 차이가 있었다. 2명의 공보위원(일본과 미국 각 1명)이 기록해둔 요점을 중심으로, 구두로 통신사에 내용을 전달하고 보도 자료를 돌리지 않았는데, 회의 특성상 문제를 각기 다른 원탁회의에서 논의했으므로, 내용을 일정하게 정리하기 어려워 기사 내용에 차이가 있었다. 따라서 회의 내용을 종합적으로 통합해 신속히 정보를 제공하는 데 어려움이 있었기 때문에 일본어와 영어 신문의 내용이 일부 차이가 있더라도 악의적으로 해석할 필요는 없다(安富正造, 1929: 48~50)고 보았다.

④ 자국의 이익에 집중하는 문제

이는 IPR에 대한 중국의 평가에서 단적으로 나타난다. 중국은 제3회 IPR 회의를 종합하면서, 환태평양 제국 및 태평양과 관계있는 유럽 열강이 태평양 문제에 관심이 있다는 면에서 일치하지만, 각국은 자신의 번영이나 민족 생존을 위한 것에 집중했는데, 이는 서로 국가사회적 발전 수준이 다르기 때문에 관심의 정도가 다르다고 보았다.

중국의 평가에 따르면 IPR 회의에서 영국이 시종 침묵하고 발언하지 않는 것은 또 다른 측면에서 보면 자신의 주장을 강하게 보여준 것으로, 국력이 충분치 못하기 때문에 자기방어를 위해 그런 태도를 보였다고 보았다. 미국은 홍조를 띠면서 많은 발언을 하고 주장해 소년 같은 용기를 보여주었는데, 이 역시 자국의 이익과 관련이 있고, 일본이 교활하게 입으로는 동정하면서 마음으로는 악독하게 구는 것이나, 호주나 캐나다·뉴질랜드 등 신흥 국가들이 자신의 모국인 대영제국에 대해 격렬한 태도를 보인 것도 자국의 이익과 관련이 있다고 했다. 대체로 각 위원들이 중국에 대해 동정하는 태도를 보였는데 이는 각국 정부가 중국을 대하는 태도와 유사하다고 했다. IPR 회의는 민간 주도의 국제 모임으로 각국 위원이 개인 자격으로 출석했지만, 간접적으로는 자국을 위해 활약한 내막을 확인하는 것은 어렵지 않다고 지적했다(潘雲龍, 1978: 서론).

1929년 10월 29일 ≪노스차이나 데일리 뉴스(North China Daily News)≫(상하이)는 IPR이 시작은 멋들어지게 했지만, 세계적인 문제의 중요성을 어떻게 다룰 것인지에 대해서는 회의적이었다. 비공식적인 회의가 노정하는 질적인 하자와 질 자체의 하자를 지적하면서 자유롭게 토론한다는 것은 별다른 성과를 가져오기 어렵다는 점을 지적하면서도 교토 회의가 여러 국가의 사이를 자극해 오히려 중국의 운명에 심대한 영향을 미칠 수 있다고 우려했다. 1929년 10월 29일 ≪마이니치(每日新聞)≫(오사카)는 IPR을 결코 높게 평가할 수 없다고 하면서, 오히려 세계의 평화와 안보의 진척을 가로막는 존재로 파악했다(E. G., 1930: 143~144).

⑤ 상호 비하적 평가

만주 문제를 둘러싸고 논쟁을 했던 중·일 양국의 특성을 비교·평가하기도 했다. 변론에 능한 중국인의 영어 실력은 일본인보다 우수하며, 일본인은 어학적 재능이 없고 표현력이 부족(新渡戸稲造, 1930a: 326)하다고 했다. 그러나 중국인은 순리(純理 혹은 空理)를 말하는 데 능하지만 사실에는 무관심하다고 꼬집었다. 마쓰오카 요스케와 쉬수시의 논쟁에 대해 개인적인 감상을 밝힌 경우도 있는데 "말이 빠른 쉬수시는 특별히 흥분하지 않아도 흥분한 것처럼 과격한 인상을 타인에게 주었고, 경박한 그의 몸짓과 말투가 뒤섞여 쓸데없이 빈정거리는 감을 주었다"(安富正造, 1929: 54)고 평가하면서 이와 같은 두 사람의 논쟁을 과장해 기사화함으로써 일부 오해가 발생한 것은 유감이라고 했다.

일본 IPR은 타국 위원들이 대체로 일본의 논의나 설명에 설득되기는 했지만, 언어 능력의 부족은 여전히 유감이라고 평가했다. 복잡한 논의를 설명하고 이해시키기 위해 어학력 향상에 신경을 써야 한다고 보았다(佐藤安之助, 1931: 96). 아무리 전문 지식이 풍부해도 어학력이 부족하면 효과가 없으므로, 교육을 개선해 청년의 어학력을 증진시키고 더욱 장려해 발전시켜 국제회의에서 활용할 수 있어야 한다고 강조했다(佐藤安之助, 1931: 104).

일본은, 자신들은 사실을 기반으로 논지를 정확히 토의하는 장점과 더불어 사실을 이상화해 그 논지를 아름답게 장식하는 기술도 있다고 자평했다. 문학적인 중국인에 비해 일본인은 학술적인데, 이런 차이점을 토론 과정에서 재확인했다고 평가했다. 회의 초반에 중국의 수석대표 위리장이 공개적인 연설 중에 장쭤린을 살해한 것이 일본이라고 단정하며 일본을 공격하자(副島道正, 1929: 83) 회의 분위기가 험악해졌고, 영국과 미국 등의 태도가 중국 측에 불리해지자 비로소 일본에 대한 태도를 개선했다고 했다(頭本元貞, 1929: 22~23). 캐나다의 벅스(Birks)는 "원래 중국인에 대해 호감이 있었으나, 회의에서 일본 대표가 중국 대표의 공격을 우아한 태도로 대하는 것을 보고 일본 국민에 대해 깊은 존경심을 갖게 되었다"(Birks, B04122242600: 54)고 했다.

토론 과정을 통한 양 국민의 성격 비교는 중국에서도 이루어졌다. 중국은 일본 대표가 일본의 군정 당국자보다는 비교적 깨어 있지만, 자국 정책을 변호하기 위해 강변하는 것은 여전하다고 평가했다. 중국은 "일본이 충분히 상황을 설명해 각국 대표가 깨달을 수 있었다는 면에서 우리(중국_인용자)의 승리"(徐淑希, B04122242600: 72)라고 말했으며, 일본의 논의는 "비논리적이어서 구미 각 대표가 모두 동의하지 않았다"(潘雲龍, 1978: 90)고 평가했다. 중국의 발언은 정의롭고 공도(公道)를 지키며 국제 법률에 근거해 발언함으로써 각국 인사에게 깊은 동정을 샀으며, 일본은 감정적으로 대처했다고 기술했다(劉馭萬, 1932: 8).

중국의 옌바오형(閻寶衡)은 IPR 회의에 대해 세 가지 소회를 전했다.

㉠ 앞으로 만주에서 일어나는 모든 분규를 공개해 투명체로 만들어 어떠한 국가도 임의로 횡행하지 못하게 해야 한다, ㉡ 본 회의를 통해 외국인들 각자가 지닌 오해를 해소할 수 있었다, ㉢ 본 회의를 통해 외국인에게 중국인의 명석함을 보여주었다. 이로써 중국인은 용기를 갖고 더욱 진작해야 한다(閻宝衡, B04122242600: 88).

미국 위원들은 각기 다른 의견을 보였다. 보이든은 중국의 계속되는 요구에 "다행히 일본 측의 인내와 타협적인 태도 덕분에 중국과 일본이 서로 의사를 교환하며 회의를 성공리에 마쳤다"(IPR 'Manchuria', Report of round table, No.4, B04122242600: 36)고 평가했다. 미국의 C. H. 코레이(C. H. Corey)는 "중국 대표의 솔직한 태도는 큰 감동을 주었다. 그들은 공정한 의견으로 문제를 논의했고, 영토 내에서 중국의 주권을 확립하기 위해 노력했다"(Corey, B04122242600: 37)고 평했다.

IPR 회의 참석자들은 대체로 중국의 주장에 동정을 표했지만, 만주에서의 일본의 지위는 인정하는 분위기였다. 미국 위원은 일본의 만주 점거가 정당한 것은 아니지만, 러일전쟁 후 거액을 투자해 만주를 번영시키고 질서를 유지한 것 등을 고려해, 만주에서 일본이 권리가 있음을 인정했다(Atherton, B04122242600: 31). 또 다른 미국 위원은 일본은 경제적 이익을 보유할 수 있지만, 군사적·정치적 권리는 중국에 반환해야 한다고 주장했다(Blackesles, B04122242600: 32).

⑥ 기타 문제

이 외에 저녁에 모였던 전체 모임에서 질문이 허락되지 않았던 것과 IPR 참가자가 2개 호텔에 나뉘어 숙박해 서로 교류하는 데 어려움이 있었던 점(新渡戸稻造, 1930a: 327)도 지적되었다. 또한 미해결 과제로 적시된 만주 문제로는 ㉠ 법률적·정치적 권리 특히 조약상의 권리와 외국인 지위, ㉡ 조약에 규정된 특별 행동이 국제법에 의해 허용되는 한도, ㉢ 만주 관계 조약 및 외국의 정책 변경, ㉣ 만주에서의 조선인 문제, ㉤ 만주 문제 및 국제연맹의 상호 관계 문제, ㉥ 중동철도의 현재 상황과 장래 문제가 있었다(Young, B04122242600: 52).

원탁회의와 원탁회의 간에 교류가 불충분한 것도 문제로 지적되었다. 자기가 참석한 원탁회의가 아닌 다른 원탁회의의 내용에는 무지한 데 대해 유감을 표시하기도 했다.

종합적으로 본다면, IPR 회의는 상설 기구가 사전에 의제를 발굴하고 조사·연구해 국제 관계를 촉진하고 의례를 교환하기 때문에 단순히 탁상공론에 그치는 토론회나 좌담회 성격만 있는 것은 아니었다. 비록 IPR의 이름으로 결론을 내리거나 특정한 입장을 취하지는 않았지만, 이 토론회는 상당히 가치 있게 평가되었다.

IPR 회의는 국제적으로 중요하게 인식되는 사안에 대해 조사와 연구를 실시해 논거를 제시해줌으로써 회의에 참석한 위원들이 그 상황을 이해해 각국 국민들의 의견에 영향을 미치며, 정치적인 행동을 위한 계획이나 제안이 마련될 수 있도록 자극을 준다는 점에서 의미가 있었다. 태평양 지역의 많은 문제에 대해 광범위하게 자료를 수집해 연구하도록 함으로써 정치적 갈등을 줄이고 상호 이익을 얻을 수 있는 길을 보여주어 새로운 길을 개척할 수 있도록 만들었던 것이다(Wright, 1930b: 369).

IPR 회의에 참가하는 위원들은 어떠한 단체나 국가도 대표하지 않았지만, 제2회 IPR 회의에서 논의된 부전조약과 같이 몇 단계를 거쳐 실행되기도 했다.

영국의 수석으로 호놀룰루 회의에 참석한 프레더릭 화이트는 IPR 회의 당시에는 일언반구도 없었지만, 런던에 돌아가 영국의 대중국 정책에 영향을 미치기도 했다(斉藤惣一, 1929: 98~99). 제3회 IPR 회의에 참석했던 헤일샴은 영국인이 교토 회의에 참석한 것 그 자체가 영국에 진정한 가치를 선사해줄 것이라고 확신했다(Hailsham, 1930: 346).

각국 대표들이 IPR 회의를 통해 언론계·교육계 혹은 정치·경제계에 심리적으로 영향을 미쳐 특정한 역할을 할 수 있으리라고 기대했기 때문에(安富正造, 1929: 57) 관련 정부 기구에서도 깊은 관심을 보였는데, 이 역시 IPR 회의의 나름의 성과로 볼 수 있다.

## 1931년 상하이 IPR 회의

사진은 CULMC, Pacific Relations, Miscellaneous Files Photographs, Signature plate of Swope, Box 453에서 인용했다.

| 그림 4-3 | 1931년 상하이 회의에 참석한 일본 IPR 회원

| 그림 4-4 | 1931년 상하이 회의에 참석한 중국 IPR 회원

# 5장

# 국제연맹 리튼 조사단 보고서와
# 각국의 반응

중국은 1931년 만주사변 이후 중·일 간 분쟁에 대해 국제적인 민간회의 기구인 IPR에서 논의하도록 해 공론화에 힘썼으며, 다른 한편으로는 국제연맹이라는 국제기구에 호소함으로써 일본의 침략을 저지하고자 노력했다. 중국이 왜 국제연맹에 호소하게 되었는지를 이해하기 위해 먼저 국제연맹 설립 이전의 국제 상황을 검토하고, 만주사변과 국제연맹과의 관계, 그리고 국제연맹의 역할과 그 결과에 대해 살펴보도록 하겠다.

## 1. 국제연맹과 만주사변

### 1) 국제연맹 설립 이전의 국제 상황

유럽에 평화를 정착시키기 위해 다양한 국제조직을 활용하려는 움직임은 일찍부터 있어왔다. 1305년 프랑스인 피에르 뒤부아(Pierre Dubois), 1462년 체코인 이르지 포제브라디(George of Podeěbrady), 1600년 프랑스인 막시밀리앙 드 베튄(Maximilien de Béthune, Duke of Sully) 등은 국제적인 조직을 구상했던 인물들이다. 이르지 포제브라디는 유럽의 기독교 세계가 주권 원칙, 불가침 원칙, 국제기구를 통한 분쟁 해결 원칙을 기반으로 통합하면 장기간의 평화를 달성할 수 있을 것으로 판단했는데, 그의 통합안은 현재 유럽연합(EU: European Union)의 통합 기반과 동일한 형태였다.

오늘날 최초의 국제 전쟁으로 불리는 유럽의 30년전쟁 기간에 프랑스 성직자 에메리크 크루세(Émeric Crucé)는 1623년 국제조직의 필요성을 역설하면서 국제조직의 역할을 구상했다. 프랑스의 샤를 생피에르(Charles-Irénée Castel de Saint-Pierre)는 1713년 유럽 기독교 국가의 영구 동맹을 제의하면서 국가연방을 주창했다.

독일의 이마누엘 칸트(Immanuel Kant)는 「영원한 평화를 위하여(Zum ewign Frieden)」(Vieira, 2016; 이재현, 2014; 정태일, 2008; 김강녕, 2015)에서 유럽공화연방조직의 초안을 그렸다. 칸트는 1795년 민주주의가 평화적으로 국가 간의 관계를 구축하기 위해서는 국내 정치체제와 국제적인 평화가 연계되어 있다고 역설하면서 국제조직의 필요성을 언급했다. 그 외에 스코틀랜드 출신의 영국 국제법학자 제임스 로리머(James Lorimer), 스위스인 요한 블룬칠리(Johann Kaspar Bluntschli), 독일인 헤닝 폰 홀첸도르프(Henning von Holtzendorff) 등도 국제연방의 필요성을 주장했다(王造時, 1932: 1).

국제조직을 활용해 평화를 추구하고자 하는 초기 사상의 공통점은 국가 간 회의체의 상설화, 가맹국이 규정을 위반했을 시 무력 제재, 분쟁이 발생하는 경우 화해 및 중재 제도를 활용하자는 것이었다(筱原初枝, 2010: 3~5).

근대에 이르러 유럽의 세력 균형과 무장평화설은 유토피아의 이상이 되었는데, 특히 나폴레옹 전쟁을 장기간 겪으면서 전쟁을 예방하고 평화를 구축해야 한다는 목소리가 더욱 높아졌기 때문이다. 19세기가 되면서 미국에서는 평화

운동의 맹아가 보였고, 일부 평화운동가는 국제조직을 만들어야 한다고 제안했다. 미국에서는 1828년 '미국평화회(APS: The American Peace Society)'를 설립하고, 1830년대 중반에는 세계 회의를 주제로 현상 논문을 모집하기도 했다. '미국평화회'는 1906년에 형성된 '일본평화회(JPS: Japan Peace Society)'와 협력해 활동하면서 1912년 《일본평화운동(The Japan Peace Movement)》이라는 뉴스레터를 발행하기도 했다(Chao, 2007: 1680~1685). 일본에서는 범아시아주의를 지향하기도 했다(Zumoto, 1927: 8~15).

세계 회의를 적극적으로 지지한 것은 미국의 윌리엄 개리슨(William Lloyd Garrison)이었다. 반노예 운동에 열심이던 그는 1832년 '세계 회의에 대한 구상'을 발표했고, 이런 활동에 호응한 매사추세츠 주의회에서는 '여러 국가의 회의체나 재판소의 분쟁 해결 현실 방안'이라는 취지의 결의를 채택했다(Osborn, 2008/2009: 65~88). 유럽에서도 민간인이 주최하는 평화 모색 회의가 몇 차례 개최되었고, 1843년 런던, 1848년 브뤼셀, 1849년 파리, 1850년에는 프랑크푸르트에서 평화회의가 개최되었다. 그러나 미국에서 남북전쟁이 발발한 후 정세의 변화로 평화운동으로서의 세계 회의에 대한 관심이 약화되었고, 군축이나 중재재판에 더욱 관심을 보였다(篠原初枝, 2010: 6~7).

1899년 제1회 헤이그 평화회의에서는 중재재판, 대국 간 회의, 적십자국제위원회 활동에 관심을 기울였다. 이 회의는 대국에 의한 군비 경쟁을 저지하기 위해 러시아 황제 니콜라이 2세(Nicholas II)가 개최했다(Dülffer, 1989: 25). 제1회 회의에서 유럽뿐만 아니라 일본, 청(중국), 멕시코, 이란, 태국 등을 포함해 26개국이 참가해 국제분쟁의 평화적 해결에 관한 조약을 채택했다. 1907년 제2회 회의는 미국의 시어도어 루스벨트가 주최하고, 44개국이 참가해 13개 조약과 1개 선언을 채택했다. 이 회의에서 미국 대표단은 중재재판의 제도화를 추구하면서 성과를 거두기는 했으나, 중재재판을 강제화해 각국의 의무로 만들려는 목표에 이르지는 못했다. 이 회의는 상설중재재판소 사무국 설립으로 세계 각국이 함께하는 상시적인 회의 개최나 행정조직을 체계화하는 것으로까지 확대되지는 못했다. 그렇지만 이 회의는 당시 독립국이 거의 참가한 세계 최초의 회의였다. 그 전까지 국제사회는 유럽 중심이었지만, 이 회의는 지리적으로 아시아와 라틴아메리카까지 참가한 획기적인 것이었다(筱原初枝, 2010: 11~13).

19세기 후반 무렵부터 국제간의 공동 이익을 추구하는 국제조직으로 국제전보연맹, 국제우표연맹 등 30여 개의 조직이 있었다. 1905년 로마에서 건립된 국제농업학교(International Institute of Agriculture)와 1907년 파리에서 조직된 국제공공위생국(International Public Heath Office)도 이런 종류의 국제조직이다. 미국에서는 1890년에 범미연맹(Pan American Union)이 조직되었는데, 지역 간 상업 활동을 증진시키려는 목적이 있었다. 이런 조직은 각국의 정치적 영향을 받지 않는 비관방 민간 국제조직이다. 1889년 성립된 국제의회조직(International Parliament Union), 1901년 성립된 국제무역공회연맹(International Federation of Trade Union) 및 무수한 종교·과학·문학·운동 관련 기구들이 출현했다. 군사적인 측면을 넘어 이에 대항하는 국제주의자들의 협력으로 평화를 유지하려는 노력은 다양하게 이루어져왔다(張力, 1999: 12).

비록 다양한 국제조직이 평화를 유지하기 위해 노력을 했으나, 제1차 세계대전의 발발로 1899년과 1907년 헤이그에서 두 차례 회의를 열어 초안을 잡았던 국제 중재 방법이 폐기되었다(王造時, 1932: 1~2). 1914년 전쟁 발발 당시 평화운동 관련 민간단체는 유럽에 130개 정도, 미국에 60여 개가 있었다. 국제연맹이 성립되기 이전, 1915년 초에 제안된 브라이스 그룹(Bryce Group), 미국의 평화강제연맹(League to Enforce Peace)(Kochanek, 2009), 영국의 국제연맹협회(League of Nations Society), 영국 페이비언회(Fabian Society)(MacKenzie, 1979)의 활동은 모두 전쟁 이외의 방법으로 국제적인 갈등을 해소해 평화를 보장하려는 것이었다(Burton, 1941: 2~10; 張力, 1999: 14; Davies, 2012).

평화강제연맹은 윌리엄 태프트(William Howard Taft) 대통령이나 해밀턴 홀트(Hamilton Holt), 시어도어 마버그(Theodore Marburg), 하버드 대학 총장 애벗 로웰(Abbott Lawrence Lowell) 등이 1915년 6월에 결성한 단체로 영향력 있는 활동을 전개했다(篠原初枝, 2010: 20; "League to Enforce Peace Collected Records, 1915~1921").

1916년 가을부터 영국, 미국, 프랑스 등 각국 정부는 전후 국제조직의 설계를 위해 다양한 제안을 했다. 1918년 1월 우드로 윌슨(Woodrow Wilson)은 '14개조(Fourteen Points)'를 발표해 미국 주도의 전후 평화질서 구상을 밝혀 국제연맹이 출발할 수 있는 계기를 만들었다(張力, 1999: 13; Patterson, 1971: 539~541; Manela, 2003: 66). 이때 제안된 안의 일부는 후에 '연맹규약'을 제정할 때 활용되었다. 영국, 미국, 프랑스가 제안한 중요한 계획은 다음의 몇 가지이다(張力, 1999: 15~16).

① 필리모 계획(Phillimore Plan): 1916년 12월 영국 정부는 월터 필리모(Walter Phillimore)을 위원장으로 한 7인위원회를 구성해 연맹 성립을 연구했고, 1918년 3월에 연구보고서가 제출되었다.

② 프랑스 정부 계획: 1917년 여름 프랑스 총리 겸 외교부장 M. 리보(M. Ribot)는 전임 총리인 M. 부르고스(Leon Bourgeois)를 위원장으로 하는 14인위원회로 하여금 연구케 했고, 1918년 6월에 보고서가 제출되었다.

③ 하우스 초안(House Draft): 1918년 미국의 윌슨 대통령은 영국에서 보내온 미공개 필리모안을 받은 후 바로 에드워드 하우스(Edward House)로 하여금 유사한 계획을 기초하게 하여, 1918년 7월 16일에 완성했다.

④ 윌슨 대통령의 제1차 초안: 윌슨 대통령은 하우스 초안을 받은 한 달 후 그 내용을 대폭 수정해 초안을 제출했다.

⑤ 영국 외무부 비망록: 1918년 11월 상순 영국은 국제연맹 준비안을 제안했다.

⑥ 스뮈츠 계획(Smuts Plan): 1918년 12월 남아프리카 얀 스뮈츠(Jan Smuts) 장군이 출판한 「국제연맹: 실천적 제안(The League of Nations: A Practical Suggestion)」

에서 주장한 것이 영국 외무부가 참고한 비망록이다.

⑦ 세실 초안(The Cecil Draft): 영국의 로버트 세실(Lord Robert Cecil)이 외무부
  의 요청을 받아 1918년 12월 14일 국제연맹 초안을 완성해 17일에 영국 전시
  내각에 보냈다. 이 초안은 필리모 계획과 영국 외무부의 비망록 내용을 실제
  로 종합한 것이다.

이상과 같은 다양한 초안 중에서 영국 정부의 의견과 스뮈츠 초안을 참고해
1919년 1월 10일 윌슨 대통령이 제2차 초안을 완성했다. 1월 27일 영미가 합작
한 세실-밀러 초안(Cecil-Miller Draft)이 탄생했고, 그 후 다시 허스트-밀러 초안
(Hurst-Miller Draft), 그 후 정식으로 '연맹규약'을 제정했을 때 이상의 초안들이
기초가 되었다. 1919년 1월 18일 파리회의가 개최되고, 25일 제2차 전체 회의
시에 국제연맹위원회(League of Nations Commission) 설립을 결의했다. 윌슨 대
통령은 2월 14일 회의에서 26개조 규약 초안을 선독한 후 의견을 수렴해 4월
28일 회의에서 규약을 통과시켰다(張力, 1999: 18~19; 顧維鈞, 1921: 3; Walters, 1952:
34~35). 그 뒤 1920년 1월 10일 규약이 실행되어 국제연맹이 창시되었고(Pérez,
2016: 42), 본부는 스위스 제네바에 두었다. 최초 가맹국은 42개국이었지만,
1934년 당시 독립국 대부분이 가맹국으로 참가해 최대 59개국으로 확대되었
다(篠原初枝, 2010: 서론, 1, 54).

국제연맹은 20세기에 가장 규모 있는 국제조직이 되었다. C. E. 블랙(C. E.
Black)은 국제조직으로서 국제연맹(League of Nation)의 탄생은 서구의 현대 세
계 관념을 대표하는 것으로 상호 가치와 제도를 받아들여 전 세계가 협력하도
록 하는 것(張力, 1999: 1~2)이라고 보았다. 국제연맹의 역할을 믿고자 하는 사람
들에게 국제연맹은 평화를 실현하는 도구로서 가치를 잃지 않았다. 어떠한 어
려움에 직면하더라도 끊임없이 위기를 극복하고 문제를 해결하면서 과거의 경
험을 살려 현재의 문제를 해결해나가기 때문에 결코 실패는 없다고 굳게 믿었

다(Lytton, 1932b: 2).

국제연맹은 26개조 규약에 근거해 26년간 다양한 활동을 했다. 매년 9월 제네바에서 법제 문제, 교통(기술), 군축, 예산 및 재정 문제, 일반 및 인권 문제, 정치 문제 등 6개 위원회 회의를 개최했다. 1920년부터 1939년까지 총 20회 회의를 했고, 5번의 특별회의를 개최했다(張力, 1999: 20). 국제연맹이 다루었던 30여 건의 국제분쟁은 네 가지 특징이 있었다(篠原初枝, 2010: 104~105). ① 분쟁이 일어나는 대다수는 중소국이다, ② 제1차 세계대전 후 새롭게 설정된 국경 문제에서 비롯된 분쟁으로 특히 폴란드와 관련된 것이 많았다, ③ 알바니아·헝가리 등 민족 구성이 복잡한 동유럽이나 발칸 지역 국가가 많았으며, ④ 압도적으로 유럽 문제가 많았지만, 라틴아메리카 국가들의 분쟁도 있었다. 국제연맹은 국제분쟁을 해결하기 위해 노력했지만, 미국과 소련 등 강대국이 참여하지 않았고, 1930년대 이후 계속된 국제적인 분쟁에 무기력한 모습을 보여 제2차 세계대전을 억제하는 데 아무런 역할도 하지 못했기 때문에, 1946년 4월 21일 해체를 선포하기에 이르렀다. 국제연맹의 모든 업무, 위임통치령, 자산 등은 국제연합(UN: United Nations)에 승계되어, 이를 중심으로 새로운 질서가 재편되기에 이른다. 국제연맹의 전체적인 역사는 〈부록 13: 국제연맹 주요 연표〉를 참조할 수 있다.

국제적인 분쟁에서 국제연맹의 중재가 얼마나 효과적이었느냐에 대해서는 별개로 하더라도 국제적인 갈등이 있을 때 그나마 호소할 수 있는 곳이 국제연맹이었기 때문에 중재자로서의 역할이 요청되었다. 1931년 만주사변으로 만주를 점령당한 중국도 외교적으로 문제를 해결하기 위해 국제연맹에 호소했다. 물론 일본이 국제연맹의 권고를 받아들이지 않고 침략을 확대함과 동시에 국제연맹 탈퇴를 선언해 제재나 중재 효과를 전혀 발휘할 수 없었지만, 중국은 적어도 국제연맹을 통해 도덕적인 지원을 받은 셈이다.

## 2) 만주사변과 국제연맹에서의 논의

1931년 9월 18일 일본이 선양을 공격하자 중국 외교부는 먼저 일본에 항의했다. 19일에는 일본의 선양 공격에 대해 일본 주중국 대사에게 항의했고, 20일에는 주베이징 일본 영사를 통해 시게미쓰 마모루(重光葵) 일본 대사에게 항의했다. 23일에는 일본이 국제조약을 무시하고 동아시아 평화를 파괴하고 있으므로, 즉시 점령한 각 지역을 반환하고 완전히 철수하라고 요청했다(中國國民黨中央執行委員會宣傳委員會, 1933a: 7~9).

다른 한편으로 1931년 9월 21일 제네바 주재 국민정부 대표는 국제연맹 사무총장에게 서한을 보내 9월 18일부터 19일에 이르는 밤중에 선양에서 발생한 사건에서 야기된 중·일 간 분쟁에 대해 국제연맹 제11조 "국제 평화를 위태롭게 하는 사태가 더는 진전되지 않도록 즉각적인 수단을 강구할 것"에 근거해 정식 제소했다. 중국은 국제연맹 회원국인 일본이 국제 규약을 존중하고 세계 평화를 고려해 침략 행위를 그칠 수 있도록 국제연맹이 역할을 해줄 것을 기대했다.

국제연맹 이사회는 9월 22일에 회의를 개최해 중·일 사건의 문제를 논의했다(黃学磊, 2012: 7). 이사회 의장은 중·일 양국 정부에 이 문제를 평화적으로 해결하는 데 방해가 되는 어떠한 행동도 하지 말라고 했다. 또한 양국 모두 즉시 철수해 국민의 생명과 재산에 피해가 가지 않도록 보장할 것을 요청했다(鮑德澂, 1932: 5).

중국 대표 스자오지(施肇基)는 지장(吉長) 철도가 점령된 것과 베이징 신문에 보도된 사건을 중심으로 일본의 침략 행위가 상당히 심각함을 강조했다. 일본 대표 요시자와 겐키이치(芳澤謙吉)는 여러 개의 조약에 근거해 수십만 명의 일본인이 거주하는 만주는 일본인에게 보증된 곳이라고 했다. 중국은 22만 군대가 있지만, 일본은 조약에 근거해 1만 명의 수비대가 있을 뿐이고, 중국군은 선양에만 2만 4000명이 있지만 일본군은 500명에 불과한 1개 대대에 지나지 않는다고 했다. 이번 사건은 나카무라 신타로 대위 살해 사건 등 과거의 감정 악화가 중첩되어 발생한 지역적인 사건으로, 일본은 평화적 해결을 위해 최선을 다할 것을 강조하며 본건의 심의를 다음 회로 연기해줄 것을 요청했다(国際聯盟事務局東京支局, 1932a: 7~9).

중국은 정확한 사실 파악을 위해 이사회가 신속히 조사단을 파견하면 이사회의 결정을 수락할 용의가 있음을 강조했다. 그러나 일본은 중국과의 직접 교섭을 통해 문제를 해결하자고 했다. 이러한 양국의 논쟁에 대해 영국 대표 세실은 "분쟁은 두 개의 연맹회원국 사이에 발생한 것이므로 연맹규약 정신에 따라 의무를 다하며 행동하도록" 중재했다. 이사회 의장은 양 당사국에 대해 사건 확대 방지 및 전투 행위 중지를 요구하면서, 일방이 상대국 영토로 침입한 경우 상대국 영토에서 철수해 충돌을 회피하는 것이 관례라고 강조했다. 한편 이 분쟁은 부전조약 및 중국에 관한 9개국 조약이 미국과 밀접하게 관계되므로 이사회의 모든 토의 내용을 미국에 통고할 필요가 있다고 했다(国際聯盟事務局東京支局, 1932a: 11~12).

이사회 의장인 스페인 대표 A. 레루(A. Leroux)는 양국의 의견을 청취한 후 다음과 같이 제안했다.

① 이번 사태를 악화시키거나 평화적 해결을 방해하는 어떠한 행위도 그만두어야 한다.
② 양국 국민의 생명과 재산이 위태롭지 않도록 양국은 즉시 철수하며, 문제 해결을 위해 양국 대표가 적절히 상의한다.
③ 이사회 의사록 및 본건에 관한 서류를 미국 정부에 참고용으로 송부한다.

이 제안에 대해 독일, 프랑스, 노르웨이, 이탈리아, 폴란드, 영국, 파나마, 스페인 등 대표가 각기 의견을 발표했고, 이러한 조치가 비록 평화적 해결을 향한 첫걸음에 불과한 것이지만 문제가 신속히 해결될 수 있도록 만장일치로 가결시켜 스페인 대표를 포함해 영국, 프랑스, 독일, 이탈리아 등 5개국 대표를 중심으로 사건을 처리하기로 결정했다(国際聯盟事務局東京支局, 1932a: 13~15).

5개국 대표로 구성된 '5인위원회'는 수차례 회의를 개최했고(黃学磊, 2012: 8~12), 9월 30일 이사회 7차 회의를 거쳐 즉시 철수와 원상회복을 약속하고, 책임을 다해 10월 14일까지 철수하라고 권고하면서 원상회복이 이루어지지 않으면 이사회에서 다른 방법을 심의할 것이라고 했다(国際聯盟事務局東京支局, 1932a: 28; 鮑德澂, 1932: 9~10; 外交部, 1933: 1).

10월 5일 중국 정부는 일본 정부에 철수 지역을 접수할 수 있도록 해달라고 요청했으나, 일본은 항일운동과 일본 상품 불매운동 확산으로 남만주철도의 안전과 일본인의 생명 및 재산의 안전을 담보할 수 없다는 이유를 내세워 10월 8일 랴오닝성 정부의 임시정부가 있는 진저우(錦州)를 폭격했다. 중국은 10월 9일 연맹이사회 소집을 요청했고, 이사회 의장은 10월 13일에 회의를 소집했다(鮑德澂, 1932: 10~13).

영국, 프랑스, 독일 정부는 진저우 사태에 대해 다양한 정보를 국제연맹에 보냈다. 영국 정부는 10월 6일 선양, 지린, 둔화(敦化), 쥐리우허(巨流河), 톈좡타이(田壯臺), 타오난(洮南)이 일본에 점령된 상황을 보고했다. 진저우 대학 교사는 10월 8일 일본군 비행기 12대가 폭탄 30~40발을 투하해 기관차가 명중되어 5명이 죽고, 15명의 부상자가 생겼다고 했다. 2000여 명의 일본군이 철수하지 않은 것도 보고했다(国際聯盟事務局東京支局, 1932a: 30~31).

프랑스 정부는 타오난, 정자툰(鄭家屯), 창춘, 지린, 둔화 철도 이남 거우방쯔(溝帮子) 이북의 만주가 완전히 일본군의 지배에 들어갔다고 보고했다. 이 지역의 제2사단과 조선군 및 철도 수비대로 이루어진 혼성 여단 일부에 조선군으로부터 비행기가 공급되었고, 선양 시장이 체포되었으며, 다른 점령 지대에서는 중국 관리가 체포되고, 오지에서는 다수의 패잔병과 토비들이 위험에 처해 있다고 보고했다(国際聯盟事務局東京支局, 1932a: 31).

독일 정부는 일본군이 철수하지 않고 연일 패잔병과 토비를 공격하며, 날마다 비행기가 폭탄을 투하하고 있다고 보고했다. 또한 베이징, 산하이관에서 중대한 사건이 발생하지는 않았지만, 배일 행동이 있었음을 보고했다(国際聯盟事務局東京支局, 1932a: 31).

10월 8일 진저우 사건이 발생하자, 10월 9일 중국 정부는 즉시 이사회를 소집할 것을 요청했다. 또한 "이사회가 평화 유지 수단을 강구해 즉시 진저우에 연맹위원을 파견할 것을 요청"(国際聯盟事務局東京支局, 1932a: 32)했다.

진저우 사건의 보도가 전해지자 이사회 의장 레루는 10월 10일 중·일 양국 정부에 "만주 지역에서 신경을 자극하고 해결하기 곤란한 사태가 발생했다는 정보를 들었다. 나는 이사회의 현임 의장으로서 사태를 악화시키는 어떠한 행위도 하지 말도록 양국의 주의를 환기시킬 의무가 있다. 나는 쌍방이 이사회에 약속한 합당한 조치를 취해줄 것을 희망한다"(国際聯盟事務局東京支局, 1932a: 32~33)고 전보를 보냈다. 이어 원래 10월 14일에 개최하려던 이사회를 하루 앞당겨 1월 13일에 제네바에서 개최한다고 통보했다(国際聯盟事務局東京支局, 1932a: 34~35).

일본은 다른 동기가 없으므로 일본인의 생명과 재산이 보장된다면 철수하겠다고 공언했고, 중국은 국민이 폭행당하는 것을 저지시켜달라고 요청했다. 복잡한 문제를 해결하기 위해 이사회는 비공개회의와 5인위원회 또는 사적 교섭으로 타협점을 찾아내려고 노력했는데, 이는 사건 해결을 위해 방법론을 변화시킨 것이다(国際聯盟事務局東京支局, 1932a: 46~47).

10월 24일 제16회 공개 이사회가 개최되었고(外交部, 1933: 2~3; 鮑德澂, 1932: 19), 미국의 길버트는 참관인으로 참석했다. 브리앙 의장이 이사회 결의안을 표결에 부치기로 하자 일본 대표는 "일본은 영토 야심이 없고 중국과 전쟁할 의사가 없으며 일본인의 생명과 재산이 보장되면 철수할 것인데, 이 사건은 일본의 사활이 걸린 문제로서 단순히 관념적으로 판단할 수 없다"(国際聯盟事務局東京支

局, 1932a: 81; 鮑德澂, 1932: 20)고 재차 강조했다. 그러나 표결 결과는 13 대 1이었다. 일본을 제외한 영국, 중국, 프랑스, 독일, 과테말라, 아일랜드, 이탈리아, 노르웨이, 파나마, 페루, 폴란드, 스페인, 유고슬라비아가 찬성했다. 이사회 의장은 다음 이사회까지 일본이 사태를 완화시키고 철수를 단행한 후 당사국이 이사회에 정보를 제출해줄 것을 요청했다(国際聯盟事務局東京支局, 1932a: 81). 이날은 만장일치가 되지 않아 결의안이 통과되지 못한 채 산회했고, 11월 16일까지 연기해 사태를 재심의하기로 했다(国際聯盟事務局東京支局, 1932a: 82).

11월 4일 넌장(嫩江)에서 중·일 간에 일어난 군사 충돌은 국제연맹을 자극시켰고, 브리앙 의장은 11월 6일부로 사무총장을 통해 사태를 확대하지 말라는 취지를 상기시키며, 양국 사령관에게 전투 행위를 중지하라고 요청했다(国際聯盟事務局東京支局, 1932a: 88).

12월 9일 제12차 공개 이사회를 개최해 이사회 결의안을 제의했고, 12월 10일에는 제12차 이사회 공개회의를 개최해 결의안을 통과시켰다(国際聯盟事務局東京支局, 1932a: 102~111; 外交部, 1933: 3~4; 鮑德澂, 132: 36~40). 그 후 이사회 의장 브리앙은 사무총장과 함께 조사위원회 구성 문제를 연구한 결과 양 당사국을 포함한 이사회 회원국의 승낙을 얻어 1932년 1월 14일 5명으로 구성된 조사위원회를 결성하기로 결정했다.

1931년 12월 10일 국제연맹 중국조사위원회가 발족되고, 1932년 1월 14일에는 5명의 조사위원이 인선되었다(国際聯盟事務局東京支局, 1932a: 111~112). 영국인 알렉산더 리튼(Victor Alexander George Robert Lytton), 프랑스인 앙리 클로델(Henri Edouard Claudel), 미국인 프랭크 매코이(Frank Ross MacCoy), 이탈리아인 루이지 알드로반디(Luisi Marese otti Aldrovandi), 독일인 하인리히 슈네(Heinrich Schnee)였다.

조사위원회는 G. H. 블레이크슬리(G. H. Blakeslee, 미국 클라크 대학), M. 데네리(M. Dennery, 프랑스 대학), 벤 도프먼(Ben Dorfman), 윌리엄 밀스(William

Harrrison Mills, 미국 캘리포니아 대학), 드카트 안엘리노(A. de Kat Angelino), T. A. 하이엄(T. A. Hiam, 캐나다 내셔널 철도 회사 회장 보좌원), G. S. 모스(G. S. Moss, 웨이하이웨이(威海衛) 주재 영국 영사), 월터 영(C. Walter Young, 뉴욕 세계시사문제협회 극동 대표) 등을 포함해 각국의 전문가들에게도 다양한 조언을 들었다(박영석, 1986: 15).

그 후 1932년 1월 28일 상하이 사건의 발발로 국제연맹은 만주 사건을 재논의하지 않을 수 없었다. 일본 측에서는 만주와 상하이 사건을 별개의 사건으로 보았지만, 세계 여론은 상하이 사건의 발생은 중·일 간의 전면적인 분쟁이 한 층 첨예화한 것으로 지방 차원에서 취급할 문제를 넘어섰다고 인식했다. 따라서 '연맹규약' 제15조(CULMC, Article 15 Disputes not submitted to arbitration or Judicial Settlement, Box 459)를 적용해 전면적으로 심의를 해야 할 타당성이 가중되었다고 보았다. 이와 같은 연맹의 태도 변화는 당연히 일본의 주장과 충돌했고, 일본은 연맹 탈퇴까지도 고려해야 하는 상황에 이르렀다(国際聯盟事務局東京支局, 1932b: 1).

1932년 1월 28일 상하이에서 중·일의 충돌 사건이 발생한 후 새롭게 중국 대표가 된 옌후이칭(顔惠慶)은 29일 아침 연맹 사무총장에게 '연맹규약' 제10조, 제15조에 따라 중·일 분쟁을 처리해줄 것을 요청하는 서한을 보냈다(外交部, 1933: 9~10). 중국은 이미 제안했던 '연맹규약' 제11조에 의거한 기능을 폐기하지 않고 그것에 추가해 규약 제10조와 규약 제15조를 쌍방 분쟁에 적용해 본건을 정식으로 연맹이사회에 부의하고, 이사회에서 적절히 조치해줄 것을 요청했다(国際聯盟事務局東京支局, 1932b: 1~3).

이에 대해 일본은 세 가지 이유를 들어 강력히 반대했다.

① 규약 제10조를 침범했다는 중국 측의 항의에 반박해 원래 본 조항은 영토 야심이나 영구적으로 타국을 점령할 경우에 적용되는 것인데, 일본은 영토 야심이 없고, 단지 자국민의 생명과 재산을 보호하기 위해 출병하는 것이므로 위

험이 없다면 당연히 철수한다고 누차 강조했다.

② 상하이의 정세는 1월 29일 상하이 총영사가 발표한 성명으로 그 진실을 증명했다. 즉, 중국 관헌이 무질서하게 일본의 조계지를 침범해 일본의 생명과 재산에 위험을 느껴 대응한 것이다.

③ 일본이 가장 중요하게 여기는 것은 규약 제15조의 적용 문제이다. 규약 제11조를 이미 심의하는 중인데 다시 규약 15조를 적용하려는 국제연맹 요구에 이 사회가 찬성하는 것은 부당하다(国際聯盟事務局東京支局, 1932b: 12~13).

이에 대해 영국 대표 세실은 일본이 '연맹규약' 11조를 받아들이면 15조의 적용을 거부할 권리가 없으므로, 따라서 이사회는 중재재판에 부칠 수 있는 제15조의 적용을 거부할 수 없다는 의견을 피력했다(国際聯盟事務局東京支局, 1932b: 15). 유고슬라비아 대표는 세실의 취지에 찬성하면서 15조에 의하면 모든 연맹국은 사전에 이사회의 승인을 얻는 것이 아니라 직접적으로 이사회에 문제를 제기할 권리가 있다고 했다(国際聯盟事務局東京支局, 1932b: 16). 규약 제15조 적용에 관한 일본의 반대론은 사실상 고려의 여지가 없기 때문에 이 규정은 자동 적용된다는 사무총장의 사건 심리 제안이 채택되었다. 일본은 제15조 적용을 유보할 것을 지속적으로 요청했다(国際聯盟事務局東京支局, 1932b: 18).

1932년 1월 28일 저녁에 발발한 상하이에서의 중·일 충돌 사건의 악화는 영국, 미국, 기타 여러 국가가 일본이 자위적 범위를 넘어섰다고 항의하면서, 공동 조차지를 전쟁의 근거지로 이용해 비전투원에 대해 공중폭격을 하는 것은 부당하다고 항의했다. 2월 2일 제네바에서 개최된 군축회의를 위해 세계 다수의 국가가 대표를 파견한 것을 이용해 임시총회를 개최했다. 이런 분위기 속에 연맹 이사회의 승인을 얻은 사무총장의 상하이 사건 심리는 신속히 진행되어 연맹이사국 공사와 영사는 상하이로 가서 사실을 조사해 보고서를 준비했다. 위원회는 2월 6일 제1회 보고서를, 2월 12일에 제2회 보고서를, 2월 20일에 제3회 보고서를, 3월 4일에 제4회(최종) 보고서를 제출하고 임무를 마쳤다(国際聯盟事務局東京支局, 1932b: 18~19).

제1회 보고서에 대해 상하이 주재 미국 총영사는 보고 내용에 동의하면서 연맹의 조사를 지지했다. 상하이 사건 발생 후 영국, 미국, 프랑스 3국은 상하이 사건과 관련해 중국과 일본을 중재하겠다는 의견을 제시했다. 이에 중국 정부는 2월 3일부로 승인했고, 일본은 2월 4일부로 거절했다(国際聯盟事務局東京支局, 1932b: 31~32). 2월 16일 중국과 일본 양국을 제외한 이사회 12개 국가 대표 회의가 열려 일본 정부에 경고성 통첩을 보내기로 결정하고, 그날 저녁 일본에 통고했다(国際聯盟事務局東京支局, 1932b: 41). 이에 일본은 강력히 반발했다(国際聯盟事務局東京支局, 1932b: 47).

일본은 상하이 사건의 목적은 공공 조계의 일본인이 위험에서 벗어나 평화 상태를 회복하는 것이라고 했다. 외국인이 상하이에서 안전할 수 있도록 하기 위해 일본 정부는 상하이에서 원탁회의를 개최할 수 있으며, 이해관계가 있는 열강이 대표로 참석할 수 있다고 했다. 일본은 이런 혼란상을 이용할 생각이 없으며 상하이에 대한 정치적·영토적 욕망이 없다는 것을 재천명하고, 상하이에 일본 조계를 설립하는 것은 일본의 독립된 이익을 추구하려는 것이 아니라 상하이의 국제성을 공고히 하려는 것임을 강조했다(外交部, 1933: 13).

그러나 상하이 전쟁이 계속되자, 이사회는 3월 3일 쌍방 대표의 설명을 들은 후 3월 4일 결의안을 통과시켰다. 결의안의 내용을 보면 양국은 필요한 수단을 강구해 정전을 명령하고, 상하이에서 특별한 이해관계가 있는 열강은 정전 상황을 이사회에 보고하라는 것이었다. 또한 중·일 쌍방 대표는 열강의 육해군 및 당국의 협조를 얻어 담판을 시작할 방법을 정하고, 이 방법에 의해 전쟁을 확실히 종결시켜 일본의 철수를 종용한다고 했다(外交部, 1932: 16).

3월 5일 미국 정부는 이미 상하이 각국 군사 당국에 훈령을 보내 협력할 것을 요청하고, 3월 14일 상하이에서 담판을 벌였다. 이사회가 설립한 19개국 위원회는 우여곡절 끝에 마침내 5월 5일 '상하이 정전협정'을 체결했다. 이렇게 하여 5월 6일 일본 군대는 상하이에서 철수했다(外交部, 1932: 17).

한편 만주사변과 관련해 현지 조사를 마친 리튼 조사단은 베이징에서 뤄원간(羅文幹), 왕자오밍(汪兆銘), 쑹즈원(宋子文)을 만나 만주 문제 해결책을 들었으며, 도쿄에서 우치다 고사이(內田康哉) 외상을 만나 만주국 문제를 논의했다. 리튼 조사단은 9월 4일에 보고서 작업을 끝낸 후 베이징에서 서명하고 9월 22일 국제연맹 본부에, 10월 2일에는 중·일 양국 정부 외무 당국과 기타 연맹국에 전달했다.

9월 24일 연맹 이사회 의장은 10월 1일 국제연맹특별위원회가 공개회의를 개최했을 때 다음과 같이 아쉬움을 토로했다.

연맹조사단이 보고서를 공포하기도 전에 일본이 만주국 정부를 승인했을 뿐만 아니라 조약을 체결한 것은 이번 논쟁의 해결을 어렵게 한 면이 있다고 지적했다. 또한 과거 1년간 이사회는 단체 자격으로 이사회의 각국 정부가 이 문제를 신중히 다루었고 조사단을 파견해 조사하고 보고서를 작성했지만, 국제연맹에서 이 보고서를 토론하기도 전에 단지 판결의 문제만 남겨둔 데 대해 아쉬워했다(外交部, 1932: 24).

1932년 11월 21일부터 28일까지 국제연맹 이사회에 리튼 보고서를 상정시켰을 때 중국과 일본 양국 대표는 격론을 벌여, 12월 6일 다시 회의를 개최한 후 12월 9일 결의안을 통과시켰다. 만주사변을 매우 중요시한 중국은 특별히 9월 23일 회의에 대표와 전문 위원 등 50여 명을 제네바로 파견했고, 구웨이쥔(顧維鈞)은 연맹이사회에 출석했다. 또 옌후이칭을 수석대표로 하여 구웨이쥔, 귀타이치(郭泰祺) 3명이 총회에 출석했다.

일본도 '만주통'으로 불리는 마쓰오카 요스케를 수석전권으로 삼고, 나가오카(長岡)를 비롯해 70여 명을 파견했다(中國國民黨中央執行委員會宣傳委員會, 1933b: 3). 일본은 비밀리에 외교 활동을 전개했는데 마쓰다이라 쓰네오(松平恒雄)는 영국을 담당하고, 나카오카 하루가즈(長岡春一)는 프랑스, 요시다 시게루(吉田茂)는 이탈리아를 담당했으며, 마쓰오카 요스케(松岡洋右)는 임의로 활동했다(中國國民黨中央執行委員會宣傳委員會, 1933b: 27).

12월 15일 결의안과 설명서를 쌍방에 보내 수정 제의를 요청해 늦어도 1933년 1월 16일에는 회의를 개최하기로 했다(外交部, 1932: 28). 그사이 1933년 1월 초 산하이관에서 사건이 발생했고, 일본군이 만리장성을 넘어 위청(楡城)을 공격해 1월 3일 그곳을 점령했다(外交部, 1932: 29). 1933년 2월 24일, 국제연맹 총회에서 19개국 위원회의 보고 및 권고안이 42 대 1로 가결되자 일본 대표가 퇴장했고, 1933년 3월 27일에는 일본이 국제연맹을 탈퇴했다(박영석, 1986: 3~4).

만주사변 이후 국제연맹에서 문제 해결을 위해 오랫동안 다각도로 노력했지만 결과는 허무했다.

일본은 국제연맹을 탈퇴하는 이유를 국제연맹에 통보했다. 동아시아의 평화, 더 나아가 세계의 평화에 공헌하기 위해 열성적으로 국제연맹의 사업에 참여했으나 지난 17개월 동안 국제연맹의 심의 과정에서 다수의 연맹국이 동아시아의 현실을 제대로 파악하지 못했고, 1932년 2월 24일 임시총회에서는 일본군의 행동을 자위권 발동으로 보지 않는 보고서를 채택했다는 것이다. 다수의 연맹국은 중·일 간 사건을 처리하기 위해 현실적인 평화를 확보하지 못한 채 적용할 수 없는 방식을 제안했으며, 더 중요한 것은 장래 분쟁의 화근을 심어놓았으므로 연맹과 협력할 여지가 없어 '연맹규약' 제1조 제3항에 의거해 국제연맹을 탈퇴한다고 통보했다(『国際聯盟脱退ニ関スル措置案』, A03034177600).

또한 일본 국민에게 전하는 조서에서는 만주국이 새로이 건국되어 일본은 그 독립을 존중하고 건전히 발달하도록 함으로써 동아시아의 화근을 제거하고 세계 평화를 보존하기 위해 노력했으나, 불행히도 연맹의 의견과는 배치되어 정부는 신중히 심의한 끝에 연맹 탈퇴를 결정하기에 이르렀다고 설명했다(『国際聯盟脱退ノ詔書』, A14110343100).

| 표 5-1 | 만주사변 이후 국제연맹과의 사건 일지

| 연일 | 사건 내용 | 중국 | 일본 | 국제연맹<br>(이사회) | 리튼 조사위원회 |
|---|---|---|---|---|---|
| 1931.9.18 | 만주사변 발발 | | | | |
| 1931.9.19 | 스위스 신문에 사건이 보도됨 | | | | |
| 1931.9.19 | 오후 5시 개최된 국제연맹 이사회에서 만주사변이 화제가 됨 | 중국 대표인 주영 공사 스자오지(施肇基)가 "사건의 발단은 중국 측의 행위에서 비롯된 것이 아니다"라고 발표함 | 일본 대표 요시자와 겐키이치(芳澤謙吉) 주프랑스 대사가 "사건 확대 방지를 위해 노력"하겠다고 발표함 | 중·일이 신속하게 문제를 해결할 수 있도록 노력해 달라고 요구 | |
| 1931.9.21 | '연맹규약' 제11조에 의거해 중국이 일본을 이사회에 제소함 | 중국 대표 스자오지가 정식 제소함 | | 중국이 사무총장에게 보낸 각서를 각 이사국에 배포 | |
| 1931.9.22 | 제2차 및 제3차 회의에서 정식의 제로 논의 | 이사회의 신속한 행동 요구 | 본건 심의에 대해 다음 회의로 연기 요구, 직접 교섭 강조 | 이사회가 전원일치로 찬성한 3항을 양국에 보고 (이사회 1차 권고) | |
| 1931.9.24 | 미국 국무장관이 재워싱턴 중·일 양국 대표에게 연맹 이사회 각서 전달 | | | 미 국무장관이 이사회 의장에게 보고하고 이사회 의장도 미 국무장관에게 감사의 답신 보냄 | |
| 1931.9.25 | 제4차 회의 개최 | 중국 정부에서 회답 낭독 | 일본 정부 회답 낭독. 일본 군대는 이미 철도부속지로 복귀함 | 양국의 성명을 검토하기로 함 | |
| 1931.9.28 | 제5차 회의 개최 | 일본군 즉시 철수와 참관인 현지 파견 요구 | 수일간 사태 호전에 대해 보고 | 각기 중·일 진술을 충분히 검토. 의장이 총회에 경과 보고(9.29) | |
| 1931.9.30 | 이사회 결의 | 이사회가 중립위원회를 현지에 파견할 것을 제안 | | 이사회 결의 "양당사국이 엄숙히 준수"할 것 | |
| 1931.10.13~24 | 이사회 개최 | | | 분쟁 심사, 일본 반대로 회의에서 제안된 결의에 대해 만장일치 불가능 | |

| 날짜 | | | | |
|---|---|---|---|---|
| 1931.10.16~ 12.10 | 파리에서 이사회 개최 | | 11월 21일에 일본 대표는 조사단 현지 파견 제안 | 12월 10일 이사회 결의 만장일치 채택 '5명 위원회 구성' | |
| 1932.1.14 | 조사위원회 임명 | | | 이, 프, 영, 미, 독으로 구성된 조사위원회 임명 | |
| 1932.1.21 | 만장일치로 리튼 조사위원장 선임 | | | 조사위원회 위원장 선출 | |
| | | 조사위원회 보조 전 외교부장 구웨이쥔 임명 | 조사위원회보조 터키 주재 특명전권대사 요시다 이사부로(吉田伊三郞) 임명 | | |
| 1932.1.29 | 중국이 새롭게 국제연맹에 제소 | 연맹규약 10, 11, 15조에 의해 제소 | | | |
| 1932.2.12 | 중국이 총회 회부 요청 | 연맹규약 제15조 9항에 의거 총회 회부 요청 | | | |
| 1932.2.29 | 조사위원회 도쿄 도착 | | | 조사위원회 도쿄 도착 | |
| 1932.3.3 | | | | 국제연맹특별대회 개막 | |
| 1932.3.4 | | | | 결의안 통과 | |
| 1932.3.11 | | | | 결의안 대회 통과 및 특별위원회 조직 | |
| 1932.3.14 ~26 | 조사위원회 상하이에서 활동 | | | 조사위원회 상하이에서 활동 | |
| 1932.3.26~ 4.1 | 조사위원회 난징에서 활동 | | | 조사위원회 난징에서 활동 | |
| 1932.4.1~7 | 양쯔강 연안 조사 | | | 양쯔강 연안 조사 | |
| 1932.4.9~19 | 베이징 조사 | | | 베이징 조사 | |
| 1932.4.20~ 6.4 | 만주 조사 | | | 만주 조사 | |
| 1932.4.29 | 예비 조사 보고서 제네바 송부 | | | 조사위원회의 예비보고서 제네바 송부 | |
| 1932.4.30 | | | | 결의안 통과 | |
| 1932.6.5~28 | 베이징 조사 | | | 베이징 조사 | |

| | | | | |
|---|---|---|---|---|
| 1932.7.4~15 | 도쿄 조사 | | | 도쿄 조사 |
| 1932.7.20 | 보고서 초안<br>작성 | | | 보고서 초안<br>작성 |
| 1932.8.13 | 일본 정부 성명 | | "제국 정부는 일<br>중 양국 관계가<br>만몽 문제보다 더<br>중요하다고 생각" | |
| 1932.8.28 | 중국 정부 성명 | "영속적 평화를<br>효과적으로 확보" | | |
| 1932.12.10 | 위원회 보고서 | | | 위원회 보고서 |
| 1932.12.15 | 결의안<br>수정서 발송 | | | |
| 1933.1. | 산하이관 사건 | | | |
| 1933.1.3. | 일본이 위청(楡城)<br>점령 | | | |
| 1933.2.24 | 연맹 이사회<br>권고안 42 대 1로<br>가결 | | | |
| 1933.2.27 | 일본 국제연맹<br>탈퇴 | | | |

자료: 박영석(1986: 5~21); 國際聯盟事务局東京支局(1932a: 18); 鮑德澂(1932); 外交部(1933) 참조.

〈표 5-1〉은 만주사변 이후 국제연맹과 관련된 사건을 정리한 것이다.


# 2. 리튼 조사단 파견과 활동 내용

## 1) 리튼 조사단 활동 일정과 내용

1931년 일본이 만주를 침공한 사건의 불법성에 대해, 중국이 1931년 9월 21일 국제연맹에 정식적으로 제소함으로써 국제연맹 이사회는 1931년 12월 10일에 조사단을 발족하고, 조사단의 조사 범위를 결정했다. 조사단의 임무는

"분쟁의 근본적인 원인을 규명하고 사실의 배경을 조사해 국제연맹의 원조를 통해 중·일 양국이 영원한 우호의 기초를 찾을 수 있도록"(洪嵐, 2006: 55) 하는 것이었다. 따라서 "국제 관계에 영향을 주는 어떠한 것, 심지어 중·일 간 화평을 방해하고 위협하는 것을 파악하고, 양국 간에 상호 양해하고 의지할 수 있는 방향으로 현장을 연구해 이사회에 보고"(王启华, 2002: 13~28)하는 것이었다.

국제연맹 조사단은 1932년 1월 14일에 조사위원회를 구성했다(박영석, 1986: 역자 서문). 중국의 주미 대사 구웨이쥔과 일본의 주터키 대사 요시다 이사부로(吉田伊三郎)가 이 조사단에 합류했는데, 이 조사단은 수행원 및 전문가를 포함해 수십 명으로 구성되었다(박영석, 1986: 15).

조사단은 서양 5개국 대표로 구성되어 나름의 객관성을 담보한 듯 보였지만, 중국은 리튼 조사단을 전형적인 식민주의 대표단으로 보기도 했다.

조사단 구성원의 이력을 보면(国際聯盟事務局東京支局, 1932a: 112), 그 까닭을 알수 있다.

단장인 알렉산더 리튼은 1876년에 출생해, 1916년부터 1919년에 이르기까지 영국 해군성 참여관과 정무차관, 1920년 인도성 사무차관, 1922년부터 1927년까지 벵갈주 총독을 역임했고, 1925년에는 인도 총독대리를 겸임하기도 했다. 제7회와 제8회 국제연맹 총회에서 인도 측 수석전권이었고, 제12회 총회에는 영국의 제2전권으로 출석했으며, 당시 영국 추밀원 고문관이자 각종 회사에 관계되어 있었다.

프랑스 대표 앙리 클로델은 1871년 출생해 육군대학교 졸업 후 각지에서 사단장, 군단장을 역임했다. 제1차 세계대전 전에는 중국 주둔군 참모장으로 중국에서 근무했으며, 대전 초기에는 프랑스 전장에서 여단장과 사단장을 역임했고, 대전 말기에는 근동 전장에서 군단장으로 군공을 세웠다. 그 후 프랑스령 인도차이나(베트남, 캄보디아, 라오스 포함)에서 군사령관으로 복무했으며, 조사단으로 참여할 당시에는 식민지방어위원회 의장, 군사참의관, 식민부대 병감(兵監)직을 맡고 있었다.

미국 대표 프랭크 매코이는 1874년 출생해, 육군사관학교를 졸업 후 1916년에 필리핀 총독이 되었다. 니카라과 동란 시에는 대통령으로부터 니카라과 대통령 선거를 감시하라는 명을 받았고, 1929년에 볼리비아·파라과이 분쟁해결 조정위원회 의장을 맡아 정치적 수완을 인정받았다.

독일 대표 하인리히 슈네는 식민지 정책가로, 1921년에 독일령 아프리카 총독과 인민당 대의원으로 재외독일인동맹 위원장을 지냈다.

이탈리아 대표 루이지 알드로반디는 1876년 출생해, 1900년 외교관 생활을 했고, 제1차 세계대전 중에는 오스트리아 대사관에서 근무했다. 파리 평화회의 4국 거두 회담에서 이탈리아 측 서기관을 담당했고, 후에 소피아와 카이로 주재 공사, 부에노스아이레스 주재 대사, 라틴아메리카 각국의 영사를 역임했다. 1926년에는 주독 대사로 재직했다(竇愛芝, 1998: 12).

대표단 구성원들의 식민지 통치 이력은, 피침략국의 시선에서 볼 때 과연 공정하게 도의를 집행할 수 있는 조사단인지 의심을 품을 수밖에 없었다.

1932년 2월 3일 프랑스를 출발한 이들은 미국을 경유해, 2월 29일에 일본 도쿄에 도착해 정부 당국자, 군부, 실업계 대표들과 면담했다. 1932년 3월 14일 일본에서 출발해 상하이에 도착한 뒤 난징, 한커우(漢口), 베이징, 만주 각지를 조사하고, 6월 말 다시 일본에서 10여 일간 머문 후 중국으로 돌아와 보고서를 완성한 조사단은 9월 5일에 중국을 떠났다(朱利, 2002).

리튼 조사단은 임무를 수행한 8개월 중 24주간을 끊임없이 여행하며 조사했고, 총 3만 5000마일을 돌아다닌 후 각자의 거처로 돌아갈 수 있었다(Lytton, 1932: 4).

리튼이 쓴 일기와 아내에게 보낸 편지, 기타 다른 자료를 통해 당시 일정을 개략적으로 살펴보면 〈표 5-2〉와 같다.

리튼 조사단의 일정을 보면, 유럽 → 미국 → 일본을 거쳐 중국으로 갔다. 리튼이 아내에게 보낸 서신에서도 확인할 수 있듯이 유럽 → 소련 → 만주로 가

| 표 5-2 | 리튼 조사단 활동 일람표

| 일시 | 장소 | 주요 접견자 | 회담 내용 | 비고 |
|---|---|---|---|---|
| 1932.2 | 유럽 출발,<br>미국 경유,<br>일본 도착 | 파리·런던·워싱턴 방문 | | 각 국가 간 의견 조율 |
| 1932.3 | 일본 | 일본 국련(國聯) 동지회(同志會) 주석 이시이 도루, 니토베, 단(段) 남작, 유키마루(幸丸) 백작, 외무성 차관 나가이 류타로(永井柳太郎) | 1. 일본의 상황<br>2. 일본의 특수 이익<br>3. 문제가 해결되었을 때 일본이 얻고자 하는 것 | |
| 1932.3.14* | 상하이 도착 | | | 상하이 사변 |
| 1932.3.17* | 상하이 | 사쑨(沙遜) 내방 | | |
| | | 에드윈 하워드(Edwin Haward)(≪자림서보(字林西報)≫ 편집) | 만주 문제 토론 | |
| | | 중국 신문계 연합회와 오찬 | | |
| | | 영국 ≪타임스≫ 기자 프래스터(Fraster) | | |
| 1932.3.18* | 상하이 | 일본 해군 함대 사령 노무라 기치사부로(野村吉三郎) 장군과 1월 상하이 사변을 지휘한 일본 해군 시오자와 고이치(鹽澤幸一) 장군 | 상하이 사건에 대한 직접적인 보고 | |
| | | 3명의 중국 은행가 리(李), 베이(貝), 쉬(徐) 씨 | | |
| | | 마쓰오카 요스케(松岡洋右, 남만주철도 전 부총재) | 상하이 담판과 관련된 상황 | 도쿄에서 마기노 노부아키(牧野伸顯)가 리튼 조사단과의 면담을 건의 |
| 1932.3.19* | 상하이 | 염무계핵소회판(鹽務稽核所會辦) 클리블랜드(Cleveland, 미국인), 방판(幫辦) 피어슨(Pearson, 영국인), 총판(總辦) 중국인 쉬(徐) 씨 | 만주에서 일본인의 염무계핵분소(鹽務稽核分所) 및 자금 강점에 대한 문제 | |
| | 상하이 | 후이펑(滙豊)은행 주임 허버드(Hubbard)<br>징펑(京奉) 철도의 부스비(Boothby) | 의미 있는 소식 전달 | |
| | | 쑹쯔원(宋子文)과 조사 단원 만찬 | | |
| 1932.3.27 | 난징 도착 | 외교부장 뤄원간, 외교차장, 난징 시장, 군정부 상교(上校) 및 해군 군관 영접 | | |

| | | | | |
|---|---|---|---|---|
| 1932.3.28 | 난징 | 외교부장 뤄원간, 행정원장 왕징웨이(汪精衛), 장제스 장군, 구웨이쥔 | | |
| 1932.3.29 | 난징 | 중화민국 주석 린썬(林森) | | 아침에 조사단 회의 개최 |
| 1932.3.30 | 난징 | 교육계와 중국국련동지회(中國國聯同志會) 대표단, 부장들과 제2차회의 | | 조사단 회의 개최 |
| 1932.3.31 | 난징 | 상회(商會)와 국민외교협회 대표단, 부장들과 제3차 회의 | 왕징웨이, 외교부장, 구웨이쥔 회담 시, 조사단에게 일본 체류 시 일본이 인상에 대해 질문 | 조사단 회의 개최 |
| 1932.4.1 | 난징 | 신문사 인터뷰 | | 조사단 회의 개최; 리튼, 잉그램(Ingram)과 하쓰(哈斯)가 영국 영사관 방문 |
| 1932.4.4 | 한커우 | 중국 접대회(接待會) 위원 쉬(徐), 수이징(綏靖) 주임과 성정부 주석, 우정전원(郵政專員) 리치(Richie), 일본 총영사 사카네 준조(坂根準三) | 중국의 대홍수 관련 문제, 중국의 일본 상품 배척과 한커우 지역의 토비 창궐 문제 | |
| 1932.4.5 | 한커우 | 상업계, 학술계, 공회 대표 등 접견, 영국 상회원 | 한커우의 상황 | |
| 1932.4.10 | 베이징 | 장쉐량(張學良), 블랙번(Blackburn), 조지(George), 로뱃 프래저(Lovat Fraser) | 1905년 조약에 대해 일본은 '외교의정서'라 하고 중국은 조약 체결 전 회의 기록이라 함, 일본이 오랜 계획하에 동북을 침략한 것에 대해 토론 | 조사단회의 개최, 중·일 고문도 참가 |
| 1932.4.11 | 베이징 | 영미(英美)담배회사 사장 켄트(Kent, 만주 상황 설명), 중국 기독교인 왕(王) 씨, 징펑(京奉)철도 차무처장(車務處長) 스틸(Steele, 만주사변 후 일본의 철도 탈취 문제) | | 1. 만주국 외교대신이 만주에서의 조사단 일정 질문 2. 만주국 정부가 중국 정부에 중국 대표 만주 도착 시 안전에 책임질 수 없다는 것 등의 내용을 담은 두 통의 전보 접수 조사단 회의 개최 |
| 1932.4.12 | 베이징 | 만주 지방 정부 관원, 영국 공사관에서 우연히 송호독판공서총판(淞滬督辦公署總辦)을 역임한 딩원장과 베이징 대학 교수인 후스(胡適)를 만남, 장쉐량 면담 | | 조사단 회의 개최 |

| 날짜 | 장소 | 내용 | | 비고 |
|---|---|---|---|---|
| 1932.4.14 | 베이징 | 여러 명의 몽골 친왕(親王)이 일본 입장에 대해 반대함, 두 명의 동북군 장군 만남, 장쉐량 면담, 허스(何士)를 통해 펑위샹(馮玉祥) 관련 내용 들음 | 베이징의 반일 활동 등 | 만주국이 중국고문과 조사단과 함께 만주에 방문하는 것을 반대, 철도가 아닌 수로를 통해 다롄(大連)으로 가기로 결정 |
| 1932.4.15 | 베이징 | 민중 대표(동북민중단체대표, 베이징문화단체대표, 대학대표와 기자 등), 장쉐량 면담 | | 저녁에 네덜란드 영사와 식사 시 딩원장과 후스 만남 |
| 1932.4.16 | 베이징 | 여러 사람 만남, 만주에서 온 두 명의 장군, 일본 영사관 무관(武官, 만주에서 중국 부대가 습격한 사실에 대해 설명), 우페이푸(吳佩孚) 장군 등 | | 만주로 가는 일정이 아직 정해지지 않아 곤란 |
| 1932.4.17 | 베이징 | 면담자 없이 휴식 | | 장쉐량과 장성들 명 13릉 참관 |
| 1932.4.22 | 선양 | 총영사 이스터(Eastes) 만주국은 일본인이 세운 것이라고 함 | | |
| 1932.5.2 | 창춘 | 5월 4일 창춘 도착. 만주국 집정 푸이(溥儀)와 면담 | | |
| 1932.5.7 | 지린행 | | | |
| 1932.5.9 | 하얼빈 | 21일까지 체제 | | |
| 1932.5.21 | 선양 | 선양행 | | |
| 1932.5.25 | 다롄 | 다롄행 | | |
| 1932.5.28 | 뤼순 | 뤼순행 | | |
| 1932.5.30 | 선양 | 다롄에서 선양으로 돌아가는 도중 안산(鞍山)제철소 견학 | | |
| 1932.6.1 | 푸순(撫順) | 푸순(撫順)탄광 견학 | | |
| 1932.6.4 | 진저우 | 선양 출발 진저우(錦州)행 | | |
| 1932.6.8 | 칭다오 | 칭다오(青島) 도착 | | |
| 1932.6.28 | | 베이징 출발. 만주와 조선을 거쳐 일본행 | | |
| 1932.6.30 | 안둥(安東)에 서압록강교 통과 | 기차에서 기자단 45명 면담 | | 자료: 김동진, 「국제연맹의 리튼경」, 《삼천리》, 제4권 12호, 1932년 12월. |
| 1932.7.2 | 서울 | 서울 출발 | | |
| 1932.7.3 | 시모노세키 | 시모노세키 도착 | | |
| 1932.7.9 | | 아라키 사다오(荒木 貞夫) 육군대신 면담 | | |
| 1932.7.16 | | 고베(神户)행 | | |
| 1932.7.17 | 칭다오 | 고베 출발 칭다오행 | | |

| 1932.7.20 | 지난 | 지난(濟南) 도착. 야간열차로 베이징 도착. 베이징에서 보고서 작성 | | |
|---|---|---|---|---|
| 1932.9.4 | 베이징~<br>상하이 | 장쉐량, 왕징웨이, 쑹쯔원(2시간가량 면담) | 일본이 만주국을 승인하면 중국은 일본과 관계를 단절해야 하는가? 소련과 다시 수교해야 하는가? 일본의 러허(熱河) 침략을 막아야 하는가? 공산당 문제는 어떻게 처리해야 하는가? | 도쿄를 떠난 후 일기를 쓰지 않음. 베이징의 독일 병원에 입원함. 병원에서 조사단 보고서에 서명 |
| 1932.9.5 | 상하이를<br>떠남 | | | 중국에서의 일정 종결 |

주: *는 朱利(2002) 참조.
자료: 王启华(2002: 13~28); 筱原初枝(2010: 207) 참조.

는 것이 여정상으로는 훨씬 빠를 수 있다(박영석, 1986: 16~19). 그러나 서양 5개 국가의 대표로 구성된 조사단은 파리, 런던, 워싱턴 등을 거치면서 여러 국가의 의견을 조율했고, 2월 29일 일본 도쿄에 들러 9일간 체류하면서 일본 정부의 의견을 경청했다. 이누카이 쓰요시(犬養毅) 총리대신, 요시자와 겐기치(芳澤謙吉) 외무대신, 육군대신 아라기 사다오(荒木貞夫) 중장, 해군대신 오스미 미네오(大角岑生)와 은행가, 실업가 그리고 각종 단체 대표들을 만났으며, 교토와 오사카에서 실업계 인사들과 면담했다. 리튼 조사단 일행이 조선을 경유했을 때, 조선의 독립운동가와 언론계 및 일반 시민들은 일본의 통치 실정과 만주사변에 대한 불법적인 침략 행위를 알리기 위해 노력했다.

그 후 일정은 상하이(3.14~26) → 난징(3.26~4.1) → 양쯔강 연안(4.1~7)→ 베이징(4.9~19)→ 만주(4.20~6.4) → 베이징(6.5~28) → 도쿄(7.4~15)를 돌아 베이징(7.20)에서 보고서 초안 작업에 착수했다.

조사보고서는 9월 4일에 완료되어, 9월 22일에 국제연맹 본부에 제출되었고, 10월 2일에 중국과 일본 양국 정부에 전달되어 제네바, 도쿄, 난징 세 곳에서 일시에 발표(주요한, 1932)됨으로써 사건의 전말이 세상에 알려졌다.

## 2) 리튼 조사단의 권고 사항

리튼 조사단은 조사를 마무리하면서 중·일 양국이 쌍방의 중요한 이익이 일치한다는 것을 인정하고 평화 유지와 상호 간의 우의 관계를 유지할 의사가 있다면, 조사단이 제시하는 양국 간 분쟁 해결책의 기본 방향이 의미가 있을 것으로 보았다. 이에 만족스러운 해결 방법으로 준거해야 할 일반 원칙 10가지를 제시했다(Memorandum on the Report of the Lytton Commission, 1932: 3~6; 박영석, 1986: 291~292).

① **쌍방 이익의 양립**: 양국은 연맹 회원국이므로 각각 연맹으로부터 동일한 대우를 요구할 권리가 있다. 양국이 이득을 보지 못하는 해결은 평화라는 면에서도 이득이 될 수 없을 것이다.

② **소련의 권익에 대한 고려**: 제3국의 권익을 고려하지 않고 두 이웃 나라가 강화한다는 것은 공정하지도 현명하지도 않을뿐더러 평화에 도움이 되지도 않는다.

③ **현존하는 다변적 조약과의 일치**: 어떠한 해결 방법도 연맹규약, 부전조약 및 워싱턴 9개국 조약의 규정에 합치되어야 한다.

④ **만주에 있는 일본 권익의 승인**: 만주에 있는 일본의 권익은 무시할 수 없는 사실이며, 어떠한 해결 방법도 이를 승인하지 않거나 또한 만주와 일본 간의 역사적 관련성을 고려하지 않는다면 만족스러운 것이 되지 못한다.

⑤ **중·일 양국 간의 새 조약 관계의 수립**: 만주에 대한 양국 각자의 권리, 이익 및 책임을 새 조약에서 다시 천명하는 것은 합의에 의한 해결의 일부이며, 장차 분규를 피하고 상호 간의 신뢰와 협력을 회복하기 위해 바람직한 일이다.

⑥ **앞으로의 분쟁 해결에 대한 효과적인 규정**: 이상의 각 항에 부수된 것으로 비교적 중요하지 않은 분쟁을 신속히 해결하기 위해 규정을 만들 필요가 있다.

⑦ **만주의 자치**: 만주 정부는 중국의 주권이 확실하게 확보되면, 만주 정부는 만주의 지방적 상황과 특징에 맞게 광범한 자치를 할 수 있도록 개편되어야 한다. 새로운 민간 체제는 훌륭한 정치의 기본적 요건을 만족시키도록 구성·운용되어야 한다.

⑧ **국내 질서와 외부 침략에 대한 안전보장**: 만주의 국내 질서는 능률적인 지방 헌병대에 의해 유지되어야 하며, 외부 침략에 대한 안전은 헌병대 이외의 모든 무장 군대 철수와 관계국 간 불가침조약의 체결에 의해 보장될 것이다.

⑨ **중·일 양국 간 경제 제휴 촉진**: 이 목적을 위해 양국 간의 새 통상조약 체결이 바람직하다. 이러한 조약은 양국 간의 통상 관계를 공정한 기반 위에 두고 쌍방의 정치 관계 개선과 일치시키는 것을 그 목적으로 해야 한다.

⑩ **중국 재건에 관한 국제 협력**: 중국의 현 정치적 불안정이 일본과의 우호 관계에 장애가 되고 극동의 평화 유지와 국제적 관심사인 만큼 세계 여타의 국가에 불안 요인이 되는 동시에 중국에 강력한 중앙정부가 없는 한 위에 열거한 조건들이 달성될 수 없으므로, 만족스러운 해결을 위한 최종적 요건은 중국의 국내적 재건에 대해 일시적이라도 국제 협력이 있어야 한다.

이상과 같은 일반적인 원칙에 준거해 문제를 직접적으로 해결하기 위한 방안으로 조사단은 두 가지 안을 제시했다. 분쟁 해결을 논의하기 위해 중국과 일본 양국의 정부 인사를 초청하는 것과 양국이 초청을 수락하면 만주의 특별한 통치 체제를 구성하기 위한 심의를 위해 가급적 신속하게 자문회의를 소집한다는 것이다. 자문회의는 중국과 일본 정부 대표, 중·일 양국 정부에 의해 선정된 2명의 현지인 대표를 위원으로 구성하는데, 당사국의 동의가 있을 경우 중립국 참관인을 둘 수 있다. 이 회의가 원만한 협정에 도달하지 못하면 이사회에서 모든 노력을 기울여 자문회의 개최와 동시에 상호 간의 권익에 관한 중·일 간 현안을 별도로 심의하고, 동의가 있으면 중립국 참관인의 도움을 받을 수 있다(Memorandum on the Report of the Lytton Commission, 1932: 5; 박영석, 1986:

296~297)고 규정했다. 즉, 조사위원회는 양국 정부를 초청해 양국이 수락하면 만주 통치 체제 구상을 위한 자문회의 소집해(양국 정부 대표 + 양국 정부가 추천한 각 2명의 현지인 대표 + 당사국 동의가 있는 경우 참관인 포함) 문제를 해결하고자 했다.

그러나 이 회의가 원만하게 협정에 도달하지 못하면 자문회의를 개최해 중·일의 현안을 별도로 심의하고, 동의할 경우에는 중립국 참관인에게 도움을 요청해 문제를 해결하고자 했다.

그와 더불어 심의와 교섭의 결과는 다음 4편의 상이한 문서에 구체화해야 한다고 제의했다(박영석, 1986: 297~309).

① 자문회의가 권고한 조건에 따라 만주에 대해 특별한 행정조직을 구성한다는 중국 정부의 선언: 지방자치정부, 소수민족 권익 보호를 위한 규정, 헌병대와 외국인 고문을 포함한다.

② 만주와 러허(熱河)의 일본 권익에 관한 중·일 조약: 주로 일본인의 특정한 경제적 권리와 철도 문제, 거주권 및 토지 조차권을 만주 전역으로 확대하고 치외법권 원칙은 다소 수정한다.

③ 조정, 중재재판, 불가침과 상호 원조에 관한 중·일 조약을 체결한다.

④ 중·일 통상조약: 양국 간에 교역을 증진할 수 있는 조건의 설정을 목적으로 한다.

자문회의 개최에 앞서 이 회의에서 취급해야 할 행정조직의 개요는 이사회 원조하에 당사국 간에 동의가 있어야 하고, 이때 고려되어야 할 사항으로 다섯 가지를 들었다. ① 자문회의의 회합 장소, 대표의 성격, 그리고 중립국 참관인 필요 여부, ② 중국의 영토적 및 행정적 보전 유지 원칙과 민주에 대한 광범한 자치 부여, ③ 국내 질서유지의 유일한 방법으로 특별 헌병대 창설 방침, ④ 제의된 별도 조약에 의해 제반 현안 해결, ⑤ 만주 정치와 관련된 사람들 전원에 대한 특별 사면 등이다.

조사위원회는 이상과 같은 광범한 원칙이 일차적으로 협정되면, 세목에 대해서는 자문회의 또는 조약 체결 교섭 시 당사국 대표가 결정할 수 있도록 재량의 여지를 남겨두어야 한다고 제안했다.

## 3. 국제연맹 조사단 보고서에 대한 각국의 반향

리튼 조사단의 보고서가 공포 후 각국의 관심이 집중되었다. 미국 정부는 보고서에 대해 대체로 만족해했고, 프랑스 정부 역시 신뢰를 표시했다. 이탈리아와 독일은 일시적으로 침묵했고, 영국 정부도 신뢰를 표현했으나, 일본은 보고서에 대해 저평가했다(九一八學會, 1932: 1~2).

### 1) 중국의 반응

리튼 조사단 보고서에 가장 귀를 기울였던 국가는 만주사변으로 직접적 피해를 입은 당사자 중국이었다. 사실 중국은 국제연맹에 대해 모순된 두 가지 심리가 있었다. "평소에는 국제연맹을 제국주의자로서 약소국가나 민족을 압박하는 도구로 사용되어 생각할 가치도 없다고 보면서, 어려움에 처했을 때는 위의 정부 관리부터 아래로는 일반 민중까지 갑자기 일심동체가 되어 평소에는 신뢰하지 않고 욕하던 국제연맹을 신뢰하며, 도탄에서 구해줄 관음보살처럼 여기는 것이다. 한편으로 보면 매우 모순적이고 다른 면에서 보면 노예처럼 의존하는 근성을 표현한 것"(王造時, 1932: 1)이라고 할 정도로 국제연맹에 대해 불신과 신뢰가 교차했다. 그러면서 국제 관계에서 국제연맹과 같은 기관이 없는 것보다는 있는 것이 좋은데, 그 이유는 각종 국제 문제에 대해 적어도 공개적으로 토론할 기회가 있어 세계의 관심을 끌 수 있고, 국제적으로 상당한 여론을 조성할 수 있기 때문이라고 했다(王造時, 1932: 1~2).

영국, 미국, 프랑스, 이탈리아 등의 국가와는 비교할 수 없는 이해 당사자인 피침략국 중국은 만주사변이 어떻게 정리되느냐에 따라 민족의 생존과 국가 주권, 영토의 완정성 문제가 직결되기 때문에 조금만 신중하지 못해도 나락으로 떨어질 것이라고 인식했다(九一八學會, 1932: 2).

중국의 9·18 학회는 리튼 조사단의 보고서에 대해 다음과 같이 평가했다(九一八學會, 1932: 5~6).

① 조사단이 가진 개념의 오류를 지적했다. 사건의 책임 소재가 불분명한 상황에서 행동의 재발 방지 방법을 말하는 것은 철저하다고 할 수 없다.

② 중국 현상에 대한 인식에 오해가 있다고 지적했다. 근본적으로 중국 혁명의 의의를 충분히 이해하지 못하고 있다고 지적하면서, 공산 세력의 성장과 관련해 이의를 제기했다. 국민당의 통치 역량과 결단력으로 공산 세력의 성장을 충분히 억제하고 있다고 주장했다.

③ 만주와 중국 기타 지역과의 관계에 대해서도 지적했다. 보고서 제2장에서 서술한 '만주의 상황 및 중국 기타 부분과의 관계', 제3장에서 서술한 '1931년 9·18 이전 만주를 둘러싼 중·일 간의 논쟁' 등 이 두 장은 본래 나눌 수 없는 성질의 것인데, 만주사변 이전의 분쟁에 대해서는 고의적이고도 무의식적으로 논쟁의 시비곡직을 분명히 하거나 명확히 판단하지 않고, 단지 사건을 서술하며 중·일 쌍방이 해결하기 어려운 쟁점이라고 언급한 것만으로는 가치가 없다.

그렇지만 다음 두 가지 점에서는 가치가 있다고 판단했다. ① 보고서 제4장에서 만주사변의 책임과 관련해 조사단은 시종일관 일본이 침략자라고 명백히 지적하지 않았고 사건의 책임에 대해서도 명백히 제시하지 않는 한계를 보였지만, 조금 더 진전시킨다면 침략자에게 책임을 지울 수 있을 것이라고 보았다는 점, ② 보고서 제6장에서 만주국이 일본의 괴뢰 조직이라고 밝힌 점을 들었다(九一八學會, 1932: 8~10).

중국에서는 리튼 보고서에 대해 "세계 공론(公論)을 대표하는 보고서", "모호함의 걸작", "흑백전도" 등 다양한 의견이 제기되었다(洪嵐, 2006: 59). 이를 정리하면 리튼 보고서에 대해 ① 만족스럽지 않지만 수용할 수밖에 없다, ② 부정적이다, ③ 긍정적이다로 정리할 수 있다.

첫째, 국제연맹 보고서가 만족스럽지 않지만 수용할 수밖에 없다고 본 대표적인 부류는 국민정부였다. 국민정부는 국제연맹 보고서에 만족하지 못했다. 조사단 보고서의 제안 중 쌍방의 군사행동을 간섭할 수 없으며, 중·일 간의 어떠한 교섭도 간여할 수 없다고 한 점으로 미루어 조사단은 일본의 침략을 저지하는 데 실질적인 역할을 할 수 없다고 보았다. 또한 국민정부는 일본에 군대 철수를 효과적으로 요구하지 못했다는 데도 매우 실망했지만, 국제적인 동정을 받기 위해서라도 보고서를 받아들일 수밖에 없었다(洪嵐, 2004: 74).

장제스는 비록 조사단 보고서의 건의 부분이 만족스럽지는 않지만, 보고서를 거절하면 중국이 약국(弱國)인 상황에서 열강의 동정마저 잃을 수 있다고 보았다. 따라서 장제스는 보고서를 받아들이면서, 다른 한편으로 문제를 제기하는 방향으로 대책을 세워나갔다. 즉, 조사단 보고서에서 사실을 진술한 부분은 받아들이고, 조사단의 건의한 제9장과 제10장에 대해서는 수정을 요구했다. 더불어 만주 지역에 대해서는 원칙적으로 만주사변 이전 상태로 회복시켜줄 것을 요청했다. 따라서 구웨이쥔은 1932년 11월 21일 제네바에서 중국 정부의 의견을 대변하면서 일본이 조속히 철수하고, 만주국을 해산하는 것이 중·일 간의 분규를 해결하는 지름길이라고 강조했다(洪嵐, 2006: 56~57).

딩원장은 연합국 조사단 보고서에 대해 좀 더 적극적인 태도를 취해야 한다고 보았다. "국제연맹 조사단 보고서가 만족스럽지 않더라도 좋은 뜻으로 받아들이는 태도를 취해야만 하는데, 왜냐하면 열강의 동정을 상실할 수는 없기 때문이다"(丁文江, 1932: 3; 洪嵐, 2006: 58)라고 의견을 피력했다.

둘째, 국제연맹 조사단 보고서에 대해 부정적인 부류는 일부 지식인과 공산당이었다.

조사단 보고서에 적극적으로 반대한 후한민(胡漢民)은 "이 보고서는 스스로 입장을 훼멸해 정의를 수호하거나 공도(公道)를 주지할 능력이 없음을 폭로했다. 따라서 국제연맹이 이런 보고서를 채택해 만주 문제를 해결할 자원으로 삼는 것은, 실로 국제연맹의 파산을 선고하는 것에 지나지 않는다"고 하면서 보고서를 철저히 부정했다. 그는 "만주 문제의 최종적인 해결은 국제연맹에 있지 않고 공약(公約)에 있지 않으며, 중국인 최후의 자결(自決)에 있다"(中國國民黨中央執行委員會宣傳委員會, 1978: 510~514; 洪嵐, 2006: 57)고 강조했다. 마샹보(馬相伯)는 보고서가 "흑백전도"라고 강하게 비판했다. 이는 "우리에게 필요한 것도 아니고 받아들일 수도 없는 것이다"라고 하면서 "(국공)내전을 중지하고 대외적으로 일치해 우리 산하를 되찾을 때까지 끝까지 우리 입장을 견지해야 한다"(「中外批評」, 1932: 3~5, 20~22; 洪嵐, 2006: 58~59)고 주장했다.

국민당 중앙위원인 펑위샹(馮玉祥), 슝커우(熊克武), 리례쥔(李烈鈞), 보원웨이(伯文蔚) 등은 1932년 10월 9일 연명으로 전국에 통전을 보내, 국제연맹 조사단 보고서는 "진위가 뒤섞여 있고, 인과가 전도되어 있으며, 일본의 책임을 은폐한 것이 명약관화하다"고 주장했다. 그러므로 적극적으로 저항해야 비로소 민족의 생존을 구할 수 있으며, 국민정부 당국이 부저항주의와 국제연맹에 의존하는 잘못된 생각을 버리고 인민과 합작해 민족의 생명을 보존해야 한다고 강조했다(≪國聞周報≫, 9卷 41期; 竇愛芝, 1998: 14). 보고서는 일본의 감출 수 없는 폭력을 모호하게 설명한 것 외에도, 가장 중요한 책임 문제에 대해 "정면으로 대답하지 않고" 오히려 중국의 경제 절교 운동을 비난해 진상을 불분명하게 했다

(「中外批評」, 1932: 22~24; 洪岚, 2006: 57)고 힐난했다.

1932년 10월 6일 중국공산당이 이끄는 중화소비에트 공화국 임시 중앙정부는「국제연맹 조사단 보고서를 반대하는 통전(通電)」을 발표해, 보고서는 "명백히 일본 제국주의가 만주, 화베이, 상하이를 점령한 것은 정당하고 부득이한 행동이라고 선포했다. 각 제국주의가 모두 와서 중국을 과분(瓜分)하도록 호소해 중국의 혁명 운동을 소멸시키려 한다"고 비난했다. 또한 "리튼 보고서는 제국주의가 중국 민족을 노예로 만드는 노예 계약"이라고 했으며, "종주권이 중국에 속한다고 하는 것은 중국 민중의 반제 무장 민족 전쟁을 해제시키고 중국 민중을 속이는 것"이라고 규정하면서 전국 인민이 혁명의 민족 전쟁으로 리튼 보고서를 분쇄해 중화민족의 완전한 해방과 독립을 강구해야 한다고 강조했다(夏旦大学历史系中国近代史教研组, 1977: 203; 窦爱芝, 1998: 14).

중국에서 리튼 조사단 보고서를 비평하는 이유로 다음 네 가지를 들 수 있다. ① 보고서가 조사 원칙을 위배하고 조사 범위를 넘어 중국의 내정을 간섭했다, ② 보고서는 법률을 무시하고 사실을 직시하지 않아 만주사변의 책임 문제를 모호하게 처리함으로써 중국의 이익에 손해를 입혔다, ③ 보고서가 건의한 '만주자치'는 실제 국제사회가 만주를 공동 관리하겠다는 것으로 중국의 주권을 심각하게 침범했다, ④ 보고서가 각종 이익에 영합해 주관적으로 모순을 덮음으로써 착오를 범했다(陈积敏·赵金金, 2007, 59~60).

이로써 중국 사회는 중국 정부에 다음과 같이 건의했다. ① 정부는 보고서의 결론에 입각해 만주 문제에 대한 중국의 최소한의 요구를 천명하고, 더 나아가 정부의 만주 문제에 대한 정책을 천명해 최대한 국권을 수호해야 한다, ② 중국 정부는 세계와 국제연맹의 여론을 살펴 중국이 국제적으로 더 많은 성원을 얻도록 하여, 일본을 국제사회에서 고립시켜야 한다, ③ 중국 정부는 국제 규약에 의거해 중국에 유리한 조약을 통해 보장받는 한편, 국제사회의 동정을 최대한 얻어내야 한다(陈积敏·赵金金, 2007: 61~62).

셋째, 조사단 보고서에 대해 긍정적으로 평가한 경우이다. 리튼 조사단을 직접 만나기도 했던 후스는 "금일의 현상에서 국제 조정을 승인한다는 원칙하에 이 조건이 만약 모두 이루어진다면 하나의 해결 방법일 수 있다. 우리가 분명히 알아야 할 것은 이 해결 방안의 목적은 만주국을 취소하고, 만주에서 중국의 주권 및 행정의 완전함을 회복하는 것이다. 만약 우리가 다른 방법으로 이러한 목표에 도달할 수 있다면, 우리에게는 당연히 국제 조정이 필요하지 않을 것"이라고 했다. 후스는 조사단 보고서가 "세계 공론을 대표하는 하나의 보고서"(胡適, 1932: 2~6; 洪嵐, 2006: 58)라고 치켜세웠다.

왕정팅(王正廷)은 두 가지 점을 들어 조사단 보고서가 공도를 지켰다고 평가했다. 하나는 만주사변 시 일본의 군사 행동은 합법적인 자기방어로 볼 수 없다고 규정해 책임 소재를 분명히 했다는 것이다. 다른 하나는 만주국 성립이 만주 사람들의 의사에 따른 것이 아니라 일본 군대나 문무 관리가 무력으로 성취했다는 것을 인정했다는 점을 들었다(傅啓學, 1987: 511).

장팅푸(蔣廷黻)는 조사단 보고서에 대해 한편으로는 "객관적이고 우의적이다"라고 평가하면서도 "일본 정치 상황에 대한 충분한 연구가 없어, 보고서가 중국의 정치 상황을 논하면서 공정함을 결여했다"고 보기도 했다. 그는 중국이 현대화하기 위해서는 일본의 우호적인 태도가 필요하지만, 이것이 여의치 않으면 "만주 지역에서 일본의 경제적 이익을 승인하고 중·일 경제 합작의 길"(蔣廷黻, 1932: 5~9; 洪嵐, 2006: 58)을 제안하는 현실적인 입장을 취해야 한다고 보았다.

## 2) 일본의 반응

조사단의 보고서가 발표되자 일본은 「국제연맹 중국 조사위원회 보고서에 대한 제국정부 의견서」(国際聯盟協会 編, 1932) 등 문서를 작성해 입장을 표명했는데, 우선 차례를 살펴보자.

차례에서 볼 수 있듯이 일본은 중국의 배외 운동을 강조해 일본의 권익이 침해당했음을 강조하려 했고, 더 나아가 만주사변 후 지역 상황에 따른 군사 행동, 신국가 건설, 만주국에 대한 주민의 태도를 강조함으로써 일본의 정당성을 설명하고자 했다. 일본은 자신들의 군사 행동이 자위적인 범위를 넘지 않았다고 강조했다. 이 문서에서 일본이 내린 결론은 다음과 같다(赤松祐之, 1932: 66~67).

① 중국은 1911년 신해혁명 이래로 계속 무정부에 가까운 혼란에 처해 국가적
   붕괴 상태에 있기 때문에 언제 안정될지 예단이 불가능하다.
② 중국의 혼란 상황으로 외국인의 생명과 재산이 충분히 보호될 수 없다.
③ 그 결과 제 국가들은 치외법권, 조차지, 주둔군 유지 등 자위권을 계속 행사했다.
④ 중국에 이권을 가진 일본은 중국의 무정부 상태 및 배외 정책으로 피해를 입은 가장 큰 피해자이다.
⑤ 일본은 만주와 역사적·지리적으로 가장 긴밀한 관계를 이루고 있으며, 막대한 경제적 이익을 얻고 있고, 중요한 조약상의 권리가 있으며, 다수의 거류민

이 있다. 국가 안전 차원에서 정치적·전략적으로 만주에 대해 상당한 관심이 있으므로, 일본의 만주에서의 위상은 세계 다른 국가와 비교해도 예외적이고 특수하다.

⑥ 장쉐량이 국민정부에 접근해 일본의 권익을 침해했고, 일본도 이를 경계하기 위해 노력함으로써 긴장 상태가 초래되었다.

⑦ 9월 18일 사건은 이런 긴박한 상황에서 일어난 것으로, 이 사건에서 일본군은 자위권의 범위를 일탈하지 않았다.

⑧ 만주국의 창설은 보경안민(保境安民) 운동과 청조의 복벽운동을 원동력으로 한 만주 주민의 자발적인 행위이고, 일본의 만주국 승인은 국제조약을 침범하지 않은 것이다.

일본은 이상과 같이 일본의 정당성을 합리화한 후 국제연맹 조사단의 사태 해결 제안에 대해 부정적인 의사를 표명했다. 즉, 만주 문제는 매우 복잡한 것이므로 적어도 일본이 확고히 신뢰할 수 있는 중앙정부가 있지 않으면 사태는 더욱 확대될 뿐이다. 또한 만주의 군비 철폐, 특히 국제헌병대에 의한 평화 질서유지는 현실에 부합되지 않으므로 인정할 수 없다고 했다(赤松祐之, 1932: 73).

사실 일본은 일찍부터 만주 문제를 해결하기 위해 고민해왔다. 일본으로서는 만주 문제의 해결과 자국의 국운 및 민족의 생사가 밀접하게 연결되어 있었기 때문이다. 그러나 객관적인 국제정치학의 견지에서 만주 문제를 해결할 방법은 ① 제국주의적 해결, ② 민족주의적 해결, ③ 국제주의적 해결 등 세 가지가 있다고 생각했다(神川彦松, 1931: 1~2).

① 제국주의적 해결은 국가의 제국주의적 정책에 의한 문제의 해결을 말한다. 제 1차 세계대전 전반기는 국제정치 역사상 제국주의 시대라고 칭하는데, 강국

이 약소국을 정치적·경제적으로 착취하고 억압하고 침략하고 합병했다. 이런 시대에 만몽 지역이 일본 제국주의 정책의 목표물이 되었던 것이다. 일본은 만주를 일본 국방의 제일선으로 삼았기 때문에 만주에서 다른 제국주의 권력이 수립되거나 무정부 상태의 무질서에 빠지는 것을 견딜 수 없었다. 또한 국토가 협소하고 천연자원이 빈약한 일본은 원료 공급, 자본 투하, 상품 판로를 개척해 만주를 일본의 생명선으로 삼아야 했다(神川彦松, 1931: 2, 5).

② '1민족 1국가'라는 민족국가주의 정책에 의한 해결을 의미한다. 특히 19세기는 민족주의 세기로 불리고 민족의 독립과 해방운동이 국제 변동의 근본적인 동력이 되었다(神川彦松, 1931: 6).

③ 국제주의적 해결은 민족의 정당한 생존권을 상호 승인하고 주권을 지키기 위해 상호 양보하며 상호 협력해 국제 평화를 확립하는 것이다. 이와 같은 국제주의를 실현 가능한 범위에서 만주 문제에 적용한다면 어떻게 될 것인가? 당연히 만주 문제는 자연스럽게 해결되고 만주의 중립화가 이루어질 것으로 보았다. 이는 만주를 중국 영토로 인정은 하지만, 만주에 중요한 이해관계가 있는 국가들이 세계 각국과 협정을 맺어 만주의 질서유지 방법을 정하고 각국이 만주에서 경제적인 활동을 할 수 있도록 개방하는 것이다. 또한 '연맹규약'의 위임통치 정신을 만주에 적용해 국제연맹의 위임통치 지역으로 삼거나 그것도 아니면 만주가 1905년까지 중국 본토와 구별되는 특별 행정 구역이던 역사를 거울삼아 만주를 중국과 분리된 지역으로 인정해 일본, 러시아, 중국 3국의 완충국으로 삼는 것(神川彦松, 1931: 11~13)도 고려했다.

일본 외무성에서는 조사단의 보고서가 정식으로 공포되기 전에 제시할 수 있는 네 가지 방안을 구상했다. ① 중·일 양국의 직접적인 교섭을 통해 일본이 철병하고, 중국이 조약에 근거한 일본의 권익을 존중하는 가운데 만주에 대한 통치권을 중국이 회복하는 것, ② 중국 주권하에 자치를 실시하는 것, ③ 국제

기구가 만주를 공동으로 관리하는 것, ④ 9개국 공약회의에서 서명한 국가가
회의를 개최해 만주 문제를 해결하는 것이었다. 이에 일본이 고려할 두 가지
원칙 중 하나는 영구적인 해결 방안이고, 다른 하나는 장차 만주에서 발생할
수 있는 모든 화근을 제거하는 것이었다. 즉, 실질적으로 만주국을 승인하고
철병을 요구하지 않는다는 점을 구체화하는 것이다(日本外務省, 1978: 946; 张敬禄
1990: 67).

어찌 됐든, 일본은 리튼 조사단의 보고서가 공포된 후 "제국이 만몽을 치리
하는 근본 방침을 뒤엎으려 기도하고, 제국의 미래 국운에 실질적인 압력으로
위협하므로 제국은 국제연맹에 남아 있을 수 없다"(日本外務省, 1969: 207; 张敬禄,
1990: 68)는 이유를 들어 국제연맹을 탈퇴한 후 '일본의 길'을 가면서 동아시아
에 전운을 드리웠다.

### 3) 조선의 반응

일본의 통치를 받고 있던 조선은 리튼 조사단의 활동에 관심을 보이며 추이
를 살폈다. 주요한은 「연맹조사단 보고내용 검토」라는 글에서, 보고서는 다음
과 같이 세 가지 내용으로 구분된다고 보았다. ① 만주 문제의 배경(1, 2, 3 및 7,
8 각 장)에서는 중국의 현황, 만주의 현황, 중·일 양국 간의 분규, 일본 상품 배척
문제, 만주에서의 양국의 경제적 이익에 관한 내용, ② 만주사변의 경과(4, 5, 6
장)에서는 만주사변과 상하이 사변, 만주국 성립에 관한 내용, ③ 사건 해결 방
법(9, 10장)에 관한 내용 등이다(주요한, 1932).

주요한의 글은 리튼 보고서의 내용을 정리하는 정도였지만, 만주사변을 기
회로 중국의 배외적 국민운동을 억제하고, 일본의 독점을 배격한 후 국제적으
로 공동관리를 하자는 보고서의 제안에 대해서는 견해를 밝혔다. "만일 이것을
중국 본토에서 하자고 제안했다면 열국이 다 좋아하며 찬성했을지 모르나, 만

주에서 이것을 하자는 것에 대해 일본은 절대 반대할 것이므로 애석히도 한 장의 휴지에 그치고 말 것이다. 중국 측에서는 이것을 최후의 구제소로 알고 따를지 모르나 그들도 국민운동 및 외화 배척에 관한 조항을 재독·삼독해볼 필요가 있을 것이다"(주요한, 1932). 당시 국제연맹 조사단의 제안이 휴지조각에 불과하다는 것을 예리하게 간파하고 있었던 것이다.

≪삼천리≫에 글을 게재한 김경재는 만주국의 독립과 중국 국제 공관론, 세계 정국의 추이와 전망에서 "리튼 보고서의 근본정신이 중국을 공동관리 하자는 데 크게 의의가 있음을 알 수 있고 문장은 유려하나 어린아이 사탕 빼앗아 먹는 소리에 지나지 않는다"(김경재, 1933)라고 풍자했다. 김경재는 리튼 보고서의 만주에 대한 국제 공동관리 제안에 대해 일본의 불만만 부각시킨 것이 아니라 "(보고서) 전편을 통하여 일관된 정신이 중국에 대한 국제 관리에 있다는 것이다. 중국의 비난도 거기에 있고 일본의 분개도 또한 이를 중요시하는 듯하다"(김경재, 1933)라고 하면서 만주의 국제 공동 관리에 대한 양국의 불만을 동시에 적시했다. 김경재의 글이 실린 ≪삼천리≫는 1929년 6월 12일에 창간된 대중 월간 잡지로, 개벽사에서 발행하던 ≪별건곤(別乾坤)≫과 쌍벽을 이루었다.

≪별건곤≫의 글 또한 "말썽 많은 중·일 문제를 가지고 해를 묵혀가며 옥신각신 입씨름만 하고 있는 제네바의 국제연맹은 아직도 신문들의 일면 기사 재료만 만들어낼 뿐이지 이렇다 할 해결의 서광이 보이지 아니한다. 도대체 국제연맹이 재판장 격이 되어 이 사건을 해결하러 나섰다는 것이 애초에 망령이다. 왜? 국제연맹은 죄인에게 벌을 줄 힘이 없는 재판장이니까". "중국은 사탕을 빼앗긴 어린애처럼 국제연맹에 졸라대었"고, 일본은 "버티었다. 국제연맹으로부터 탈퇴를 하더라도 아니 그보다 더 나아가 국토를 초토화시키더래도"라고 하며 국제연맹의 무력함을 풍자했다(필자, 「무력한 재판장 국제연맹」, 1933).

다시 말해 중국은 문제를 해결할 수 있도록 국제연맹에 요청했고, 일본은 무조건 버텼는데, 죄인에게 벌을 줄 힘도 없는 재판장 국제연맹의 건의는 결국 휴지조각에 불과했던 당시의 현실을 예리하게 통찰했던 것이다.

## 4) 미국과 영국의 태도

서양 여러 국가 중에서도 영국이 가장 발 빠르게 움직였다. 국제연맹 회의가 열리기 전에 영국은 이미 리튼 보고서에 대한 태도를 결정했는데, 만주를 원상 회복할 수 없다는 보고서의 의견과 보고서 통과에 찬성했다. 그러나 만주국 불승인에 대해서는 모호한 태도를 취했다. '만주국을 영원히 승인하지 않는다'는 것에는 동의하지 않는다고 했다.

영국의 전략은 전면에 나서서 행동하기보다 국제연맹의 막후로 행동하면서 국제연맹이 그 문제를 너무 엄정히 처리하지 않게 하여, 중·일 쌍방이 보고서를 기초 삼아 담판할 수 있도록 촉구한 것이다. 중·일 쌍방을 공정하게 대함으로써 어느 한쪽이 격노하지 않도록 하며, 특히 일본의 화를 자초하지 않겠다는 전략이었다. 영국이 이와 같은 태도를 취한 이유는 영국의 무역에서 양국이 중요하기 때문에 어느 한쪽도 포기할 수 없었던 것이다(張北根, 2001: 77).

따라서 영국은 적극적으로 대일 조치를 취하지 않았고, 문제 처리의 주도권을 미국에 떠넘기려고 했으며, 시간을 달라고 요청한 일본의 요구를 들어주라고 국제연맹을 압박하기도 했다. 미국은 국제연맹에서의 지위나 국익을 감안할 때 마땅히 영국이 주도적인 역할을 해야 한다고 주장하면서 영국에 책임을 떠넘겼다. 결국 이는 국제연맹과 회원국 간의 문제이기 때문에 국제연맹이 스스로 대책을 마련하도록 내버려두어야 한다고도 주장했다(이교덕, 1992: 235).

미국의 타일러 데네트(Tyler Dennett)는 「리튼 보고서」로 명명한 것은 국제연맹 위원회가 파견해 조사한 중요한 내용을 정확히 보여주지 못해 뜻이 오도될 수 있고, 의미가 불분명하다고 비판했다(Dennett, 1932: 1148). 미국은 무력으로 영토를 획득한 것을 불승인한다는 보고서 내용에 찬성하는 데 만족해하며, 중·

일이 직접적인 담판을 통해 만주 문제를 해결할 수 있는 기초를 마련하도록 했다는 데서 리튼 조사단 보고서의 의의를 찾았다. 그러면서도 일본이 조사단의 건의 내용 중 세부 항목에 반대할 것이라고 우려를 표명했다. 만주국 철폐에 대해서는 조사단이 국민정부의 의견을 수용한 것이므로, 일본이 받아들이지 않으리라고 예상했다(傅啓學, 1987: 511).

미국의 태도보다 영국의 태도를 주시하게 되는데, 1931년 만주사변 이후부터 1933년 3월 일본이 국제연맹에서 탈퇴할 시기까지 "영국은 극동 지역에서 비교적 큰 이익을 얻고 있던 유일한 유럽 국가"(王宇博, 1995: 119)였기 때문이다.

영국이 취한 태도의 출발점은 ① 극동 지역에서의 영국의 이익이고, ② 국제연맹에서 영국의 지위와 역할, 더 나아가 일본과의 충돌을 피하려는 영국의 책략과 정책이었다. 그 이유로 ① 비록 극동 지역에서 영국의 이익이 주로 중국에 있지만, 기본적으로는 만리장성 이남 지역에 특히 양쯔강 중하류 지역에 집중되어 있기 때문에 만주의 이익과는 별 관계가 없었다. 따라서 일본의 침략이 영국의 이익에 위협이나 압력을 주지는 않았으므로, 영국 정부는 "만주에서의 영국의 이익은 일본과 좋은 관계를 유지하는 이점보다 명확히 적다"는 점을 들었다.

② 국제정치적 관점에서 보면, 영국에 일본은 특별히 중요한 존재였다. 국제연맹 군축회의에서 영국의 각종 정책과 행동에 일본이 지지하고 협력해 무시할 수 없는 역할을 했다. 따라서 영국은 "만약 우리가 일본을 격노케 하면 영국의 이익은 특별히 심각한 손실을 입을 것이다"라고 우려했다(王宇博, 2002: 123).

장베이건(張北根)은 영국의 태도가 일본을 옹호하고 중국을 억압(袒日抑中, 1932.11~12) → 일본에 대한 양보(對日讓步, 1933.1) → 공도(公道) 집행(1933.2)식으로 세 차례 변화했다고 보았다. 영국은 극동 지역에서 군사력이 허약한 상태이므로 일본에 대한 제재가 영·일 간 전쟁으로 비화될 것을 두려워했다. 따라서 영국의 극동 정책은 중국과 일본을 상대로 무역 이익을 적극적으로 확대해나가면서 대일 전쟁을 피하는 것이었다. 이는 영국이 국제연맹회의에서 리튼 보고서를 심의할 때 앞서 말한 태도를 취하게 하는 원인이 되었다(張北根, 2001: 98).

국제적인 공도를 집행하기 위해 만주에 파견해 공정히 조사하고 해결책을 내놓기 위해 결성된 조사단의 대표가 영국인 리튼이었다. 이는 공정보다는 이익을 우선한 영국의 처신과 함께, 조사단의 한계로 지적된다.

국제연맹 이사회는 중·일 분쟁 문제를 논의하기 전에 조사 보고서에 기초해 조사단을 회의에 출석시키고 조사단의 의견을 들었다. 리튼은 조사단의 의견을 다음과 같이 표명했다. "극동의 형세가 비록 염려되지만, 그렇다고 희망이 없는 것은 아니다. 세계가 염려하고 있는 상황에서 현명한 정치적 수완을 발휘해야 한다. 만주의 시국은 현재 있는 조약과 부합되느냐가 쟁점이었다. 일본이 만주국을 승인한 것은 본래 불합리한 것이다. 이미 기정사실이 되었다고 합리적이라고 인정할 수 없다. 조사단이 보고서에서 건의한 해결 방법은 일본에도 결국 유익한 것이다. 일본이 중국을 적대시하고 세계가 불만을 표시하는 현상을 유지한다면 그 대가가 매우 클 것이다. 만주를 위험에 빠지지 않게 하는 것은 중국에도 유익한 것"(中國國民黨中央執行委員會宣傳委員會, 1933b: 26~27)이라고 했다.

종합해보면 중국의 국민정부가 안내양외(安內攘外) 정책(朴宣泠, 1998)을 내세워 공산당 토벌에 집중하는 상황을 틈타, 일본은 세계 정복이라는 꿈을 실현하기 위해 전초기지로서 만주 지역을 점령하고자 1931년 만주사변을 단행했다. 이렇게 되자 중국은 1931년 9월 21일 국제연맹에 호소해 외교적으로 만주 문제를 해결하려 했다.

IPR 회의에서 국제연맹의 효용성을 논의할 때 산동과 지난 문제를 들어 국제연맹의 역할에 불신을 표했던 중국이다. 그러나 억울함을 당하자 호소할 곳이 국제연맹밖에 없었고, 이를 통해 문제가 해결되기를 기원한 것이다. 중국은 만주 지역에서 침해당한 중국의 주권을 29가지로 진술한 『중·일 문제의 진상』(중화민국국민정부외교부, 2009)이라는 외교 문서를 국제연맹에 제출했다. 국제연맹은 리튼을 단장으로 하는 조사단을 파견해 '객관적인 보고서'(Lytton, 1932c: 739)를 발표했으나, 보고서는 결과적으로 양국 모두에 불만스러운 것이었다.

리튼 조사단의 보고서는 침략과 저항의 확대라는 두 가지 문제를 야기했다. 국제연맹의 중재는 문제를 해결하지 못했고, 일본은 이를 계기로 국제연맹 탈퇴를 선언하며 세계 정복의 꿈을 더욱 확대시켜갔다. 반면 국제연맹의 힘을 빌려 주권 문제를 외교적으로 해결해보려 했던 중국의 국민들은 자신들의 힘을 통해서라도 주권을 지켜야겠다는 일념으로 항일운동에 참여했다. 공산당 토벌에 주력했던 국민정부조차 시안(西安)사변과 중·일전쟁 발발이라는 위기에 몰리자, 결국 내전을 중지하고 항일운동에 주력할 수밖에 없었다.

# 6장

# 만주의 과거와 현재

## 1. IPR과 국제연맹 만주관의 비교

### 1) 평화 추구를 위한 국제기구의 공통점과 차이점

인류 역사상 전쟁은 지속적으로 발발했고, 전쟁으로 모든 것이 피폐해지면 인류는 평화를 희구했다. 특히 근대에 이르러서는 국지전에 그치지 않고 세계대전으로 확대되는 양상을 목도하면서 인류가 평화 정착을 위해 더욱더 노력해야 한다는 절체절명의 사명감을 느끼기도 했다. 평화 속에 안주하면서도 조금의 이익 때문에 또다시 갈등 국면에 이르고, 심해지면 전쟁으로까지 확대되었다. 평화를 파괴하는 국제적인 갈등은 평화적인 방법으로 해결할 수 있는 것인가? 갈등과 평화 사이에는 어떤 함수관계가 있을까?

14세기 이래 유럽에서 각종 국제조직을 통해 평화를 창출하고자 하는 사상과 노력이 이어져 왔다. 18세기에는 칸트가 국내 정치체제와 국제평화와의 연관성을 중시하며 국제조직의 필요성을 강조했으며, 19세기에 들어와서는 세계를 무대로 하는 다양한 평화운동이 이어졌다. 이런 분위기를 배경 삼아 구체적으로 결실을 맺은 것이 국가 차원의 연합체인 국제연맹과 국민 차원의 연합체인 IPR이다.

20세기 국제 협력 부문에서 가장 규모 있는 국제조직을 꼽으라고 한다면 1920년에 결성된 국제연맹으로, 이는 국제적인 조직을 통해 전체 세계와 협력하면서 평화를 이루고자 한 것이다.

국제연맹의 역할을 성공적으로 만들기 위한 조건은 각 국가가 평등·호혜의 정신으로 세계 전체의 평화를 고려하는 입장에 상충되는 문제를 논의하고, 논의된 내용을 충실히 이행하는 것이다. 설사 일부의 불만이 있더라도 다수의 의견에 따르면서 문제의 해결을 위해 노력하지 않으면 결국 문제는 해결되지 않고 갈등은 확산될 수밖에 없다.

또한 국제적으로 아시아·태평양과 관련된 중요한 이슈의 해결점을 찾아보고자 미국 YMCA 주도로 1925년 호놀룰루에서 결성된 비정부기구가 IPR이다. IPR 회의의 성공 요건은 국제연맹의 성공 요건과 비슷했다. 이는 1929년 교토에서 개최된 제3회 IPR 회의에서 니토베 이나조가 개회사에서 강조하는 점을 통해 확인할 수 있다.

IPR 회의를 성공시키려면 국제적인 정신 태도를 함양해야 한다. 일국가적 이기심에서 벗어나 국제 문제를 공평하고 객관적이며 과학적으로 보는 정신이 있어야 한다. 국제적 정신은 개별적 국가 정신에 대립하는 반대어가 아니다. 국가적 기초를 잃은 우주정신의 동의어도 아니다. 진정한 국제정신은 애국정신을 포함하는 것이고, 진정한 애국정신은 국제정신을 포함하는 것이다. 국제정신의 대의어는 애국심이 아니며 외국 숭배도 아니고, 맹목적 애국심과 외국 공포심도 아니다. 만약 태평양에 하나의 음영을 던지는 문제가 있다면 그것을 협의하고 정돈하고 상호 협조해 문제를 해결해야 할 것이다. 국제정신을 발동해 객관적으로 어떠한 사람에 대해서도 악의를 갖지 않고 공평하게 전체 인류에 대해 사랑하는 마음을 갖고 대회 프로그램에 따라 토론하지 않으면 안 된다(新渡戸稲造, 1930b: 90~91).

니토베 이나조가 강조했듯이 자국에 애국심을 가지면서도 국제적으로 평화를 중시하며 상호 협조해 문제를 해결하도록 노력해야 한다. 문제는 각 국가의 이익이 첨예하게 대립하는 실질적인 사건이나 행동에서도 이런 정신이 제대로 실현될 수 있을 것인가 하는 점이다.

물론 국제연맹이나 IPR에 참가하는 모든 이들이 실질적으로 국가적 이익을 넘어 국제적 이익을 위해 상호 협조하는 것이 얼마나 어려운지 잘 알고 있다. 그런데도 평화를 추구하며 협의를 통해 문제를 해결하려고 노력했다는 점이 국제연맹과 IPR의 공통점이었다.

이 두 단체가 국제조직으로서 행사한 권한은 객관적인 견지에서 합리적인 의견을 제시하고 권고하는 것이었다. 물론 법적 구속력이 없었으므로, 이런 권고를 이행하지 않았다고 하여 제재 조치를 하기는 어려웠다.

같은 듯하면서도 다른 두 단체의 차이점을 주체, 성격, 참석자 범주, 관심 대상, 논의 방향과 결과 그리고 해체 이유를 중심으로 확인해보자.

첫째, 조직 주체를 보면 국제연맹은 각국 정부가 주도적으로 참여하는 기구이므로 정부에서 파견된 정식 대표가 각종 회의에 참여한다.

IPR 회의는 순수하게 민간 개인이 자발적으로 만들어 특정 사안에 대해 연구·조사하고 논의했으므로 회의마다 참여하는 구성원이나 참석 인원에 차이가 있었다. 국제연맹은 각국 정부 차원에서 가입하는 기구이지만, IPR은 비정부 차원에서 참석하는 기구라는 차이점이 있었다(潘雲龍, 1978: 17; 新渡戸稲造, 1930b: 87~88).

둘째, 조직의 성격을 살펴보면 국제연맹은 국가 간의 분쟁을 해결해 세계적으로 평화를 추구한다는 목적 아래 정치적·법률적인 면이 강조되므로 문제 해결과 정책 변화에 주안점을 두었다.

IPR은 과학적이고 체계적으로 문제를 해결하기 위해 연구와 조사를 통해 사상 및 의견을 교환하는 데 주력했다. 주요한 문제는 사전에 심도 깊게 충분히 연구함으로써 사실에 기반을 둔 조사와 연구를 바탕으로 토론한다는 장점이 있었다. 자유로운 분위기 속에 문제를 해결할 수 있는 다양한 방안을 논의함으로써 상호 이해의 폭을 넓히는 것이 중요했다.

셋째, 참석자의 구성을 보면 국제연맹은 주로 제네바의 회의장 및 관련 기구를 사용하며 각국 정부가 공식적으로 파견한 외교계 인사가 회의에 참석했다. 국제연맹은 중요 사안을 이사회에서 심의했고, 전체 회의를 통해 최종 결정했다. 사안에 따라 특별 조사위원회 같은 것을 두기도 했으며, 리튼 조사단과 같이 특별 조사단을 구성해 문제 해결을 위한 조사 보고서를 작성하기도 했다.

IPR은 회의마다 개최지가 다를 수 있으며, 정치계·경제계·과학계·교육계 등 관련 사안에 적합한 전문가가 참석했다. IPR 회의가 개최될 당시 설정된 주제에 맞는 전문가가 참여하므로 참석자가 반드시 정해져 있는 것은 아니었다. 물론 당시의 시대적 상황이나 정치적인 이유로 참석자의 수가 결정되기도 했다.

넷째, 관심 대상을 살펴보면 IPR 회의는 조직체의 이름에 'Pacific Relations'가 들어 있는 데서 알 수 있듯이 아시아·태평양 지역 국가들의 관계 개선에 집중하는 조직이었다. 따라서 해당 국가나 특정 문제를 연구·조사하고, 또 구체적으로 문제를 토론하는 것도 모두 태평양 연안 지역을 대상으로 했다. 물론 아시아·태평양 지역과 타 국가들과의 외교 문제도 다루었기 때문에 지역적으로 아시아·태평양 문제만을 다루었다고 보기는 어렵다. IPR 회의에 참석했던 국가는 시기에 따라 참여 여부가 달라지기도 했지만, 전체적으로는 아시아·태평양 지역에 위치한 국가, 즉 일본, 중국, 조선, 인도, 인도네시아, 필리핀, 호주, 뉴질랜드, 캐나다뿐만 아니라 영국, 프랑스, 네덜란드, 소련도 참가했다. 조선의 경우 제3회 회의부터는 공식적인 회원으로 참여하지 못했다.

그러나 국제연맹은 사상 면에서 전 세계를 대상으로 했다. '유럽의 국제연맹'으로 불린 데서 알 수 있듯이 주로 유럽 문제에 집중하고 실질적으로도 세계 각국의 문제를 형평성 있게 다룬 것은 아니지만, 미국이나 소련이 가입하지 않았다는 점, 일본·독일·이탈리아 등의 국가가 전쟁 확대라는 특수한 정치적 목적에 따라 연맹을 탈퇴한 점을 제외하면 당시 독립국 전체가 거의 참여했다고 해도 과언이 아니다.

IPR에는 미국과 소련이 참가했지만, 국제연맹에는 이 두 국가가 참여하지 않은 것도 차이점이다.

다섯째, 논의 방향을 살펴보면 국제연맹은 개별 국가가 공식적으로 모여 논의하는 곳이기 때문에 대표들이 생각이나 정책을 자유롭게 제안할 수 있는 곳이 아니다. 각국을 대표해 신중이 발언하고 그에 대해 책임을 져야 했다.

IPR 회의는 민간인 자격으로 각 분야의 전문가들이 자유롭게 참가한 것이기 때문에 자신의 발언에 대해 책임을 지지 않아도 되고, 실질적으로 그런 발언이 특정 정책이나 국가 방향에 반드시 영향을 미치는 것도 아니었다. 따라서 '자유로운 토론'이 최대 장점인 IPR에서는 자유로이 토론하는 가운데 '새롭고 창조적인' 방안의 도출을 기대할 수 있었다.

IPR 회의는 국제연맹의 일부가 아니지만, IPR 회의가 개최되면 국제연맹에서도 참관인을 보내 모든 회의에 참석시켰다. 국제적인 논의의 방향성을 검토해 국제연맹 정책에도 활용할 수 있도록 노력한 것이다.

여섯째, 논의 결과를 살펴보면 국제연맹은 논의 결과를 정치적인 행위로 추구하지만, IPR은 이성에 호소해 문제 해결을 촉구했다. 논의 결과에 따른 구체적인 실천에서 양자 모두 강력한 법적 구속력은 없었다. 국제연맹은 국가적 합의에 의한 것이므로 그 결정을 따라야 하지만, 일본의 경우처럼 탈퇴하는 경우에는 별다른 제재를 취할 수 없었다. 국제연맹의 중재를 통해 분쟁을 해결한 사

| 표 6-1 | IPR과 국제연맹 비교

| | 내용 | IPR | 국제연맹 |
|---|---|---|---|
| 공통점 | 목적 | 평화 추구 | |
| | 역할 | 객관적이고 합리적인 권고 | |
| | 권한 | 권고 불이행 시 특별한 제재 방안 없음 | |
| 차이점 | 조직 주체 | 민간 전문가 | 각국 정부 |
| | 조직 성격 | 문제 해결 방안 모색 | 문제 해결 및 정책 변화 |
| | 참석자 구성 | 주제에 맞는 전문가 | 정부 파견 인사 |
| | 관심 대상 | 아시아·태평양 지역 문제 | 이론적으로는 전 세계 그러나 실질적으로는 유럽 문제에 집중 |
| | 논의 방향 | 문제 해결을 위한 자유로운 견해 제시로 결론을 도출하지 않음 | 신중한 발언에 따른 결론 도출 |
| | 논의 결과 | 자유롭게 정책에 반영 | 결정에 따른 이행이 요구됨 |
| | 해체 이유 | 매카시즘 열풍 등 | 국제적 분쟁 조정의 한계 |

레로 볼 때, 국제연맹의 논의 결과는 분쟁 해결을 원하는 당사자들 사이에서 중재를 하는 정도의 의미로 평가해볼 수 있다.

그러나 IPR 회의에서 논의한 결과는 상황에 따라 각국의 정책에 반영되기도 하고, 상대방을 이해하는 용도로 활용되기도 했다.

일곱째, 해체 이유를 살펴보면 국제연맹은 미국과 소련이 참석하지 않은 상태에서 국제분쟁을 효과적으로 해결하지 못했을 뿐만 아니라 제2차 세계대전을 저지하지 못해 마침내 1946년 해체되었다. 이후 미국 주도의 국제연합이 그 뒤를 이었다

IPR은 일본이 동아시아로의 전쟁을 확대하고 중국이 공산화된 후에도 국제회의를 지속하며 평화를 추구했으나, 미국에 불어닥친 매카시즘 열풍과 재정적 이유 등으로 해체되었다. 그 후 IPR의 기능은 이 책 2장 2절에서 설명한 것처럼 각국의 상황에 맞게 변화했다. IPR의 명칭을 변화시킨 경우도 있고, IPR이 담당했던 기능을 여러 기관에서 계승해가는 경우도 있었다. 구체적으로 보

면 호주, 캐나다, 영국, 인도, 네덜란드, 파키스탄의 경우 '국제관계연구소(Institute of International Affairs)'라는 이름으로 활동했다. IPR의 기관지 ≪퍼시픽 어페어≫는 브리티시 컬럼비아 대학이, ≪파 이스턴 서베이≫는 버클리 대학이 출판을 담당했다.

이상에서 살펴본 바와 같이, IPR과 국제연맹의 주체, 성격, 참석자 구성, 관심 대상, 논의 방향과 결과, 해체 이유 등에서 볼 수 있듯이 유사하면서도 성격이 서로 달랐다. 이를 종합적으로 정리하면 〈표 6-1〉과 같다.

## 2) IPR과 국제연맹 만주관의 차이

IPR과 국제연맹 이 두 조직은 동아시아에서 가장 이슈가 된 만주 문제를 해결하기 위해 나름의 노력을 다했다.

IPR은 1929년과 1931년의 IPR 회의를 통해 만주 문제를 두 차례 논의했으며, 이후 만주 관련 자료를 출판하기도 했다. 만주 문제를 효과적으로 논의하기 위해 중국, 일본, 미국의 학자들이 조사·연구했고, 이를 회의 자료로 삼았다.

국제연맹에서는 1931년 만주사변이 발발한 후 중국이 문제의 해결을 호소함으로써 본격적으로 만주 문제가 논의되었다. 리튼 조사단을 파견해 만주 문제를 조사하고 보고서를 작성하게 했을 뿐 아니라, 상하이 사건이 발생했을 때도 이를 만주 문제의 연장선에서 조사보고서를 제출함으로써 일본이 상하이에서 철수하는 결과를 도출하기도 했다.

그렇다면 두 기관의 만주관은 어떠했을까?

우선 IPR을 보면 각국마다 혹은 각 전문가마다 만주를 이해하는 시각과 정도가 서로 달랐으므로, 'IPR의 만주관'이라고 통칭할 만한 관점을 찾는 것은 불가능하다고 할 수 있다.

이런 한계에도 이 책 3장에서 다룬 만주 관련 쟁점인 만주 경제의 발전 문제,

치안 유지 문제(영사관 경찰 및 병력주둔권), 조약상 근거 유무(21개조 문제)와 권리 남용 문제(일본 군사적 행동의 합법성 문제), 조선인 문제와 미해결 현안을 중심으로 중국, 일본, 제3자적 시각을 통해 몇 가지 특징을 찾을 수 있다.

중국은 당연히 만주는 중국에 속하며, 일본이 만주를 침략한 것으로 보았다. 만주의 경제 발전도 일본에 의한 것이 아니라 중국의 전체적인 경제성장이 만주 경제의 변화를 이끌었다고 보았다. 또한 일본이 주둔하는 남만 지역에 토비가 더 많이 창궐하고 있다고 하면서, 토비와 일본의 연관성에 주목해 만주에서의 일본의 존재가 치안을 안정시키기보다 혼란을 부추기고 있다고 보았다.

그러나 청일전쟁과 러일전쟁 이후 일본이 남만주 지역에서 얻은 이권은 국제법상 법률적 효력이 있는 것이므로 이에 대해 전면적으로 부정하지는 못하지만, 법률적 해석에서 일본과 의견을 달리했다. 중국은 법률적 범위를 최소화하여 해석하고자 했으며 일본은 가능한 한 최대화하고자 했으므로, 중국과 일본 양자는 해석 문제를 놓고 끊임없이 갈등했다.

중국은 철도병행선 문제와 관련해 가설 금지 조항은 어떠한 조약의 명문에도 없는 것이라고 하면서 일본의 주장에 반박했다. 일본이 조선인을 조정해 그들을 내세워 만주 내지로 침투하고 있기 때문에 문제라고 지적했다. 또한 해결되지 않은 현안 300여 건은 일본이 우월한 태도를 견지해 평등하게 교섭할 수 없기 때문에 감정이 악화되고 있다고 지적했다.

일본은 중국이 정치적으로 혼란해 기본적으로 만주를 관리할 능력이 없는 상황에서 그나마 일본이 존재하기 때문에 정치적 안정뿐만 아니라 경제적 부를 창출할 수 있다고 강조했다. 즉 중국의 정치적 혼란과 제도적 불비를 영사경찰관을 배치한 요인으로 설명했고, 만주사변의 발발도 자국 방어를 위한 불가피한 선택이라고 주장했다.

또한 만주에서의 일본의 존재 혹은 일본의 권익은 국제법적으로도 인정되므로 법적 근거가 있으며, 만주에서 일본의 권익은 중국으로부터 직접 받은 것이 아니라 러일전쟁에 일본이 막대한 돈을 투여하고 일본인이 피와 땀을 흘려 러시아로부터 일궈낸 결과임을 강조했다.

일본은 중국이 조선인을 쫓아내기 위해 비밀 훈령을 만들어 활용하는 것이 문제라고 지적하면서, 미해결된 현안 역시 중국이 조약을 불이행하거나 그에 항의해 일본을 만주에서 내쫓으려 하기 때문에 해결이 어렵다고 보았다.

그 외 국가의 제3자적 시각을 보면, 만주가 법적으로는 중국에 속한다는 것은 대체로 인정했지만, 만주에서의 일본의 권익 역시 정당하다고 보았다. 따라서 중국이 러일전쟁에서의 일본의 입장을 존중하지 않으면 일본도 중국의 의견을 수용하기 어려우므로, 중국도 일본의 권익을 인정할 필요가 있다고 지적했다. 남만주철도주식회사 등과 관련해 일본이 권한이 있다고 해도 중국인이 표출하는 분노를 고려해 순수하게 상업적 활동에만 전념할 것을 제의했다. 또한 중국에 21개조를 강요한 것은 일본의 국격에 걸맞은 행동이 아니라고 비난했다.

중·일 양국의 격렬한 갈등에는 나름의 법적 근거가 있지만, 사안에 따라 특정 내용에서는 중국을 좀 더 지지하고, 어떤 경우에는 일본의 주장이 일리가 있다고 보았기 때문에 이를 종합해 만주관을 정리하기는 어렵다.

이와 같은 IPR의 백화제방(百花齊放), 백가쟁명(百家爭鳴)식의 의견보다 국제연맹식의 의견이 더 명쾌해 보인다. IPR은 각자의 의견을 자유롭게 논의하는 공간이지만, 국제연맹은 각자가 의견을 제시하기보다 사안을 해결하기 위해 최종 결정을 내려야 하는 곳이기 때문이다. 따라서 특정 사안에 대한 위원회의 보고서에 기초해 최종 결의해 그 결과를 통보함으로써 실질적으로 정치적 행동을 단행하는 것이 목적이었다.

그렇다면 '국제연맹의 만주관'은 어떠한가?

물론 국제연맹 이사회의 위원회가 특정한 만주관을 갖추기는 어렵다. 그러나 국제연맹이 결국 만주 문제를 어떻게 논의했으며 어떠한 경로로 최종 결정에 이르는지를 살펴보면, 나름 국제연맹이 인식하는 만주를 이해할 수 있다.

1931년 만주사변 이후 국제연맹이 이 문제를 어떻게 다루어왔는지를 통해 그 실체를 확인해보자. 국제연맹은 사건이 발생하면 그 해결을 위해 이사회나 특정 위원회를 구성해 사안을 검토한 뒤 합리적인 해법을 도출하는 것을 목표로 삼았다.

1931년 만주사변이 발생한 후, 중국은 9월 21일 '연맹규약' 제11조에 의거해 일본을 이사회에 제소했다. 국제연맹 이사회는 사안을 검토해 즉시 철수와 원상회복을 일본에 요청했으나, 그해 10월 8일 일본이 진저우를 공격하면서 사건이 확대되었다. 국제연맹 이사회는 1932년 1월 14일 리튼 조사단을 구성해 실지를 구체적으로 답사해 사건을 조사하도록 했다.

그사이 일본이 상하이를 공격했으므로(1932.1.28), 국제연맹 '5인위원회'에서 중재를 제안했다. 1932년 2월 3일 중국은 이를 승인했으나, 일본은 2월 4일 이 제안을 거절했다. 이런 결과에도 추후 19개국 위원회가 역할을 다해, 1932년 5월 5일 마침내 정전협정이 체결되어, 5월 6일 일본이 상하이에서 철수했다.

이런 와중에도 일본은 만주를 재빨리 점령해, 1932년 3월에는 만주국을 설립하여 만주에 대한 통치를 공고히 했다.

한편 1932년 9월 4일 리튼 조사단은 만주를 포함해 동아시아의 광범한 지역을 현지 조사해 보고서를 완성했고, 이 보고서는 9월 22일 국제연맹 본부를 거쳐 10월 2일 최종적으로 양국에 전달되었다. 그러나 일본은 이런 중재안에 아랑곳하지 않고 1933년 1월 만리장성을 넘어 위청(楡城)을 공격하는 산하이관 사건을 일으켰다.

만주 사건을 해결하기 위해 1933년 2월 24일 국제연맹 총회가 개최되었다. 여기에서 19개국 위원회 보고와 권고안이 42 대 1로 가결되자 일본은 회의장에서 퇴장했고, 3월 27일 자로 국제연맹을 탈퇴해버렸다. 이때 가결을 이끌어내는 데 결정적인 역할을 한 것이 바로 리튼 조사단의 만주관이라고 할 수 있다. 이를 간략히 정리해보자.

리튼 조사단 만주관의 핵심은 조사보고서에서 만주를 어떤 지역으로 보았는가 하는 점이다. 보고서에서 만주사변은 한 나라가 다른 나라에 선전포고한 사건이 아니며, 한 나라가 다른 국가의 국경을 넘어 무장 침략을 한 사건도 아닌 유례가 없는 특수 상황이었다고 하면서 만주에서의 일본의 권익을 인정했다(박영석, 1986: 291). 즉, 만주사변은 특정 국가의 영토를 다른 국가가 이유 없이 침략한 사건이 아니라 상당히 복잡한 문제가 얽혀 있다고 전제했다.

그렇다면 중국과 일본 양자 모두에게 법적인 권한이 있는가? 이 문제에 대해 리튼 보고서는 양자 모두가 법적 권익을 주장할 수 있다고 했다. 만주는 법률적으로 중국에 속해 있기는 하지만, 지방 정권이 일본과 직접 교섭할 수 있을 정도로 자치적인 성격이 광범위하게 미치고 있다고 했다. 즉 지방 정부에 일본과 교섭할 정도의 자치권이 있고, 일본은 그 권한을 활용한 것이므로 일본 또한 국제법적으로 법률적 권한이 있다고 판단한 것이다. 결국 만주 문제는 중국 영내의 지역적 자치가 불러온 것으로, 국제법의 법률적 효력에 대한 한계와 모순에서 비롯된 것으로 본 것이다.

물론 일본은 이러한 법적 권한을 기반으로 남만주철도 연선에 병력을 주둔시켰고 만주 각지에 영사관 경찰도 배치했기 때문에 이와 관련해 중국과 다양한 갈등이 발생했다고 보았다. 더 나아가 리튼 보고서에서는 중국의 정치적 불안이 일본과의 우호 관계에 장애가 될 뿐만 아니라 세계 여타 국가에도 불안 요인이 되므로, 중국의 국내적 재건을 위해서는 국제 협력이 필요하다고 강조했다(박영석, 1986: 292~293).

이를 종합해보면 국제연맹은 중립적인 자세로 사안을 객관적으로 보기 위해 노력했으므로, 만주에 대해 특정 관점이 있다고 보기는 어렵다. 국제연맹은 만주사변이 발생한 후 이를 해결하기 위해 위원회를 구성했고, 위원회에서 조사하고 연구해 작성한 보고서를 기초로 표결에 부쳐 일본에 권고안을 냈던 것이다. 따라서 사전에 특정 만주관을 가지고 있었다고 보기 어렵다.

| 표 6-2 | IPR과 국제연맹 만주관 비교

| | IPR | 국제연맹 |
|---|---|---|
| 공통점 | 만주의 중국 귀속성 | |
| | 만주에서 일본의 법률적 권익 인정 | |
| | 만주에 대해 특정 관점이 결정되어 있다고 보기 어려움 | |
| 차이점 | 연구와 논의를 통해 만주 문제의 근원 파악 | 조사를 통해 만주 문제 해결책 모색 |
| | 중·일 등 국가에 따라 만주 문제 해결 방안 차이 | 리튼 보고서를 기초로 만주사변 발생 이후 사건 해결에 주안점 |
| | 문제 해결을 위한 중재위원회 설치 제안 | 일본군 철수를 요지로 하는 위원회 권고안 가결 |

비록 국제연맹은 만주에서의 일본의 권익을 인정했지만 다른 한편 일본 병력의 철수를 권고했기 때문에, 일본이 권고안을 수용하지 않고 국제연맹을 탈퇴한 것이다. 일본의 탈퇴로 국제연맹은 결국 어떠한 문제도 해결할 수 없는 상황에 처했다.

논의를 토대로, IPR과 국제연맹 만주관을 비교해 정리하면 〈표 6-2〉와 같다.

표에서 보는 바와 같이 IPR의 만주 논의에서도 서양 위원들은 일본이 만주에 대한 근대 국제법적 권익이 있다고 주장했는데, 국제연맹 리튼 조사단의 보고서 역시 이 점을 명확히 인정했다는 점에서 공통된다.

IPR과 국제연맹의 근본적인 차이점은 결국 조직체의 성격에서 비롯된다고 볼 수 있다.

IPR에서는 만주 문제의 근원을 논의해 다양한 해결 방법을 모색했고, 특정한 사안에 대해 특정한 결론을 내리거나 표결에 부쳐 그 결과를 통보하는 것이 아니기 때문에 각국, 특히 중국과 일본이 다른 국가들의 의견을 자유롭게 청취해 정책에 참고할 수 있도록 하는 것이 주안점이다. 그러나 국제연맹은 사건이 발생한 후 문제를 해결하기 위해 특별 위원회를 구성하고 현지 조사를 통해 정리된 보고서 권고안을 표결에 부쳐 결정하고 그 내용을 당사국에 권고하는 체제였다.

비록 정부와 민간 차원에서 국제연맹과 IPR을 동원해 만주 문제를 해결하기 위해 노력했으나 무력 앞에 평화의 외침은 무기력하기만 했다.

## 2. 학문과 정치의 경계

### 1) 학문의 정치화, 정치의 학문화

국제연맹과 IPR의 만주 논의는 학문의 정치화인가, 정치의 학문화인가? 학문(지식)은 정치(권력)와는 구분되는 독자적인 영역인 것 같지만, 시대상과 맞물리는 정치적 특성을 배제한 학문은 한계가 있다. 따라서 학문과 정치는 긴밀히 연결되어 있어 발전을 이루기도 하지만, 각 영역의 특성상 갈등에 빠지기도 한다. 학문과 정치는 어떤 연관성이 있으며, 석학들은 둘을 어떻게 정의했는지 살펴보자.

아리스토텔레스는 『형이상학』에서 학문을 다음과 같이 규정했다.

① 경험이 개개 사물에 대한 지식인 데 반해 학문은 보편적인 것에 관한 지식이다.
② 경험은 단순히 '있는 것'을 아는 데 그치지만, 학문은 원인에 관한 지식이다.
③ 학문은 가르치고 배울 수 있는 것이다.
④ 학문은 실용을 위한 것이 아니다. 학문은 생활의 쾌락이나 생활에 필요한 것
  을 위한 것이 아니라, 오히려 이런 것과는 독립되어 있다(이상백, 1948: 6).

아리스토텔레스는 사변적 학문의 목적이 '진리'인 데 반해, 실천적 학문의 목적은 '행위'라고 설명했다(박승찬, 2003: 162). 이는 학문에 부응하는 대상들이 인

간의 의지와 생산에 종속되는지 여부를 기준 삼아 학문을 구분하기도 했다. 학문은 이론과 정치, 즉 실천을 대립시키는 것으로, 이론과 실천과의 관계를 말하는 것이라고 해석할 수도 있다.

따라서 학문이란 학자들이 텍스트 안에서 진리를 추구하는 행위이기도 하지만, 일정한 사회적 맥락에서 서로 다른 이념이 충돌하는 가운데 '정당한 담론의 지위'를 획득하려는 사회 세력 간의 상징 투쟁(홍성민, 2008: 5)으로 볼 수 있다.

정당한 담론 지위를 획득하려는 상징 투쟁은 국제적인 지형에서 순환되는 지식으로 변모해 외교 및 정치·경제 정책에 영향을 미치고 있다. 아이디어가 정책을 인과론적으로 연결해 외교 정책과 국가 행위에 영향을 미치기도 하기 때문이다(김성현, 2008: 99; Jacobson, 1995, 283~310; Yee, 1996).

미셸 푸코(Michel Paul Foucault)는 지식(학문)과 권력이 철저히 연계되어 있다고 하는 지식정치학의 지평을 열었다. 그는 흥미를 가지고 정신의학을 연구했으며, 서양 문명의 핵심인 합리적 이성에 대한 독단적 논리성을 비판하고, 소외된 비이성적 사고, 즉 광기(狂氣)의 진정한 의미와 역사적 관계를 파헤쳤다.

미셸 푸코는 근대적 실천, 담론, 지식에 대한 탐구를 통해 그가 말하는 권력과 지식의 관계에 집중했다. 일반적으로 권력을 부정적으로 평가하지만 푸코는 권력은 생산이라고 단정했다. 권력은 현실을 생산하고 대상의 영역과 진리의 의식을 생산한다. 개인과 개인으로부터 나오는 지식은 이러한 생산에 소속된다고 했다(메르키오르, 1998: 174~175).

권력의 모든 관계가 차단되어 있는 곳에서만 지식이 존재한다거나 지식이 권력의 명령이나 요구, 권력의 이익에 초연하여서만 발전할 수 있다고 생각하게 하는 모든 전통을 거부해야 할 것이다. 또한 지식인이 될 수 있는 조건 중의 하나가 권력과 절연해 있어야 한다는 것을 믿지 말아야 한다. 오히려 인정해야 할 것은 권력이 지식을 생산한다는 것이며, 권력과 지식은 자기의 영역 속에 상대방을 직접

끌어 들이고 있으며 지식의 영역과 상관관계를 형성하지 않는 권력이란 존재하지 않고 또한 권력의 관계를 전제하지 않고 그 관계를 만들지 않는 지식은 존재하지 않는다는 사실이다(오생근, 1990: 54~55).

권력은 지식을 떠나 있지 않고 권력의 활동은 지식을 생산하며, 중성적인 순수한 지식이 존재하지 않는 한 모든 지식은 정치적이라고 한다. 정치적 권력과의 관계 속에 기반을 두지 않는 지식이란 존재하지 않기 때문이다(오생근, 1990: 55). 지식은 권력의 의지와 표리 관계를 이룬다.

전후 지역에 대한 연구의 필요에 의해 미국에서 생성된 지역학은 "사심 없는 지식을 지향하는 내적 추동력에 의해 탄생했다기보다 긴박한 현실적 요구, 특히 이문화 간의 활동에서 제기되는 구체적이고도 특정한 문제를 다룰 수 있는 '전문가'의 필요성에 정부 차원에서 조응한 것이다"(월러스틴, 2001: 152). 이는 인문학 전통에 면면히 흐르는 사고를 간과해버림으로써 '이용당할'의 위험성, 즉 정책을 지식에 종속시키는 것이 아니라 오히려 그 반대가 될 위험이 존재한다. 이는 1955년 W. C. 스미스(W. C. Smith)가 미국동양학회 연설에서 '진리 추구를 위해' 저항할 것을 호소하면서 했던 말이다. 지식과 권력 사이의 팽팽한 긴장감을 어떻게 유지할 것인가 하는 점은, 학문을 하며 늘 느끼는 곤혹스러움일지도 모른다. 학문이 현실 정치와 권력에서 의미 있게 '활용'되면서도 '이용'만 되지 않고 '진리를 추구해나갈 수 있는가' 하는 것은 학문적인 긴장감을 놓지 않았을 때 그나마 유지할 수 있는 것 아닐까?

베이컨(Bacon)은 "연구는 배설물이다. 그것이 확산되지 않는 한"("The value of the work": 38)이라고 말하기도 했다. 지식은 학문의 울타리 안에서만 생존하는 것이 아니라 월담해 권력과 더불어 제국주의 정책을 추진하는 데 깊이 있게 관여하기도 했다. 지식의 유통 과정 그 자체가 지배와 피지배의 불균형 구도를 만들어내는 중요한 기재이기 때문이다(홍성민, 2008: 8). 어느 면에서는 특정 문제와 관련해 깊이 있게 연구한 학자들의 정치적 제안은 정책적으로 정착되어 학문을 체계화시키는 데 도움이 되기도 한다.

1942년 하버드 대학에서 학위를 취득한 뒤, IPR 회의에서 적극적으로 활동한 라이샤워가 당시 주일대사였던 조지프 그루(Joseph Grew)와 미 국무성 고위관료에게 중요한 제안을 했다. 이른바 '지식 생산의 정치학'이라고도 하는 이제안은, 전후 '평화의 승리(winning the peace)'가 될 수 있도록 일본을 통치할 마스터플랜을 세우는 것이었다. 여기에서 전후 일본의 천황제가 존속되도록 한 상징천황제가 제시되었다. 또 하나는 일본계 미국인을 전시 지원병으로 동원하는 것인데, 이런 주장은 루스벨트 대통령이 1943년 2월 1일 일본계 미국인 부대의 창설을 명령하면서 현실화되었다(장세진, 2012: 126~127).

이는 학자가 제한한 정치적 사안이 제한적이나마 현실 정치에서 정책으로 도입된 사례가 되었다. 이러한 사례에서 확인할 수 있듯이 관련 주제에 가장 정통한 지식인들이 모여 토론함으로써 세계적인 학문의 장을 이루었던 IPR 회의의 각종 제안이 아무 의미 없이 그냥 묻혀버린 것은 아닐 것이다. 학문의 장을 형성했던 IPR 회의에서 논의된 주제들은 비록 정치적 힘의 크기에 따라 논의 방향이 좌우되는 위험성도 존재했지만, 권력(정치)과 학문(지식)의 길항 관계를 통해 만주에 대한 학문으로 체계화되는 데 기여했다. 정치의 학문화와 학문의 정치화를 가장 효과적으로 볼 수 있는 사례가 만주 문제이지 않을까?

## 2) IPR과 정치와의 길항

IPR 회의의 목적은 특정 이슈에 대해 사실을 파악하고 의견을 교환해 아시아·태평양 국민 사이에 평화가 깨지고 교란될 수 있는 여러 문제를 발견해 해결할 수 있는 단서를 제공하는 것이었다. IPR은 비록 다양한 비판에도 직면했지만, 필요한 과제를 철저히 연구하고 토론해 그 가치를 확산시키려고 노력했다. 회의의 필요조건은 참가자가 자국 정부에 미혹되거나 자기 혹은 자신의 당파나 여론에 영향을 받지 않고 자유롭고 기탄없이 의견을 발표하는 것이다.

　IPR 회의는 조사와 연구를 기반으로 하는 기구인데, 조사는 사실을 집약한 것으로 이를 바탕으로 토의해 문제 해결의 단서를 찾을 수 있도록 도와주었다. IPR 회의의 조사 결과는 정리되어 장래에 또 다른 조사 계획을 세우는 데도 기여했다(山崎馨一, 1930: 99). 조사와 연구를 기반으로 하는 IPR 회의는 상호 이해를 확대한다는 측면에서는 나름 유용한 것이었다. 갈등이 첨예한 동일한 문제에 대한 서로 다른 시각의 연구를 기반으로, 다양한 국적의 지식인이 모여 토의하고 서로 각기 다른 결론에 이를 수 있는 장점이 있었다. 또한 IPR 회의는 다른 여러 지식인의 서로 다른 생각을 배우기도 하고, 상대방을 양해함으로써 귀국후 본국에 타국의 견해를 전하거나 이를 바탕으로 자국민을 이해시키는 데도 일정 부분 기여했다(山崎馨一, 1930: 100). 이러한 과정을 통해 국제적으로 특정 지식이 자연스럽게 순환됨으로써 상호 소통할 수 있는 계기가 되었을 뿐만 아니라 특정 지식을 바탕으로 국제적으로 학문의 권력 질서가 형성되는 과정으로도 활용될 수 있었다.

　그러나 최대한 학문적인 방법을 동원해 민간 차원에서 국가 간 갈등의 문제를 평화적으로 해결해보고자 했던 IPR 회의에는 보이지 않는 정치권력이 깊숙이 개입되어 있기도 했다.

　IPR 헌장에 따르면 국가위원회나 독립적인 지역 그룹은 IPR 회의에 참석하기 위해 소요되는 개인 경비를 스스로 부담하도록 명시하고 있다(CULMC, Constitution of the Institute of Pacific Relations, Box 174). 따라서 IPR 회의는 모든 국가의 그룹이 사적이고 개별적으로 조직되어 개인적으로 비용을 들이기 때문에 개별 정부로부터 어떠한 도움이나 지원도 받지 않는(TUBCA, Hand book of the Institue of Pacific Relations, Box 81: 11) 것이 IPR 회의의 특징이라 할 수 있다. 개인이 모든 경비를 감당하므로 특정 권력의 압력을 받지 않고 자유롭게 개인적인 의견을 피력할 수 있는 것이 장점이었다.

조지 블레이크슬리는 IPR 회의는 정부에서 파견한 대표가 없는, 민간 차원의 비공식적인 참가자들이 모여 태평양 국가들의 관계를 위험에 빠트릴 수 있는 요소와 문제를 파악하고, 솔직하고 다양하게 해결책을 제시해 문제를 해결함으로써 평화를 창출하기 위해 노력하는 기구라고 평가했다(Blakeslee, 1930: 723).

그러나 연구 주제가 과학이나 다른 학문 영역이 아닌 정치 현실일 경우, 각 위원은 자국 정부를 대변하는 경향이 있었던 것도 사실이다. 표면적으로는 IPR 회의는 정부와 어떠한 관계도 없었지만, 실질적으로는 정치 문제 등에서 각 그룹의 각 국가의 주요 인물들은 정부와 긴밀히 관계를 유지하고 각국 정부를 대변하는 논의가 이루어지는 것으로 보는 것이 더 타당할 것이라고 평가하기도 한다(佐藤安之助, 1931: 94~95). 공적이 아니라 개인적으로 참여해 논의했지만, 각국의 정책을 변호하며 논쟁했으므로 IPR의 존재가치를 고려해볼 필요가 있다는 평가도 있다. 개인적으로 자국의 정책을 변호하기 위한 것이 아니지만 갈등이 첨예한 문제에 대해서는 민족적 이익이 우선이 되다 보니 결과적으로 자국의 정책을 옹호하는 것으로 보이는 측면도 있다.

일본의 경우를 예로 들면, 외교부가 깊이 관여한 사실을 확인할 수 있는데, 사안에 따라서는 IPR 회의 준비를 위한 출장 비용도 지원했다. 네덜란드는 제2차 세계대전 이전에 일본 IPR이 미쓰비시(三菱), 미쓰이(三井), 스미토모(住友), 남만주철도주식회사 등 재벌들의 돈을 받았다고 했다. 일본은 1954년 교토 회의를 개최할 때 일본 정부로부터 300만 엔을 받았지만, 이 사실은 1984년 겐지 오쿠보(Genji Okubo)가 네덜란드에서 증언하기 전까지 수십 년간 계속 비밀에 부쳐졌었다(Nagao, 1999: 27).

개별 교수들의 여행 경비를 정부 차원에서 고려한 경우도 있다. 문부대신 다나카 류조(田中隆三) 명의로 총리대신 와카쓰키 레이지로(若槻禮次郎)에게 보낸 비밀 서한을 통해서도 확인할 수 있다. 도쿄 제국대학 다카야나기 겐조와 나스 시로시가 1931년 10월 20일부터 15일 일정으로 상하이에서 개최된 제4회 IPR 회의에 참석했는데, 이 경비를 요청했던 것이다(内閣 文第1145号, A04018331800). 또한 도쿄 제국대학 다카기 야사가(高木八尺)가 1938년 IPR 회의에 참석해 일본과 관계된 것을 논의하게 하기 위해 정보부 제1과가 주관해 금 5000엔의 여행 경비를 보조해주었다고 보고한 자료도 남아 있다(『太平洋問題調査会関係一件』, 第九巻, B04122244900). 이 책 제3장 〈표 3-3〉에서 제시한 일본 IPR 회원의 명단에서 볼 수 있는 것처럼 다카기 야사가는 일본 IPR 이사라는 중책을 맡고 있어서 일본 IPR을 이끌어가는 인물이었기 때문에 전략적인 차원에서 보조했다고 볼 수 있다.

물론 여기에서는 여행 경비 보조 정도의 사례를 들었기 때문에 다른 관계를 명쾌히 규명하기는 쉽지 않다. 그러나 일본 IPR의 실질적인 활동에서 들었던 비용을 일본 정부가 어떻게 처리했는지 부분이 더 밝혀진다면 학문 속에 깊이 있게 내재되어 있는 정치와 권력의 상관관계를 확인해낼 수 있을 것이다.

중국의 경우도 정부 보조가 있었음을 보여주는 사례가 있다. 소콜스키(Sokolsky)는 "재원이 어디에서 나왔든 우리와는 관계없는 일이지만, 의심할 여지가 없이(중국_인용자) 정부보조금이 있었다"(CULMC, "Notes on Confidential Interview with Mr. George Sokolsky": 7)고 했다. 중국의 경우도 IPR 참석자들이 정부보조금을 받았던 사실을 언급한 것이다. 중국 IPR 스스로가 정부로부터 보조금을 지원받은 사례를 밝히기도 했다.

제3회 중국 IPR 회의 위원으로 참석한 천헝저(陳衡哲) 베이징 대학 교수는 "이번 회의에 동북성(중국_인용자)에서 1만 5000위안을 지원했고, 정부에서 별도로 보조금이 지원"(≪益世報≫, 1929.12.4)되었다고 밝혔다.

이 같은 사례는 단지 일본이나 중국의 경우만 그럴 수도 있겠지만, 각 국가의 이익과 첨예하게 연계된 사안을 토론하는 경우 각국 정부가 더욱 내밀하고 깊숙이 관여해 지원했을 가능성이 있기 때문에, IPR 회의가 각국 정부의 재정적 지원과는 전혀 관계없는 민간 차원의 '순수한' 회의였다고 단정하기 어려운 측면이 있을 수 있다.

이뿐만 아니라 IPR 회의에서 국가적 이익과 관련된 사안이 논의되기도 하기 때문에 상호 갈등 구도에 놓여 있는 정부의 경우 자국과 상대국 IPR의 회의 준비 상황 등에 대해서도 관심을 갖고 세심하게 또 지속적으로 정보를 수집하고, 공식적으로 외교부에 보고해 파일로 관리했다. 특히 일본의 경우 이를 증명할 수 있는 1차 사료를 통해 상세한 내용을 파악할 수 있다.

예를 들면 1939년 9월 1일 자 기밀 보고에서 홍콩 총영사는 외무대신에게 중국 측의 IPR에 대한 활동 방침에 대해 보고했다(機密公第466号, B04122244900). 이러한 유의 보고뿐만 아니라 다양한 정부 조직이 관심을 갖고 정보를 공유하고 있었던 사실도 확인할 수 있다. 또한 IPR 회의의 주요 인사에 대해서는 정치적으로 어떠한 성향이고, 어떤 일을 하는지에 대해서도 외교부가 일일이 파악하고 있었다. 오언 래티모어의 경우 미국 IPR과 IPR에 관여하는 사람이라고 간단히 적어 놓았지만, 브루노 래스커는 독일계 유대인으로 일본 정책을 극단적으로 공격한다고 명시해두기도 했다(機密第447号, B04122244900). 이른바 일본 정부 차원에서 IPR 회의의 블랙리스트와 화이트리스트를 작성해 관리했다는 것을 잘 보여주고 있다.

IPR 회의에 대한 정부 차원의 지원은 재정적인 측면뿐만 아니라 정치적인 측면에서도 이루어졌다. 〈그림 6-1〉에서 볼 수 있듯이, IPR 회의가 개최되면 각국 정부 차원에서 축전을 보내 성공적인 개최를 기원한 데서 세계적으로 관심을 모은 회의임을 알 수 있다. 학문과 정치가 내적·외적으로 긴밀히 연계되어 있었던 것이다.

제3회 IPR 회의가 개최되었을 때 일본 하마구치 오사치(濱口雄幸) 총리대신의 축사를 IPR 중앙위원회 호놀룰루 중앙사무국 간사 야마자키 게이이치(山崎馨一)가 일본어와 영어로 대독했다(山崎馨一, 1930: 94). 캐나다 수석대표는 총리의 축

| 그림 6-1 | **1929년 회의 시 각국 정치인의 축사 리스트**

사를 대독했고, 중국 수석대표 위리장은 외교부장 왕정팅의 축전을, 뉴질랜드 수석대표는 뉴질랜드 총리의 축사를 대독했다. 국제연맹 중앙사무국 사무차장 스기무라 요타로(杉村陽太郎)는 연단에서 국제 협력을 강조했고(杉村陽一, 1940), 국제연맹 노동국 대표도 축사를 했으며, 미국 수석대표는 미국 대통령 후버의 축사를 대독했다(山崎馨一, 1930: 97).

제4회 IPR 회의에서는 미국 후버 대통령과 캐나다 총리의 축전이 있었다(「太平洋会議開かる」, 1931: 217). 또한 영국 총리 맥도널드, 호주 총리, 뉴질랜드 총리, 일본 총리 와카즈키 레이지로(若槻禮次郎), 국제노동국, 필리핀 정부, 국민정부의 장제스도 IPR 회의 개최를 축하했다. 필리핀 정부에서 온 축전은 필리핀 대학 총장 라파엘 팔마(Rafael Palma)가 선독했다(劉馭萬, 1932: 5~6).

IPR은 비록 외교적이고 정치적인 측면이 있었지만, 무엇보다 강조된 것은 교육적인 측면이다. 일차적으로는 회의에 참여하는 개인이 교육되는 것이고, 더 나아가서는 그 개인의 역량에 따라 주변에 영향력을 미칠 수 있을 만큼 교육된다는 것이다. 따라서 IPR은 교육적인 측면을 강조하면서 조사된 내용을 바탕으로 토론을 하는 것뿐이지 정책을 형성하려는 것이 아니었다. 그들은 '본래의 정체성'을 유지하려고 노력했다(TUBCA, Hand book of the Institue of Pacific Relations, Box 81: 24).

IPR 회의를 통해 볼 수 있는 대내외적인 정치 및 권력과의 연관성 이외에도, 이른바 학문을 중심으로 논의하는 각국 IPR 내부에서의 정치적 권력 투쟁도 간과하기 어렵다. 비록 IPR 회의가 표면적으로는 합리적이고 주제에 적합한 전문가들이 자연스럽게 그룹을 형성해 효과적으로 논의가 이루어진 것으로 보이지만, 정치나 권력과 일정하게 거리를 두는 것은 쉽지 않았다. 중국 IPR의 사례를 통해 구체상을 살펴보자.

제3회 IPR 회의에 중국 대표로 참석했던 베이징 대학 천형저는 IPR 중국 지부의 부패상을 통렬히 비판했다. 모두들 대표가 되기 위해 다투었는데, 어떤 이는 이를 큰돈을 벌 수 있는 기회로 보기도 하고, 성공하는 길이라고 보기도 했다. 회의에서 제안된 내용에 대해 참가자들 대부분은 내용조차 몰랐다. 재정도 공개하지 않아 불투명하고, 언론의 자유도 없어 생각한 대로 말을 할 수도 없었으며, 집단의식도 좋지 않았다. 또한 특정인에 의해 회의 규칙이 제대로 지켜지지 않은 경우도 있고, 이미 결정된 회의 장소가 특정인에 의해 변경되는 것이 합법적인지 되물었다.

그는 이런 문제를 해결하기 위해 대표 파견과 관련된 내용을 공개하고, 내부 행정과 재정을 공개하며, 회의 참석자의 사적인 부분은 제외하고 회의의 모든 사항을 공개해달라고 요청했다. 이것은 최소한의 책무를 요청하는 것으로, 중국이 세계 문제의 초점이 되고 있기 때문에 국민들이 각성해야 한다(≪益世報≫, 1929.12.4)고 강조했다.

이상의 사례에서 볼 수 있듯이, IPR 회의의 목적이 비록 국가 간 갈등 사안에 대한 개별 전문가들의 자유로운 의사표현을 통해 문제를 해결하는 방법을 모색하는 것이지만, 첨예한 갈등이 있는 문제일수록 국익과 직결되기 때문에 '언론의 자유가 없다고 느낄 정도로' 정치와 권력의 통제를 받으며 발언 준비가 이루어졌음을 확인할 수 있다. 이는 비단 중국이나 일본뿐 아니라 논의되는 사안에 따라서는 정도의 차이만 있을 뿐 다른 나라도 마찬가지였을 가능성은 높다고 할 수 있다.

역사학자 하워드 진은 달리는 기차에서 중립은 없다고 말했다. 달리는 기차에서 아무 말 없이 가만히 있으면, 그것은 중립이 아니라 특정 목적지와 속도에 이미 동의한 셈이다. 이는 사태가 이미 돌이킬 수 없는 방향으로 움직이고 있는데, 여기에서 중립이라 함은 그 방향을 받아들이는 것 외에는 없다는 의미이다 (Zinn, 1994, 2002; 진, 2002: 16; 양준희, 2010: 144). 물론 IPR 회의가 어떤 목적과 방향을 위해 극단적으로 달린다고 보기에는 학문적인 성격이 강하기도 하지만, 어떤 이유에서건 IPR의 목적에 찬동하고, 정치적으로 매우 민감한 주제를 포함해 다양한 주제를 논의하는 것 자체가 모두 달리고 있는 IPR 기차에 타고 있는 것이라고 할 수 있다.

2003년에 개최된 국제학회(International Studies Association) 학회장 스티브 스미스(Steve Smith)는 국제 정치 이론이 부유하고 제국적인 강대국 중심의 매우 편파적인 시각이라고 지적했다(Smith, 2004; 양준희, 2010: 128). IPR 회의도 이런 시각에서 100% 자유로울 수는 없었다. 그렇지만 IPR 같은 회의를 통해 국가 권력의 크기에 상관없이 적어도 자국의 의견을 제시하거나 식견을 갖춘 개별 전문가로서 문제 해결 방안을 모색할 수 있으며, 이해 당사자인 상대방을 설득해 볼 창구가 있다는 데서 그 의의를 찾을 수 있다.


## 3. 만주의 위상

### 1) 동아시아와 만주

IPR과 국제연맹에서 중요 이슈로 논의되었던 만주는 아시아의 발칸으로 가장 복잡하고 해결하기 어려운 국제분쟁 지역이었다. 이 지역은 일본, 중국, 러시아(소련), 미국의 정치적·경제적 이해가 상호 교류하고 충돌하면서 매우 복잡한 형태를 이루고 있다. 또한 민족적으로는 한족, 만주족, 조선인, 일본인, 러시아인 등이 혼거하고 하면서 치열하게 생존경쟁을 하므로 극동 지역의 평화와 국제 관계에 상당히 영향을 미치고 있었다(神川彦松, 1931: 1).

만주의 복잡성은 1931년 만주사변 이후 국제연맹에서 파견한 리튼 조사단의 보고서를 통해서도 재확인할 수 있다. 리튼 조사단 보고서에 세 가지로 정리된 만주의 특징(박영석, 1986: 283~284)은 만주의 국제성뿐만 아니라 중국의 국내 정치라는 면에서 보아도 매우 복잡한 상황임을 알 수 있다.

① 만주에서의 분쟁은 한 나라가 '연맹규약'이 제공하는 조정 기회를 미리 충분히 이용하지 않은 채, 다른 한 나라에 선전포고한 것과 같은 사건이 아니다. 또한 한 나라의 국경을 인접국의 무장 군대가 침입한 것과 같은 간단한 사건도 아니다. 만주는 세계적으로 유례가 없는 많은 특수성을 띠고 있기 때문이다. 즉, 한마디로 정의하기 어려운 특수성 때문에 만주에 대한 이해는 매우 복잡하다는 것이다.

② 중·일 쌍방이 이 지역에 대해 각각 여러 권익을 주장하지만, 이 권익들은 그 일부만이 국제법에 의해 명료하게 정의되고 있다. 이 지역은 법률적으로는 온전히 중국의 일부이지만, 분쟁의 원인이 된 사항과 관련해 지방 정권이 일본과 직접 교섭할 수 있을 정도로 자치적인 성격도 광범위하게 나타난다. 이는 결론적으로 국민정부에 귀의하는 '동북역치(東北易幟)'를 장쉐량이 단행하기 전에, 장쭤린에서 장쉐량으로의 권력 이양과 일본과의 교류 관계를 고려해야만 한다.

③ 일본은 해안에서 만주의 중심부에 이르는 철도와 그 일대를 지배하며 재산 보호를 위해 약 1만 명의 병력을 유지하는데, 조약상으로 필요한 경우에는 이 병력을 1만 5000명으로 늘릴 수 있는 권리가 있다고 주장한다. 또 일본은 모든 재만 일본인에게 법권을 행사하며, 만주 전역에 영사관 경찰을 두고 있다. 즉 중국의 주장과는 달리 근대 국제법으로 보았을 때, 일본이 만주와 관련된

조약을 통해 만주에서 법적 권리가 있음을 확인한 것이다.

리튼 조사단은 이 세 가지 사유를 들어 만주 문제가 "극도로 복잡하기 때문에 모든 사실과 그 역사적 배경에 관해 충분한 지식이 있는 자만이 결정적 의견을 표명할 자격이 있을 것"(박영석, 1986: 283)이라고 했다.

그렇다면 과거에 국제적으로 매우 복잡했던 만주는 현재는 어떤 상황인가? 특히 중국만의 만주가 아니라 러시아, 일본, 한반도를 포함한 동북아시아 차원에서 바라보았을 때 만주의 지정학적·전략적 의미는 여전히 살아 있는가?

논의의 범주를 전환해 주변으로 확대하면 만주와 만주 주변의 다양한 변화상을 더욱 쉽게 확인할 수 있을 것이다. 환동해권은 1980년대부터 권역 내 지방 정부에서도 다양한 발전 방안을 추진해왔다. 예를 들어 북한의 '나진선봉자유무역지대 구상', 강원도의 '환동해권 카르텔 구상', 중국의 '두만강 유역 개발 구상', 일본의 '환동해권 운동', 러시아의 '광역 블라디보스토크 개발 구상' 등이 이에 해당한다(원동욱, 2015a: 28~29; 李雪楠, 2014; 朴基石, 2017; 郭文君, 2016; 余鑫, 2013; 杨春香, 2016; 丁四保, 2012).

이런 각종 구상이나 구체적인 프로젝트는 태평양 시대를 맞이해 만주와 태평양의 위상을 동시에 고려한 것이다. 러시아의 동쪽 창구이자 태평양을 마주하는 전초기지 블라디보스토크는 세계적으로도 가장 견고한 해안 보루 중 하나인 중요한 전략적 기지이다(陈肇祥, 2004: 80). 러시아는 블라디보스토크를 중심으로 극동 개발에 박차를 가하고 있다. 중국이 만주와 두만강 유역 개발에 관심을 갖는 것도 이곳이 태평양으로 나갈 수 있는 첩경이기 때문이다. 그렇다면 전략적·정치적·경제적으로 여전히 중요한 만주를 둘러싸고, 중국을 비롯한 동아시아 국가들은 어떤 정책을 어떻게 실천하고 있는가?

제2차 세계대전 이후 중국에서 가장 발전된 곳이 만주이다. 이는 일본이 만주국을 건설하고 다양한 근대적 실험을 했던 것과도 관계가 있다. 그러나 중화인민공화국이 건국된 이래로 만주의 발전은 베이징 등 대도시에 비해 뒤처졌다. 개혁개방 이후에는 동남 연해 지역 중심의 발전 전략이 실시되면서, 만주는 국유기업 위주의 낙후된 경제구조를 여전히 벗어나지 못했다.

따라서 낙후된 만주 지역의 경제를 개발하기 위해 '동북진흥전략' 등 새로운 프로젝트들이 필요해졌다. 2004년 4월 '동북 지역 등 노후공업기지 진흥사업 요점에 대한 통지(国务院办公厅关于印发2004年振兴东北地区等老工业基地工作要点的通知国办发[2004]39号)'[1]를 통해 대외 개방의 중요성을 강조했고, 주변국과 경제협력 강화 및 변경 무역 발전 등에 역점을 두었다. 2005년 6월 '동북 노후공업기지의 대외 개방 확대 실시에 관한 의견(国务院办公厅关于促进东北老工业基地进一步扩大对外开放的实施意见国办发[2005]36号)'[2]을 발표해 대외 개방이 동북진흥의 주요 구성 부분이자 주요 수단이라고 명시했다. 만주 지역의 개발 정책과 관련해 "'대북 육로·항만구역 일체화' 및 '대러 육로·항만·세관 일체화' 건설을 촉진하고, 대외 협력 프로젝트를 실시한다. 대외 원조에서 우선적으로 동북 지역의 변경 세관과 연계되는 교통, 공항, 항만 등 기초 인프라 건설 사업에 배정한다"고 밝혔다. 즉, 북한과의 '육로·항만·구역 일체화' 프로젝트와 러시아와의 '육로·항만·세관 일체화' 프로젝트 등 접경 지역 국가와의 초국경 협력 추진 방안이 중국의 동북 진흥 전략과 긴밀히 연계되어 추진되고 있음을 볼 수 있다.

나아가 동북진흥 전략의 종합적 청사진이라고 할 수 있는 '동북진흥계획'이 2007년 수립된 이후, 2009년에는 랴오닝성의 '연해경제벨트계획', 지린성의 '창지투선도구개발계획'(〈그림 6-2〉 참조) 등 성(省) 차원의 국가급 프로젝트가 추인되었고, 이와 동시에 만주와 접하는 북한, 러시아 등과 초국경 연계개발 프로

---

1    http://govinfo.nlc.cn/lnsfz/xxgk/liaon/201505/t20150527_7271183.shtml(2018년 3월 30일 검색).

2    http://govinfo.nlc.cn/nxfz/xxgk/gsxz/201112/t20111228_1243419.html(2018년 3월 30일 검색).

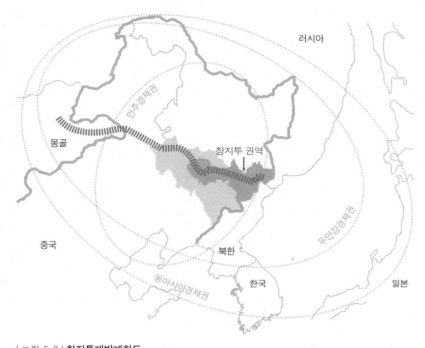

| 그림 6-2 | 창지투개발계획도

자료: https://baike.baidu.com/长吉图开发开放先导区 참고.

젝트가 진행되어왔다. 창춘·지린·두만강(長吉圖) 지역의 개발은 옌볜·룽징·두
만강(延龍圖) 경제구역과 전략적으로 연결될 뿐 아니라(王亮, 2010: 274~275), 실질
적으로도 한반도, 일본, 러시아 등지까지 만주 영향권 내로 포괄했다. 이른바
창지투(長吉圖)와 옌룽투(延龍圖) 경제일체화 전략은 중국이 동북 노공업기지 진
흥 전략과 두만강 유역 협력 개발을 연결해 새로운 대외 개방 정책을 추진하려
는 정책의 일환이다. 중국이 창지투에 관심을 갖는 것은 중국에서 유일하게 변
경과 근접한 근해 지역으로 중국 내륙에서 동해로 나갈 수 있는 가장 가까운 지
역이므로, 동북아 지역의 지리적인 중심이기 때문이다. 따라서 중국 국무원은
2009년 8월 30일 「중국두만강지역합작개발계획강요: 창지투개발개방선도(中

| 그림 6-3 | 창지투와 일대일로 전략도

자료: 孔令智(2015.3.24: 「将长吉图融入国家"一带一路"战略」) 참고.

国图们江区域合作开发规划纲要: 以长吉图为开发开放先导区)」(「国务院正式批夏中国图们江区域合作开发规划纲要」)를 발표하고 중국의 만주 개발 방침에 활력을 불어넣도록 했다. 중국은 이를 기반으로, 2020년에는 현대 농업 시범 기지, 신식 공업 기지, 과학기술 창신 기지, 동북아 국제 비즈니스 업무 기지, 현대 물류 기지로서 동북아 지역 경제 발전을 일으키는 중요한 통로로 삼고자 했다(郝雨石, 2015: 12~13).

2012년 8월에는 "중국 동북 지역의 동북아 지역을 향한 개방계획(2012~2020)[「中国东北地区面向东北亚区域开放规划纲要(2012~2020)」]"[3]을 수립해 만주 지역과 동북아

---

**3**    http://www.jemcc.net/index.php?m=content&c=index&a=show&catid=639&id=70(2018년 3월 30일 검색).

지역 각국과의 협력 강화와 개방 확대를 위한 행동 강령을 마련했다. 2013년에는 "헤이룽장·내몽골 동북부 변경 지역 개발·개방 계획(黑龙江和内蒙古东北部地区沿边开发开放规划的通知)"[4]을 발표해, 2020년까지 이 지역을 러시아 및 동북아 변경 지역을 개방하는 데 중요한 교두보이자 핵심 지역으로 자리매김해 중요한 경제 개발 지역으로 삼겠다는 목표를 세웠다.

유라시아 대륙과 아시아·태평양 지역 해양을 연결하는 랜드 브리지(Land Bridge)로서 만주는 2003년 이후 국가 균형 발전의 핵심 전략인 '동북진흥전략'의 새로운 성장거점으로 부상하면서 새로운 북방 경제 협력의 주요 대상 지역이자 최근 중국이 야심차게 추진하고 있는 '일대일로'를 통한 북방 개방의 창구로 그 위상이 제고되고 있다(원동욱, 2015c: 1~30, 〈그림 6-3〉 참조) 창지투개발선도지역 건설은 두만강 유역 개발을 통해 동북아시아 경제 무역을 활발히 하여 공동 이익을 창출하는 중요한 엔진이 될 수 있기 때문에, 일대일로 전략에 포함시켜 동서양을 넘나들며 해양과 육지를 내외로 연결해 개방하는 것이 필요하다고 보고 있다. 특히 훈춘(琿春) 지역은 두만강 하류에 위치하면서 동해 및 태평양과 인접해 고대로부터 동북아의 요지였다. 이 지역은 중국에서 유일하게 중국, 러시아, 북한 삼국의 국경이 닿는 창구 도시일 뿐만 아니라 한국, 북한, 중국, 러시아, 일본 5개 국가를 수로로 연결하는 교통의 요지이다(郭文君, 2016: 85~86). 따라서 고대로부터 동북아 실크로드의 중요한 연결고리이기 때문에 반드시 이 지역을 포함하는 만주가 일대일로의 북방 창구가 되어야 한다는 것이다(孔令智, 2015).

중국은 내부적으로 만주를 개발하기 위해 각종 경제개발 프로젝트를 진행하고 있지만, 만주 지역의 다문화적이고 국제적인 특성에 맞추어 북한, 러시아, 몽골 등 접경 지역과의 초국경적 프로젝트도 동시다발적으로 진행하고 있다.

---

**4**　http://www.yicai.com/news/2013/09/3020224.html(2018년 3월 30일 검색).

물론 만주 지역의 대외 개방 확대와 초국경 개발 협력은 동북 진흥 전략을 추진하는 주요한 수단 중 하나이기도 하다.

따라서 중국은 국제 경제·기술 협력의 강화를 위해 주요 변경의 세관 도시에 변경경제협력구, 호시무역구, 수출가공구, 초국경공업구 건설 등 산업 협력을 위한 조치를 취하고, 기초 인프라 및 주변국들과의 국제 물류 수송로 건설에 중점적으로 투자하고 있다. 따라서 중국은 동아시아의 전략적 위상을 갖춘 만주를 둘러싸고 대내외적으로 다양한 프로젝트를 실시하면서 '중국의 만주'로서의 위상을 제고하기 위해 노력하고 있다. 중국은 이와 같은 프로젝트를 통해 체제와 메커니즘의 혁신, 시장 기능과 정부 직능과의 관계 조정, 신흥 공업화 전략으로 만주를 중국 경제의 새로운 성장거점으로 부상시키고, 적극적인 대외 개방과 초국경 연계 협력의 확대를 통해 동북아 경제 통합의 주요 전략 거점으로 성장시키고자 한다.

이런 가운데 중국은 북한의 '국가경제개발 10개년 전략계획'과 병행해 '북·중 나선경제무역지대와 황금평경제지대 공동개발 총계획'(〈그림 6-4〉 참조)을 통해 북한과 접경 지역 개발 협력을 추진해왔다. 이를 통해 북한 원정리 연안에서 나진항까지의 2급 도로를 정비했고, 훈춘-나진-상하이 닝보(寧波)항을 연결하는 무역선을 개통했으며, 고효율의 농업 시범 지역 등을 설립했다(郭文君, 2016: 87). 2018년 4월 27일 한국과 북한의 정상회담 결과 발표된 '판문점 선언'으로 향후 남북 간 교류가 확대되면 한반도와 만주를 잇는 더 나아가 만주를 거쳐 중국과 러시아 및 유럽까지 이르는 다양한 프로젝트가 활성화될 수 있기 때문에 만주가 더욱 주목될 것이다. 역사적으로 만주는 한반도와 매우 깊은 연관성이 있다. 고대의 고조선, 고구려 등을 논하지 않더라도 백두산 간도 문제를 포함해 근대 동아시아 만주 문제의 핵심 중 하나도 조선인 문제였다. 그러나 한반도가 일본의 식민지가 된 후 만주와 한반도의 관계가 소원해진 듯 보이지만, 만주와 한반도는 과거와 현재 그리고 미래에도 여전히 중요한 지역으로 간과할 수 없

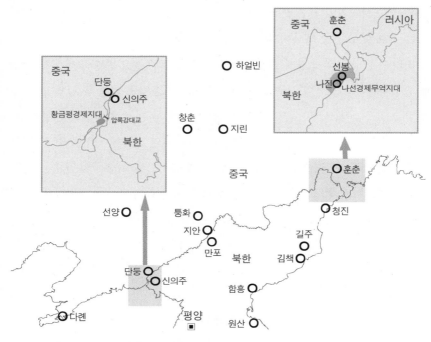

| 그림 6-4 | 북·중 나선경제무역지대와 황금평경제지대

자료: ≪연합통신≫, 2012.8.15 참고.

는 곳이다.

　　한편 16.9km에 이르는 두만강을 사이에 두고 국경을 맞대고 있는 러시아와 북한은 교통망, 전력망, 운송망, 에너지 등 사업으로 협력하고 있는 상황이다. 러시아는 "한반도는 역사적으로 지정학적으로 러시아의 국익에 포함된다"(박정민, 2015: 227)고 인식하면서 극동 지역 영향력 확보를 위해 북한을 방문해 군사 협력 강화, 패권주의 반대, 상호 주권 존중, 한반도의 자주적 통일, 상호 협력 증진 등을 골자로 하는 '북-러 공동선언'을 채택했다. 2013년 북한과 러시아의 관계 발전과 공동 번영의 이정표로 평가되는 러시아 극동의 하산과 북한의 나진항을 잇는 철도 개통식이 열렸고, 2014년에는 나진항 3호 부두 터미널 현대화 작업을 마무리했다. 에너지, 전력, 농업, 물류에서 러시아가 갖고 있는 잠재력은 동북아 접경 지역의 협력에서 중국의 주도를 견제할 뿐만 아니라 북한, 중국, 러시아의 협력과 경쟁에서 균형을 이룰 수 있다("북방3각관계: 4. 푸틴의 블라디보스톡 방문과 동러시아 경제포럼").

러시아는 국가권력의 강화, 사회적 질서 회복, 개혁조치 강화, 법과 제도의 정비, 경제 발전 등을 통해 '강한 러시아'의 리더십을 발휘하고자 한다. 러시아는 2008년 8월 러시아-조지아 전쟁을 통해 세계에 러시아의 존재감을 알린 후, 2014년 크림반도를 병합해 러시아의 군사력을 과시했다.

경제적으로는 '유라시아경제공동체(EurAsEC)'를 만들어 포스트 소비에트 국가들 사이에서 중심적인 역할을 하며 경제 협력을 꾀하고 있다. 유라시아경제공동체(EAEC 또는 EurAsEC)는 벨라루스, 카자흐스탄, 키르기스스탄, 러시아, 타지키스탄, 이 5개국 참여한 국제 협력 기구로서 회원국 간 무비자 자유 이동 보장, 대학 상호 간 교류, 학위 상호 인증 등의 성과를 거두었다.

군사 및 안보적으로도 '집단안보조약기구(The Collective Security Treaty Organization)'를 창설해 역내 안정을 도모하고 외부로부터의 영향력을 차단해 러시아의 지배력을 공고히 하는 데 힘을 기울이고 있다(≪연합뉴스≫, 2015.9.16). 구소련권의 군사동맹체인 집단안보조약기구는 미국과 유럽이 주축이 된 북대서양조약기구(NATO)에 맞서 러시아 주도로 2002년 창설됐으며, 현재 러시아, 벨라루스, 카자흐스탄, 키르기스스탄, 타지키스탄, 아르메니아 6개국을 회원국으로 두고 있다.

그러나 러시아는 다시 극동을 주목하고 있다. 역사적으로는 16세기 후반 처음으로 시베리아를 경략한 러시아가 17세기 중엽부터 헤이룽강 방향으로 세력을 확대해 청나라(중국)와 끊임없이 분쟁했고, 1689년 '네르친스크 조약'을 체결해 만주에서 양 국민이 자유 교역을 할 수 있는 길을 열었다. 청일전쟁 종결 직후 러시아는 독일, 프랑스와 함께 삼국간섭을 주도해 일본으로부터 랴오둥 반도를 회수하는 데도 역할을 했다. 러일전쟁 이후에는 러시아가 북만주철도를, 일본이 남만주철도를 장악함으로써 만주에서 제국주의 세력권을 확보하기도 했다. 러시아는 중국을 정복할 의도로 중동철도를 건설했고, 니콜라이 2세(Nikolai II)는 철도 부설이 완료되면 중국은 잘 익은 과일처럼 러시아의 손아귀로 굴러떨어질 것이라고 자신하면서 만주의 물류 유통을 장악했다. 러시아의 동방 진출 야욕은 근대 이후 만주에서 전개된 수많은 사건이 국제성을 띠게 하는 데 중요한 역할을 했다.

21세기에 이르러 러시아는 만주 지역을 포함하는 초국경 프로젝트를 추진하고 있다. 2012년 5월 푸틴은 '러시아 대외 정책 실현을 위한 방안'을 발표해 신동방정책을 구체화했다. 2012년 9월 블라디보스토크에서 아시아·태평양경제협력체 정상회의를 개최해 신동방정책에 대한 강력한 의지를 대내외에 천명했다.

2009년 9월 23일 중국의 후진타오(胡錦濤) 주석과 러시아 드미트리 메드베데프(Dmitry Medvedev) 대통령이 뉴욕에서 개최된 G20 정상회의 기간 동안 회담을 갖고 "중국의 동북 지역과 러시아 극동 및 동시베리아 지역협력계획강요(2009~2018)[中华人民共和国东北地区与俄罗斯联邦远东及东西伯利亚地区合作规划纲要(2009~2018)]"[5]에 서명했다. 이는 중국의 '동북지역진흥계획'과 러시아의 '극동 및 바이칼(Transbaikalia) 지역 2013년 이전 경제사회 발전 연방 전문항목 계획'과 부합하게 설계한 것이다(원동욱, 2015).

양국은 총 202개 프로젝트를 추진하는데, 러시아가 91개, 중국이 111개 프로젝트를 협력·개발하기로 합의했다. 양국이 주목한 것은 총 8개 영역인데, ① 세관 및 변경 지역 기초 인프라 건설과 개조, ② 교통 물류 협력, ③ 협력단지 발전, ④ 노무 협력 강화, ⑤ 관광 협력, ⑥ 협력 중점 프로젝트 추진, ⑦ 인문 협력, ⑧ 환경 보호 협력이다. 이는 러시아가 추진하고 있는 '극동·바이칼 사

---

5    http://www.hlbrfgw.gov.cn/dzxk/1156.html(2018년 1월 14일 검색).

회경제 개발계획'과 관계를 가지면서 중·러 접경 지역 개발 협력을 추진하는 것이다. 러시아의 극동 개발 계획은 지속적으로 추진되고 있으며, 「1996~2005년 극동 및 바이칼 지역 경제사회발전 요강」, 「1996~2005년과 2010년 전 극동 및 바이칼 지역 경제사회발전 요강」, 「2013년 전 극동 및 바이칼 지역 경제사회발전 요강」, '2025년 전 극동 및 바이칼 지역 사회경제 발전 전략' 및 「극동 및 바이칼 지역 사회경제 발전 요강」 등이 있다(侯芸, 2013: iv). 이는 러시아가 이 지역을 사회적·경제적으로 양적뿐 아니라 질적으로 신속히 발전시키려는 목적이 있다는 것을 확인할 수 있다. 러시아는 국가자본뿐 아니라 개인 자본도 연결해 의미 있는 효과를 만들어내려고 노력하고 있다.

러시아는 중국, 몽골, 한국, 북한, 일본과 더불어 경제 무역 방면에서 협력할 계획을 구상하고 있는데, 그중 에너지 정책은 매우 중요하다(Eder, Andrews-Speed, and Korzhubaev, 2009). 에너지 정책과 관련해 과거 러시아는 주로 유럽을 상대했으나 2008년 이후 동북아 지역에서 러시아와 석유를 통한 외교 관계 확대에 전략적 주안점을 두고 있다(Plyaskina·Kharitonova and Vizhina, 2017). 러시아는 2020년까지 현재 3%대의 동북아 지역 교역을 30%까지 확대할 계획이다(余鑫, 2013: 67). 그 이유는 세계 경제의 관심이 아시아·태평양 지역으로 이동되어 있는 상황에서 극동 지역의 발전은 러시아의 경제적 발전의 운명과도 연관되기 때문에 극동 지역을 개발하기 위한 각종 법규와 우대정책 및 프로젝트에 관심을 갖는 것이다.

실질적으로 극동 및 바이칼 지역의 무역액은 2013년 415.57억 달러로 이는 2012년에 비해 11%p 증가했는데, 수출에서 14.5%p와 수입에서 9.6%p로 수출액이 더 높았다. 무역 상대국도 2012년에는 145개국이었는데, 2013년에는 162개국으로 증가했다(赵欣然, 2014: 86). 2013년 극동과 바이칼 지역 수출 품목은 주로 원자재인데, 그중 석유와 석유제품 수출량이 42%, 천연가스가 19%, 보석과 귀금속이 14%, 어류와 해산물이 8%, 목재와 목제품 및 설비가 4% 등이다

(赵欣然, 2014: 87; Mareš and Laryš, 2012).

러시아는 극동개발부를 신설해 3300억 달러 상당의 국내외 투자를 목표로 한 '2025년까지 극동 바이칼 지역 사회경제 발전 프로그램'을 가동해 신동방정책의 핵심 과제를 확대시켜나가고, 정치·안보를 포함한 다양한 분야에서 중·러 관계의 강화, 북·러 관계 발전을 위한 실질적인 노력(나진-하산 철도 연결), 몽골 및 독립 국가 연합(CIS: Commonwealth of Independent States) 국가와의 유기적 경제 협력 모색 및 외교 관계 확대를 위해 노력하고 있다(한종만, 2015: 68; 이용권, 2015: 58).

러시아가 아시아·태평양 지역으로 눈을 돌리고, 신동방정책을 강력히 추진하는 정치적·경제적·군사적 배경은 무엇인가?

① 러시아는 전통적으로 '유라시아주의'의 문명적 정체성을 갖고 있으므로, 중국과의 협력이 실보다는 득이 된다고 판단하고 있다. 또한 소련 해체 이후 러시아 영토의 3분의 2가 아시아 쪽에 있기 때문에 아시아에서의 이익이 러시아에 매우 중요해졌다(林霞, 1999: 14). 니키타 흐루시초프(Nikita Khrushchyov)는 아시아·태평양 지역이 세계에서 주요한 역할을 하는데, 이 지역에 대한 경제적 참여가 적은 것은 대국으로서의 위상에도 걸맞지 않다고 하면서 적극적인 참여를 강조했다(赫魯晓夫, 1997: 58~69; 于国政, 2001: 26). 이는 글로벌 경제 발전의 추세에 적응하는 것이라고도 할 수 있다(于国政, 2001: 28).

② 2011년 이후 미국의 오바마 정부가 아시아로 눈을 돌리면서 중심축이 아시아로 이동(Pivot to Asia)했다. 또한 재균형 등의 아시아 중시 정책과 중국의 급속한 팽창이 감지되면서 러시아는 상황 변화에 대처하기 위해 신동방정책을 추진해 아시아·태평양 지역에서의 협력을 확장하려 한 것이다. 이는 러시아의 아시아·태평양 전략 및 글로벌 전략과도 연계되어 있다.

③ 유럽주의 국가 발전 전략이 한계에 부딪히면서 새로운 돌파구가 필요한 상황인 데다, 유럽의 경기침체로 에너지 자원의 수요 변화로 에너지 수출 시장을

아시아·태평양 지역으로 다변화해 확대하려는 의도가 있는 것이다(林霞, 1999: 14). 러시아가 직면한 냉혹한 국제환경을 개선하기 위해 전략적으로 경제 중심을 이동하는 것이다(于国政, 2001: 28).

④ 상대적으로 낙후된 극동 및 시베리아를 개발해 국토의 균형 발전을 도모하고 아시아·태평양 지역과의 교류도 확대하고자 했다(장덕준, 2014: 22~23; 이용권, 2015: 58~59; 杨景明, 1995: 48).

특히 동북아를 비롯한 아시아·태평양 지역에서 벌어지고 있는 미·중 경쟁 구도에서 일종의 균형자 역할을 맡아 존재감을 확대하고자 하는 것이 러시아의 의도이다. 따라서 동방 외교를 강화해 전면적으로 아시아·태평양 국가와의 관계를 개선하고, 경제 외교도 강화해 아시아·태평양 국가와의 경제적 협력을 확대해나감으로써 적극적으로 안전 시스템을 확보하는 것이 필요한 상황이다. 또한 극동 지역에서의 경제적 개혁과 협력이 러시아 경제를 이끌어가는 데 견인차 역할을 할 수 있기를 기대하면서, 이런 관계를 통해 군사적·정치적으로도 국제사회에서 균형자 역할을 할 수 있기를 기대하는 것이다.

따라서 푸틴 대통령은 2013년 11월 박근혜 대통령과 만나 나진·하산 물류 협력을 논의했고, 일본의 아베 정부와는 2013년부터 에너지 협력을 비롯한 경제협력 및 양국 간의 전략적 대화를 유지해오고 있다. 일본은 소련 시기부터 지속적으로 극동 및 시베리아 개발 프로젝트에 정부 및 민간 차원에서 협력해오고 있기 때문에, 신동방정책은 러시아와 일본의 협력을 촉진시키는 매개체로 작용할 것이다. 양국은 영토 분쟁 등의 불씨가 남아 있기는 하지만, 실용적인 차원에서 협력하고 있는 실정이다(장덕준, 2014: 253~254). 2014년 5월에는 중국의 시진핑 주석과 만나 4000억 달러 규모의 러·중 가스 협력을 타결했다.

극동 지역에 대해 관심을 드높이고 있는 러시아는 새 시대에 부합하는 러시아의 위상을 찾을 수 있는 계기로 삼으려고 할 뿐만 아니라, 이를 통해 정치적·

경제적 영향력을 확대함으로써 세계적으로도 과거의 영화를 되찾아 '강한 러시아'를 만들고자 노력하고 있다.

지금은 동아시아 여러 국가 간의 초국경적 협력으로 새로운 사업이 진행되고 있지만, 언제 또다시 협력이 갈등으로 변해 새로운 국면에 접어들지 모른다. 평화로운 시대에는 학문적인 연구 대상이자 상호 협력을 통해 경제적 이익을 극대화할 수 있는 곳이지만, 동아시아 국가들이 만주를 둘러싸고 정치적·경제적·사회적·문화적 관심을 집중하는 이상 언제든지 새로운 논쟁을 불러올 수 있다. 그렇기 때문에 만주를 어떻게 운용할지를 놓고 각국의 정치적 권력이 촉각을 세우며, 예의 주시하는 곳이 바로 만주이다.

## 2) 시대적 요청으로서의 만주

만주의 지경학적·지정학적·전략적 중요성이 살아 있는 한, 어느 시대를 막론하고 만주는 새로운 논쟁을 불러올 수 있다. 물론 중국은 만주뿐만 아니라 티베트와 신장을 포함해 변경 지역에 대해 종합적으로 정리하고 있다(박선영, 2014). 그 첫 번째 시도로 먼저 21세기에 중국의 '동북공정'으로 불거진 한·중 간의 '역사전쟁'도 만주의 역사성과 미래성을 누가 어떻게 소유하고 장악할 것인지와 연관된 문제이다(박선영, 2004b; 2004c). 2002년부터 5년간 '동북공정'(고구려연구회, 2008; 박선영, 2004c; 2004b)을 실시해 만주를 '자고이래' 중국의 역사이자 중국의 영토로 만들어 '획일화' 또는 '중국화'하는 작업을 실시하고 이를 현장 교육에도 반영하게 한 이유는, 아시아·태평양의 각축지이자 태풍의 눈인 만주 지역을 역사적으로 정리할 필요가 있었기 때문이다. 그 이유는 한마디로 시대적 요청이라는 필연성으로 설명할 수 있다. 개혁개방 이래 러시아, 북한, 한국, 몽골, 일본, 미국과 중국 사이의 쌍방 관계나 다변 관계에 커다란 변화가 일어나면서 만주 지역은 세계가 주목하는 중요한 지역으로 부각되었기 때문이다. 만주가 동북아의 중심 위치에 있으면서 중요한 전략적 지위(「东北工程简介」; 王洛林, 2003: 4)를 갖는다는 것이다.

중국에서 만주는 학술 문제이기도 하지만, 국가 영토, 강역, 주권과 연관되는 정치 문제여서 국가 안전과 직결된다고 보고 있다. 이는 중국 국내의 문제이기도 하지만, 복잡한 국제 관계에 영향을 미치는 중요한 문제(金哲洙, 2003: 7~8)라는 것이다.

중국은 동북공정의 실시로 비로소 만주를 전략적 요충지로 인식한 것은 아니다(윤휘탁, 2003; 2009). 중국 역사를 되돌아보면 1000여 년 동안 중국 중원과 갈등 관계를 이루었던 거란(契丹)·말갈(靺鞨)·타타르족(韃靼)·만주족(滿洲族) 세력이 모두 만주에서 성장했다(武尙權, 1944: 131). 원(元) 왕조도 외몽골로부터 남침해 중원의 주인이 되었는데, 역사적으로 만주 및 몽골을 장악한 자는 북으로부터 시작해 전체 중국을 통제했다. 만주를 포기하지 않아야 비로소 화베이에 정착할 수 있었다(趙牖文, 1981: 7).

중국 근현대사에서 일종의 '변화의 시대'로 인식되는 1920년대 군벌 할거 시대의 혼란을 종식시키고 강력한 국민국가를 창출하려 했던 국민혁명 과정에서 마지막으로 통합해야 할 곳이 만주였다. 1920년대 말 만주를 장악했던 장쉐량의 만주를 중국 주권하에 귀의시키는 '동북역치' 결단은 국민혁명의 결정판으로, 중국 통일을 완성하는 데 기여했다. 중국 측에서 보면 '동북역치'가 중국을 통일하는 데 기여한 '효자둥이'인 한편, 일본의 만주 점령 계획을 구체화해 중국을 다시 혼란에 빠뜨린 원흉이기도 했다. 중국의 통일도 만주에 달려 있었지만, 중국의 혼란상과 분열상을 재창조하는 '불씨'도 만주에 있었던 것이다.

1945년 11월 15일 중국 외교부는 미국의 해리 트루먼(Harry S. Truman) 대통령에게 전보를 보내 만주의 위상을 설명한 바 있다. 만주 사태는 비단 중국의 영토권과 통일을 위태롭게 할 뿐만 아니라 사실상 동아시아의 평화와 질서에 중대한 위험을 조성했다. 동아시아 대륙과 서태평양의 위기는 바로 만주를 중심으로 급속히 발전하고 있다(蔣中正, 1974: 150~153)고 하면서 미국의 협조를 요구했다.

일본이 패망하고 제2차 국공내전이 발발했을 때 국민정부의 장제스는 만주는 국방상 매우 중요한 지역이기 때문에 만주 문제를 신중히 처리하지 않으면 동아시아 전쟁의 도화선이 될 것이고, 전쟁이 발발하면 수습하기 어려울 것이라고 했다(「先總統蔣公論東北之形勢」, 1989: 1). 장제스가 만주에 관심을 갖는 이유는 물론 만주에서 국민정부의 주권을 천명하고자 하는 일차적인 목적이 있겠지만, 산업의 중심지로서 만주의 잠재력을 인식하고 있었기 때문이기도 하다. 그는 중국 정부가 만주를 장악하지 않으면 중국이 근대 산업화 사회로 발전하기 어렵다(Gillin and Myers, 1989: 1)고 명확히 인식하고 있었다. 또한 만주가 없으면 화베이가 없고, 화베이가 없으면 중국이 없다(陳孝威, 1964: 284; 佟冬, 1998: 690)는 인식이 있어 만주를 중요시할 수밖에 없었다.

국공내전 당시 중국공산당의 만주 인식은 어떠했을까? 만주는 중국공산당과 중국 혁명의 변화상으로 보았을 때도 특별히 중요한 곳이었다. 만약 공산당이 모든 근거지를 다 잃었다 해도 만주만 있으면 중국 혁명의 기초는 견고하며, 다른 근거지도 잃지 않고 만주까지 있다면 중국 혁명의 기초는 더욱더 공고(≪党史資料通讯≫, 1982: 7; 张庆峰, 1995: 179; 王金铻·陈瑞云, 1988: 177)하다고 강조했다. 중국 현대사에 역사적인 전환점을 마련하는 데 기여한 요심전쟁(遼瀋戰爭)은 중국공산당이 국민당과의 결전에서 승리를 하는 데 전략적으로 매우 중요한 역할을 했다. 대략 47만 명의 국민당군을 섬멸한 요심전쟁으로 국민당 병력은 290만 명으로 감소했고 공산당 병력은 300만 명으로 증가해, 오랫동안 지속된 국민당 우세, 공산당 열세라는 판도를 바꾸었다(魏宏运, 1999: 527). 중국공산당은 1946년 7월부터 계산해 5년 안에 500만 인민해방군을 건설해 국민당 통치를 뒤엎겠다고 계산했는데, 요심전쟁에서의 승리로 시간을 앞당겨 임무를 완성했다고 평가받는다(丁晓春 外, 1987: 198). 공산당의 사기를 드높인(牛兴华·杨延

虎, 1989: 77~78, 80) 만주에서의 승리가 중화인민공화국 수립에 중요한 계기가 되었음을 확인할 수 있다.

만주는 중국과 북한을 연결하는 매개이기도 했다. 만주를 사이에 두고 중국과 북한이 교류하기 때문에 중국으로 보나 북한으로 보나 만주는 전초기지라 할 수 있다. 북한이 한국전쟁 시 중국의 지원에 감사를 표하자 중국의 저우언라이는 "북한이 전체 사회주의 진영의 동방 전초기지를 지킴으로써 북한 북부를 지킨 것은 중국의 건설을 지킨 것"(「周恩来接见朝鲜最高人民会议代表谈话记录」, 1962.6.28)이라고 했다. 중국 중공업의 절반이 만주에 있고 만주 공업의 절반이 남쪽에 자리하고 있어 미 제국주의의 공격 범위에 들어 있는데, 그들이 압록강을 친다면 중국은 안정적인 생산을 할 수 없기 때문이다(刘金质·杨准生, 1994: 51). 즉, "만주가 없으면 중국이 없다"(穆超, 1998: 1)고 할 정도로 중국은 만주를 중요시하고 있다.

장차 제3차 세계대전을 일으킬 나라는 일본이고, 일본이 동아시아 평화와 세계평화를 위협하게 할 위기의 도화선은 만주에서 시작될 것으로 보기도 했다 (武尙權, 1944: 142~143). 만주 질서의 파괴는 중국의 질서를 파괴하고, 중국 질서의 파괴는 동아시아 균형에 심각한 타격을 입혀 결국 세계평화에 영향을 줄 것이라고 보았기 때문에 "동북 안전의 보장은 세계 평화의 안전을 보장하는 기점"(武尙權, 1944: 144)이라고 이해하기도 했다.

과거와 현재, 즉 역사적인 위상이나 21세기에 추구되는 각종 프로젝트를 통해 만주의 위상을 종합해보면, 만주는 전략적 요새, 경제적 보고, 교통의 요충지(박선영, 2001)라는 특징이 있음을 확인할 수 있다. 이는 기존 연구에서 만주를 세계의 위험지대(World's Danger Zone), 승리의 모루(Anvil of Victory), 충돌의 요람(Cradle of Conflict), 아시아의 전쟁터(The Cockpit of Asia), 변동의 핵(Core of Transformation), 변동의 배꼽(Umbilicus of Transformation) 등(Eddy, 1932; Levine, 1987; Lattimore, 1932; Etherton, 1933; 박선영, 2004)으로 표현한 점에서도 확인된다.

만주는 16~17세기 이래 특히 20세기 이후에, 전략적·경제적으로 아시아에서 긴장감이 가장 크게 잠재된 지역(Morse and MacNair, 1931)이다. 중국, 일본, 러시아(소련), 한반도의 상호 모순되는 국가 목표가 이곳에 집중되어 있기 때문에, 만주 지역에서의 협력은 언제 갈등으로 변해 극한의 모순을 일으킬지 모른다.

과거 역사적으로 인식한 만주, 1920년대 IPR과 국제연맹이 논의했던 만주, 1945년 시점에 중화민국 외교부가 인식했던 만주, 국공내전 시기와 한국전쟁 시기에 중국공산당이 인식한 만주, 21세기 동아시아 각국이 인식한 만주 등 시대와 상황에 따라 내용은 다르지만, 전략적·지경학적 요지라는 점에서 맥을 같이했다. 동아시아 국가의 각종 프로젝트가 만주에서 진행되고 있고, 특히 대표적인 중국의 일대일로 정책과 러시아의 신동방정책 등을 종합적으로 고려해볼 때, 과거에도 그랬듯이 만주는 여전히 글로벌한 만주로서 전략적 요충지이자 '변동의 핵'임을 확인할 수 있다. 이와 같은 만주의 세계성을 고려할 때 "만주를 장악하는 자가 세계를 장악한다"(趙驪文, 1981: 7)는 말은 동아시아 정세 속에 여전히 건재를 과시하면서 우리에게 더욱더 깊이 있는 성찰을 요구한다.

특히 통일을 지향하고 있는 한반도는 우리에게 만주가 무엇인지를 더욱 심도 있게 고찰해야 한다. 고대로부터 근대에 이르기까지는 말할 것도 없고, 현재 그리고 미래에도 한반도와 만주와의 관계는 역사적인 차원뿐만 아니라 지정학적 지경학적으로 또 미래 전략적인 차원에서 고려해야만 한다. 시대적 요청에 부합하기 위해서라도 한반도는 시대적 변화상을 명확히 인식해야 하고 또한 이를 준비해야 한다.

독일의 사회학자 막스 베버는 합리적 기획, 관료제적 관리, 시장 경제의 역할을 중요시하면서도 동시에 그것을 뛰어넘는 정치의 중요성, 사회적 소통, 감정의 영역도 고려했다. 베버의 논의를 한반도의 통일 역량이라는 관점에서 재구성한 박명규의 연구를 원용해보자. 베버는 정치적인 것의 성격과 그 본연의 기능, 시민사회의 소통 구조와 자발적 합의를 이끌어낼 역량, 법제화를 통한 정당성의 확보가 중요하다고 했다. 정치는 국가의 운명에 영향을 미치는 활동으로 복잡다기한 이해관계와 가치관이 뒤엉킨 현실 혹은 엄혹한 권력 정치의 장이자 신념들의 투쟁의 장에서 열정과 균형감각으로 필요한 결과를 얻어내는 것이다. 정치는 일상의 질서를 유지하는 관료제적 관리나 행정도 있지만, '시대적 과제'를 실현하려는 분명한 가치지향성을 내포한 실천이어야 한다. 때로는 설득과 합의로, 때로는 강제력의 행사로, 때로는 악마와의 타협으로, 때로는 카리스마적인 지도력으로 공동체의 가치를 실현하고 그 결과에 무한 책임을 져야 한다(박명규, 2015: 41).

만주에 대해 지역적인 차원뿐만 아니라 동아시아 및 세계적인 차원에서 단순히 관심을 갖는 수준을 넘어 구체적으로 각종 프로젝트가 진행되고 있는 현시점, 한반도의 인식과 정치가 우리에게 던지는 '시대적 과제'가 무엇인지에 대해 망각하고 있으면 안 될 것이다. 한반도에 주어진 통일이라는 과제에서 민족적인 것과 세계적인 것, 전통적인 것과 외래적인 것, 과거의 것과 미래의 것이 통합되는 방식을 찾으면서 공존과 평화, 이해와 포용, 소통과 배려의 정신을 구현해가는 창조적인 움직임으로 재해석해야 한다(박명규, 2015: 49). 이와 같은 상황에서 만주에 대한 관심이 순차적으로 이루어져야 하는 것은 아니다. 통일의 과제는 통일의 과제대로, 만주에 대한 시대적 요청에 대해서는 그에 맞게 준비하고 활용할 수 있어야 한다. 만주는 지역적인 로컬리티와 세계적인 글로벌성이 관계 맺기와 상호작용이 작동한다는 점에서 글로컬적인 인식과 더불어 역사적인 것과 현실적인 것, 과거의 것과 미래의 것이 조화롭게 통합되면서도 시대상에 맞는 모습을 구현하는 지혜가 필요하다.

장소(공간)는 사람, 조직, 제도, 관계망, 역사성, 물질, 자연 등의 요소가 지속적으로 상호작용을 하면서 역동적 혹은 유동적으로 관계적인 장소의 특성이 (재)생산된다. 또한 장소의 창조성은 다양성, 복잡성, 개방성, 상호 교류, 근접성 등에 의해 생성·발전된다(박규택·이상봉, 2013: 67). 스콧(Scott)이 주장했듯이,

장소는 지식, 전통, 기억, 이미지의 저장소이며(Scott, 2010: 123), 이런 장소는 사람들의 상상력과 창조성을 불러일으키는 자산으로 활용될 수 있다. 장소 및 공간으로서의 만주를 고려하면 "장소의 매개성과 능동적 힘(active and positive forces)"(박규택·이상봉, 2013: 70)이 강조되어야 한다.

만주라는 지역은 역사적으로 갈등의 요람이자 변동의 핵이기도 하므로 거주자를 비롯해 만주를 둘러싼 국가들의 참여와 교섭을 통해 주도적으로 더 나은 삶의 조건을 창출하는 '생성 로컬리티(generative locality)'(배윤기, 2012: 464)가 되도록 해야 한다. 물론 각 국가마다 역사적 경험이나 사회적 발전 단계에 차이가 있지만 만주를 둘러싼 상호 공존과 동시적으로 발생하는 관심 상태를 긍정할 필요가 있다. 또한 만주 및 만주와 관련된 각종 사건에 대한 서로 다른 경험적 배경을 인정할 필요도 있다. 만주는 현실적인 차원에서 국민국가의 주권 범주 내의 로컬성과 만주라는 지역이 갖는 국제적인 로컬성을 동시에 고려해야 하기 때문에 전자를 '탈주체화'하고 후자를 '탈타자화'(장세룡, 2015: 272)하여 상호 주체적 시간과 공간으로서의 만주의 중요성을 이해할 필요가 있다. 국민국가─로컬─세계의 중층성과 지역성이라는 위상이 동시적으로 고려되어야 하기 때문에 글로컬한 만주를 창조적으로 사고해야 하는 시대적 요구에 직면해 있다.

# 부록

자료: TUBCA(Institute of Pacific Relations, Box 81, 1931: 54~55).

## 1. 위원회

| 직위 | 이름 | 국가 |
|---|---|---|
| 위원장 | Jerome D. Greene | United States |
| 위원 | F. W. Eggleston | Australia |
| | Newton W. Rowell | Canada |
| | Sir Percy Mackinnon | Great Britain |
| | Ianzo Nitobe | Japan |
| | David Z. T. Yui | China |
| | Sir James Allen | New Zealand |
| 회계 | Frank C Atherton | Hawaii |

## 2. 국제연구위원회(International Research Committee)

| 직위 | 이름 | 국가 |
|---|---|---|
| 위원장 | Charles P. Howland | International Chairman |
| 위원 | Stephen Roberts | Australia |
| | Norman Mackenzie | Canada |
| | Arnold J. Toynbee | Great Britain |
| | Shiroshi Nasu | Japan |
| | D. K. Lieu | China |
| | W. N. Benson | New Zealand |
| | James Shotwell | United States |

## 3. 국제프로그램위원회(International Program Committee)

| 직위 | 이름 | 국가 |
|---|---|---|
| 위원 | Miss Persia Cambell | Australia |
| | ×××× | Great Britain |
| | E. J. Tarr | Canada |
| | Kenzo Takayanagi | Japan |
| | L. K. Tao | China |
| | H. C. Tennent | New Zealand |
| | Edward C. Carter | United States |

## 4. 국가별 비서국(National Secretaries)

| 번호 | 국가 | 이름 | 직위 |
|---|---|---|---|
| 1 | 호주(Australia) | G. L. Wood | Honorary Secretary |
| | Executive Office | Temple Court, 422 Collins St., Melbourne | |
| | Cable Address | 'Inspacrel', Melbourne | |
| 2 | 영국(Great Britain) | Ivison S. Macadam | Honorary Secretary |
| | Executive Office | Chatham House, 10 St. James's Sq., London S. W.1 | |
| | Cable Address | 'Areopagus', London | |
| 3 | 캐나다(Canada) | John Nelson | Honorary Secretary |
| | Executive Office | Sun Life Assurance Company, Montreal | |
| | Cable Address | 'Sun Life' Montreal | |
| 4 | 중국(China) | L. T. Chen | Executive Secretary |
| | Executive Office | 20 Museum Road, Shanghai | |
| | Cable Address | 'Committee', Shanghai | |
| 5 | 일본(Japan) | Soichi Saito | Honorary Secretary |
| | Executive Office | 7 Ginza, Nishi, 7 Chome, Kyozashi-ku,Tokyo | |
| | Cable Address | 'Inspacrel', Tokyo | |
| 6 | 뉴질랜드(New Zealand) | Guy H. Scholefield | Honorary Secretary |
| | Executive Office | Parliamentary Library, Wellington | |
| | Cable Address | 'Inparel', Wellington | |
| 7 | 미국(United States) | Edward C. Carter | Secretary-Treasurer |
| | Executive Office | 129 East 52nd Street, New York City | |
| | Cable Address | 'Inparel', New York | |

## 5. 태평양위원회(The Pacific Council)

| 이름 | 직위 |
|---|---|
| Charles F. Loomis | Acting General Secretary |
| Elizabeth Green | Editorial Secretary |
| J. B. Condliffe | Research Secretary |
| W. L. Holland | Assistant Research Secretary |
| Marguerite C. Miller | Office Manager |
| Mail Address | 1641 S. Beretania Street, Honolulu, Hawaii P. O. Box 1561 |
| Cable Address | 'Inparel' |

**1929년 교토 회의 참석자 명단**

瀋雲龍(1978: 133-158); 山岡道男(2010: 11~94, 152~153). 표 안의 직업군은 인용자가 분류했다.

| 국가 | 번호 | 이름 | 소속 | 비고 | 직업군 |
|------|------|------|------|------|--------|
| 호주 | 1 | Mr. Tristan Buesst | B. A.(Oxon.) LL. B., Melbourne | | 법조계 |
| | 2 | Miss Persia Campbell | Research Officer, Statistician's office New South Wales Government | | 정치계 |
| | 3 | Prof. A. H. Charteris. | Challis Professor of International Law, Jurisprudence and Political Science, University of Sydney | | 교육계 |
| | 4 | Mrs. Charteris | | * | |
| | 5 | Dr. C. H. Currey | Senor Lecturer in History, Teachers College, Sydney | | 교육계 |
| | 6 | Mrs. Currey | | * | |
| | 7 | Hon. F. W. Eggleston | Held Portfolios of Attorney-General, Solicitor-General Minister of Railway, Minister of Water Supply and Assistant-treasurer in various ministries, State of Victoria (Group Chairman) | | 법조계 |
| | 8 | Mrs. Eggleston | | * | |
| | 9 | Miss Jean Eggleston | | * | |
| | 10 | Mrs. Harry Emmerton | Leader in Charitable, Artistic and other Public Movements in Melbourne | | 시민운동 |
| | 11 | Miss Eleanor Hinder | Experience in employment problems of industrial women in Australia and China Secretary, Pan-Pacific Women's Conference, Sydney | | 시민운동 |
| | 12 | Miss Laura Nyulasy | | * | |
| | 13 | Dr. Ian Clunies Ross | Lecturer in Veterinary Parasitology, Sydney University | | 교육계 |
| | 14 | Mrs. Ross | | * | |
| | 15 | Prof. A. L. Sadler | Professor of Oriental Languages, Sydney University | | 교육계 |
| | 16 | Dr. Georgina Sweet | Late Associate Professor of Zoology, University of Melbourne | | 교육계 |
| | 17 | Taylor, Mr. G. F | M. A. LL. B. Special Contributor on Foreign Affairs, Writer, "The Age", Melbourne | | 법조계 |

| | | | | | |
|---|---|---|---|---|---|
| | 18 | Hon. W. W. Astor | New College, Oxford | | 교육계 |
| | 19 | Miss Rachel Balfour | | # | |
| | 20 | Mr. Gerald Coke | New College, Oxford | | 교육계 |
| | 21 | Lady Craik | | * | |
| | 22 | Mr. Lionel Curtis | Honorary Secretary of the Royal Institute of International Affairs, Fellow, All Souls' College, Oxford | | 교육계 |
| | 23 | Mrs Curtis | | * | |
| | 24 | Dr. S. K. Datta | Member of the Council of the World's Young Men's Christian associations | | 시민운동 |
| | 25 | Rt. Hon. Viscount Hailsham | Lord Chancellor in the Conservative Government (Group Chairman) | | 정치계 |
| | 26 | Visountess Hailsham | | * | |
| | 27 | Mr. G. F. Hudson | Fellow of All Souls' College, Oxford | | 교육계 |
| | 28 | Mr. Hardy Jowett | Asiatic Petroleum Company, Peiping | | 실업계 |
| | 29 | Mrs. Jowett | | * | |
| 영국 | 30 | Dame Edity Lyttelton | G. B. E., Substitute Delegate to League of Nations Assembly 1923, 1926, 1927 and 1928 | | 정치계 |
| | 31 | Mr. Malcolm. J. MacDonald | Labour member of Parliament for Bassetlaw(Notts), also member of the London County Council | | 정치계 |
| | 32 | Miss Eileen Power | Lecturer, London School of Economics and Political Science and Reader in Economic History, University of London | | 교육계 |
| | 33 | Mr. Archibald Rose | C. I. E., British-American Tobacco Company, Member of H. B. M.'s Consular Service in China till 1921. Director of Chartered Bank of India | | 실업계 |
| | 34 | Mr. Georges Sale | Partner, Sale & Co., London, Director, Sale & Co., Ltd. Japan, Director, F. G. Sale & Sons, Ltd. | | 실업계 |
| | 35 | Jon Shiras | | # | |
| | 36 | Canon Streeter | B. H., Fellow and Lecturer of Queen's College, Oxford | | 교육계 |
| | 37 | Prof. A. J. Toynbee | Director of Studies, Royal institute of International Affairs, Research Professor of International History, University of London | | 교육계 |
| | 38 | Mr. William Turner | Director of Reuter's Far Eastern Division | | 언론계 |
| | 39 | Prof. C. K. Webster | Woodrow Wilson Professor of International Politics, University of Wales | | 교육계 |
| | 40 | Mrs. Webster | | * | |

| | | | | | |
|---|---|---|---|---|---|
| 영국 | 41 | Hon. Hugh A. Wyndham | Secretary of the Royal Institute of International Affairs, Formerly in Legislature of Union of South Africa | | 교육계 |
| | 42 | Mrs. Wyndham | | * | |
| 캐나다 | 43 | Sir John Aird | President, Canadian Bank of Commerce | | 금융 |
| | 44 | Lady Aird | | * | |
| | 45 | Miss Wilhelmina Aird | | * | |
| | 46 | Professor H. F. Angus | Department of Economics, University of British Columbia, Vancouver | | 교육계 |
| | 47 | Rev. C. J. L. Bates | D. D., President Kwansei Gakuin, Kobe | | 교육계 |
| | 48 | Dr. E. M. Best | Professor of Religious Education in United Colleges (affiliated with McGill University), Montreal, Now Engaged in an Educational Survey in the Far East for the Rockefeller Foundation | | 교육계 |
| | 49 | Mr. Gerald Walker Birks | Treasurer, Henry Birks & Son. Ltd., Director, Birks Buildings, Limited, Birks Securities, Ltd., Crown Trust Company, Ltd., and Anglin-Norcross, Ltd | | 실업계 |
| | 50 | G. W. Mrs. Birks | | * | |
| | 51 | Lois Miss. Birks | | * | |
| | 52 | Mr. Noble Birks | | # | |
| | 53 | William Massey Birks | President, Canadian Chamber of Commerce, President, Henry irks & Sons, Ltd., Montreal, Winnipeg, Vancouver, Ottawa and Halifax | | 실업계 |
| | 54 | Rev. A. J. Brace | F.R.G.S., Secretary of the Student Christian Movement in Canada | | 시민 운동 |
| | 55 | Mrs. Brace | | * | |
| | 56 | Mr. Lawrence Johnstone Burpee | F.R.G.S., F.R.C.S., Secretary, International Joint Commission, Ottawa | | 시민 운동 |
| | 57 | Mrs. W. A. Cameron | | * | |
| | 58 | Miss Madge Edgar | Toronto, Assistant Secretary Canadian Delegation | # | |
| | 59 | Mr. Francis Hankin | Montreal, President of Francis Hankin & Co., Ltd., Honorary Secretary of the Montreal Branch of the Canadian Institute of International Affairs | | 실업계 |
| | 60 | Mr. Horace T. Hunter | Vice-President, MacLean Publishing Co, Ltd; President Inland Printer Co., Chicago; Director, George A. Fuller Company of Canada | | 실업계 |
| | 61 | Mrs. Hunter | | * | |

| | | | | | |
|---|---|---|---|---|---|
| 캐나다 | 62 | Mr. George Kidd | Chairman, Board of Directors of British Columbia Railway, Vancouver | | 실업계 |
| | 63 | Mr. Lawrence Killam | Ocean Falls Pulp and Paper Company, Vancouver | | 실업계 |
| | 64 | Mrs. Killam | | * | |
| | 65 | Mr. T. W. B. London | Former Manager, Balfour, Guthrie. & Co. | | 실업계 |
| | 66 | Miss Caroline MacDonald | Trustee, Tsuda College; Lecturer in Englis Literature in Tsuda College, Tokyo; Social and Religious Work in Japan | | 교육계 |
| | 67 | Colonel Charles MacInnes | C.M.G. K.C. Chairman, Toronto, Branch, Canadian Institute of International Affairs. Barrister-at-law | | 법조계 |
| | 68 | Rev. John MacKay | D. D. Principal, Manitoba College, Winnipeg | | 교육계 |
| | 69 | Hon Fleming B. McCurdy | P. C., Halifax, Former Minister of Public Works, Canada, 1920 | | 정치계 |
| | 70 | Mrs. McCurdy | | * | |
| | 71 | Mr. D. A. McGregor | Vancouver, Editorial staff, The Vancouver Province | | 출판계 |
| | 72 | Mr. Howard Marler | | # | |
| | 73 | Major Crauford Martin | D.S.O., Barrister-at-law, Toronto | | 법조계 |
| | 74 | Mr. Tom Moore | President, Trades and Labour Congress of Canada, Ottawa | | 정치계 |
| | 75 | Mr. John Nelson | Honorary Secretary, Canadian Council, Institute of Pacific Relations, Director, Public Relations, Sun Life Assurance Co. of Canada | | 실업계 |
| | 76 | Mr. Nelson | Clarence, Montreal | # | |
| | 77 | Mr. Mark Edgar Nichols | Winnipeg, Vice-President, Canadian Press, Director, Southam Publishing Co. | | 실업계 |
| | 78 | Mr. Alan B. Plaunt | B.A., Toronto University; Christ Church, Oxford | | 교육계 |
| | 79 | Hon. Newton W. Rowell | K.C., LL. D. President Toronto' General Trusts Corporation. President of the Privy Council of the Government of Canada, 1917-20(Group Chairman) | | 정치계 |
| | 80 | Mrs. Rowell | | * | |
| | 81 | Miss Margaret Southam | Ottawa, Interested in Welfare and Social Work | | 시민운동 |
| | 82 | Mr. John Southam | | # | |

| | | | | | |
|---|---|---|---|---|---|
| 캐나다 | 83 | Mr. Edgar J. Tarr | K.C., LL.D., Vice-President of Security Corporation, Ltd., Vice-Chairman of Winnipeg Branch of Canadian Institute of International Affairs | | 실업계 |
| | 84 | Rev. E. W. D,D. Wallace | Shanghai, Professor of Educational Administration in West China Union Seminary, Chengtu; Editor, The Educational Review, Shanghai | | 교육계 |
| | 85 | Prof. George Wrong | MacAinnon, M. A., LL. D., F.R.C.S., Professor (Emeritus) of History, University of Toronto | | 교육계 |
| 중국 | 86 | 周天放 or S. Y. Jowe(周守一) | Dean, Arts College, North-Eastern University, Mukden | | 교육계 |
| | 87 | 王子文 or T. Y. Wang(王卓然) | Professor of Education, North-Eastern University, Mukden | | 교육계 |
| | 88 | Paul Yen(閻寶航) | General Secretary, YMCA Mukden | | 시민 운동 |
| | 89 | Sherman Soo(蘇上達) | Manager, Commercial Press, Mukden | | 언론계 |
| | 90 | Sherman Soo(蘇上達) 여사 | | * | |
| | 91 | E. C. Ning(甯恩承) | Chief Accountant, Bank of Three Eastern Provinces, Mukden | | 금융 |
| | 92 | C. F. Wang(王廻波)+ | General Manager, Fengtien Mining Administration, Mukden | | 실업계 |
| | 93 | C. C. Tung(董其政) | Professor, Kirin University | | 교육계 |
| | 94 | P. F. Nan(南秉方) | Professor, Kirin University | | 교육계 |
| | 95 | M. H. Tao(陶孟和) | Professor, | | 교육계 |
| | 96 | Y. H. Tsao(曹炎申) | General Secretary, YMCA, Hong Kong | | 시민 운동 |
| | 97 | Shuhsi Hsu(徐淑希) | Professor of Modern Civilization, Yenching University, Peiping | | 교육계 |
| | 98 | M. Joshua Bau(鮑明鈐) | Professor of International Law, National University, Peiping | | 교육계 |
| | 99 | 任陳衡 or Mr. Sophia C. Zen(陳衡哲) | Professor of History, National University, Peiping | | 교육계 |
| | 100 | 吳達詮 or D. C. Wu(吳鼎昌) | President, Yien Yieh Bank, Peiping, Formerly Governor, Bank of China | | 금융 |
| | 101 | Chang Poling(張伯苓) | President, Nankai University, Tientsin | | 교육계 |
| | 102 | Franklin L. Ho(何廉) | Director, Nankai University Committee on Social and Economic Research, Tientsin | | 교육계 |

| | | | | | |
|---|---|---|---|---|---|
| 중국 | 103 | P. Hsu(徐寶謙) | Professor of Modern Civilization, Yenching University, Peiping | | 교육계 |
| | 104 | Miss P. S. Tseng(曾寶蓀) 여사 | President I-Fang Collegiate School, Changsha | | 교육계 |
| | 105 | Miss Chi-Liang Kwei, M. D.(桂質良) | Physician, Church General Hospital, Wuchang | | 의사 |
| | 106 | Miss Yifang PH. D.(吳貽芳) 여사 | President, Ginling College, Nanking | | 교육계 |
| | 107 | D. K. Lieu(劉大鈞) | Editor-in-Chief, China Critic, Shanghai | | 출판계 |
| | 108 | Y. L. Lee(李應林) | Vice-President, Lingnan University, Canton | | 교육계 |
| | 109 | C. L. Hsia(夏晉麟) | President, Medhurst College, Shanghai | | 교육계 |
| | 110 | C. L. Hsia(夏晉麟) 아내 | | * | |
| | 111 | Quentin Pan(潘光旦) | Professor of Eugenics, Kwanghua University, Shanghai | | 교육계 |
| | 112 | 溫佩珊 or Dr. S. T. Wen(溫世珍) | Director, The-Chang Industrial Development Co., Mukden | | 실업계 |
| | 113 | T. K. Tseng(曾鎔浦) | Director, Shanghai Bankers Association | | 금융 |
| | 114 | A. L. Tai(戴藹廬) | Editor, Banker's Journal, Shanghai | | 출판계 |
| | 115 | L. T. Chen(陳立廷) | General Secretary, YMCA Shanghai | | 시민 운동 |
| | 116 | L. T. Chen(陳立廷) 아내 | | * | |
| | 117 | Dr. David Z. T. Yui (余日章) | General Secretary, National Committee of YMCA in China, Shanghai | | 시민 운동 |
| | 118 | Dr. David Z. T. Yui(余日章) 아내 | | * | |
| | 119 | Miss Lucy Wang, Ph. D. (王世靜) 여사 | President, Huanan Women's College, Foochow | | 교육계 |
| 일본 | 120 | Dr. Hidemichi Akagi | General Secretary, Japanese Student's Christian Association in America | | 시민 운동 |
| | 121 | Dr. Masaharu Anesake | Librarian in Chief, Tokyo Imperial University | | 교육계 |
| | 122 | Prof. Ino Dan | Professor of Fine Arts, Tokyo Imperial University | | 교육계 |
| | 123 | Mrs. Dan | | * | |
| | 124 | Mr. Tatsuichiro Funatsu | Member of Shanghai Municipal Council | | 정치계 |
| | 125 | Prof. Kosaku Hamada | Kyoto Imperial University | | 교육계 |
| | 126 | Hon. Masanao Habihara | Former Ambassador to United States | | 외교관 |
| | 127 | Miss Ai Hoshino | Acting President, Tsuda College, Tokyo | | 교육계 |
| | 128 | Mr. Kiyosue Inui | Lecturer, Tokyo University of Commerce | | 교육계 |
| | 129 | Mr. Akira Ishii | President, Pacific Life Insurance Company | | 실업계 |

| | | | | | |
|---|---|---|---|---|---|
| | 130 | Miss Eiko Ishii | | * | |
| | 131 | Mr. Yukichi Iwanaga | Managing Director, Shimbun Rengo (News Agency) | | 언론계 |
| | 132 | Count Aisuke Kabayama | President, Japan Steel Corporation | | 실업계 |
| | 133 | Mr. Kiyoshi Kanai | Railway Expert | | 실업계 |
| | 134 | Dr. Shiro Kawada | President, University of Commerce, Osaka | | 교육계 |
| | 135 | Mr. Jotaro Kawakami | Member, House of Representatives (Proletarian Party) | | 정치계 |
| | 136 | Mr. Takashi Komatsu | Former Manager, San Francisco Office of TKK, Managing Director, Asano Ship Building Company | | 실업계 |
| | 137 | Mrs. Komatsu | | * | |
| | 138 | Mr. Shunzaburo Komura | Advisor to Tokyo Nichi Nichi and Osaka Mainichi | | 언론계 |
| | 139 | Dr. Kazuo Matsubara | Lecturer, Tokyo Imperial University | | 교육계 |
| | 140 | Mr. Yosuke Matsuoka | Formerly Vice-President South Manchuria Railway Company | | 실업계 |
| 일본 | 141 | Mr. Tamon Mayeda | Editorial writer, Tokyo Asahi; Former Government Representative to International Labour Office, Geneva | | 출판계 |
| | 142 | Mrs. Mayeda | | * | |
| | 143 | Miss Tamiko Mitani | President, Joshi Gakuin, Tokyo | | 교육계 |
| | 144 | Mr. Akira Nagano | Director of Society for Investigation of Chinese Problems | | 출판계 |
| | 145 | Mr. Hampei Nagao | Formerly Japanese Delegate on Inter-allied Technical board of Railways in Siberia & Manchuria, Formerly Head of Electric Bureau, Tokyo Municipality | | 정치계 |
| | 146 | Dr. Shiroshi Nasu | Professor, Agricultural Department, Imperial University, Tokyo | | 교육계 |
| | 147 | Dr. Inazo Nitobe | Chairman, Japanese Council, IPR Chairman Third Biennial Conference of IPR; Member House of Peers, Former Under-Secretary General, League of Nations | | 정치계 |
| | 148 | Mrs. Nitobe | | * | |
| | 149 | Mr. Masunosuke Odagiri | Director, Yokohama Specie Bank, Specialist on Chinese Finance | | 금융 |
| | 150 | Dr. Minoru Oka | Vice-President, Tokyo Nichi Nichi and Osaka Mainichi | | 언론계 |

| | 151 | Mr. Tokutaro Osawa | President, Chamber of Commerce & Industry, Kyoto | | 실업계 |
|---|---|---|---|---|---|
| | 152 | Mrs. Osawa | | * | |
| | 153 | Mr. Masamichi Royama | Professor of Public Administration, Tokyo Imperial University | | 교육계 |
| | 154 | Mr. Tokusuke Sahara | Editor, Seikei Jihosha, Mukden | | 출판계 |
| | 155 | Mr. Soichi Saito | Honorary Secretary, Japanese Council, Institute of Pacific Relations; General Secretary, Tokyo Young Men's Christian Association | | 시민 운동 |
| | 156 | Mrs. Saito | | * | |
| | 157 | Baron Yoshiro Sakatani | member, House of Peers, Ex-Minister of Finance, Ex-Mayor of Tokyo | | 정치계 |
| | 158 | Mr. T. Shidachi | Formerly President of Industrial Bank of Japan | | 금융 |
| | 159 | Dr. Hiroshi Shimomura | Managing Director, Tokyo and Osaka Asahi Shimbun | | 언론계 |
| | 160 | Professor Jumpei Shinobu | Professor of International Relations, Waseda University | | 교육계 |
| 일본 | 161 | Count Michimasa Soyeshima | Former Lecturer at Norman Wait Harris Memorial Institute, Chicago University, Formerly Editor Keijo Nippon, Seoul, Korea | | 교육계 |
| | 162 | Dr. Shigeo Suyehiro | Professor, Kyoto Imperial University | | 교육계 |
| | 163 | Mr. Bunji Suzuki | member, House of Representatives, Honorary President of the Japan Labour Union, Chairman of the Federation of Japanese Labour | | 정치계 |
| | 164 | Mr. Misao Takahara | Editor, Osaka Asahi | | 언론계 |
| | 165 | Mr. Shingoro Takaishi | Editor, Osaka Mainichi | | 언론계 |
| | 166 | Mr. Yasaka Takaishi | Professor of American Institution, Tokyo Imperial University | | 교육계 |
| | 167 | Mrs. Takaki | | * | |
| | 168 | Mr. kenzo Takayanagi | Professor of International Law, Tokyo Imperial University | | 교육계 |
| | 169 | Mrs. Takayanagi | | * | |
| | 170 | Mr. Takahiko Tomoeda | Professor, University of Literature & Science, Tokyo | | 교육계 |
| | 171 | Mrs. Matsuko Tsuji | Chairman, National Committee of Japanese YWCA | | 시민 운동 |

| | | | | | |
|---|---|---|---|---|---|
| 일본 | 172 | Mr. Yusuke Tsurumi | Member, House of Representatives and Publicist | | 정치계 |
| | 173 | Mrs. Tsurumi | | * | |
| | 174 | Mr. S. Ueda | Managing Director Nippon Dempo Tsushin Sha | | 언론계 |
| | 175 | Mr. Sobun Yamamur | Managing Director, Mitsubishi Bank | | 금융 |
| | 176 | Miss Tétsuko Yasui | President, Tokyo Women's Christian College | | 교육계 |
| | 177 | Captain M. Yasutomi | Retired Naval Officer, Formerly Government Representative, League of Nations | | 정치계 |
| | 178 | Mr. Norihiko Yatsushiro | President, Sumitomo Bank, Osaka | | 금융 |
| | 179 | Mr. Motosada Zumoto | President, International Journalists Association | | 언론계 |
| 필리핀 | 180 | Conrado Benitez | Chairman, Dean, School of Business Administration, University of the Philippines, Manila | | 교육계 |
| | 181 | Mrs. Conrado Benitez | Principal, Women's College, Manila | | 교육계 |
| | 182 | J. Bocobo | Dean, College of Law, University of the Philippines, Manila | | 교육계 |
| | 183 | H. Fey | Professor, Union Theological Seminary, Manila | | 교육계 |
| | 184 | Maximo Kalaw | Dean, College of Liberal Arts, University of the Philippines | | 교육계 |
| | 185 | Mrs. John W. Osborn | Professor of Education, University of the Philippines, Manila | | 교육계 |
| | 186 | Miss R. Tirona | Dean of Women, University of the Philippines, Manila | | 교육계 |
| | 187 | A. Teodoro | Judge, Court of First Instance, Manila | | 법조계 |
| 뉴질랜드 | 188 | Dr. Horace Belshaw | Secretary, Professor of Economics, Auckland University College | | 교육계 |
| | 189 | Miss Vera A. Hay | Educator (A. Vera. Diocesan Girls Shcool) | | 교육계 |
| | 190 | Mr. L. G. Hogwood | Teacher, Kowhai Junior High School, Auckland | | 교육계 |
| | 191 | Mr. George Lawn | Lecturer in Economics, Canterbury University College, Christchurch | | 교육계 |
| | 192 | Mr. W. B. Matheson | Chairman, Government representative at International Agricultural conference at Rome (1927) | | 정치계 |

| | | | | | |
|---|---|---|---|---|---|
| 뉴질랜드 | 193 | Miss. M. Seaton | Educator, Wellington | | 교육계 |
| | 194 | Miss. C. West-Watson | Senior Scholar in Economics, New Zealand University, Christchurch | | 교육계 |
| 미국 | 195 | Mr. Charles F. Adams | President, First National Bank, Portland, Oregon | | 금융 |
| | 196 | Mrs. Adams | | * | |
| | 197 | Dr. Romanzo Adams | Professor of Sociology, University of Hawaii, Honolulu | | 교육계 |
| | 198 | Mr. Wallace M. Alexander | President, Alexander & Baldwin, Ltd., San Francisco | | 실업계 |
| | 199 | Miss Martha Alexander | | * | |
| | 200 | Mrs. Ethel Richardson Allen | Chief, Division of Adult Education, State of California, Los Angeles | | 교육계 |
| | 201 | Mr. H. Clifford Allen | | * | |
| | 202 | Miss Averic Allen | | * | |
| | 203 | Dr. Carl L. Alsberg | Director, Food Research Institute, Stanford University, Palo Alto, California | | 교육계 |
| | 204 | Mrs. Alsberg | | * | |
| | 205 | Mr. Frank C. Atherton | President and Manager, Castle and Cooke, Ltd., Honolulu, Hawaii; Treasurer of Institute of Pacific Relations | | 실업계 |
| | 206 | Mrs. Atherton | | * | |
| | 207 | Mr. Charles R. Bennett | Manager, National City Bank, Peiping, China | | 금융 |
| | 208 | Mrs. Bennett | | * | |
| | 209 | Dr. George H. Blakeslee | Professor of History and International Relations, Clark University, Worcester, Massachusetts | | 교육계 |
| | 210 | Mrs. Blakeslee | | * | |
| | 211 | Mr. Roland W. Boyden | Boston, Mass; Formerly United States of Observer with Reparations Commission, Boston, Massachusetts | | 정치계 |
| | 212 | Judge Charles H. Carey | Lawyer, Portland, Oregon | | 법조계 |
| | 213 | Mr. E. C. Carter | The Inquiry, New York City. (Hon. Secretary American, I.P.R.) | | 교육계 |

| | | | | | |
|---|---|---|---|---|---|
| 미국 | 214 | Mrs. E. C. Carter | Chairman, Committee on International Cooperation, New York State League of Women voters | | 시민운동 |
| | 215 | Mr. William D. Carter | | # | |
| | 216 | Prof. Joseph P. Chamberlain | Professor of International Law, Columbia University | | 교육계 |
| | 217 | Norman F. Coleman | President, Reed College, Portland, Oregon | | 교육계 |
| | 218 | Mrs. Coleman | | * | |
| | 219 | Hon. W. R. Farrington | President and Publisher, Honolulu Star-Bulletin; Governor, Territory of Hawaii 1921-1929 | | 언론계 |
| | 220 | Mrs. Farrington | | * | |
| | 221 | Mr. Sterling Fassenden | Member Shanghai Municipal Council | | 정치계 |
| | 222 | Mr. Frederick V. Field | | # | |
| | 223 | Mrs. Field | | * | |
| | 224 | Hon. Walter F. Frear | Former Governor of Hawaii and Chief Justice; President, Bishop Trust Co. Ltd., Honolulu | | 정치계 |
| | 225 | Mrs. Frear | | * | |
| | 226 | Mr. Jerome D. Greene | Lee, Higginson & Company, New York (Group Chairman) | | 실업계 |
| | 227 | Mr. Roger S. Greene | Rockefeller Foundation, Peiping, China | | 실업계 |
| | 228 | Mrs. Greene | | * | |
| | 229 | Dr. Herbert E. Gregory | Chairman, Committee on Pacific Investigation, National Research Council; Director, Bishop Museum, Honolulu | | 교육계 |
| | 230 | Dr. Tasuke Harada, | Professor of Japanese History and Institutions, University of Hawaii, Honolulu | | 교육계 |
| | 231 | Mrs. Harada | | * | |
| | 232 | Miss Fumiko Harada | | * | |
| | 233 | Mr. Roy W. Howard | Chairman of Board, Scripps-Howard Newspapers, New York | | 언론계 |
| | 234 | Mrs. Howard | | * | |
| | 235 | Mr. Charles P. Howland | Recently Commissioner of the League of Nations in Greece; Research Director of the Council on foreign Relations, New York | | 정치계 |
| | 236 | Mr. James Weldon Johnson | Secretary, National Association for the Advancement of Colored People, New York | | 정치계 |

| | | | | | |
|---|---|---|---|---|---|
| | 237 | Dr. Frederic P. Keppel | President, Carnegie Corporation, New York City | | 실업계 |
| | 238 | Mrs. Keppel | | * | |
| | 239 | Dr. William. H. Kilpatrick | Professor, Philosophy of Education, Columbia University | | 교육계 |
| | 240 | Mrs. Kilpatrick | | * | |
| | 241 | Fred. Lam | M.D. Honolulu, Secretary, Chinese Chamber of Commerce | | 실업계 |
| | 242 | Mrs. Lam | | * | |
| | 243 | Mr. Ivy Lee | Publicist, New York City | | 정치계 |
| | 244 | Mrs. Lee | | * | |
| | 245 | Mr. Lewis L. Lorwin | Brookings Institution, Washington, D.C. | | 교육계 |
| | 246 | Miss Katharine Ludington | First Vice-President, League of Women Voters Lyme Connecticut | | 시민 운동 |
| | 247 | Mr. (nephew) Ludington | | * | |
| | 248 | Dr. Charles E. Martin | Professor of Political Science, University of Washington | | 교육계 |
| | 249 | Mrs. Martin | | * | |
| 미국 | 250 | Mr. James G. McDonald | Chairman, Foreign Policy Association, New York | | 외교관 |
| | 251 | Mr. Duncan McDuffie | President, Mason-McDuffie Co., San Francisco | | 실업계 |
| | 252 | Mrs. McDuffie | | * | |
| | 253 | Mrs. Alfred McLaughlin | Honorary Secretary, San Francisco Office, American Institute of Pacific Relations | | 교육계 |
| | 254 | Mrs. J. W. Morrisson | Illinois League of Women Voters, Chicago, illinois | | 시민 운동 |
| | 255 | Mr. J. W. Morrisson | | * | |
| | 256 | Mr. William Morrisson | Son | * | |
| | 257 | Dr. Robert E. Park | Professor of Sociology, University of Chicago | | 교육계 |
| | 258 | Mrs. Park | | * | |
| | 259 | Mrs. Lucy Perkin | | * | |
| | 260 | Mr. G. S. Phelps | Senior Secretary for Japan, National Councils of Y.M.C.A. of Canada and United States of America | | 시민 운동 |
| | 261 | Mrs. Phelps | | * | |
| | 262 | Miss Theodosia Phelps | | * | |
| | 263 | Miss Catherine Porter | Assistant Secretary, American Council of I.P.R. | # | |

| | | | | | |
|---|---|---|---|---|---|
| 미국 | 264 | Mrs. Aurelia Henry Reinhardt | President, Mills College, California | | 교육계 |
| | 265 | Mr. John D. 3rd. Rockefeller | | # | |
| | 266 | Miss Henrietta Roelofs | National Board Y.W.C.A., Vice Chairman, Conference of Cause and Cure of War, New York City | | 시민 운동 |
| | 267 | Mr. Paul Scharrenberg | Secretary, California Federation of Labor, San Francisco | | 정치계 |
| | 268 | Mrs. Scharrenberg | | * | |
| | 269 | Miss Helen Scharrenberg | | # | |
| | 270 | Dr. James T. Shotwell | Professor of History, Columbia University | | 교육계 |
| | 271 | Mrs. Shotwell | | * | |
| | 272 | Miss Helen Shotwell | | * | |
| | 273 | Miss Margaret Shotwell | | * | |
| | 274 | Miss Pauline Stearns | | # | |
| | 275 | Dr. Leighton Stuart | President, Yenching University, Peiping | | 교육계 |
| | 276 | Mrs. Guido Vogel | | * | |
| | 277 | Mr. William Vogel | | * | |
| | 278 | Mrs. Warner | Gertrude Bass, Director of Museum of Fine Arts, University of Oregon | | 교육계 |
| | 279 | Prof. Quincy Wright | Professor of Political Science, University of Chicago | | 교육계 |
| | 280 | Mrs. Wright | | * | |
| | 281 | Mr. Hobart N. Young | | # | |
| | 282 | Mr. C. Walter Young | Geroge Washington University, Washington, D.C. | | 교육계 |
| 참관인 | 283 | Mr. S. Aoki | League of Nations | | |
| | 284 | Mr. Junshiro Asari | International Labour Office, Tokyo(Director) | | |
| | 285 | Mr. H.R. Cummings | League of Nations, Geneva | | |
| | 286 | Dr. L. Einthoven | LL. D., Batavia, Dutch East Indies | | |
| | 287 | Dr. Gamio | Manuel, Mexico | | |
| | 288 | Mr. G. A. Johnston | International Labour Office, Geneva | | |
| | 289 | Mr. Edouard Lavergne | France | | |
| | 290 | Mr. Vladimir Romm | U.S.S.R. | | |
| | 291 | Dr. Y. Sugimura | Under Secretary General, League of Nations, Geneva | | |
| | 292 | Dr. Louis Varlez | International Labour Office, Geneva | | |

| | | | | | |
|---|---|---|---|---|---|
| 사무국 | 293 | Davis J. Merle | General Secretary | | |
| | 294 | Hawkling Yen | Associate | | |
| | 295 | Keichi Ymasaki | Associate | | |
| | 296 | Charles F. Loomis | Conference Secretary | | |
| | 297 | J. B. Condliffe | Research Secretary | | |
| | 298 | Miss Elizabeth Green | Editor | | |
| | 299 | Mrs. Marguerite C. Miller | Office Manager | | |
| | 300 | Chester H. Rowell | Information Secretary | | |

주: 1) *는 권속으로 참여한 사람, #는 각국 대표의 비서로 비정식 대표이다.
　 2) + 표시는 왕정부(王正補)라고 된 자료도 있다.
　 3) 명백한 오기는 바로 잡았다.

**제3회 IPR 회의 접대 프로그램(1929.10.24~11.15)**

자료: 長尾半平(1930: 323~325).

| 일시 | 내용 |
| --- | --- |
| 10월 24일 오후 1시 | 奈良縣 주최 초대회 |
| 저녁 | 觀劇會 |
| 10월 25일 오후 | 日活촬영소 太秦 견학 |
| 10월 28일 오후 12시반 | 都호텔에서 오찬회 |
| 10월 29일 오후 3시 | 野村 씨 저택 유람 |
| 10월 30일 오전 9시 반 | 市田 씨 저택 能樂 |
| 저녁 | 金閣寺 관람 |
| 11월 1일 오후 | 比叡 및 琵琶湖 생화 및 분재 관람 |
| 11월 2일 오후 8시 | 일부는 比叡山으로, 일부는 保津川으로 |
| 오후 3시 | 近畿협회 주최 稻畑 씨 별장 유람 |
| 저녁 | 京都호텔 |
| 11월 3일 오후 12시 15분 | 大阪市 상공회의소 환영회 |
| 11월 4일 오전 | 京都호텔에서 기모노 의상 전람 |
| 오후 | 二條離宮 참관 |
| 11월 5일 오전 8시 반 | 西陣 織工場 견학 |
| 오후 4시 | 京都 시상공회의소 近畿 협회 주최 平安神宮 경내 초대회 |
| 11월 6일 오전 9시 반 | 桂御所 참관 |
| 정오 | 로터리 클럽 오찬회 |
| 오후 4시 | 大澤 아내 주최 아트 홈 |
| 11월 7일 오후 | 修學院 참관, 本願寺 및 智恩院 참관 |
| 11월 8일 오후 | 京都 제국대학 견학 |
| 11월 9일 정오 | 폐회식 오찬 |
| 오후 2시 | 鐘紡京都工場 견학 |
| 저녁 | 都호텔 주최 能樂 |
| 11월 11일 오후 2시 | 三井 남작 저택 유람(能樂) |
| 오후 9시 | 경제연맹 및 東京상공회의소 주최 초대회 |
| 11월 12일 오전 11시 | 澁澤 자작 초대 오찬회 |
| 오후 2시 | 觀菊御宴御召 |
| 11월 13일 오후 12시 반 | 井上 大藏相 부부 오찬회(제국 호텔) |
| 오후 2시 | 幣原 외무상 저택 유람 |
| 11월 15일 오후 | 범태평양구락부 井上 자작 초대 오찬회 |

자료: Lasker(1932: 503~507); 山岡道男(2010: 11~94, 154).

| 국가 | 이름 | 소속 | 비고 |
|---|---|---|---|
| 미국 | Miss Ada L. Comstock | Vice Chairman, President, Radcliff College, Cambridge, Massachusetts(Vice-chairman of the Group) | * |
| | Wills J. Abbot | Editor, Christian Science Monitor, Boston | |
| | M. Searle Bates | Professor of History, Nanking University | |
| | C R. Bennett | Normal City Bank, Shanghai | |
| | J. Lossing Buck | Professro of Farm Management, University of Nanking | |
| | E. C. Carter | Secretary-treasurer, American IPR, New York | * + |
| | Everett Case | General Electric Company, New York | |
| | Mrs. Everett Case | | |
| | J. P. Chamberlain | Professor of Public Law, Columbia University, New York | + |
| | R. J. Corbett | Standard Oil Company of New York, Shanghai | * |
| | David L. Crawford | President, University of Hawaii, Honolulu | |
| | Miss Margaret Elliott | Professor of Economics, University of Michigan | |
| | Wallace R. Farrington | Publisher, Honolulu Star Bulletin, Former Governor of Hawaii | |
| | Jerome D. Greene | Lee, Higginson & Company, New York, Chairman of Pacific Council of the IPR, Chairman of American IPR(Chairman of the Pacific Council; Chairman of the American Council) | * |
| | E. S. C. Handy | Ethnologist, Bishop Museum, Honolulu | * |
| | Paul Hopkins | Shanghai Power Company, Shanghai | |
| | Theodore J. Kreps | Professor of Economics, Standford University | |
| | Bruno Lasker | New York | |
| | Mrs. J. W. Morrisson | League of Women Voters, Groton, Connecticut | |
| | Harold S. Quigley | Professor of Political Science, University of Minnesota | + |
| | Chester H. Rowell | Journalist, Berkeley, California | |
| | Paul Scharrenberg | Secretary, California Federation of Labor, San Francisco | * |
| | Corwin S. Shank | Lawyer, Seattle | |
| | Mrs. F. Louis Slade | League of Women Voters, New York | |
| | Mrs. Sarah Bixby Smith | Writer, Los Angels | |
| | J. Leighton Stuart | President, Yenching Univesity, Peiping | |
| 비서 | Joseph Barnes(+); Frederick V. Field(+); E. C. Carter, Jr.(+); Miss Elizabeth Miner; Miss Edith Chamberlain; Miss Catherine Porter | | |

| | | | |
|---|---|---|---|
| 호주 | Sir William Harrison Moore | Chairman, Professor Emeritus of the University of Melbourne, Australian Delegate to the League of Nations Assembly, 1927-29, Melbourne(Chairman of the Group) | * |
| | Tristan Buesst | Writer, Melbourne | + |
| | H. W. Gepp | Chairman, Development and Migration Commission, Macleod, Victoria | + |
| | Miss Eleanor Hinder | National Committee of the YWCA, Shanghai | +* |
| | Miss Janet Mitchell | Journalist, Sydney | |
| | Mrs. Ernest Scott | Melbourne | |
| | E. J. Stuckey | Community Hospital, Tientsin | |
| | Mrs. E. J. Stuckey | Community Hospital, Tientsin | |
| | Miss Muriel Swain | Labor Statistician, Sydney | |
| 영국 | Archibald Rose | Chairman, British-American Tobacco Co., Ltd., London(Chairman of the Group) | +* |
| | W.G.S. Adams | Professor of Politics, Oxford | * |
| | Miss Cecil Alexander | London County Council | |
| | Dr. H. Chatley | Director, Whangpoo Conservancy Board, Shanghai | |
| | C. I. Cooks | Hongkong and Shanghai Banking Corporations, Shanghai | |
| | W.C. Costin | Lecturer in Modern History, Oxford | |
| | Dame Rachel Crowdy | Former Head of Social Questions Section, League of Nations Secretariat | |
| | Lionel Curtis | Fellow of All Souls college, Oxford | |
| | Mrs. Lionel Curtis | | |
| | F.A. Firth | British-American Tobacco Co., Ltd., Swatow | |
| | Miss Marjorie Giles | Tientsin | |
| | E.W. Grey | Hongkong and Shanghai Banking Corporation, Shanghai | |
| | G.E. Hubbard | Diplomatic Adviser to Hongkong and Shanghai Banking Corporation, Shanghai | * |
| | Sir Reginald Johnston | Former Administrator of Leased Territory of Weihaiwei | * |
| | John Keswick | Jardine Matheson & Co., Shanghai | |
| | P.M. Roxby | Professor of Geography, University of Liverpool | * |
| | Colin Scott | Butterfield and Swire, Shanghai | |
| | W.E.L. Shenton | Legal Adviser to Executive and Legislative Councils of Hongkong | |
| | N.L. Sparke | Shanghai | |
| 비서 | Peter Fleming(+); A. D. Marris(+) | | |
| 캐나다 | The Hon. Vincent Massey | Chairman, Former Canadian Minister to the United States of America, Port Hope, Ontario(The Chairman of the Group) | * |

| | | | |
|---|---|---|---|
| 캐나다 | J. Mackintosh Bell | Mining Engineer, Almonte, Ontario | * |
| | W. M. Birks | Henry Birks & Sons, Montreal, Quebec | |
| | C. A. Bowman | Editor, Citizen, Ottawa, Ontario | |
| | C. J. Burchell | K. C., Barrister, Halifax | |
| | Norman A. MacKenzie | Professor of Law, Toronto | |
| | Dr. Robert McClure | Medical Missionary, Honan, China | |
| | Mrs. R. F. McWilliams | Writer, Winnipeg | + |
| | Adjustor Savard | Journalist, Montreal | |
| | George Smith | Professor of History, University of Alberta, Edmonton | + |
| 비서 | George Fulford; Guy Rogers Alan; O. Gibbons(+); Miss B. Winters | | |
| 중국 | Hsu Singloh(徐新六) | Chairman, General Manager, National Commercial Bank, Shanghai(The Chairman of the Group) | |
| | Chang Poling(張伯苓) | President, Nankai University, Tientsin | * |
| | T. B. Chang(張竹平) | General Manager, Shun Pao, Shanghai | |
| | L. T. Chen(陳立廷) | Director, Extension and Research Department, Kincheng Bank, Shanghai | *+ |
| | R. C. Chen(陳長桐) | Bank of China, Shanghai | |
| | Ta Chen(陳達) | Professor of Sociology, Tsinghua University, Peiping | |
| | Franklin L. Ho(何廉) | Director, Committee on Social and Economic Research, Nankai University, Tientsin | + |
| | C. L. Hsia(夏晉麟) | President, Medhurst College, Shanghai | * |
| | Hsu Shuhsi(徐淑希) | Professor of Political Science, Yenching University, Peiping | |
| | Hu Shih(胡適) | Educational Director, China Foundation, Professor of Philosophy, Peking National University(President of the Conference) | * |
| | T. K. King(曾廣頃) | China Merchants Steam Navigation Co., Shanghai | |
| | T. Z. Koo(顧子仁) | London Mission, Peiping | + |
| | Y. C. Koo(顧季高)) | Manager, Chang Foo Bank, Shanghai | |
| | O. S. Lieu(劉鴻生) | General Manager, Shanghai Portland Cement Company, Shanghai | |
| | C. S. Liu(劉景山) | President, Asiatic Trading Corporation. Former President, Chinese Eastern Railway, Shanghai | |
| | Herman C. E. Liu(劉湛恩) | President, University of Shanghai | |
| | Mrs. Herman C. E. Liu(劉湛恩 아내) | General Secretary, WCTU, Shanghai | |
| | S. Francis Liu(劉世芳) | Attorney, Shanghai | |
| | S. Y. Liu(劉馭業) | Bank of China, Shanghai | |
| | C. G. Lowe(駱傳華) | Industrial Secretary, YMCA, Shanghai | |
| | E. C. Ning(寧恩承) | Vice-President, Northeastern University, Mukden | |

| | | | |
|---|---|---|---|
| | Quentin Pan(潘光旦) | Editor, China Critic, Shanghai | |
| | Mrs. J. H. Sun(王國秀) | Instructor, Kwang Hua University, Shanghai | |
| | L. K. Tao(陶孟和) | Director, Institute of Social Research, Peiping | * |
| | V. K. Ting(丁文江) | Director, Geological Survey of China, Peiping | * |
| | Miss P. S. Tseng(曾寶蓀) | Principal, Yih Fang Girls School, Changsha | |
| 중국 | D. C. Wu(吳鼎昌) | Director, Bureau of Statistics, Nanking | |
| | Miss Yih-fang Wu(吳貽芳) | President, Ginling Girls College, Nanking | |
| | Paul Yen(閻玉衡) | General Secretary, YMCA, Mukden | |
| | Stewart Yui(余日宣) | University of Shanghai | |
| | Mr. Sophia H. Cheng Zen (陳衡哲) | Writer, Peiping | * |
| 비서 | Mrs. C. Chen; Wellington Liu; Joseph Chow; Philip Wang; Mrs. Y. O. Lee; W. C. Wang | | |
| | Inazo Nitobe(新渡戶稻造) | Chairman, Member, House of Peers, Tokyo(Chairman of the Group) | * |
| | Sochi Saito(齋藤惣一) | Secretary, General Secretary, Tokyo YMCA | * |
| | Mitsutaro Araki(荒木光太郎) | Professor of Economics, Tokyo Imperial University | |
| | Tatsuichiro Funtasu (船津辰一郎) | Member, Shanghai Municipa Council | |
| | Zhenichi Itani(猪谷善一) | Professor of Economics, Tokyo University of Commerce | |
| | Kiyoshi Kanai(金井淸) | Railway Expert | |
| | Shigeharu Matsumoto (松本重治) | Tokyo Institute of Political and Economic Research | + |
| | Tamon Mayeda(前田多門) | Editorial Writer, Tokyo Asahi Shimbun | |
| | Shiroshi Nasu(那須皓) | Professor of Agriculture, Tokyo Imperial University | * |
| 일본 | Tokusuke Sahara(佐原篤介) | President, Chengching Shihpao, Mukden | |
| | Yasunosuki Sato (佐藤安之助) | Retired Major-General, Former Member of House of Representatives, Tokyo | |
| | Jumpei Shinobu(信夫淳平) | Professor of Law, Waseda University, Tokyo | |
| | Bunji Suzuki(鈴木文治) | Former President, Japanese Federation of Lavour, Kamakura | |
| | Kenzo Takayanagi (高柳賢三) | Professor of Law, Tokyo Imperial University | * |
| | Yusuke Tsurumi(鶴見祐輔) | Writer, Former Member of House of Representatives, Tokyo | |
| | Katsushi Uchida(內田勝司) | Managing Director, East Asia Industrial Company, Tokyo | |
| | Kisaburo Yokota (橫田喜三郎) | Professor of Law, Tokyo Imperial University | |
| 비서 | Mrs. Ethel. L. Martim; Shuji Suzuki(鈴木修次); Yoshitaka Sakamoto(坂本義孝); Samitaro Uramatsu(浦松佐美太郎)(+) | | |

| | | | |
|---|---|---|---|
| 뉴질랜드 | J. E. Strachan | Chairman, Headmaster, Rangiora High School(Chairman of the Group) | |
| | W. T. G. Airey | Lecturer in History, Auckland University College | * |
| | H. F. von Haast | Barrister, Wellington | |
| | R. G. Hampton | Secretary, Christchurch Branch, New Zealand Council | |
| | Miss A. Vera Hay | Secretary, Auckland Branch, New Zealand Council | |
| | H. C. Tennent | Accountant, Honolulu | |
| 필리핀 | Rafael Palma | Chairman, President, University of the Philippines, Manila(Chairman of the Group) | |
| | Juan M. Arellano | Consulting Architech, Bureau of Public Works, Philippine Government, Manila | |
| | Francisco Benitez | Dean of College of Education, University of the Philippines, Manila | |
| | Harold Fey | Professor of Sociology, Union Theological Seminary, Manila | |
| | N. Maronilla Seva | President, Far Eastern College, Manila | |
| 비서 | Miss Alice B. Norwood | | |
| 참관인 | Arnold D. A. De Kat Angelino | Netherlands | |
| | Dame Adelaide Anderson | International Labour office, Geneva | |
| | Iwao F. Ayusawa | International Labour Office, Geneva | * |
| | Jennings Wong | International Labour Office, Geneva | |
| | Camille Pone | International Labour Office, Geneva | * |
| | Paul Langevin | League of Nations, Geneva | |
| | Frank G. Walters | League of Nations, Geneva | |
| 중앙 사무국 | Charles F. Loomis | Acting General Secretary | |
| | Elizabeth Green | Editor, Pacific Affairs | + |
| | Chester H. Rowell | Director of Publicity | |
| | William L. Holland | Acting Research Secretary | + |
| | Felix M. Keesing | | + |
| | Mrs. Marguerite C. Miller | Office Manager | |
| 비서와 회의 보조 | Cora Hartdegen; Lucy Knox; Kathleen Muir Elizabeth Barnes; Ruth Miller; Eleanor D. Breed; Olive Morgan; Berta Metzger; Janet McTavish | | |
| 원탁회의 녹음 | W. G. S. Adams, Bruno Lasker, Miss Cecil Alexander, Mrs. Y. O. Lee, Joseph Barnes, Miss Ruth Li, Mrs. Everett Case, W. W. Lockwood, Miss Edith Chamberlain, C. H. Lowe, W. C. Costin, Mrs. Norman Mackenzie, Harold E. Fey, A. D. Marris, Frederick V. Field, Shigeharu Matsumoto, Peter Fleming, Mrs. R. F. McWilliams, George T. Fulford, Miss B. Metzger, A. O. Gibbons, Miss Elizabeth Miner, Miss Marjorie Giles, Miss Alice Norwood, W. Leon Godshall, Miss Catherine Porter, Miss Elizabeth Green, J. G. Sakamoto, R. G. Hampton, Shuji Suzuki, Miss A. Vera Hay, Taneo Taketa, E. M. Hayes, P. Y. Wang, Miss Ruth Hill, Mrs. P. Y. Wang, Mrs. Felix M. Keesing(+) | | |

주: *는 원탁회의 사회자, +는 원탁회의 비서이다.

| 부록 5 | 국제연구위원회

자료: CULMC. 'The International Research Committee'.

## 1. 국제연구위원회

| 국가 | 위원명 | 소속 |
|------|--------|------|
| 호주 | Stephen Roberts | Prof. of History, University of Sydney |
| 캐나다 | Norman McKenzie | Prof. of Law, University of Toronto |
| 중국 | Franklin L. Ho | Prof. of Economics, Nankai University, Tientsin |
| 영국 | Arnold J. Toynbee | Director of Studies, Royal Institute of International Affairs, London |
| 일본 | Shiroshi Nasu | Prof. of Agriculture, Tokyo Imperial University |
| 뉴질랜드 | W. N. Benson | Prof. of Geology, Otago University College Dunedin |
| 필리핀 | Rafael Palma | President, University of the Phillippines, Manila |
| 미국 | James T. Shotwell | Prof. of History, Columbia University, New York |
| 국제 활동 위원장 | Shiroshi Nasu | |

## 2. 태평양위원회(The Pacific Council)

| 이름 | 국가(지역) | 비고 |
|------|-----------|------|
| Jerome D. Greene | 미국 | 위원장 |
| Frank C. Atherton | 하와이 | 회계 담당자 |
| F. W. Eggleston | 호주 | |
| Newton W. Rowell | 캐나다 | |
| Hu Shih | 중국 | |
| Archibald Rose | 영국 | |
| Inazo Nitobe | 일본 | |
| Sir James Allen | 뉴질랜드 | |
| Rafael Palma | 필리핀 | |
| F. N. Petroff | 소련 | |

## 3. 국제 비서국(The International Secretariat)

| 이름 | 업무 |
| --- | --- |
| Charles F. Loomis | Acting General Secretary |
| Elizabeth Green | Editorial Secretary |
| W. L. Holland | Research Secretary |
| Frederick V. Field | Acting Research Secretary |
| Liu Yu-wan | Assistant Research Secretary |
| Saburo Matsukata | Assistant Research Secretary |

**IPR 연구 프로그램**

자료: CULMC, 'Appendix'; Holland(1932: 168~175).


## 1. 1928~1929 IPR 연구 과제

(단위: $)

| 국가 | 저자 | 과제명 | 1928 | 1929 |
|---|---|---|---|---|
| 호주 | Australian Council | publication grant for Peopling of Australia | 600 | |
| | Australian Council | publication of Studies in Australian Affairs | 600 | |
| 중국 | Hsu | The Manchurian Problem | 500 | 500 |
| | Hsiao | Statistical Survey of Manchuria | 2,000 | 2,000 |
| | Buck | Land Utilization in China | 1,700 | 10,600 |
| | Ho and Fong | Industrialization in Tientsin | | 8,000 |
| | Lieu | The Chinese Cotten Industry | | 600 |
| | Chen | Translation of Manchurian Documents | 500 | 500 |
| 영국 | Hinton | Emigration to British Malaya | 1,000 | 500 |
| 일본 | Nasu | Land Utilization in Japan | 3,250 | 3,250 |
| | Royama | Japan's Position in Manchuria | 500 | 500 |
| | Japanese Council | Western Influences in Modern Japan | | 1,000 |
| 뉴질랜드 | New Zealand Council | Publication of New Zealand Affairs | | 600 |
| 미국 | American Council | grant for conference preparation | | 3,400 |
| 행정비용 | | | 1,519.20 | 49.70 |
| 총액 | | | 12,169.20 | 33,499.70 |


### 사회과학연구위원회 기금(Grants from the Social Science Research Council)

(단위: $)

| 저자 | 과제명 | 비용 |
|---|---|---|
| Alsberg and Swen | Trend of Consumption of Agricultural Products in Eastern Asia | 7,500 |
| Alsberg and Penrose | Trend of Pacifica Agriculture from Subsistence to Cash-crop Farming | 7,500 |
| Remer | International Economic and Financial Relations of China | 17,000 |
| Cresey | The Geography of China | 1,600 |
| Chamberlain | The Development of Neutrality | 7,000 |
| 총액 | | 40,600 |

## 2. 1930~1931년 IPR 연구 과제

(단위: $)

| 국가 | 저자 | 과제명 | 1930 | 1931 |
|---|---|---|---|---|
| 호주 | Australian Council | publication of Australian Mandate in New Guinea | 600 | |
| 중국 | Hsu | The Manchurian Problem | 500 | |
| | Buck | Land Utilization in China | 15,000 | 15,000 |
| | Ho and Fong | Industrialization in Tientsin | 4,000 | |
| | Ho | Chinese Migration to Manchuria | 7,500 | 7,500 |
| | Tawney | Agriculture and Industry in China | 2,500 | 600 |
| | Lieu | Industrialization in Shanghai | | 8,000 |
| | China Council | grant for conference preparation | | 3,500 |
| 영국 | Coatman | Trade of British Pacific Dominions | | 2,000 |
| 일본 | Nasu | Land Utilization in Japan | 3,970 | 3,250 |
| | Royama | Japan's Position in Manchuria | 500 | |
| | Nasu | Rural Social Life in Japan | 1,500 | 1,500 |
| | Asari | Japanese Industrial Development | 1,250 | 1,250 |
| | Takayanagi | Comparative Study of Boycotts | 3,750 | 3,750 |
| | Japanese Council | grant for conference preparation | | 2,000 |
| 뉴질랜드 | Belshaw | Land Utilization in New Zealand Affairs | 2,000 | 2,000 |
| 미국 | American Council | grant for conference preparation | 4,500 | 2,750 |
| 기타 프로젝트 | Keesing | Government of Pacific Dependencies | 4,500 | 3,500 |
| | Lee | Land Utilization in Korea | 2,500 | 2,500 |
| | McKenzie | Status of Aliens in the Pacific(coordination) | | 1,000 |
| | Secretariat | Publication of Memorandum on Agriculture and Industry in China, by R. H. Tawney | | 500.00 |
| 행정 비용 | | | 1,925.00 | 46.23 |
| 총액 | | | 56,495.00 | 60,046.23 |

## 3. 1932~1933년 IPR 연구 과제

(단위: $)

| 국가 | 저자 | 과제명 | 1932 | 1933 |
|---|---|---|---|---|
| 호주 | Australian Council | Land Utilization in Australia | 1,500 | 1,500 |
| 중국 | Buck | Land Utilization in China | 10,000 | 10,000 |
| | Ho | Chinese Settlement in Manchuria (1933 Grant later withdrawn) | 5,000 | |
| | Chang | District Government in North China | 2,500 | 2,500 |
| | Pan | Humanism in China | 1,000 | 1,000 |
| | Fong | Rural Industries in North China (interim grant) | | 2,000 |
| | China Council | conference preparation | | 1,000 |
| 영국 | Coatman | Trade of British Pacific Dominions (interim grant) | | 1,000 |
| 일본 | Nasu | Land Utilization in Japan | 5,000 | 5,000 |
| | Nasu | Rural Social Life in Japan | | |
| | Araki | Silber Fluctuations and Pacific Trade | 2,500 | 2,500 |
| | Maeda | Japanese Dependencies and Colonial Policy | 2,000 | 2,000 |
| | Saito and Matsumiya | Japanese Family System | 2,000 | 2,000 |
| | Japanese Council | interim grant for conference preparation | | 1,000 |
| 필리핀 | Macaraig | Population Re-distribution in the Philippines | 2,500 | 2,500 |
| 미국 | American Council | grant for conference preparation | | 4,500 |
| 기타 프로젝트 | Alsberg | Coordination of Land Utilization Studies | 500 | 1,000 |
| | Wright | Coordination of Tariff and Trade Studies | 500 | 1,000 |
| | Keesing | Pacific Dependencies | 4,000 | |
| | All Councils | Armaments and Diplomatic Machinery | | |
| | All Council | Communications in the Pacific | | |
| 출판 비용 | | | 1,000 | 3,000 |
| 비서국 경비 | | Preparation of Maps for Banff Conference | 500 | |
| | | Research Assistants' Travel | 2,000 | |
| | | Research Assistants' Salaries(4 months) | 27.09 | 2,000 |
| 총액 | | | 47,027.09 | 37,000 |

**IPR 재정 상황표**

자료: TUBCA('Financial Report of the International Research Programme' March 27, 1931: 4~11).

## 1. 1928년도 연구비 지원

(단위: $)

| 이름 | 과제명 | 비용 |
|---|---|---|
| W. J. Hinton | Emigration to Malaya | 1,000.00 |
| Shiroshi Hsu | Political Aspects of Manchurian Problem | 500.00 |
| Chang Po-ling | Economic Aspects of Manchurian Migration | 2,000.00 |
| L. T. Chen | Translation | 500.00 |
| | Nanking Publication grant | 1,700.00 |
| S. Nasu | Land Utilization project | 3,250.00 |
| M. Royama | Manchurian Project | 500.00 |
| Publication grant | The Peopling of Australia | 600.00 |
| Publication grant | Studies in Australian Affairs | 600.00 |
| | Additional Secretarial Travel | 1,500.00 |
| | Expenses on Drafts | 19.20 |
| | | 12,169.20 |

## 2. 1928년도 추가 연구비 지원(by Social Science Research Council)

(단위: $)

| 이름 | 과제 명 | 비용 |
|---|---|---|
| C. L. Alsberg | Trend of Consumption of Agricultural Products in Eastern Asia | 7,500.00 |
| C. L. Alsberg | Trend of Pacific Agriculture from Subsistence to Cash Crop Farming | 7,500.00 |
| C. F. Remer | International Economic and Financial Relations of China | 17,000.00 |
| G. B. Cressey | Geography of China | 1,600.00 |
| Joseph P. Chamberlain | Development of Neutrality | 7,000.00 |
| | | 40,600.00 |

## 3. 1929년도 연구비 지원

(단위: $)

| 국가 | 이름 | 과제명 | 비용 |
|------|------|--------|------|
| 중국 | Nankai University | Manchurian Study | 500.00 |
| | | Economic Study of Manchuria | 2,000.00 |
| | | Grant for Translation of Manchurian Documents | 500.00 |
| | | Grant for Studies of tariff Revision and Extrality | 2,000.00 |
| | J. Lossing Buck | Land Utilization in China | 10,000.00 |
| | Franklin L. Ho | Industrialization in Tientsin | 8,000.00 |
| | University of Nanking | Publication grant | 600.00 |
| | D. K. Lieu | Chinese Cotton Industry | 600.00 |
| 영국 | W. J. Hinton | Study of British Malaya | 500.00 |
| 일본 | M. Royama | Japan's Position in Manchuria | 500.00 |
| | | Western Influences in Modern Japan | 1,000.00 |
| | S. Nasu | Land Utilization in Japan | 3,250.00 |
| 뉴질랜드 | Publication | New Zealand Affairs | 600.00 |
| 미국 | | Research grant | 3,400.00 |
| | Expenses on Drafts | | 49.70 |
| | | | 33,499.70 |

## 4. 국가별 위원회 지출(1929)

(단위: $)

| 국가 | 비용 | 국가 | 비용 |
|------|------|------|------|
| 호주(Australia) | 1,500.50 | 영국(Great Britain) | 3,216.05 |
| 캐나다(Canada) | 100.00 | 뉴질랜드(New Zealand) | - |
| 중국(China) | 3,624.50 | 미국(United States) | 18,710.74 |
| 일본(Japan) | 3,554.46 | | |
| 경비 | 이월액(Carried Forward) | | 30,706.25 |
| | 비서국 경비(Secretarial Expenditure) | | 13,347.90 |
| | 보조금(Grant-in-aid) | | 33,499.70 |
| | 합계 | | 77,553.85 |

## 5. 1930년 수입과 지출 현황

(단위: $)

| 항목 | 이름 | 비용 |
|---|---|---|
| 수입 | Balance Rockefeller grant | 16,500.30 |
| | 1930 unconditional Rockefeller grant | 25,000.00 |
| | 1930 conditional Rockefeller grant | 25,000.00 |
| | 66,500.30 | |
| 지출 | Hsu: Completion of Manchurian Study | 500.00 |
| | Royama: Completion of Manchurian Study | 500.00 |
| | Buck: Land Utilization in China | 10,000.00 |
| | Nasu: Land Utilization in Japan | 3,250.00 |
| | Ho: Industrialization in Tientsin | 4,000.00 |
| | Ho: Population Movement from Shantung and Hopei | 7,500.00 |
| | Lee: Land Utilization in Korea | 2,500.00 |
| | Takayanagi: comparative Study of Boycotts | 3,750.00 |
| | Keesing: Governement of Pacific Dependencies | 2,635.00 |
| | Nasu: Changing Rural Social Life in Japan | 1,500.00 |
| | Belshaw: Land Utilization in New Zealand | 2,000.00 |
| | Asari: Japanese Industrial Developement | 1,250.00 |
| | Tawney: Chinese Social and Agrarian Problems | 2,500.00 |
| | American Council: research grant | 4,500.00 |
| | Australian Council: publication grant | 600.00 |
| | Australian Council: publication grant | 1,467.32 |
| | Research travel expense | 90.47 |
| | Charges on drafts | 48,542.79 |
| | Balance in Bank, Dec. 31, 1930 $8,559.51 | |
| | Add: 1930 revenue received after Dec. 31, 1930 $ 11,000.00 | 19,559.51 - 1,602.00 |
| | Less: checks outstanding $1,602.00 | 17,957.51 |
| 합계 | | 66,500.30 |

## 6. 국가별 위원회 지출(1930)

(단위: $)

| 국가 | 비용 |
|---|---|
| 호주(Australia) | 1,000.00 |
| 중국(China) | 28,408.00 |
| 일본(Japan) | 4,240.00 |
| 영국(Great Britain) | 4,686.28 |
| 미국(본토)[United States(mainland)] | 19,033.90 |
| 미국(하와이)United States(Hawaii) | 660.00 |
| (중간 합계) | 58,028.18 |
| 비서국 경비(Secretarial Expenditure ) | 12,560.69 |
| 보조금(Grants-in-aid) | 56,495.00 |
| (총합계) | 127,083.87 |

## 7. 1931년 연구비 예산

(단위: $)

| 프로젝트 | 1931년 예산 | 1931년 6월 30일까지 |
|---|---|---|
| Buck: Land Utilization in China | 15,000 | 7,500 |
| Nasu: Land Utilization in Japan | 3,250 | 1,625 |
| Lee: Land Utilization in Korea | 2,500 | 1,250 |
| Takayanagi: Comparative Study of Boycotts | 3,750 | 1,875 |
| Keesing: Government of Pacific Dependencies | 3,500 | 1,750 |
| Nasu: changing Rural Social Life | 1,500 | 750 |
| Belshaw: Land Utilization in N. Z. | 2,000 | 1,000 |
| Asari: Japanese Industrial Development | 1,250 | 625 |
| Ho: Population Movement from Shantung | 7,500 | 3,750 |
| Coatman: Study of the Trade Situation in Great Britain | 1,000 | 1,000 |
| China Council: Conference Research grant | 3,500 | 1,750 |
| Japan Council: Conference Research grant | 2,000 | 1,000 |
| Lieu: Industrialization in Shanghai | 3,000 | 4,000 |
|  | 54,750 | 27,875 |

## 8. 연구비 수지 비교

(단위: $)

| | | 1928 | 1929 | 1930 | 1931 |
|---|---|---|---|---|---|
| 수입 | From I.P.R. | 2,169.20 | 13,347.90 | 12,560.69 | 13,160.00 |
| | From Rockefeller Foundation | 10,000.00 | 50,000.00 | 50,000.00 | 50,000.00 |
| | Total | 12,169.20 | 63,347.90 | 62,560.69 | 63,160.00 |
| 지출 | Secretarial Expenses | - | 13,347.90 | 12,560.69 | 13,160.00 |
| | Grant-in-aid | 12,169.00 | 33,499.70 | 56,495.00 | 54,750.00 |
| | National Council Expenditures | - | 30,706.25 | 58,028.18 | - |
| | Total | 12,169.00 | 77,553.85 | 127,083.87 | - |

자료: CULMC, 'Selection of Publications Embodying Institute Research'.

Lossing Buck, *Chinese Farm Economy*, the University of Chicago Press.

Shiroshi Nasu, *Land Utilization in Japan*, the University of Chicago Press.

E. F. Penrose, *Food Supply and Raw Materials in Japan*, the University of Chicago Press.

Inazo Nitobe(ed.), *Western Influences in Modern Japan*, the University of Chicago Press.

C. Walter Young, *International Relations of Manchuria*.

Bruno Lasker, *Filipino Immigration*, the University of Chicago Press.

Philip G. Wright, *American Tariff and Oriental Trade*, the University of Chicago Press.

Frederick V. Field, *American Participation in the China Consortiums*, the University of Chicago Press.

Eliot G. Mears, *Resident Orientals on the American Pacific Coast*, the University of Chicago Press.

R. D. McKenzie, *Oriental Immigration*, the University of Chicago Press.

M. Royama, *Japan's Position in Manchuria(in Problems of the Pacific 1929)*, the University of Chicago Press.

Shuhsi Hsu, *The Manchuria Problem(in Problems of the Pacific 1929)*, the University of Chicago Press.

Chu Hsiao, *Manchuria a Statistical Survey(in Problems of the Pacific 1929)*, the University of Chicago Press.

R. H. Tawney, *Land and Labour in China*, London: Allen & Unwin.

Carl F. Remer, *Foreign Investments in China*, New York: MacMillan.

P. D. Philips and G. L. Wood(eds.), *The Peopling of Australia*, Melbourne University Press.

Sir James Allen and others(ed.), *New Zealand Affairs*, Institute, Christchurch.

Persia Campbell and others(eds.), *Studies in Australian Affairs*, Melbourne University Press

Sophia Chen Zen(ed.), *Symposium on Chinese Culture*, China Institute of Pacific Relations, Shanghai

H. D. Fong, *The Cotton Industry of China*, Tientsin: Nankai University.

자료: TBUCA('Library Report: 1929~1931': 4~8).

| 잡지명 | 발행국 | 수집 형태 |
|---|---|---|
| Academy of Political Science Proceedings | United States | 구매 |
| Agrar-Probleme | Germany | 교환 |
| Agricultural and Industrial Progress in Canada | Canada | 증정 |
| American Federationist | United States | 교환 |
| American Indian Life | United States | 증정 |
| American Journal of International law | United States | 구매 |
| American Journal of Sociology | United States | 구매 |
| Anglo-American Trade | England | 증정 |
| Annals of the American Academy of Political and Social Science | United States | 구매 |
| Asia | United States | 구매 |
| Asiatic Review | England | 증정 |
| Asiatic Society of Japan-Transactions | Japan | 구매 |
| Auslese aus Zeitschriften Aller Sprachen | Germany | 교환 |
| Australian Intercollegian | Australia | 증정 |
| Australasian Journal of Philosophy and Psychology, New Zealand and Australia | Australia | 교환 |
| Australian Quarterly | Australia | 교환 |
| Bank Notes, Commonwealth Bank of Australia | Australia | 증정 |
| Bank for Russian Trade Review | England | 증정 |
| Bank of Japan, Statistics of Foreign Trade | Japan | 증정 |
| Bank of Japan, Monetary Statistics | Japan | 증정 |
| Bank of Japan, Statistical Reports | Japan | 증정 |
| Berichte der Deutschen Hochschule fur Politik | Germany | 증정 |
| Bulletin, American Council of Learned Societies | United States | 교환 |
| Bullatin de la Cooperation Intellectuelle | France | 증정 |
| Bulletin des Missions | Belgium | 증정 |
| Bulletin of International Bureau of Education | Switzerland | 증정 |
| Bulletin of International News, Royal Institute of International Affairs | England | 교환 |
| Bulletine of the International Management Institute | Switzerland | 교환 |
| Bulletin of the International Union for the Scientific Investigation of Population Problems | United States | 증정 |
| Canadian Forum | Canada | 교환 |

| | | |
|---|---|---|
| Canadian Historical Review | Canada | 교환 |
| China. China Society of America | United States | 증정 |
| China. Bureau of Statistics-Statistical Monthly | China | 교환 |
| China Critic | China | 구매 |
| China Illustrated Review | China | 교환 |
| China Monthly Trade Report(U.S. Dept. of Commerce) | United States | 증정 |
| China Weekly Review | China | 구매 |
| Chinese Christian Student | China | 교환 |
| Chinese Economic Bulletin | China | 교환 |
| Chinese Economic Journal | China | 교환 |
| Chinese Nation | China | 교환 |
| Chinese Recorder | China | 교환 |
| Chinese Social and Political Science Review | China | 교환 |
| Commerce and Industry Journal | Philippine Is. | 증정 |
| Commerce Reports( U.S. Dept. of Commerce) | United States | 증정 |
| Commercial, The | England | 구매 |
| Commercial Osaka | Japan | 증정 |
| Congressional Digest | United States | 구매 |
| Contemporary Review, The | England | 교환 |
| Cooperation Intellectuelle, La | France | 교환 |
| Current History | United States | 구매 |
| Dalhousie Review, The | Canada | 교환 |
| Deutsche Auswanderer, Der | Germany | 교환 |
| Eastern and Colonial Bulletin | Russia | 증정 |
| Economic Geography | United States | 교환 |
| Economic Review of the Soviet Union | United States | 증정 |
| Erfindungswesen in der U.S.S.R. | Russia | 증정 |
| Esprit International, L' | France | 교환 |
| Europaische Gesprache | Germany | 교환 |
| Europe Nouvelle, L' | France | 교환 |
| Export Inspection Bulletin | China | 증정 |
| Far Eastern Review | China | 교환 |
| Federal Council Bulletin | United States | 교환 |
| Federal Reserve Bulletin | United States | 증정 |
| Federation News Sheet | Switzerland | 교환 |
| Foreign Affairs | United States | 구매 |
| Foreign Notes. Chicago Council on Foreign Relations | United States | 증정 |

| | | |
|---|---|---|
| Foreign Policy Ass'n. Information Service | United States | 교환 |
| Foreign Policy Ass'n. News Bulletin | United States | 교환 |
| Fortnightly Review | England | 교환 |
| Fortnightly Summary of International Events | United States | 증정 |
| Friend, The | Hawaiian Is. | 교환 |
| Geographical Review | United States | 교환 |
| Geo Politik | Germany | 교환 |
| Hawaii Educational Review | Hawaiian Is. | 증정 |
| Headway. League of Nations Union | England | 교환 |
| Hochschule und Ausland | Germany | 교환 |
| Indian Literary Review | India | 증정 |
| Indian Social Reformer | India | 증정 |
| Indochine, L' | France | 교환 |
| Information. Ivy Lee Associates | United States | 증정 |
| Information Bulletin of the United Bureau of Workers of the U.S.S.R. Society for Cultural Relations | Russia | 증정 |
| Information Service. World's Committee of the Y.M.C.A. | United States | 증정 |
| Inquiry, The | United States | 교환 |
| Inter-Parliamentary Bulletin | Switzerland | 증정 |
| International Affairs. Journal of the Royal Institute of International Affairs | England | 교환 |
| International Affairs. Monthly Bibliography | United States | 교환 |
| International Digest | United States | 교환 |
| International Fellowship, The | United States | 증정 |
| International Gleanings from Japan | Japan | 증정 |
| International Labour Office. Industrial and Labour Information | Switzerland | 교환 |
| Industrial Safety | Switzerland | 교환 |
| International Labour Review | Switzerland | 증정 |
| Legislative Series | Switzerland | 증정 |
| Monthly Record of Migration | Switzerland | 증정 |
| Monthly Summary | Switzerland | 증정 |
| Official Bulletin | Switzerland | 증정 |
| International Review of Missions | England | 교환 |
| International Sea Transport Worker | Germany | 증정 |
| Japan Christian Quarterly, The | Japan | 교환 |
| Japan Chronicle | Japan | 구매 |
| Japan Trade Review | Japan | 증정 |

| | | |
|---|---|---|
| Japanese Student Bulletin, The | United States | 증정 |
| Journal of Adult Education | United States | 교환 |
| Journal of Comparative Legislation | England | 구매 |
| Journal of Political Economy | United States | 구매 |
| Journal of the American Association of Univ. Women | United States | 증정 |
| Korean Student Bulletin | United States | 증정 |
| Kuo Min Office News Agency | China | 교환 |
| Kyoto University Economic Review | Japan | 증정 |
| Labor Gazette(Canada. Dept. of Labor) | Canada | 증정 |
| Law Quarterly Review. New York University | United States | 교환 |
| League of Nations. Monthly Bulletin of Statistics | Switzerland | 구매 |
| Monthly Summary | Switzerland | 구매 |
| League of Nations News for Overseas | United States | 증정 |
| League of Nations Quarterly Bulletin on the Work of International Organizations | Switzerland | 구매 |
| League of Nations in Review | Switzerland | 증정 |
| Lingnan Science Journal | China | 교환 |
| Living Age | United States | 구매 |
| Macao Review | China | 증정 |
| Manchester Guardian Weekly | England | 구매 |
| Messenger of Peace, The | United States | 교환 |
| Mexican Commerce and Industry | Mexico | 교환 |
| Monde Colonial Illustre | France | 교환 |
| Monde Nouveau, Le | France | 교환 |
| Monthly Bulletin. U.S.S.R. Chamber of Commerce for Western Trade | Russia | 증정 |
| Monthly Labor Review(U.S. Dept. of Labor) | United States | 증정 |
| Monthly Review of Business Statistics | Canada | 증정 |
| Monthly Review of Credit and Business Conditions | United States | 증정 |
| Nankai University Statistical Service | China | 증정 |
| Nation, The | United States | 교환 |
| Nations's Business, The | United States | 구매 |
| New China | China | 교환 |
| New Era, The | England | 교환 |
| New Masses | United States | 교환 |
| New Republic | United States | 구매 |
| New Statesman and Nation, The | England | 구매 |
| New Zealand. Monthly Abstract of Statistics | New Zealand | 구매 |

| | | |
|---|---|---|
| News Bulletin, Institute of International Education | United States | 증정 |
| News Bulletin, National Council for Prevention of War | United States | 교환 |
| News Letter, World Alliance for International Friendship through the Churches | United States | 증정 |
| Nineteenth Century and After, The | England | exchang |
| North China Herald | China | 구매 |
| Oekonomi og Politik | Denmark | 교환 |
| Opportunity | United States | 교환 |
| Pan-American Union, Bulletin | United States | 교환 |
| Pan-Pacific | China | 증정 |
| Pan-Pacific Progress | United States | 교환 |
| Pan-Pacific Research Institute, Journal of | Hawaiian Is. | 교환 |
| Pan-Pacific Union, Bulletin | Hawaiian Is. | 교환 |
| Pan-Pacific Union, Mid-Pacific Magazine | Hawaiian Is. | 교환 |
| Pan-Pacific Worker | Australia | 교환 |
| Philippine Magazine | Philippine Is. | 교환 |
| Political Science Quarterly | United States | 구매 |
| Progressive Education Association | United States | 교환 |
| Publishers' Weekly | United States | 구매 |
| Review of South & Central American & West Indian Gazette | England | 교환 |
| Revue Nationale Chinoise, La | China | 구매 |
| Round Table, The | England | 교환 |
| Science Journal, Sun Yat-son University | China | 증정 |
| Seamon's Journal | United States | 증정 |
| Sinica | Germany | 교환 |
| Soviet Union Review | United States | 증정 |
| Spectator, The | England | 구매 |
| Stoad's.Review | Australia | 증정 |
| Student World, The | Switzerland | 교환 |
| Survey, The | United States | 구매 |
| Survey Graphic | United States | 구매 |
| Time and Tide(Including Foreign Affairs) | England | 교환 |
| Towards Fellowship | Austria | 증정 |
| Trans-Pacific | Japan | 구매 |
| Under Bow Bells | England | 교환 |
| V.O.K.S. | Russia | 교환 |
| Vox Studentium | Switzerland | 교환 |

| | | |
|---|---|---|
| Week in China | China | 구매 |
| Weltwirtschaftliches Archiv | Germany | 교환 |
| World Association for Adult Education. Bulletin | England | 구매 |
| World Peace Foundation Pamphlets | United States | 교환 |
| World Tomorrow | United States | 교환 |
| World Trade. Journal of Int. Chamber of Commerce | France | 교환 |
| World Unity | United States | 교환 |
| World's Youth | United States | 증정 |
| Newspaper | | |
| Christian Science Monitor | United States | 구매 |
| Hawaii Chinose News(Weekly) | Hawaiian Is. | 증정 |
| Hawaii Hochi | Hawaiian Is. | 구매 |
| Honolulu Advertiser | Hawaiian Is. | 구매 |
| Honolulu Star-Bullentin | Hawaiian Is. | 구매 |
| Journal de Geneve | Switzerland | 증정 |
| Labor | United States | 구매 |
| New York Times | United States | 구매 |
| New Zealand Herald | New Zealand | 구매 |
| Nippu Jiji | Hawaiian Is. | 구매 |
| Osaka Mainichi | Japan | 구매 |
| Ottawa Citizen | Canada | 구매 |
| Samoan Guardian | New Zealand | 증정 |
| Sydney Morning Herald | Australia | 구매 |
| The Times(London) | England | 구매 |

자료: CULMC, Prepared by Joseph Barnes, Box 134.

## 1. 저서

Owen Lattimore, *Manchuria: Cradle of Conflict*, MacMillan, 1932.

G. E. Sokolsky, *The Tinderbox of Asia*, Doubleday, Doran, 1932.

Inazo Nitobe, *Japan*, Scribner's, 1931.

H. G. Moulton, *Japan: An Economic and Financial Appraisal*, Washington D. C.: Brookings
       Institution, 1931.

J. E. Orchard, *Japan's Economic Position*, McGraw-Hill, 1930.

A. N. Holcombe, *The Chinese Revolution*, Harvard University Press, 1930.

Grover Clark, *Economic Rivalries in China*, Yale University Press, 1932.

Bruno Lasker(ed.), *Problems of the Pacific 1931*, University of Chicago Press, 1932.

## 2. 팸플릿

Shuhsi Hsu, *The Manchurian Question*, Institute of Pacific Relations, New York, 1931.

R. H. Akagi, *Understanding Manchuria: A Handbook of Facts*, New York: White Plains.

*Conflict in the Far East 1931~1932*, Institute of Pacific Relations, New York.

T. A. Bisson, *Basic Treaty Issues in Manchuria Between Japan and China*, Dec. 23, 1931,
       Foreign Policy Association, New York.

*Railway Rivalries in Manchuria Between China and Japan*, April 13, 1932, Foreign Policy
       Association.

*Manchoukuo*, June 8, 1932, Foreign Policy Association.

## 3. 만주

### 1) 지경학(Economic Geography)

#### (1) 인구(Population)

R. B. Hall, *Geography of Manchuria*, Annals, Phila., Nov. 1930, pp.278~293.

*Problems of the Pacific*, Chicago, 1929, IPR Chap. 7.

*Japan Year Book*, Tokyo, 1931, Chap. xlii, pp.502~508.

*China Year Book*, shanghai, 1931, Chap. 2, pp.31~35.

#### (2) 이민(Migration)

C. W. Young, *Chinese Colonization and Development of Manchuria*, Honolulu, 1929, IPR.

F. L. Ho, *Population Movement to the Northeastern Frontier in China*, Shanghai, 1931, IPR.

Han-seng Chen, *Notes on Migration of Nan-Min to the Northeast*, Shanghai, 1931, IPR.

Hsiao Chu, *Manchuria: A Statistical Survey*, Kyoto, 1929, pp.44, 50~51.

#### (3) 교통(Transportation)

Shusi Hsu, *Railway Settlements in South Manchuria*, 1931, South Manchria Railway, Second
    Report on Progress, Dairen, 1930.

J. E. Baker, *Transportatin in China*, Annals, Phila., Nov. 1930, pp.160~173.

Chinese Eastern Railway, *Manchuria*, Harbin, 1929.

Map

#### (4) 자료(Resources)

C. W. Young, *Economic Factors in Manchurian Diplomacy*, Annals, Phila., Nov. 1930, pp.
    293~308.

Hsiao Chu, *Manchuria: A Statistical Survey*, Tientsin, 1929.

C. F. Wang, *Syllabus on Mining Conditions in the Three Eastern Provinces*, no date.

E. E. Yashnov, *Chinese Agriculture in Northern Manchuria*, 1929 IPR.

Manchurian Year Book, *Asiatic Economic Research Society*, Tokyo, 1931.

F. L. Ho, *Population Movement to the Northeastern Frontier in China*, Shanghai, 1931 IPR.

## 2) 역사(History, 1921~1931)

Shuhsi Hsu, *China: A Political Entity*, N. Y. 1926.

V. A. Yakhenteff, *Russia and the Soviet Union in the Far East*, N. Y. 1931, pp.1~113.

C. Walter Young, *The International Relations of Manchuria*, Chicago, 1929 IPR.

Morse & MacNair, *Far Eastern International Relations*, N. Y. 1931.

IPR File on the Manchurian Incident of September 1931.

C. P. Howland, *Survey of American Foreign Relations*, N. Y. 1930.

## 3) 중국 관련(Chinese Interests)

A. N. Holcombe, *The Chinese Revolution*, N. Y. 1930.

*China Year Book*, Shanghai, 1931.

*Japan Year Book*.

Shuhsi Hsu, *The Manchurian Question*, Peking, 1931 IPR.

Shuhsi Hsu, *Japan and Manchuria*, Peking, 1930.

Shuhsi Hsu, *The Views of Prof. Royama*, Peking, 1931.

Shuhsi Hsu, *Questions Relating to Manchuria*, 1931 IPR.

## 4) 러시아 관련(Russian Interests)

Leo Pasvolsky, *Russia in the Far East*, N. Y. 1922.

S. A. Korff, *Russia's Foreign Relations During the Last Half Century*, N. Y. 1922.

Morse and MacNair, *Far Eastern International Relations*, N. Y. 1931, pp.646~689.

Louis Fischer, *The Soviets in World Affairs*, N. Y. 1930, Shapes. VIII, XXIII, XXX.

H. K. Norton, *International Aspects of the Chinese Eastern Railway*, Annals, Phila., Nov. 1930, pp.308~318.

V. A. Yakhontoff, *Russia and the Soviet Union in the Far East*, N. Y. 1931.

G. E. Sokolsky, *The Story of the Chinese Eastern Railway*, Shanghai, 1929.


## 5) 일본 관련(Japanese Interests)

*Japan Year Book*, Tokyo, 1931, pp.502~508.

H. G. Moulton, *Japan*, Washington, 1931.

M. Royama, *Japan's Position in Manchuria*, Kyoto, 1929 IPR.

Y. Matsuoka, *An Address on Manchuria*, Kyoto, 1929 IPR.

Y. Sato, *Sino-Japanese Problems*, 1931 IPR.

South Manchuria Railway, *Second Report on Progress*, Dairen, 1930.

C. Walter Young, *Japan's Special Position in Manchuria International Legal Status of the Kwantung Leased Territory and Japanese Jurisdiction in the South Manchuria Railway*, Areas, Baltimore, 1931.


## 6) 국제 관련(International Interests)

H. Grely, *Willard Straight*, N. Y. 1924.

Morse & MacNair, *Far Eastern International Relations*, N. Y. 1931.

C. W. Young, *International Relations of Manchuria*, Chicago, 1929 IPR, especially pp. 26~31, 104~116, 158~173, 236~240.

*Problems of the Pacific*, Kyoto, 1929 IPR.

C. W. Young, *Japan's Special Position in Manchuria*, Baltimore, 1931, pp.106~169.

F. V. Field, *American Participation in the China Consortiums*, Chicago, 1931, pp.154~167.

| 부록 11 | **1929년 교토 회의에 제출된 각국 자료 일람표**

자료: 山岡道男(2010: 106~110); 斉藤惣一(1930c: 52~63).

| 국가 | 자료명 | 저자 |
|---|---|---|
| 미국<br>(Certified by<br>E. C. Carter) | Further Development of Race Contacts in Hawaii | Romanzo Adams |
| | The Pacific Area: An Interantional Survey | George H. Blakeslee |
| | Treaties and Agreements with and Concerning China, 1919-1929 | Carnegie Endowment for International peace |
| | China and Japan in Our University Curricula | E. C. Carter |
| | Adult Education in the United States of America | Morse A. Cartwright and Mary Ely |
| | Conference as an Agency of Industrial Progress | Joseph P. Chamberlain, Sidney Hillman, and Eduard C. Lindeman |
| | The Embargo Resolutions and Neutrality | Joseph P. Chamberlain |
| | Factors in the Chinese Situation | Stephen Duggan |
| | French and German Investments in China | Howard S. Ellis |
| | "The Tariff and American Foreign Trade" and supplement to "Tariff and American Foreign Trade" | Foreign Policy Association |
| | Outlook for the United States Merchant Marine in the Pacific Ocean | Henry F. Grady |
| | American Attitudes and Relations in the Pacific | Jerome D. Greene |
| | Japanese Character and Christianity | Tasuku Harada |
| | American Relations in the Caribbean | Charles P. Howland |
| | An American Substitute for British Blockades | Charles C. Hyde |
| | The Position of the United States in the Most-Favored-Nation Clause in Commercial Treaties | Charles C. Hyde |
| | Race Attitudes in Children | Bruno Lasker |
| | San Francisco's Trans-Pacific Shipping | Eliot G. Mears |
| | American Investments in China | C. F. Remer |
| | Disarmament Alone No Guarantee of World Peace | James T. Shotwell |
| | Extra-territoriality in China | James T. Shotwell |
| | War as an Instrument of National Policy | James T. Shotwell |
| | Chinese Colonization and the Development of Manchuria | C. Walter Young |
| | International Relations of Manchuria | C. Walter Young |
| | Some Oriental Influence on Western Culture, part 1 and part 2 | C. Walter Young, Clark Wissler, M. D. C Crawford and Bruno Lasker |
| | The Social Psychology of Oriental-Occidental Prejudices | Kimball Young |

| | | |
|---|---|---|
| 호주<br>(Certified by<br>G. F. Taylor) | Report of Round-Table on 'International Relations in the Pacific' | Australian Group |
| | Report of Round Table on 'Peopling of Australia' | Australian Group |
| | Studies in Australia Affairs | Mills Portus Campbell |
| | Australia's View of Pacific Problems | F. W. Eggleston |
| | The Australian Mandate for New Guinea | F. W. Eggleston |
| | The Wheat Growing Industry in Australia | A. H. E. MacDonald |
| | The Peopling of Australia | P. D. Philips and G. L. Wood |
| | Cha-no-yu | A. L. Sadler |
| 영국<br>(Certified by<br>H. A.<br>Wyndham) | The Government of Pacific Dependencies: British Malaya | W. J. Hinton |
| | Chinese under British Rules-Hong Kong | Weihaiwei and<br>Malaya W. P. Ker |
| | Great Britain in the Orient | Hailsham Load |
| | The International Settlement, Shanghai | A Member of<br>the British Group, IPR |
| | A Brief Account of Diplomatic Events in Manchuria | Sir Harold Parlett |
| 캐나다<br>(Certified by<br>John Nelson) | Memorandum Respecting Canada's International Relations and Their Development since the Last Biennial Conference | Sir Robert L. Borden |
| | A North American Forum | Lawrence J. Burpee |
| | Import and Export of Capital from Canada | R. H. Coats |
| | Statement Regarding the Opportunities for Study of Chinese Art in Toronto | C. T. Currelly |
| | The Gest Chinese Research Library | Berthold Laufer |
| | The International Control of Fisheries on the High Seas | A. Robert McKay |
| | Canada Looks Westward | Hon. Newton W. Rowell |
| | Christian Mission in China | Edward Wilson Wallace |
| 중국<br>(Certified by<br>L. T. Chen) | The Relinquishment of Extra-territoriality in China | M. J. Bau |
| | Tariff Autonomy of China | M. J. Bau |
| | Studies in Chinese Rural Economy | Buck J. Lossing |
| | Tientsin Carpet Industry | H. D. Fong |
| | An Index of the Physical Volume of Foreign Trade of China, 1868-1927 | Franklin L. Ho |
| | Industrialization in China: A Study of Conditions in Tientsin | Franklin L. Ho |
| | Extent and Effects of Industrialization in China | Franklin L. Ho and H. D. Fong |
| | The Status of Shanghai | C. L. Hsia |

| | | |
|---|---|---|
| 중국<br>(Certified by<br>L. T. Chen) | The Civil Code of the Republic of China, Book 1, General Principles | C. L. Hsia and James L. E. Chow |
| | Manchuria: A Statistical Survey | C. Hsiao |
| | The Manchuria Question | Shuhsi Hsu |
| | China's Cotton Industry | D. K. Lieu |
| | Foreign Investments in China | D. K. Lieu |
| | Historical Account of the Liaoning Province | E. C. Ning |
| | Chinese Colonization in Manchuria | Quentin Pan |
| | International Economics Co-operaton in China | Ding-Chang Wu |
| | China and the Pacific World | David Z. T. Yui |
| 일본<br>(Certified by<br>S. Saito) | Outline of Conditions of Employment of Women and Young Persons in Factories and Mines in Japan | J. Asari |
| | Nationalist Attitudes towards Foreign Industrial Establishment in China | Tatsuichiro Funatsu |
| | Statement on Sino-japanese Relations | M. Hanihara |
| | The New Pacific and Mediterranean as a Means of Furthering the Peace of Furthering the Peace of the World | Shuzaburo Komura |
| | The Abolition of Extrality in China and Japan's Hopes | Shuzaburo Komura |
| | On a Mutual Non-Aggression and Inviolability Treaty between China and Japan | Shuzaburo Komura |
| | An Address on Manchuria: Its Past and Present | Yosuke Matsuoka |
| | The Machine Age and Region | Hampei Nagao |
| | Land Utilization in Japan | Shiroshi Nasu |
| | Japan's Preparedness for International Co-operation(Opening Statement) | Inazo Nitobe |
| | Japanese Investments in China | M. Odagiri |
| | Aricultural and Mineral Production in Japan | E. F. Penrose |
| | Japan's Position in Manchuria | Masamichi Ryoyama |
| | Peace on the Pacific: Japan and the United States | Viscount Shibusawa |
| | A Short Remarks on Shinto | T. Tomoeda |
| | Naval Disarmament Captain | M. Yasutomi |
| | Western Influences in Modern Japan(a series of 21 papers on cultural relations) | |
| | 1. Two Exotic Currents in Japanese Civilization | Inazo Nitobe |
| | 2. European and American Influences in Japanese Education | Kumaji Yoshida |
| | 3. A Survey of Philosophy in Japan, 1870-1929 | Umaji Kaneko |

| | | |
|---|---|---|
| 일본<br>(Certified by<br>S. Saito) | 4. Reception and Influence of Occidental Legal Ideas in Japan | Kenzo Takayanagi |
| | 5. Development of the Study of Science in Japan | Ayao Kuwaki |
| | 6. The Religions of Japan | Masaharu Anesaki |
| | 7. Art | Ino Dan |
| | 8. Foreign Influences in the Japanese Language | Sanki Ichikawa |
| | 9. English Literature in Japan: A Sketch | Takeshi Saito |
| | 10. Japanese Journalism | Bunshiro Suzuki |
| | 11. The Education of Women | Ai Hoshino |
| | 12. The Diplomatic Relations of Japan | Jumpei Shinobu |
| | 13. Recent Political Development in Japan | Sakuzo Yoshino |
| | 14. Economic and Industrial Development of Modern Japan | Junnosuke Inoue |
| | 15. Development of the Social Movement and Social Legislation in Japan | Junichiro Asari |
| | 16. Communications in Japan | Hampei Nagano |
| | 17. The Railways in Japan: Past and Present | Hampei Nagano |
| | 18. The Japanese Army | Tsunekichi Hono |
| | 19. The Japanese Navy | Kotoku Mizuno |
| | 20. Sports in Japan | Gensaburo Noguchi |
| | 21. Japanese Music | Hisao Tanabe |
| 뉴질랜드<br>(Certified by<br>H. B. Belshaw) | New Zealand Affairs | Sir James Allen and Others |
| | New Zealand's Experiments in Relation to Pacific Problems | W. B. Matheson |
| 필리핀<br>(Certified by<br>Conrado<br>Benitez) | The Philippine Situation(opening statement)<br>Position of the Philippines in the Pacific Comity | Conrado Benitez |
| 중앙사무국 | Commentaries of the Indo-Iberic Countries of the Pacific | Manuel Gamio |
| | Number, Origin and Geographic Distribution of the Mexican Immigrants in the United States | Manuel Gamio |
| | The International Labour Organization and Pacific Countries | International Labour Office |
| | Report of the Economic Consultative Committee on Its Second Session held in Geneva from May 6 to 11 | League of Nations |
| | Memorandum on League Activities in the Pacific | League of Nations |
| | Principles of Financial Reconstruction | League of Nations |

| | Supplement to League of Nation's Memorandum | League of Nations |
|---|---|---|
| 중앙사무국 | Coal, Iron and Oil in the Far East (digest of longer manuscript) Boris | P. Torgasheff |
| | Chinese Farming in Northern Manchuria(digest of Russian volume) | E. E. Yashnoff |
| 원탁회의 준비물 (Recommended by Mr. Saito and Certified by Mr. Carter) | Outline of the condition of employment of women and young persons in factories and Mines in Japan | Asari, Junshiro |
| | Nationalist Attitude towards foreign Industrial Establishments in China | Tunatsu, Tatsuichiro |
| | Statement re Manthuria made at Round table November 4, 1929 | Hanihara, Masanao |
| | The New Pacific and Mediterranean Traties as a Means of Furthering the Peace of the World | Komura, Shunzaburo |
| | The Abolition of Extraterritoriality in China and Japan's Hopes | Komura, Shunzaburo |
| | On a Mutual Non-Aggression and Inviolability Treaty between China and Japan | Komura, Shunzaburo |
| | An Address on Manchuria: Its Past and Present | Matsuoka, Yosuke |
| Syllabi (원탁회의 토론 기초 자료) | Machine Age and Traditional Culture | |
| | Economic Aspects of Industrializaiton | |
| | China's Foreign Relations: Extrality | |
| | China's Foreign Relations: Concessions and Settlements | |
| | The Manchuria Question | |
| | Food and Population Problems(with supplement) | |
| | The Financial Elements in China's Foreign Relations | |
| | Diplomatic Relations in the Pacific | |
| | National Group Meetings on the Future of the Institute | |
| | The Future of the Institute(Round Tables) | |

| 부록 12 | **1931년 상하이 회의에 제출된 각국 자료 일람표**

자료: Lasker(1932: 508~511); 那須皓(1932: 225~232); 山岡道男(2010: 111~115); "1931 data papers"(1932: 104~108).

| 국가 | 제목 | 저자 |
|------|------|------|
| 미국 | The American Tariff and Oriental Trade(177 pp.) | Philip G. Wright |
| | American participation in the China Consortiums(198 pp.) | Frederick. V. Field |
| | Extraterritoriality in China(mineographed; 8 pp.) | W. H. Mallory |
| | The problem of cultural differences(16 pp. ) | Robert E. Park |
| | Cultural revolution in Hawaii(40 pp.) | E. S. C. Handy |
| | Canton and Salem(Some oriental influences on Western culture, Part III; 40 pp.) | Ping Chia Kuo |
| | Progress of Chinese Studies in the United States of America(102 pp.) | American Council of Learned Societies |
| | An Introductory Syllabus on Far Eastern diplomacy(University of Chicago Press; 40 pp.) | Harold S. Quigley |
| | American Research Fellowships and the Far East(33 pp.) | Edward C. Carter |
| | College Entrance Credit in Chinese and Japanese for Occidental Students(66 pp.) | Edward C. Carter |
| | Aliens in the United States(mimeographed; 16 pp.) | Joseph P. Chamberlain |
| | Foreign Flags in China's Internal Navigation(36 pp.) | Joseph P. Chamberlain |
| | A Preliminary Collection of Maps of the Pacific Area | Frederick V. Field |
| | Race and Race Relations(31 pp.) | Alexander Goldenweiser |
| | Colonial Policy(2 vols.; 530 and 674 pp.) | A. D. A. DE Kat Angelino |
| | Filipino Immigration to Continental United States and to Hawaii(University of Chicago Press, 1931; 40 pp.) | Bruno Lasker |
| | The Need for World Economic Planning(16 pp.) | Lewis L. Lorwin |
| | An Introductory Syllabus on Far Eastern Diplomacy(A Syllabus on Diplomatic Relations in the Far East)*(University of Chicago Press, 1931; 40 pp.) | Harold S. Quigley |
| | Preliminary Census Statistics of Oriental Residents in Continental United States, 1930(mimeographed; 5 pp.) | |
| 호주 | The Legal Position of Foreigners in Australia(mimeographed; 13 pp.) | K. H. Bailey |
| | "An Economics Survey of Australia", Annals of the American Academy of Political and Social Science, Whole No.158(November, 1931; 281 pp.) | D. B. Copland(ed.) |
| | The Subjugation of a Province-the Story of the Mallee Country of Victoria(mimeographed; 20 pp.) | A. S. Kenyon |

| | | |
|---|---|---|
| 호주 | The Dominions of the British Commonwealth in the League of Nations(reprinted from International Affairs, X. No.3 May, 1931; 20 pp.) | Sir William Harrison Moore |
| | Memorandum of the World Depression and Australian Standard of Living(mimeographed; 21 pp.) | G. L. Wood |
| | Trade in the Pacific(reprinted of five articles from the Argus, Melbourne, June, 1931) | |
| 영국 | Notes on the Status of Aliens in Great Britain mimeographed; 13 pp.) | Ralph Arnold |
| | The Standard of Living in China and Japan: An Essay on Policy(mimeographed; 22 pp.) | C. Delisle Burns |
| | A Plea for the Systematic Study of the Chinese Population Problem as a Whole(mimeographed; 12 pp.) | P. M. Roxby |
| | The Position of Silver in the Far East(mimeographed; 8 pp.) | W. F. Spalding |
| | The Coast and River Trade of China(mimeographed; 22 pp.) | G. Warren Swire |
| | Survey of International Affairs, 1930(mimeographed; 28 pp.) | A. Toynbee |
| | The constitution of the Colony of the Straits Settlements and of the Federated and Unfederated Malay States(20 pp.) | R. O. Winstedt. C. M. G. |
| | The Status of Aliens in China(27 pp.) | |
| 캐나다 | Legal Status in British Columbia of residents of oriental race and their descendants(16 pp.) | H. F. Angus |
| | The Administration of Indian Affairs in Canada(27 pp.) | Duncan Campbell Scott |
| | Legal Status of aliens resident in Canada | Gordon Lindsay & D. Michener |
| | The British Commonwealth and its Relation to Pacific Problems | R. K. Finlayson |
| | The Canadian Tariff Policy: Its effect on Pacific Trade(17 pp.) | Norman MacKenzie |
| 중국 | The foreign press in China(115 pp.) | Thomas M. H. Chao |
| | China's industrialization, a Statistical Survey(46 pp.) | H. D. Fong |
| | Population Movement to the North Eastern Frontier in China(51 pp.) | Franklin L. Ho |
| | China's Food problem(29 pp.) | C.C Chang |
| | The Manchuria Question(rev. ed. ; 120 pp.) | Shuhsi Hsu |
| | The Manchurian Dilemma: Force or Pacific Settlement?(88 pp.) | Shuhsi Hsu |
| | Quetions relating to Manchuria(revised edition)(30 pp.) | Shuhsi Hsu |
| | Notes on Migration of Nan Min to the Northeast(31 pp.) | Chen Hanseng |
| | Symposium on Chinese culture(373 pp.) | Sophia Chen Zen.(ed.) |
| | 1. Introduction: How China Acquired her Civilization | V. K. Ting |

| | | |
|---|---|---|
| 중국 | 2. Religion and Philosophy in Chinese History | Hu Shih |
| | 3. Paintings and Calligraphy | Tsai Yuanpei |
| | 4. Music | Y. R. Chao |
| | 5. Architecture: A Brief Historical Account Based on the Evolution of the City of Peking | Chu Chi-Chien |
| | 6. Drama | Yui Shang Yuen |
| | 7. Literature | Hu Shih |
| | 8. Science: Its Introduction and Development in China | H. C. Zen |
| | 9. Paleontology | A. W. Grabau |
| | 10. Chinese Geography | Q. H. Wong |
| | 11. Archaeology | Chi Li |
| | 12. Recent Progress of Biological Science | C. Ping and H. H. Hu |
| | 13. Education | King Chu |
| | 14. Agriculture | R. Feng |
| | 15. Industries | Franklin L. Ho |
| | 16. The Chinese Women, Past and Present | Pao Swen Tseng |
| | 17. Social Changes | L. K. Tao |
| | 18. Concluding Remarks | Sohpia H. Chen Zen |
| | Study of the Applicability of the Factory Act of the Chinese Government | Ta Chen |
| | The Status of Aliens in China(36 pp.) | Joshua Mingchien Bau |
| | Foreign Navigation in Chinese Waters(29 pp.) | Joshua Mingchien Bau |
| | Foreign Interest in the Mining industry in China(66 pp.) | C. Y. Hsieh and M. C. Chu |
| | Japanese Bank-Notes in Manchuria(28 pp.) | Hou Shu-Tung |
| | Standard of living of Chinese Workers(37 pp.) | L. K. Tao |
| | Foreign Investments in China(53 pp.) | D. K. Lieu |
| 일본 | Sinological researches in contemporary Japan(31 pp.) | Kyushiro Nakayama |
| | Problems of Financial Reforms and Readjustment of Public Loans in China(25 pp.) | Masutaro Kimura |
| | Ancient Remains and Relics in Korea: Efforts toward Research and Preservation(31 pp.) | Tadashi Sekino |
| | The Reconstruction of Tokyo and Aesthetic problems of Architecture(15 pp.) | Ino Dan |
| | The Recent customs Tariff Revision in Japan(9 pp.) | Member Japan Economic Committee |
| | On the Convenience and Inconvenience of Chinese Characters(18 pp.) | Unokichi Hattori |

| | | |
|---|---|---|
| 일본 | Japan's public Economy and Finance(42 pp.) | Inazo Nitobe |
| | The Depression of 1930 as it affected Japan(28 pp.) | Tetsujiro Shidachi |
| | The problem of China's Loan Readjustment(21 pp.) | Katsushi Uchida |
| | The Efficiency standard of living in Japan(76 pp.) | Kokich Morimoto |
| | The Export of Japanese Capital to China(36 pp.) | Zenichi Itani |
| | Development of Capitalism in China(139 pp.) | Akira Nagano |
| | Legal Status of Aliens in Japan(61 pp.) | Saburo Yamada |
| | Report on Currency system in China(94 pp.) | Mitsutaro Araki |
| | A Study of the influence of Christianity upon Japanese culture(71 pp.) | Soichi Saito |
| | Sino-Japanese Problems(48 pp.) | Major-General Yasunosuke Sato(retired) |
| | Development of the Cotton industry in Japan(21 pp.) | Junshiro Asari |
| | A Study of Correlation Between Factors of production & the Yields of Arable Land(15 pp.) | S. Nasu |
| | A General Survey of the History of the Japanese Commercial Law(35 pp.) | Kenzo Takayanagi |
| 뉴질랜드 | Status of Aliens in New Zealand(13 pp.) | T. D. H. Hall |
| | New Zealand's Pacific Trade and Tariff(29 pp.) | Downie Stewart |
| | New Zealand Affairs, 1929(L. M. Isitt, Ltd., Christchurch; 241 pp.) | Sir James Allen, W. N. Benson, Walter Nash, G. H. Scholefield(ed.) |
| | 1. Goegraphical Environment, Population and Resources of New Zealand | W. N. Benson |
| | 2. Anthropology and the Government of Native Races | Sir Apirana T. Nagata |
| | 3. The people of New Zealand | G. H. Scholefield |
| | 4. Farm Production and Population in New Zealand | H. Belshaw |
| | 5. Asiatic Immigration | T. D. H. Hall |
| | 6. The Abortion of Immigrants | Lloyd Ross |
| | 7. New Zealand's External Trade | E. P. Neale |
| | 8. The Balance of Trade | A. H. Tocker |
| | 9. The New Zealand Labour and the Pacific | Walter Nash |
| | 10. The Mandate for Samoa | W. H. Cocker |
| | 11. Japan and New Zealand: An Interesting Trade Agreement | G. H. Scholefield |
| | 12. Amateur Radio | J. E. Strachan |
| 필리핀 | The Status of Philippine Women(5 pp.) | Maria Paz Mendoza-Guazon, M. D. |
| | Analysis of Filipino-American Relations(90 pp.) | Maximo M. Kalaw |

| | Educational Progress in the Philippines(18 pp.) | Francisco Benitez |
|---|---|---|
| 필리핀 | Social Legislation in the Philippines(37 pp.) | Manriano D. Gana |
| | The Language Situation in the Philippines(47 pp.) | Cecilio Lopez |
| | The Public Utility system in the Philippines | Roberto Regala |
| | Emigration of Filipinos to Hawaii and the United States;Jose' G. Sanvictores, The Administration of Minority Groups(11 pp.) | Hermenegildo Cruz |
| Central Office | Some Labour Problems in Pacific Dependencies(35 pp.) | Int. Labour Office |
| | Migration in the Pacific Area(28 pp.) | Int. Labour Office |
| | The Possibilities and limitations of International comparison of cost of living and family budgets(20 pp.) | Int. Labour Office |
| | Foreign investments in China(mimeographed; 49 pp.) | Carl. F. Remer |
| | A Memorandum on Agriculture and industry in China(128 pp.) | R. H. Tawney |
| | A Memorandum on the Mandated Territory of Western Samoa & American Samoa(60 pp.) | Felix. M. Keesing |
| Conference syllabi | Dependencies and Native peoples in the Pacific(65 pp.) | |
| | International Economic Relations in the Pacific A: Trade Relations in the Pacific(48 pp.) B: China's Economic Development(87 pp.) | |
| | International Political relations in the Pacific A: Diplomatic Machinery in the Pacific(mimeograhped; 34 pp.) B: China's Foreign Relations(51 pp.) | S. A. Heald(British) |
| | The Cultural relations of Pacific Peoples(30 pp.) | |
| | Migrations in the Pacific(40 pp.) | |
| | Problems of Food and Population in the Pacific Area(37 pp.) | |
| | Handbook of the Institute of Pacific Relations(55 pp.) | |
| 추가 배포 자료 | Rayon and Cotton Weaving in Tientsin | H. D. Fong |
| | Hosiery Knitting in Tientsin | H. D. Fong |
| | The 1912 Census of China | D. K. Lieu |
| | Statistical Work in China | D. K. Lieu |
| | Study of the Applicability of the Factory Act of the Chinese Government | Ta Chen |
| | The National Library of Peiping and Its Actvities | |
| | Statistics of Chinese National Railways, 1915-29 | Bureau of Railway Statistics, Nanking |
| | Statistics of Railways for the Year 1927 | Bureau of Railway Statistics, Nanking |
| | The Round Table(September, 1931) | |

| | | |
|---|---|---|
| 추가 배포 자료 | The Report of Mr. Justice Feetham, and the Future of Shanghai | C. L. Hsia |
| | Address on Finance in China | G. E. Hubbard |
| | Address on China's Foreign Relations | Y. Tsurumi |
| | Address on the Manchuiran Situation | Shuhsi Hsu |
| | Address on Diplomatic Machinery in the Pacific | K. Takayanagi |
| | The China Conference | Chester H. Rowell |
| | A Plea for the Study of the Chinese Population As a Whole | P. M. Roxby |
| 참고자료 | Foreign Residential Areas and Open Ports in China, A Memorandum showing the Lack of Agreement Among Accepted Authorities | American Council |
| | Historical Foundaions of British Trade in China | G. E. Hubbard |
| | The Naval Base at Singapore | Tristan Buesst |
| | Great Britain and China: The Hon. Mr. Justice Feetham's Report | summary by the China Association, London |
| | Pacific Disarmament | F. W. Eggleston |
| | Notes on Air Disarmament and the Pacific | Australian Council |
| | Disarmament and the Pacific | R. C. Garsia and A. M. Pooley |
| | Report of Mr. Justice Feetham to the Shanghai Municipal Council | |
| | Japan, an Economic and Financial Appraisal(Bookings Institution of Washington, 1931) | H. G. Moulton |
| 국제연맹 비서국의 공식 문건 | The Course and Phases of the World Economic Depression | II.1931. IIA.21 |
| | Selected Documents Submitted to the Gold Delegation | II.1930. II.34 |
| | Selected Documents Submitted to the Gold Delegation | II.1931. IIA.7 |
| | Interim Report of the Gold Delegation | II.1930. II.26 |
| | Second Interim Report of the Gold Delegation | II.1931. IIA.2 |
| | Financial Committee Report on the Work of the 39th Session | II.1930. II.33 |
| | Annual Report of the Health Organization | III.1931. III.3 |
| | Health Organization, Report by the Medical Director | Official No.C. H. 967 |
| | Health Organization. Memorandum Presented by the Medical Director ot the Health Committee on his Second Mission to China | Official No.C. H. 982 |
| | Convention for Limiting the Manufacture and Regulating the Distribution of Narcotic Drugs, Protocol of Signature and Final Act | XI.1931. XI.8 |

주: 1) 저자 부분의 빈칸은 원본에 명시되어 있지 않아 그대로 두었다.

　　2) *는 "1931 data papers," *Pacific Affairs*, Vol.5, No.1, 1932: 105에 근거했다.

**국제연맹 주요 연표**

자료: 篠原初枝(2010; 293~296); 王造時(1932) 참조.

| 연도 | 국제연맹 주요 사건 |
| --- | --- |
| 1915 | 영국에서 국제연맹(League of Nations Society), 미국에서 평화강제연맹(League to Enforce Peace) 결성 |
| 1918.1.8 | 미국 윌슨 대통령 14개조 원칙 발표 |
| 1919.1.25 | 파리강화예비회담, 국제연맹 창설 채택 |
| 1919.2.3 | 국제연맹규약 검토 시작 |
| 1919.4.28 | 파리강화회의에서 국제연맹규약초안 만장일치 채택 |
| 1920.1.10 | 국제연맹 정식 발족 |
| 1920.1.16 | 파리에서 최초 연맹이사회 개최. 상임이사 4국, 비상임이사 4국 |
| 1920.5.15 | 국제연맹총회에서 연맹사무국 내부 조직 승인 |
| 1920.11.1 | 국제연맹본부를 런던에서 제네바로 이전 |
| 1920.11.15~12.18 | 윌슨 대통령이 처음으로 국제연맹총회 소집 |
| 1921.6.27 | 프리드쇼프 난센(Fridtjof Nansen, 1861~1930)이 국제연맹 난민고등판무관으로 취임 |
| 1921.9.2 | 상설국제사법재판소규정 발효 |
| 1921.9.5~10.5 | 제2회 국제연맹총회에서 가맹국 재무 근거 및 비상임 이사국 선임에 관한 조항 채택 |
| 1922.1 | 이사회, 국제연맹지적협력국제위원회설립 결정 |
| 1922.9.25 | 비상임이사국을 4개국에서 6개국으로 확대 |
| 1924.9.1~10.2 | 제5회 총회 제네바 평화의정서 채택 |
| 1924.11.3~12.11 | 제1회 제네바-아펜 회의 개최 |
| 1926.1.19 | 국제지적협력기관이 파리에서 설립 |
| 1926.2.12 | 독일 국제연맹 가입에 관한 특별 총회 |
| 1926.6.14 | 브라질 국제연맹 탈퇴 |
| 1926.9.8 | 독일이 상임 이사국으로 국제연맹 가입. 상임 이사국(영국, 프랑스, 일본, 이탈리아, 독일) |
| 1926.9.15 | 비상임 이사국이 9개국으로 확대 |
| 1927.5.2~23 | 제네바 경제회의 개최 |
| 1928.3.22 | 스페인이 국제연맹 재가입 |
| 1928.10.15~18 | 파리에서 결핵을 위한 전문가 회의 |

| 1929.9.2~25 | 제10회 총회, 국제연맹 신본부 건설 초석식 |
|---|---|
| 1930.3.13~4.14 | 국제법 법전화 회의 |
| 1930.9.30 | 난센 국제난민사무소 설립 |
| 1931.9.12 | 멕시코 가맹 |
| 1932.1 | 리튼 조사단 조직 |
| 1932.2.2 | 제네바 군축회의 개최 |
| 1932.7.18 | 터키 가맹 |
| 1933.2.24 | 국제연맹총회, 만주국 불승인 결의 |
| 1933.3.27 | 일본, 국제연맹 탈퇴 통고 |
| 1933.6.12~7.17 | 세계 경제회의 런던에서 개최 |
| 1933.6.30 | 에릭 드럼먼드(Eric Drummond)가 국제연맹사무총장 사임, 후임 조지프 아베놀(Joseph Louis Anne Avenol) 취임 |
| 1933.10.9 | 비상임이사국 10개국으로 확대 |
| 1933.10.21 | 독일 국제연맹 탈퇴 통고 |
| 1933.10.26~11.1 | 공중 위생 기준에 관한 전문가 회의 |
| 1934.5.29~6.11 | 일반 군축 회의 |
| 1934.9.18 | 소련, 아프가니스탄 국제연맹 가입 |
| 1935.9.4 | 이탈리아, 에티오피아 관계에 관한 특별 총회 개최 |
| 1935.9.9-10.11 | 제16회 총회, 영양위원회 설립 결정 |
| 1935.10.11 | 제1회 제재회의에서 대이탈리아 제재 결정 |
| 1936.2.17 | 국제연맹사무국, 제네바 신본부로 이전 |
| 1936.4.20 | 에티오피아 전쟁에 관한 특별 총회 개최 |
| 1936.7.4 | 총회, 대이탈리아 제재 중단 결정 |
| 1936.10.2 | 비상임 이사국 11개국 |
| 1937.2.2~15 | 반둥에서 여성과 어린이 인신매매에 관한 회의 개최 |
| 1937.5.26~27 | 이집트 가맹을 위한 특별총회 |
| 1937.7.5~9 | 파리에서 제2회 지적협력 국내위원회 일반 회의 개최 |
| 1937.7 | 영양 리포트 발표 |
| 1937.8.3 | 반둥에서 극동제국의 지방위생에 관한 연맹회의 개최 |
| 1937.12.11 | 이탈리아, 국제연맹 탈퇴 |
| 1938.5.14 | 국제연맹, 스위스 중립 승인 |

| | |
|---|---|
| 1938.11.17 | 국제연맹 난민사무소 노벨평화상 수상 |
| 1939.5.22~27 | 국제연맹통상총회 마지막 개최 |
| 1939.12.11~14 | 소련 핀란드 전쟁에 관한 제20회 국제연맹총회 개최, 대소비난결의 채택 |
| 1939.12.14 | 국제연맹이 소련 제명 |
| 1940.5 | 사무국 일부를 미 프린스턴 및 런던으로 이전 시작 |
| 1940.8.31 | 조지프 아베놀 국제연맹 사무총장 사임, 후임으로 숀 레스터(Sean Lester) 부총장이 사무총장 대행 취임 |
| 1941.4.18 | 프랑스 비시 정부(Vichy France) 연맹 탈퇴 통고 |
| 1944.8.21~10.9 | 국제연합 창설에 관한 회의, 미 덤바턴 오크스 회의(Dumbarton Oaks Conference) 개최 |
| 1945.4.25~6.26 | 국제연합헌장기초 샌프란시스코 회의 개최 |
| 1945.10.24 | 국제연합헌장 발효 |
| 1946.1.10 | 국제연합제1회 총회 개회 |
| 1946.4.8 | 국제연맹최종총회 개회 |
| 1946.4.18 | 숀 레스터 제3대 국제연맹사무총장 취임, 국제연맹 총자산을 국제연합으로 이전 |
| 1946.4.19 | 숀 레스터 사임 |

# 참고문헌

## 1. 영문

Adams, C. F. 1929~1930. Kyoto Conclave Results Lauded. *Oregon Journal*, Dec. 2, 1929 - Jan. 2, 1930.

Akagi, Roy Hidemichi. 1931. *Understanding Manchuria*. Published by the author. White Plains. New York. Nov. unknown.

Akami, Tomoko. 2001. *Internationalizing the Pacific: The United States, Japan and the Institute of Pacific Relations in the War and Peace, 1919-45*. London.

Asada, Sadao. 2006. "Between the Old Diplomacy and the New, 1918~1922: The Washington System and the Origins of Japanese-American Rapprochement." *Diplomatic History*, Vol.30, Issue 2.

Ashutosh, Ishan. 2017. "The Geography and Area Studies Interface from the Second World War to the Cold War." *Geographical Review*, Vol.107, Issue 4.

Asia-Pacific Research Center(Waseda University). 1999. *The Institute of Pacific Relations: pioneer international non-governmental organization in the Asia-Pacific region*. Tokyo: Institute of Asia-Pacific Studies. Waseda University Press.

Atherton tells business men Japan has many things to teach western world. *Honolulu Advertiser*, Dec. 14, 1929.

Atherton, Frank C. 1925. "The Purpose of the Institute of Pacific Relations." Institute of Pacific Relations: Honolulu Session. June 30-July 14 1925(History, Organization, Proceedings, Discussions and Addresses). Hawaii: The Institute Honolulu.

B., J. P. 1930. "A Brief Account of Diplomatic Events in Manchuria." Harold G. Parlett(ed.). International Law and Relations(Review). *American Political Science Review*, February 1930.

Barnhart, Michael. 2004. "Academics Amuck." *Diplomatic History*, Vol. 28, No. 1.

Batchelder, Charles. 1931. "A Brief Account of Diplomatic Events in Manchuria." Harold G. Parlett(ed.). Book Notes(Review). *Political Science Quarterly*. March.

Bays, Hugh. 1929.12.8. "Japanese meet Chinese in Debate." *New York Times*.

Bellah, Robert N. 2005. "McCarthyism at Harvard." *New York Review of Books*, Vol. 52, Issue 2.

Blakeslee, George H. 1930. "The Kyoto Conference of the Nations of the Pacific." *Current History*, Jan.

_____. 1992. *The Recent Foreign Policy of the United States*. New York: The Abingdon Press. 1925.

Burton, Margaret E. 1941. *The Assembly of the League of Nations*. Chicago: The University of Chicago Press.

Caute, David. 1978. The Great Fear: The Anti-Communist Purge Under Truman and Eisenhower, New York: Simon & Schuster.

Chao, Anne. 2007. "Transmissions and Transformations: Global Peace Movements between the Hague Conferences and World War I." History Compass 5/5.

Chomsky, Noam. 1997. Ira Katznelson, R. C. Lewontin, David montgomery, Laura Nader, Richard Ohmann, Ray Siever, Immanuel Wallerstein and Howard Zinn. *Cold War and the University*. The New Press.

Clyde, Paul Hibbert. 1930. Brief Account of Diplomatic Events in Manchuria by Harold Parlett;

The International Relations of Manchuria, a Digest and Analysis of Treaties, Agreements, and Negotiations concerning the Three Eastern Provinces of China by C. Walter Young. *The Journal of Modern History*, Vol.2, No.2.

Condliffe, J. B.(eds.). 1969. "The Problems of Manchuria." *Problems of the Pacific 1929*. New York: Greenwood press(reprinting).

CULMC(Columbia University Libraries Manuscript Collections). 'Appendix.' A Pacific Research Program: A Record of Six Years International Cooperation in Research among the Member Countries of the Institute of Pacific Relations. Prepared by the Secretariat of the Institute of Pacific Relations. Honolulu. 1933. pp.41~43. Pacific Relations Box, Research Program, 1928~1935, 1946~1947.

_____. 'The International Research Committee.' A Pacific Research Program: A Record of Six Years International Cooperation in Research among the Member Countries of the Institute of Pacific Relations. Prepared by the Secretariat of the Institute of Pacific Relations. Honolulu. 1933. Pacific Relations Box. Research Program, 1928-1935, 1946-1947

_____. "III. Statement of Research Policy." Extract from Report of International Research Committee. Kyoto Conference 1929, 1931 Shanghai Conference: Paper and Documents. Pacific Relations Collection. Series VIII: Conference Documents and Papers, Box 459.

_____. "China Conference Interim Program Suggestions." "Project of Research." "Manchurian Issues." "Minutes of Research Committee Meeting at Hotel Belmont: Morning Session and afternoon Session." Minutes-Research Committee. Nov. 1928-1931. Miscellaneous Fields. Minutes. 1926-1961. Executive(2)-Selection, Box 450. Pacific Relations Collection.

_____. "Chinese Agriculture in Northern Manchuria"(E. E. Yashnov.). Digest and Translation by Lewis L. Lorwin. The Brookings Institution. Washington. D. C. Pacific Relation

Collection, Series Ⅷ conference document and paper. 1929 conference at Kyoto, Box 458.

_____. "Financial History." A Pacific Research Program: A Record of Six Years International Cooperation in Research among the Member Countries of the Institute of Pacific Relations. Prepared by the Secretariat of the Institute of Pacific Relations. Honolulu. 1933. Pacific Relations Box. Research Program, 1928-1935, 1946-1947.

_____. "International Research Committee." 1931 Shanghai Conference: Paper and Documents. Pacific Relations Collection. Series Ⅷ: Conference Documents and Papers, Box 459.

_____. "Manchurian Studies." Report of the Research Committee of the China Council presented to the International Research Committee. Shanghai. Oct. 17, 1931. 1931 Shanghai Conference: Papers and Documents. Pacific Relations Collection; Series Ⅷ: Conference Documents and Papers.

_____. "Notes on Confidential Interview with Mr. George Sokolsky." March 26, 1931. Pacific Relations-Part 9. McCarthy Committee Files. 1931. Pacific Relation Collection Series Ⅸ. McCarthy Committee Files. Photostats, 1933-1939.

_____. "Opening Statement"(Jerome D. Greene). Kyoto Conference October 28th 1929. Pacific Relations Collection, Series Ⅷ. Conference Documents and Paper, Box 458.

_____. "Questions Relating to Manchuria"(Shuhsi Hsu). 1931. Shanghai Conference: Paper and Documents. Pacific Relations Collection, Series Ⅷ: Conference Documents and Papers, Box 459.

_____. "Relation of Korean Group to IPR." Pacific Relations, Box 113. Korean roup. IPR. Information from Helen K. Kim. International House.

_____. "Relations between Research and Conference." A Pacific Research Program: A Record of Six Years International Cooperation in Research among the Member Countries of the Institute of Pacific Relations. Prepared by the Secretariat of the Institute of Pacific

Relations. Honolulu. 1933. Pacific Relations Box. Research Program, 1928-1935, 1946-1947.

_____. "Report of the Research Committee of the China Council presented to the International Research Committee. Shanghai. October 17, 1931." 1931 Shanghai Conference: Papers and Documents. Pacific Relations Collection; Series VIII: Conference Documents and Papers.

_____. "Research in the National Councils." A Pacific Research Program: A Record of Six Years International Cooperation in Research among the Member Countries of the Institute of Pacific Relations. Prepared by the Secretariat of the Institute of Pacific Relations. Honolulu. 1933. Pacific Relations Box. Research Program, 1928-1935, 1946-1947.

_____. "Selection of Publications Embodying Institute Research." A Pacific Research Program: A Record of Six Years International Cooperation in Research among the Member Countries of the Institute of Pacific Relations. Prepared by the Secretariat of the Institute of Pacific Relations. Honolulu. 1933. Pacific Relations Box. Research Program, 1928-1935, 1946-1947.

_____. "The 1931 report of the research committee." A Pacific Research Program: A Record of Six Years International Cooperation in Research among the Member Countries of the Institute of Pacific Relations. Prepared by the Secretariat of the Institute of Pacific Relations. Honolulu. 1933. Pacific Relations Box. Research Program, 1928-1935, 1946-1947.

_____. "The Development of the Program." A Pacific Research Program: A Record of Six Years International Cooperation in Research among the Member Countries of the Institute of Pacific Relations. Prepared by the Secretariat of the Institute of Pacific Relations. Honolulu. 1933. Pacific Relations Box. Research Program, 1928-1935, 1946-1947.

_____. "The Main Fields of Research." An International Research Program in the Pacific(1928-1935). Pacific Relations Box. Research Program, 1928-1935, 1946-1947.

_____. "The Main Fields of Research." An International Research Program in the Pacific(1928-1935). Pacific Relations Box. Research Program, 1928-1935, 1946-1947.

_____. "The Manchuria Dilemma: Force or Pacific Settlement"(Shuhsi Hsu). 1931 Shanghai Conference: Paper and Documents. Pacific Relations Collection, Series VIII: Conference Documents and Papers, Box 459.

_____. "The Need for Research." A Pacific Research Program: A Record of Six Years International Cooperation in Research among the Member Countries of the Institute of Pacific Relations. Prepared by the Secretariat of the Institute of Pacific Relations. Honolulu. 1933. Pacific Relations Box. Research Program, 1928-1935, 1946-1947.

_____. "The value of the work." A Pacific Research Program: A Record of Six Years International Cooperation in Research among the Member Countries of the Institute of Pacific Relations. Prepared by the Secretariat of the Institute of Pacific Relations. Honolulu. 1933. Pacific Relations Box. Research Program, 1928-1935, 1946-1947.

_____. Article 15 Disputes Not Submitted to Arbitration or Judicial Settlement. "Articles 12, 13, 15 of the Covenant of the League of Nations." 1931 Shanghai Conference. Paper and Documents, Pacific Relations Series VIII: Conference Documents and Paper, Box 459.

_____. Constitution of the Institute of Pacific Relations, Article II. Pacific Relations Box 174. Pacific Council, I.P.R-General.

_____. Constitution of the Institute of Pacific Relations, Article III. Pacific Relations Box 174. Pacific Council. I.P.R-General.

_____. Constitution of the Institute of Pacific Relations, Article VII. Pacific Relations Box 174. Pacific Council, I.P.R-General.

_____. Letter from Korean Group. "To the members of the Pacific Council, Nara, Japan." Oct. 19, 1929. Pacific Relations, Box 113. Korean Group. IPR. Information from Helen K. Kim. International House.

_____. Pacific Relations Box 107. China. IPR-Chen. L. T.

_____. Pacific Relations Box 134 Maps.

_____. Pacific Relations Box. Research Program, 1928-1935, 1946-1947. A Pacific Research Program: A Record of Six Years International Cooperation in Research among the Member Countries of the Institute of Pacific Relations. Prepared by the Secretariat of the Institute of Pacific Relations. Honolulu. 1933.

_____. Pacific Relations Collection, Series VIII. Conference Documents and Paper, Box 458. "Institute of Pacific Relations: Opening Statement of the British Group." Kyoto Conference October 28th 1929.

_____. Pacific Relations. Miscellaneous Files Photographs. Signature plate of Swope. Edward. Box.453.

_____. Prepared by Joseph Barnes. American Council. Institute of Pacific Relations. "The Manchurian Conflict." Pacific Relations, Box.134. Manchuria-Fugitive Material.

Cumings, Bruce. 1999. *"Boundary Displacement: The State. the Foundations and International and Area Studies during and after the Cold War."* in Bruce Cumings. Parallax Visions: Making Sense of American-East Asian Relations. Durham: Duke University Press.

*Dairen*, No.116. 1930.3.12. "Dr. Toynbee writes on Dairen and Port Arthur."

David, Szanton(ed.). 2004. *The Politics of Knowledge: Area Studies and the Disciplines*. Berkeley and Los Angeles: University of California Press.

Davidman, Jon Thares. 2001. "'Colossal Illusions': U.S.-Japanese Relations in the Institute of Pacific Relations, 1919-1938." *Journal of World History*, Vol.12, No.1.

Davies, Thomas R. 2012. "Internationalism in a Divided World: The Experience of the International Federation of League of Nations Societies, 1919-1939." *Peace & Change*, Vol.37, Issue 2.

*Declaration on Sino-Japanese Clashes*. 1931. South Manchuria Railway Company. Darien. Oct.

Dennett, Tyler. 1932. "The Lytton Report." *The American Political Science Review*, Vol.26, No.6.

Dülffer, Jost. 1989. "Efforts the reform the international system and peace movements before

1914." *Peace & Change*, Vol.14, Issue. 2.

E. G. 1930. "In the Eyes of the World: Excerpted Press Comment on the Kyoto Conference." *Pacific Affairs*, Vol.3, No.1.

_____. 1933. "Reveiw." *Pacific Affairs*, Vol.6, No.2/3.

Eddy, Sherwood. 1932. *The World's Danger Zone*. New York: Ferris Printing Company.

Eder, L., P. Andrews-Speed and A. Korzhubaev. 2009. "Russia's evolving energy policy for its eastern regions, and implications for oil and gas cooperation between Russia and China." *Journal of World Energy Law and Business*, Vol.2 No.3.

Etherton, Colonel P. T. 1933. *Manchuria: The Cockpit of Asia*. Plymouth: The Mayflower Press. William Brendon & Son, Ltd.

Fairbank, John K. 1979-80. "William L. Holland and the IPR in Historical Perspective." *Pacific Affairs*, Vol.52, No.4.

Field, Frederick V. 1936. "Pacific Affairs Bibliographies: No.IV: The Documentation of the Yosemite Conference." *Pacific Affairs*, Vol.9, No.4.

Frene, Victor. 1931. *The Meaning of the Manchurian Crisis*. Unknown: Shameen Press.

*Gazette*. Dec. 10, 1929. 1929 Conference Aids relations of China and Japan. Canadian Press.

_____. Dec. 4, 1929. "Sees Benefits in Kyoto Convention".

Gillin, Donald G. and Ramon H. Myers(eds.). 1989. *Last Chance in Manchuria: The Diary of Chang Kia-Ngau*. Stanford California: Hoover Institution Press. Stanford University.

Green, Elizabeth. 1930a. "Kyoto Trends." *Pacific Affairs*, Vol.3, No.1.

_____. 1930b. "The Do's and the Don'ts: Problems in Agenda Making." *Pacific Affairs*, Vol.3, No.5.

Greene, Jerome D. 1930. "American Attitudes and Relations in the Paicific." *Pacific Affairs*, Vol.3, No.1.

Haas, P. 1992. "Introduction: Epistemic Communites and International Policy Coordination." *International Organization*, Vol.46, No.1.

Hailsham, Viscount. 1930. "The Position in the Far East and the Kyoto Conference." *Journal of the Royal International Affairs*, Vol.9, No.3.

Hall, Robert B. 1947. *Area Studies: With Special Reference to Their Implications for Research in the Social Sciences*. New York: Social Science Research Council Pamphlet. May.

Hinton, W. J. 1930. "A Brief Account of Diplomatic Events in Manchuria by Harold Parlett." *Journal of the Royal Institute of International Affairs*, Vol.9, No.2.

History of the Harvard-Yenching Institute, www.harvard-yenching.org/history

Holland, W. L. 1932. "Research and the Institute of Pacific Relations: A Brief Survey of the 1931-1933 Program." *Pacific Affairs*, Vol.5, No.2.

Hooper, Paul F. 1980. *Elusive Destiny: The Internationalist Movement in Modern Hawaii*. Honolulu.

_____. 1988. "The Institute of Pacific Relations and the Origins of Asian and Pacific Studies." *Pacific Affairs*, Vol.61, No.1.

_____. 1995. *Remembering the Institute of Pacific Relations: The Memoirs of William L. Holland*. Tokyo: Ryukei Shyosha Publishing Company.

Hornbeck, Stanley Kuhl. 1927. *China Today: Political, World Peace Foundation pamphlets*. World peace foundation.

_____. 1970. *Contemporary Politics in the Far East: American imperialism*. Arno Press.

_____. 1973. *A Register of His Papers in the Hoover Institution Archives*. Hoover Institution. Stanford University.

_____. 1981. "The Diplomacy of Frustration: The Manchurian Crisis of 1931-1933 as Revealed in the Papers of Stanley K. Hornbeck." *Hoover archival Documentaries*, Vol.231. Hoover Press publication. Hoover Institution Press.

Hsiao, Chu. 1969. "Manchuria: A Statistical Survey of Its Resources, Industries, Trade, Railways and Immigration". J. B. Condliffe(eds.). *Problems of the Pacific 1929*. New York: the University of Chicago Press.

Hsu, Shuhsi and R. M. Duncan. 1932. "The Manchurian Dilemma, Chinese Nation, Shanghai,

November 4, 1931." "In the Periodicals." *Pacific Affairs*, Vol.5, No.1.

_____. 1931b. *Questions Relating to Manchuria*. Shanghai: China Council, Institute of Pacific
Relations.

_____. 1932. "Manchuria Backgrounds II." *Pacific Affairs*, Vol.5, No.2.

Hsu, Shuhsi. 1931a. *The Manchurian Question*. Peiping: Yenching University.

Hsu, Tunchang. 1931c. *The League of Nations and the Manchurian Crisis*. Peiping: China Institute of
International Affairs. Oct.

IPR 'Manchuria.' Report of Joint Meeting Round Table, No.2, Nov. 5, 1929(Leader: Rt. Hon,
Viscount Lord Hailsham), B10070179900.

_____ 'Manchuria.' Report of Round Table No.3, Nov. 4, 1929(Leader: Newton W. Rowell).
B10070179900.

_____ 'Manchuria.' Report of Round Table, No.1, Nov. 5, 1929(Leader: James. G. McDonald),
「第三回太平洋問題調査會大會支那問題円卓會議議事錄」其ノ二／(満州問題).
B10070179900.

_____ 'Manchuria.' Report of Round Table, No.1, Nov. 5, 1929(Leader: James. G. McDonald).
B10070179900.

_____ 'Manchuria.' Report of Round Table, No.1, Nov. 6, 1929(Leader: James. G. McDonald).
B10070179900.

_____ 'Manchuria.' Report of Round Table, No.2, Nov. 4, 1929(Leader: Rt. Hon. Viscount Lord
Hailsham). B10070179900.

_____ 'Manchuria.' Report of Round Table, No.2, Nov. 5, 1929(Leader: Viscount Lord
Hailsham). B10070179900.

_____ 'Manchuria.' Report of Round Table, No.3, Nov. 4, 1929(Leader: Newton W. Rowell).
B10070179900

_____ 'Manchuria.' Report of Round Table, No.3, Nov. 5, 1929(Leader: Newton W. Rowell).
B10070179900

\_\_\_\_\_ 'Manchuria.' Report of Round Table, No.4, Nov. 5, 1929(Leader: Roland Boyden). B10070179900.

\_\_\_\_\_ 'Manchuria.' Report of Round Table, No.4, Nov. 6, 1929(Leader: Roland Boyden). B10070179900.

\_\_\_\_\_ 'Manchuria'(Rockefeller) Report of Round Table, No.2. Nov.5, 1929(Leader: Viscount Lord Hailsham). B10070179900.

\_\_\_\_\_ 'Manchuria.' Report of round table, No.1, Nov. 4, 1929(Leader: James. G. McDonald). B10070179900.

\_\_\_\_\_ 'Manchuria.' Report of round table, No.1, Nov. 4, 1929. 「R. Greene」(Leader: James. G. McDonald). B10070179900.

\_\_\_\_\_ 'Manchuria.' Report of round table, No.2. Nov.5, 1929(Leader: Viscount Lord Hailsham). B10070179900.

\_\_\_\_\_ 'Manchuria.' Report of round table, No.4. Nov. 6, 1929(Leader: Roland Boyden). B10070179900.

\_\_\_\_\_ "The Manchurias Question." Round Table, No.1. Nov. 3, 1929(Leader: James. G. McDonald). B10070179900.

Institute of Asia-Pacific Studies. Waseda University. 1999. *The Institute of Pacific Relations: Pioneer International Non-Governmental Organization in the Asia-Pacific Region*. Research Series, No.43.

International Secretariat Institute of Pacific Relations. 1953. *A Catalog of the Publications of the IPR National Councils and the International Secretariat. IPR. Publications on the Pacific. 1925-1952*.

Iriye, Akira. 2002. *Global Community: The Role of International Organizations in the Making of the Comtemporary World*. Los Angeles, London: Berkeley.

Jacobson, J. K. 1995. "Much Ado about Ideas: The Cognitive Factor in Economic Policy." *World Politics*, 47(2)

John, D. 1929. "3rd Here after Japan Meet." *S. F. Examiner*, Nov. 28.

Kadono, Chokyuro. 1936. Development of Railways in Manchoukuo; Kyoroku Yamanari. The
    Monetary Policy of Manchoukuo; Frederick V. Field. "Pacific Affairs Bibliographies:
    No. IV: The Documentation of the Yosemite Conference." *Pacific Affairs*, Vol. 9, No. 4.

Kanai, Kiyoshi. 1936. "The South Manchuria Railway Company's Part in the Economic
    Development of Manchuria." in Frederick V. Field(ed.). "Pacific Affairs Bibliographies:
    No. IV: The Documentation of the Yosemite Conference." *Pacific Affairs*, Vol. 9, No. 4

Katzenstein, Peter J. 2001. "Area and Regional Studies in the United States." *Political Science and
    Politics*, Vol. 34, No. 4.

Ko, Junghyoo. 2007. "The Memories of War and Peace During the Between-War Period."
    *International Journal of Korean History*, Vol. 11

_____. 2014, "The Institute of Pacific Relations and the Korean Problem during the Pacific
    War." *Acta Koreana*, Vol. 17, No. 1.

Kochanek, Joseph Stanley. 2009. "The intellectual origins of the League of Nations." Ph. D.
    Dissertatition of Harvard University

Koo, George. 2017. "On U.S. North Korea Policy: Mighty America must exercise magnanimity
    over North Korea." Chinese American Forum, Vol. 33, Issue. 2

L., J. H. S. 1930. A Brief account of Diplomatic Events in Manchuria. Review of Harold Parlett.
    "A Brief Account of Diplomatic Events in Manchuria." *Journal of the Royal Asiatic Society
    of Great Britain & Ireland*(New Series), 62.

Lasker, Bruno(ed.). 1932. *Problems of the Pacific 1931*. Chicago, Illinois: The University of Chicago
    Press.

Latourette, Kenneth Scott. 1918. *The Development of Japan*. London: Macmillan.

_____. 1930. "Chinse Historical Studies During the Past Nine Years." *The American Historical
    Review*, Vol. 35, No. 4.

_____. 1934. *The Chinese, their History and Culture*. London: Macmillan.

Lattimore, Owen. 1932. *Manchuria: Cradle of Conflict*. New York: The Macmillan Company.

Lee, Eric Yong Joong. 2017. "Will Trump's Military Option against North Korea Work? Legal and Political Restraints." *Journal of East Asia & International Law*, Vol.10, Issue 2.

Levine, Steven I. 1987. *Anvil of Victiory: The Communist Revolution in Manchuria, 1945-1948*. New York: Columbia University Press.

Limberg, Michael. 2014. "In Relation to the Pact": Radical Pacifists and the Kellogg-Briand Pact, 1928-1939." *Peace & Change*, Vol.39, Issue 3.

Loomis, Charles F. 1930. "Light from Three Conference." *Pacific Affairs*, Vol.3, No.1.

Lytton, The Earl of. 1932a. An Address Broadcast from Geneva, Nov. 20th(Harvard Yenching Library 소장).

―――――. 1932b. "Reply to Mr. Quo Tai-Chi"s speech of welcome." *The League of Nations Commission of Enquiry: Speeches in China and Japan*. North-Eastern Foreign Affairs Research Institute

Lytton, The Earl of. 1932c. The Problem of Manchuria. *International Affairs*(Royal Institute of International Affairs 1931-1939), Vol.11, No.6.

MacKenzie, Norman. 1979. "Percival Chubb and the founding of the Fabian Society." *Victorian Studies*, Vol.23, Issue 1(Autumn 79).

Maier, Hans. 1930. *Die Mandschurei in Weltpolitik und Weltwirtschaft*. Deutsche Wissenshanftliche Leipzig: Buchhandlung.

*Manchuria Before November 16*. New York: Chinese Christian Student Press. Nov. 1931.

Manela, Erez. 2003. "The Wilsonian moment: Self determination and the international origins of anticolonial nationalism, 1917-1920(Woodrow Wilson, Egypt, India, China, Korea)." Yale University. 2003.

Marchetti, Michele. 2003. "Internationalizing the Pacific. The United States, Japan and the Institute of Pacific Relations in War and Peace, 1919-45." *Millennium*, Vol.32, NO.2.

Mareš, M. and M. Laryš. 2012. "Oil and natural gas in Russia"s eastern energy strategy: Dream or reality?" Energy Policy, Vol.50.

Matsuoka, Yosuke. 1929a. "An Address on Manchuria Its Past and Present." Third Biennial
Conference Institute of Pacific Relations.

_____. 1929b. "Reply to Prof. Shuhsi-Hsu's Criticisms and Observations." Third Biennial
Conference Institute of Pacific Relations.

*Morning Oregonian*. 1929.11.17. "Reed College President Tells of Visit to Sacred Shrines in Land of
Nippon".

Morse. Hosea Ballou and Harley Farnsworth MacNair. 1931. *Far Eastern International Relations*.
Boston and New York. Houghton: Mifflin Company.

Murai, K. 1931. *What Chinese Fugitive Soldiers and Hunghutze(honghuze) are capable of, Chamber of
Commerce and Industry*. Darien. Dec.

Nagao, Ryuichi.1999. "The Institute of Pacific Relations Reconsidered." *The Institute of Pacific
Relations: Pioneer International Non-Governmental Organization in the Asia-Pacific
Region*(Research Series), No.43. Institute of Asia-Pacific Studies. Waseda University.

Nikolaieff, A. M. 1928. "Rivalry of Russia, China and Japan in Manchuria." *Current History*(New
York), Vol.27, Issue 5.

Notes on events by the Editor. 1932. "Pacific Trends." *Pacific Affairs*, Vol.5. No.3.

Park, No Yong. 1932. "China in the League of Nations." Harvard University. Ph.D. dissertation

Park, Sunyoung. 2016. "Manchuria: An Imagined Space for Emancipation, Conflict, and
Reconciliation." *Routledge Handbook of Memory and Reconciliation in East Asia*. London:
Routledge.

Patterson, David S. 1971. "Wodrow Wilson and the Mediation Movement, 1914–17." *Historian*,
Vol.33, Issue 4.

Pérez, Pedro Reina. 2016. "The League of Nations: Practicing Diplomacy." *ReVista* (Cambridge),
Vol.16, Issue 1.

Personal papers of William L. Holland; Paul F. Hooper. 1988. "The Institute of Pacific Relatoins and the Origins of Asian and Pacific Studies." *Pacific Affairs*, Vol.61, No.1.

Plyaskina, N. I., V. N. Kharitonova and I. Vizhina. 2017. "Policy of regional authorities in establishing petrochemical clusters of Eastern Siberia and the Far East." *Regional Research of Russia*, Vol.7, No.3.

Prevention. 1929. "Not Cure Needed to Stop War." *The Seattle Daily Times*, Dec. 12.

Professors and Administrators of the Educational and Cultural Institutions of Peiping. 1932. *Memorandum: Submitted to The Commission of Inquiry of the League of Nations*(Harvard Yenching Library 소장).

Quan, Lau-King. 1939. *China's relations with the League of Nations*. Hong Kong: Asiatic Litho Printing Press.

Quigley, Harold S. and George H. Blakeslee. 1938. *The Far East: An International Survey*. Boston: World Peace Foundation.

Reischauer, Edwin O. 1986. *My Life Between Japan and America*. New York: Harper & Row. Publishers.

Sagan, Scott D. 2017. "The Korean Missile Crisis: Why Deterrence Is Still the Best Option." *Foreign Affairs*, Vol.96, Issue 6.

Scott, Kenneth. 1946. *Latourette: A Short History of the Far East*. New York: The Macmillan Co.

Smith, Steve. 2004. "Singing Our World into Existence: International Relations Theory and September 11." *International Studies Quarterly*, Vol.48.

Sokolsky. G. E. 1932. *The Tinderbox of Asia*. Doran: Doubleday.

Stauder. J. 1972. "The Relevance of Anthropology Under Imperialism". *Critical Anthropology*, 2.

*The Manchuiran Problem*. Manchuria Young Men's Federation. *Darien*, Dec. 1931

*The University of Washington Daily*. 1929.12.13. "Shotwell Speaks on World Peace".

Thomas, John N. 1974. *The Institute of Pacific Relations: Asian Scholars and American Politics*. Seattle and London

Tillerson, Secretary(Mar. 9). "We've been saying for some time we are open to talks. President

Trump has said for some time that he was open to talks and he would willingly meet with Kim Jong-un when conditions were right and the time was right." Talks With North Korea, https://www.state.gov/(2018년 3월 10일 검색)

Toynbee, A. J. 1930. "The Third Biennial Conference of the Institute of Pacific Relations, Kyoto, October 31st to November 8th, 1929." Journal of the Royal *Institute of International Affairs*, Vol.9, No.2.

Treat, Payson J. 1930. "Review." The American Historical Review, Vol.35, No.3.

TUBCA(The University of British Columbia Archives). Handbook of the Institute of Pacific Relations, Box 81. Hangchow Conference October 21 to November 4, 1931. Prepared by the Secretariat of the Institute of Pacific Relations. Honolulu. 1931.

_____. Manchuria Since 1931. IPR Publication Series. Folder No.10-10(F. C. Jones).

_____. 'Financial Report of the International Research Programme.' March 27, 1931. Institute of Pacific Relations. 1931 Conference Documents. Folder No.51-1. Biennial Report of the Acting General Secretary to the Pacific Council 1929~1931. Honolulu, Hawaii. June 30, 1931. First Draft.

_____. 'Library Report: 1929~1931.' Institute of Pacific Relations. 1931 Conference Documents. Folder No.51-1. Biennial Report of the Acting General Secretary to the Pacific Council 1929~1931. Honolulu, Hawaii. June 30, 1931. First Draft.

_____. "Japan and America today"(Edwin O. Reischauer). Box 7.

_____. "Next Step in Asia"(J. K. Fairbank et al.). Box 11.

_____. "Some Issues in Japanese-American Relations"(Edwin O. Reischauer & J. Morden Murphy). Box 13.

_____. Institute of Pacific Relations: Publication Series. Folder No.10-10. F. C. Jones. Manchuria Since 1931.

_____. Library Report: 1929-1931. Institute of Pacific Relations. 1931 Conference Documents. Folder No.51-1. Biennial Report of the Acting General Secretary to the Pacific Council

1929-1931. Honolulu, Hawaii. June 30, 1931. First Draft.

_____. Report of Acting General Secretary: 1929-1931. Institute of Pacific Relations. 1931 Conference Documents. Folder No.51-1. Biennial Report of the Acting General Secretary to the Pacific Council 1929-1931. Honolulu, Hawaii. June 30, 1931. First Draft.

Vieira. 2016. "Perpetual Peace: Kant's History of the Future." *Epoché: A Journal for the History of Philosophy*, Vol.20, Issue 2.

Walters. F. P. 1952. *A History of the League of Nations*. London: Oxford University Press.

Watkins, James Thomas. 1934. "China's relations with the League of Nations." Stanford.

Wilson, George Grafton. 1932. "Review." *The American Journal of International Law*, Vol.26, No.1.

Wilson, Sandra. 1992. "The Manchurian Crisis and Moderate Japanese Intellectuals: The Japan Council of the Institute of Pacific Relations." *Modern Asian Studies*, Vol.26, No.3.

Woods, Lawrence T. 1993. *Asia-Pacific Diplomacy: Non-governmental Organization and International Relations*. Vancouver.

_____. 1999. "Rockefeller Philanthropy and the Institute of Pacific Relations: A Reappraisal of Long-Term Mutual Dependency." *Voluntas: International Journal of Voluntary & Nonprofit Organizations*, Vol.10, No.2.

_____. 2003. "Letters in Support of the Institute of Pacific Relations: Defending a Nongovernmental Organization." *Pacific Affairs*, Winter 2003/2004, Vol.76, No.4.

Wright, Quincy. 1930a. "The Kyoto Conference of the Institute of Pacific Relations." *The American Political Science Review*, Vol.24, No.2.

_____. 1930b. "Institute of Pacific Relations." *The American Journal of International Law*, Vol.24, No.2.

Yee, A. S. 1996. "The Casual Effects of Ideas on Policies." *International Organization*, Vol.50, No.1.

Young, C. Walter. 1930. "Manchurian Questions at Kyoto: A Post-Conference Estimate." *Pacific*

*Affairs*, Vol.3, No.3.

_____. 1969. "Chinese Colonization in Manchuria." J. B. Condliffe(eds.). *Problems of the Pacific 1929*. New York.

Yutaka, Sasaki. 2005. "The Struggle for Scholarly Objectivity: Unofficial Diplomacy and the Institute of Pacific Relations from the Sino-Japanese War to the McCarthy Era." Ph. D. dissertation. Rutgers Univ. New Brunswick. U.S.A: The State University of New Jersey.

Zinn, Howard. 1994 and 2002. *You Can't be Neutral on a Moving Train: A Personal History of Our Times, Beacon Press*. Boston: *Beacon Press*.

Zumoto, Motosada. 1927.2. "Japan and the Pan-Asiatic Movement." *News Bulletin* (Institute of Pacific Relations).

"1931 data papers." 1932. *Pacific Affairs*, Vol.5, No.1.

"A Report on the second conference of the Institute of Pacific Relations, Held at Honolulu in July 1927." 1928. *Journal of the Royal Institute of International Affairs*, Vol.7, No.1.

"Chinese Colonization and the Development of Manchuria." Data papers. Institute of Pacific Relations. 1929.

"Farrington Sees Hope of Relief in Strained Japan-China Feeling." *Honolulu Star Bulletin*, Nov. 29, 1929.

"Fear I. P. R. Opposes League of Nations Gone, Says Farrington." *Honolulu Star Bulletin*, Nov. 20, 1929.

"Forum Hears Delegates to Peace Meeting." 1929. *Oakland Tribune*, No.28.

"History and Organization." 1925. Institute of Pacific Relations: Honolulu Session, June 30-July 14 1925(History, Organization, Proceedings, Discussions and Addresses). Hawaii: The Institute Honolulu.

"I. P. R. Meeting is Battleground of China, Japan, Says Farrington." 1929. *Honolulu Star Bulletin*, Nov.26.

"I. P. R. Party Returns From Tokyo Meet." 1929. *Honolulu Advertiser*, Nov.21.

"Imperial and Soviet Russia in Manchuria." 1946. *World Today*(London), Vol.2, Issue.9.

"In the Periodicals." 1931. *Pacific Affairs*, Vol.4, No.11.

"In the Periodicals." 1932. *Pacific Affairs*, Vol.5, No.2.

"Japan Facing Birth Control as Necessity." 1929. *S. F. News*. Dec. 6.

"Japan to Say 'Hands Off' if Russia Offers to Appropriate Manchuria." *Morning Oregonian*, Dec. 2,
    1929 - Jan. 2, 1930.

"Japanese Men's Club Hears Mills Head Talk on Women." *Oakland Tribune*, Dec. 6, 1929.

"Judge Carey is Impressed with Regime in China." *Oregon Journal*, Dec. 16, 1929 - Jan. 16, 1930.

"League to Enforce Peace Collected Records, 1915-1921." Swarthmore College Peace Collection,
    https://www.swarthmore.edu/library/peace/CDGA.A-L/leaguetoenforcepeace.
    htm.

"Memorandum on the Report of the Lytton Commission." 1932. Memorandum(Institute
    of Pacific Relations, American Council), Vol.1, No.19.

"New Method of Settling Rows Praised." 1929. *S. F. Chronicle*, Nov.28.

"Pamphlets on Manchuria." 1932. *Pacific Affairs*, Vol.5, No.2.

"Pamphlets." 1933. *Pacific Affairs*, Vol.6, No.2/3.

"Professors and Administrators of the Educational and Cultural Institutions of Peiping."
    *Memorandum: Submitted to The Commission of Inquiry of the League of Nations*. 1932(Harvard
    Yenching Library 소장).

"Review." 1932. *The American Journal of International Law*, Vol.26, No.1.

"Theory and September 11." 2004. *International Studies Quarterly*, Vol.48.

"W. R. Farrington Describes Many Novel Entertainments at Kyoto." 1929. *Honolulu Star Bulletin*,
    Nov.27.

## 2. 중문(중국/타이완)

顧維鈞. 1921. 「巴黎和會國際聯合會議定盟約情形摘要」. ≪外交公報≫, 1期.

孔令智. 2015.3.24. 「将长吉图融入国家"一带一路"战略」. 中国经济网. http://tech.ce.cn/news/201503/24/t20150324_4918601.shtml(2018년 3월 30일 검색).

郭文君. 2016. 「关于将图们江区域合作开发纳入"一带一路"战略的思考」. ≪东疆学刊≫, 33卷 2期.

郭天宝·吕途. 2016. 「符拉迪沃斯托克自由港的开放对中俄经贸关系的影响」. ≪当代经济≫, 1期.

欧阳军喜. 2005. 「抗战前后中国知识分子对日外交立场之演变: 以中国太平洋国际学会为例」. ≪史学月刊≫, 10期.

_____. 2006. 「舒适与太平洋国际学会: 兼论现代中国自由主义的两难处境」. ≪安徽史学≫, 1期.

_____. 2007. "九一八事变前后日本在满洲问题上的反华宣传: 以日本太平洋问题调查会为中心的考察". ≪清华大学学报≫, 5期.

九一八學會. 1932. 『九一八學會對於國聯調查團報告書之意見』. 九一八學會印.

国务院正式批复中国图们江区域合作开发规划纲要, http://www.gov.cn/jrzg/2009-11/16/content_1465540.htm.

國防部總政治作戰部 譯. 1970. 『美國參議院司法委員會「太平洋學會」調查報告』. 國防部總政治作戰部.

國史館典藏檔案. 國民政府檔案(001060200005), 第224號. 太平洋國際學會會議在杭州舉行案. 1931.太平洋國交討論會在杭州開會應爲保護. 太平洋國際學會之起源歷史及該會籌備情形.太平洋過幾回會進行順利顔駿人任大會主席. 國史館典藏檔案. 1932. 國民政府檔案. 第055/0579號. 太平洋國際學會會議情形案.

金哲洙. 2003. 「开展东北边疆问题研究的几个问题」. 『中国东北边疆研究』. 中国社会科学出版社.

陶文钊. 2009. 『中美关系史』. 北京: 中国社会科学出版社

窦爱芝. 1998. 「李顿调查团来华调查真相」. ≪历史教学≫, 12期.

刘金质·杨准生 主编. 1994. 「周恩来总理在中国人民政治协商会议第一届全国委员会第一八次常务

委员会上的报告」. 1950年 10月 24日. 中国对朝鲜和韩国政策文件汇集编』1(1949-1952).
　　　中国社会科学出版社.

刘锋. 2010. "大符拉迪沃斯托克规划与图们江区域合作". ≪延边大学学报≫, 43卷 5期.

刘芬. 2016. "余日章与太平洋国交讨论会." 湖南大学硕士学位论文.

劉馭萬. 1931.「第四屆太平洋國交討論會與中國國際關係」. ≪東方雜誌≫, 28卷 15號.

_____. 1932.『最近太平洋問題(上卷)』. 中國太平洋國際學會出版.

李玫蓉. 1999.『太平洋學會與美國對華政策, 1941-1949』. 國立臺灣師範大學碩士論文.

李雪楠. 2014.「推进新时期图们江区域合作开发的对策建议」. ≪产业与科技论坛≫, 15期.

林霞. 1999.「俄罗斯"新东方政策"与中俄东北亚地区的经济合作」. ≪世界经济与政治论坛≫, 2期.

馬士·密亨利. 1998.『遠東國際關係史』. 上海: 上海書店出版社.

曼德爾(W. Mandel, 美). 1945 .『蘇維埃遠東』. 曉歌 譯. 重慶: 中外出版社.

麥卡倫 撰. 1970.『美國參議院司法委員會太平洋學會調查報告』. 救國團.

穆超. 1998.「東北地理位置的重要」. ≪東北文獻≫, 26-3.

武尙權. 1944.『東北地理與民族生存之關係』(東北叢書 第1種). 重慶: 獨立出版社.

美國代表楊華德在大阪之演詞. 1930.「東三省問題與世界」. 潘雲龍 主編. 1978.『近代中國史
　　　料叢刊續編』第50輯. 臺北: 文海出版社.

美國參議院司法委員會. 1969. 國防部總政治作戰部 譯.『太平洋學會調查報告』.

美國參議院司法委員會 撰. 1970. 天下圖書公司編輯部節 譯.『太平洋學會調查報告』. 臺北: 天下
　　　圖書公司.

美國參議院司法委員會 撰. 1973.『太平洋學會調查報告』. 天下圖書公司編輯部節 譯.
　　　天下圖書公司.

美國參議院司法委員會 編. 1973.『太平洋學會調查報告』. 黎明公司編輯部 譯. 臺北: 黎
　　　明文化事業公司印行.

米纳基尔, П.А. 普罗卡帕洛, О.М. 李传勋 译 П.А. 2017.「俄罗斯远东地区经济的现状与前景」.
　　　≪俄罗斯学刊≫, 第7卷 总第42期.

朴基石. 2017. "中国图们江区域合作开发规划的实施效果研究: 以长吉图先导区为中心". ≪延边大学

学报≫(社会科学版), 2期.

朴宣泠. 1998. 『东北抗日义勇军』. 北京: 中国友谊出版.

复旦大学历史系中国近代史教研组. 1977. 『中国近代对外关系史资料选集』下卷, 第1分册. 上海人
    民出版社.

傅啓學 編著. 1987. 『中國外交史』下冊. 臺北: 臺灣商務印書館.

徐淑希. 1978.「太平洋國交討論會與東三省」. 潘雲龍 主編. ≪近代中國史料叢刊續編≫, 第50輯.
    臺北: 文海出版社.

頌華. 1929.「大可注意的第三次太平洋國交討論會」. ≪東方雜誌≫, 26卷 12號.

_____. 1931.「將近開幕的第四次太平洋國交討論會」. ≪東方雜誌≫, 28卷 4號.

信夫淳平. 1932. 『國際問題與國際聯盟』. 上海: 商務印書館.

申仲銘. 1930. 『太平洋會議與東北問題』. 哈爾濱: 廣盛印書局(日本東洋文庫 소장).

潘雲龍 主編. 1978. 『近代中國史料叢刊續編』第50輯, 臺北: 文海出版社.

杨景明. 1995.「俄罗斯外交中的"新东方政策"」. ≪今日东欧中亚≫, 1期.

杨春香. 2016.「≪中国图们江区域合作开发规划纲要≫的翻译实践反思报告」. ≪吉林华桥外国语学
    院≫, 3期.

於永志. 2010.7.「九一八事变後国民党依赖国际联盟的编局及其破产」. ≪史学月刊≫.

於卓. 1936. 『太平洋問題與中國』. 南京: 藝新印書館.

余鑫. 2013.「俄罗斯参与大图们江区域合作开发研究」. ≪俄罗斯中亚东欧市场≫, 2期.

葉恭綽·俞誠之. 『太平洋會議前後中國外交內幕及其與梁士詒關係』(日本東洋文庫 소장).

葉遐庵. 1970. 『太平洋會議前後中國外交內幕及其與梁士詒關係』(香港中山圖書館 소장).

吳克(Walker, Richard) 撰. 1952. 『拉鐵摩爾與太平洋學會對美國遠東問題專家個慣性
    的調查』. 奐氷 譯. 南京: 中央文物供應社.

王建朗. 1996.「太平洋会议是怎么回事?: 关于'远东慕尼黑的考察之一」. ≪抗日战争研究≫, 3期.

王启华 驿. 金光耀 校. 2002.「李顿赴华调查中国事件期间日记」. ≪民国档案≫, 4期.

王金铻·陈瑞云 主编. 1988. 『中国现代史词典』. 长春: 吉林文史出版社.

王洛林. 2003.「加强东北边疆研究, 促进学科建设」. 『中国东北边疆研究』. 中国社会科学出版社.

王亮. 2010. "'长吉图'规划与'延龙图'战略框架下的县域产业发展研究: 以延边州安图县为例". ≪特区经济≫, 5期.

王美平. 2008. 「太平洋国际学会与东北问题: 中日学会的交锋」. 『近代史研究』.

王绍章. 2000. 「能源之争推动俄国加强与东北亚各国的合作」. ≪东北亚论坛≫, 2期.

王纯. 2008. 「太平洋关系学会成立的历史根源及早期活动」. ≪历史教学≫, 10期.

王宇博. 1995. 「英国·国联与九一八事变」. ≪历史档案≫, 2期.

_____. 1995. 「英国与1931~1933年对远东危机的结束: 兼评「李顿调查报告」」, ≪苏州大学学报(哲学社会科学版)≫, 1期.

王造時. 1932. 『國際聯盟與中日問題』. 上海新月书店.

外交部 編. 1932. 『白皮書第28號國際聯合會特別大會關於中日爭議之報告書』(1932年 2月 24日 通過). 中華民國國民政府外交部譯印.

_____. 1933. 『白皮書第30號國聯行政院及大會關於中日爭議歷次所通過之決議案』. 中華民國國民政府外交部譯印.

于国政. 1998. 「俄罗斯新东方政策与东北亚地区经济合作」. ≪东欧中亚研究≫, 3期.

_____. 2001. 「俄罗斯的亚太战略与政策探析」. ≪人文地理≫, 16卷 2期.

于永志. 2010. 「九一八事变后国民党依赖国际联盟的编局及其破产」. ≪史学月刊≫, 2010-7.

牛兴华·杨延虎. 1989. "关于解放战争决策过程的探讨". ≪延安大学学报≫(社科版), 1989-1.

熊志勇. 1990. 「九一八事变后南京政府的对美外交」. ≪外交评论≫, 1990-3.

魏宏运. 1999. 『民国史纪事本末』7. 辽宁人民出版.

韋貝羅. 1937. 『中日糾紛與國聯』. 上海: 商務印書館

卡直甫·王直. 1992. 「国际联盟与九一八事变」. ≪社会科学辑刊≫, 4期.

张锴. 2008. 「太平洋学会的中国精英与美国的中国学研究」. ≪海外中国学评论≫, 3.

张敬禄. 1990. 「评「李顿调查团报告书」」. ≪齊鲁学刊≫, 6期.

_____. 1990. 「评国际联盟在干涉九一八事变中的作用」. ≪齊鲁学刊≫, 1988-3.

_____. 2005. 『苦恼的国联: 九一八事变李顿调查团来华始末』. 南昌: 江西人民出版社.

_____. 1995. 「毛泽东与东北解放战争」. ≪中国现代史≫, 1995-2.

張力. 1999. 『國際合作在中國: 國際聯盟角色的考察, 1919-1946』. 臺北: 中央研究院近代史研究所.

张伯苓. 1978.「太平洋国交讨论会之经过」. 沈云龙 主编. ≪近代中国史料丛刊续编≫, 第50辑. 臺北: 文海出版社.

张北根. 2001.「英国对国联会议审议李顿报告书的态度」. ≪抗日战争研究≫, 2期.

张成立. 2016.「绥芬河市与俄罗斯符拉迪沃斯托克自由港互动对接的路径探析」. ≪对外经贸≫, 1期.

张静. 2004.「中国知识界与第三届太平洋国交讨论会」. ≪近代史研究≫, 1期.

_____. 2005. "民族危机下的国民外交: 太平洋国际学会第四届会议开幕争论之研究". ≪南京大学学报≫, 3期.

_____. 2006.「国民外交与学术研究: 中国太平洋国际学会的基本活动及其工作重心的转移(1925~1933)」. ≪社会科学研究≫, 4期.

_____. 2007.「太平洋国际学会与1929~1937年中国农村问题研究: 以金陵大学土地利用调查为中心」. ≪民国档案≫, 2期.

蔣廷黻. 1932.「國聯調查團所指的路」. ≪獨立評論≫, 22號.

蔣中正. 1974. 『蘇俄在中國: 中國與俄共共30年經歷紀要』(27版). 臺北: 中央文物供應社.

张风鸣. 2006.「20世纪初期中国东北农产品对外输出及其影响」. ≪学习与探索≫, 6期.

张海峰·张铠. 2004. "陈翰笙先生与太平洋问题研究". ≪太平洋学报≫, 7期.

丁文江. 1932.「自殺」. ≪獨立評論≫, 23號.

丁四保. 2012.「中国图们江区域合作开发面临的问题与推进战略研究」. ≪吉林大学社会科学学报≫, 6期.

丁晓春. 1987. 『东北解放战争大事记』. 北京: 中共党史资料出版社.

趙牖文. 1981.「旅京東北人士致魏德邁特使備忘錄」. ≪東北文獻≫, 12-2.

赵欣然. 2014.「2013年远东和外贝加尔地区外贸成果概览」. ≪西伯利亚研究≫, 4期.

宗成廉. 1997.「九一八事变后南京政府依赖国联外交析评」. ≪民国档案≫, 1997-3.

朱利骅. 金光耀 校. 2002.「李顿赴华调查中国事件致其妻子信件(上)」. ≪民国档案≫, 2002年 2期.

周之鳴 編. 1968. 『太平洋學會怎樣出賣中國』. 臺北: 華龍文化.

_____. 1978a. 『費正淸集團在台灣大陰謀』. 臺北: 國際共黨問題硏究社.

_____. 1978b. 『我們爲什麼反對費正淸: 臺北群衆轟走中共文化特務記』. 臺北: 國際共黨問題硏究社.

中國國民黨中央執行委員會宣傳委員會. 1933a. 『九一八後對日外交之經過』. 中國國民黨中央執行委員會宣傳委員會印.

_____. 1933b. 『報告書發表後國聯處理中日問題之經過』. 中國國民黨中央執行委員會宣傳委員會印.

中國靑年反共救國團總團部 編譯. 『美國參議院司法委員會「太平洋學會」調査報告』.

中华人民共和国东北地区与俄罗斯联邦远东及东西伯利亚地区合作规划纲要(2009~2018年), http://www.hlbrfgw.gov.cn/dzxk/1156.html(2018년 3월 30일 검색).

陳立廷. 1932. 「序言」. 劉馭萬 編. 『最近太平洋問題(上卷)』(中國太平洋國際學會出版).

陈积敏·赵金金. 2007. 「中国公众舆论对「李顿调查团报告书」的反响」. ≪安庆师范学院学报(社会科学版)≫, 26卷 4期.

陈肇祥. 2004. 「面向东方的窗口,俄罗斯迎接太平洋的第一前哨 — 远东第一堡全符拉迪沃斯托克要塞70年史(上)」. ≪国际展望≫, 21期.

陳震異. 1921. 『太平洋會議與中美俄同盟』. 北京: 北京圖書館 소장.

陳孝威. 1964. 『爲什麼失去大陸』. 臺北: 文海出版.

靑年救國團總團部 編. 1970. 『太平洋學會調査報告』. 臺北: 靑年救國團.

佟冬 主编. 1998. 『中国东北史』 6卷. 长春: 吉林文史出版社.

鮑德瀓 編譯. 1932. 『國聯處理中日事件之經過』. 南京: 南京書店

郝雨石. 2015. 「提升长吉图开发开放先导区竞争力的实证研究」. 吉林财经大学 硕士学位论文.

赫鲁晓夫, A·T. 1997. 『俄罗斯社会经济地理(俄文)』. 莫斯科: 教育出版社.

胡適. 1932. 「一個代表世界公論的報告」. ≪獨立評論≫, 21號.

胡漢民. 1978. 「對國聯調査團報告書意見」. 中國國民黨中央委員會編. 『胡漢民先生文集』 第2冊. 臺北: 中央文物供應社.

洪岚. 2004. "李顿调查团与南京国民政府国联外交得失". ≪北京电子科技学院学报≫, 2004-3.

_____. 2006. 「李顿调查团报告书公布前后中国社会各界的反响」. ≪史学月刊≫, 5期.

華爾托斯. 1964. 『國際聯盟史』, 上海: 商務印書館.

黄学磊. 2012. 「美国与国联在处理1931-1933年远东危机中的分歧与合作」. 安徽大学 硕士论文.

侯芸. 2013. 「俄联邦远东社会经济发展纲要及战略分析」. 北京外国语大学 硕士学位论文.


「国家发展改革委关于印发黑龙江和内蒙古东北部地区沿边开发开放规划的通知」, http:// www.ndrc.gov.cn/zcfb/zcfbtz/201309/t20130923_559834.html(2018년 3월 30일 검색).

「国务院正式批复中国图们江区域合作开发规划纲要」, http://www.gov.cn/jrzg/ 2009-11/16/content_1465540.htm(2018년 1월 14일 검색).

「国务院办公厅关于印发2004年振兴东北地区等老工业基地工作要点的通知国办发[2004]39号」, http://govinfo.nlc.cn/lnsfz/xxgk/liaon/201505/t20150527_7271183.shtml (2018년 3월 30일 검색).

「国务院办公厅关于促进东北老工业基地进一步扩大对外开放的实施意见国办发[2005]36号」, http://govinfo.nlc.cn/nxfz/xxgk/gsxz/201112/t20111228_1243419.html(2018년 3월 30일 검색).

「东北工程简介」, http://bjs.cssn.cn/zdxm/zdxm_dbgc/dbgc_gcjj/(2018년 3월 30일 검색).

「李應林先生在本會講演第2屆太平洋國交討論會演說詞」. 1929.12.5. ≪廣州青年≫, 16 卷 35號.

「先總統蔣公論東北之形勢」. 1981. ≪東北文獻≫, 12-1.

「自上海至長崎途中」. 1978. 潘雲龍 主編. 『近代中國史料叢刊續編』, 第50輯. 臺北: 文海出版社.

「第11日圓桌會議」. 1978. 潘雲龍 主編. 『近代中國史料叢刊續編』第50輯. 臺北: 文海出版社.

「第三屆太平洋國交討論會紀要」. 1978. 潘雲龍 主編. ≪近代中國史料叢刊續編≫, 第50輯. 臺北: 文海出版社.

「周恩来接见朝鲜最高人民会议代表谈话记录」. 1962.6.28. 中国外交部档案馆. 109-03158-01.

「中国东北地区面向东北亚区域开放规划纲要(2012-2020)」, http://www.dongning.gov.cn/
index.php/cms/item-view-id-27547.shtml(2018년 3월 30일 검색).

「中外批評」. 1932.11. ≪外交月報≫, 1卷 5期.

「太平洋國交討論會與遠東危機」. 1936.4.1. ≪時事類編≫, 4卷 7期.


≪國聞周報≫, 9卷 41期.

≪党史资料通讯≫, 22期(1982).

≪東三省民報≫. 1929.11.25. "閻玉衡報告 太平洋會議經過: 滿蒙問題利得各國諒解".

≪新民晚報≫. 1929.11.16. "東三省問題不解決太平洋沿岸和平無望".

≪新晨報≫. 1929.11.21. "東三省問題".

_____. 1929.12.17. "太平洋會議中之中東路問題".

≪益世報≫. 1929.11.25. "太平洋討論會經過".

_____. 1929.12.4. "太平洋討論會中國支部黑幕重重"

_____. 1929.12.5. "鮑明鈴講演中日間之重要問題".


## 3. 일문


高木八尺. 1930. 「調査事業」. 新渡戸稲造 編. 『太平洋問題: 1929年京都会議』. 東京: 太
平洋問題調査会.

高石真五郎. 1929.11.11. "「太平洋会議ニ例シテ」ト題スル論文要領". ≪東京日日新聞≫.
B04122242600.

高柳賢三. 1932. 「太平洋に於ける平和機関」. 那須皓 編. 『上海に於ける太平洋会議』. 東
京: 太平洋問題調査会刊行.

_____. 1938. 「第6会太平洋会議の印象」. 日本国際協会太平洋問題調査部 編. 『太平洋

問題』. 日本国際協会.

国際聯盟事務局東京支局 編纂. 1932a. "1932年1月日乃至5月4日上海事件の勃発より停戦協定の成立まで". 『国際聯盟理事会并に総会に於ける日支紛争の議事経過詳録』(二), 東京: 国際聯盟記録刊行会.

_____. 1932b. 『国際聯盟に於ける日支問題議事条』. 東京: 国際聯盟記録刊行会.

国際聯盟協会 編. 1932. 『国際聯盟支那調査委員会報告書に対する帝国政府意見書: 英訳附』, 東京: 国際聯盟協会.

国際聯盟協会. 1933. 『国際聯盟支那調査委員会報告書に対する帝国政府意見書: 英訳附』. 東京: 国際聯盟協会.

機密公第466号. 「支那側ノ太平洋学会ニ対スル工作方針ニ関シ報告ノ件」, 1939年9月1日. 外務省外交史料館. 『太平洋問題調査会関係一件』第九巻. B04122244900.

機密第201号. 「太平洋会議支那代表余日章蕪湖於報告演説関件」, 1929年12月15日. 『太平洋問題調査会関係一件』第四巻. B04122242000

機密第286号. 「吉林太平洋国交討論会吉林研究会ノ研究問題資料」, 1929年8月15日 在局子街副領事田中作 外務大臣男爵幣原喜重郎殿. B02030786200.

機密第286号, 「吉林太平洋国交討論会吉林研究会ノ研究問題資料」, 1929年8月15日 在局子街副領事田中作 外務大臣男爵幣原喜重郎殿. B02030786200.

機密第447号, 「太平洋問題調査会ニ関シ報告ノ件」, 1940年7月20日. 外務省外交史料館. 『太平洋問題調査会関係一件 第九巻』. B04122244900.

那須皓 編. 1932. 『上海に於ける太平洋会議』. 東京: 太平洋問題調査会.

那須皓. 1932. 「国際調査委員会について」. 那須皓 編. 『上海に於ける太平洋会議』. 東京: 太平洋問題調査会刊行.

南直子. 2017. 「IPR(太平洋問題調査会)とアメリカの日本研究」. 『総研大文化科学研究』13.

蠟山政道. 1930a. 「満洲問題」. 新渡戸稲造 編. 『太平洋問題: 1929年京都会議』. 東京: 太平洋問題調査会.

_____. 1930b. 「「太平洋会議ト満洲問題」ト題スル論文要領」. ≪満蒙≫, 1月号 所載.

B04122242600.

内閣 文第1145号. 東大秘四三号. 1931年10月20日 決裁. 10月20日 指令. 田中隆三.「東京帝
　　　　国大学教授高柳賢三外一名第四回太平洋問題調査会大会出席ノ為メ上海へ私
　　　　費旅行ノ件」. A04018331800.

頭本元貞. 1929.「京都会議の効果如何」. ≪外交時報≫, 601号 52巻.

半沢玉城. 1929.「日満関係と太平洋会議」. ≪外交時報≫, 596号 52巻.

白山映子. 2008.「頭本元貞と太平洋問題調査会」.『近代日本研究』25. 慶応義塾福沢研
　　　　究センター.

副島道正. 1929.「再び太平洋会議に就て」. ≪外交時報≫, 599号 52巻.

山岡道男. 1997.『太平洋問題調査会研究』. 龍渓書舎.

_____. 2010.『太平洋問題調査会関係資料: 太平洋会議参加者名簿とデータ・ペーパー
　　　　一覧』研究資料シリーズ No.1, 早稲田大学 アジア太平洋研究センター.

山崎馨一. 1930.「開会式及各国代表のステートメント」. 新渡戸稲造 編.『太平洋問題:
　　　　1929年京都会議』. 東京: 太平洋問題調査会.

杉村陽一 編. 1940.『杉村陽太郎の追憶』. 東京: 비매품.

緒方貞子. 1971.「国際主義団体の役割」. 細谷千博・斎藤真・今井清一・蠟山道雄 共編.『日本
　　　　関係史: 開戦に至る10年(1931~1941年)』. 東京大学出版会年.

徐淑希.「支那社会政治学会ニ於ケル報告演説」. B04122242600.

石川文吾. 1923.「汎太平洋協会商業会議」. ≪経済学商業学国民経済雑誌≫, 34-2. 神戸
　　　　高等商業学校.

篠原初枝. 2010.『国際連盟: 世界平和への夢と挫折』. 東京: 中央公論新社.

小川節. 1929.「太平洋会議に於ける日支論争」. ≪外交時報≫, 600号.

松岡洋右. 1930.「支那の満洲論を駁す」. 新渡戸稲造 編.『太平洋問題: 1929年京都会議』. 東
　　　　京: 太平洋問題調査会.

_____. 1931.「太平洋問題調査会就我国民望」. ≪外交時報≫, 639号, 59巻.

松方三郎. 1930.「太平洋問題調査会の将来」. 新渡戸稲造 編.『太平洋問題: 1929年京都

会議』. 東京: 太平洋問題調査会.

松原一雄. 1929a. 「京都会議は如何なことを議するか」. ≪外交時報≫, 597号.

_____. 1929b. 「太平洋会議に就ての所感」. ≪外交時報≫, 601号, 52巻.

松村正義. 2002. 『新版 国際交流史: 近現代日本の弘報文化外交と民間交流』. 東京: 地人館.

守屋栄夫. 1928. 『太平洋時代来る: 及附録』. 東京: 日本評論社.

新渡戸稲造. 1930a. 「会議の所感」. 新渡戸稲造 編. 『太平洋問題: 1929年京都会議』. 東
　　　京: 太平洋問題調査会.

_____. 1930b. 「京都に於ける本会議: 開会の辞」. 新渡戸稲造 編. 『太平洋問題: 1929年
　　　京都会議』. 東京太平洋問題調査会.

神川彦松. 1931. 「満洲問題の国際政治学的考察」. ≪外交時報≫, 645号.

安富正造. 1929. 「太平洋会議如是我観」. ≪外交時報≫, 601号, 52巻.

余日章. 「客年12月13日蕪湖支那基督教青年会ニ於ケル報告演説」. B04122242600.

塩崎弘明. 1998. 『国際新秩序を求めて: RIIA, CFR, IPRの系譜と両大戦間の連繋関係』.
　　　九州大学出版会.

閻宝衡. 「1929年12月24日奉天大南関青年会館ニ於ケル報告演説」. B04122242600.

外務省情報部. 「著書'太平洋問題'送付ノ件」. 『太平洋問題調査会関係一件 第五巻』.
　　　B04122242600.

原覚天. 1984. 『現代アジア研究成立史論』. 東京: 勁草書房.

油井大三郎. 1989. 『未完の占領改革』. 東京: 東京大学出版会.

日本外務省 編. 『日本外交文書・満洲事変』第2巻 1冊, 奥村印刷株式会社 1978年版.

_____. 1969. 『日本外交年表和主要文書』下巻. 東京: 原書房.

林久治郎(在奉天総領事). 1930.11.7. 「第4次太平洋会議支那側準備討論会開催ノ件」.
　　　『太平洋問題調査会関係一件 第五巻』. B04122242500.

長野朗. 「「太平洋会議ト満蒙問題」ト題スル論文要領」. ≪国際知識≫, 1929年 12月号 所
　　　載. B04122242600.

_____. 1929. "太平洋会議と支那問題". ≪外交時報≫, 598号, 52巻.

赤松祐之. 1932. 『国際聯盟支那調査委員会報告書に対する帝国政府意見書』. 東京: 国際聯盟協会.

情報部第1課主管.「高裁案」. 1938年 12月 5日 起案. 1938年 12月 7日 決裁.『太平洋問題調査会関係一件 第九巻』. B04122244900.

斉藤惣一. 1931.「杭州大会の準備について: 第4回太平洋問題調査会大会」.≪外交時報≫, 636号, 58巻.

_____. 1929. "太平洋問題調査会の成立と第三回大会の意義."≪外交時報≫, 597号, 52巻.

_____. 1930a.「1927年第二回会議以後の活動経過」. 新渡戸稲造 編.『太平洋問題: 1929年京都会議』. 東京: 太平洋問題調査会.

_____. 1930b.「一般的準備」. 新渡戸稲造 編.『太平洋問題: 1929年京都会議』. 東京: 太平洋問題調査会.

_____. 1930c.「中央理事会の決議」. 新渡戸稲造 編.『太平洋問題: 1929年京都会議』. 東京: 太平洋問題調査会.

_____. 1932.「京都会議から上海会議まで」. 那須皓 編.『上海に於ける太平洋会議』. 東京: 太平洋問題調査会刊行.

朝保秘第2103号.「太平洋会議ト朝鮮代表問題ニ関スル件」, 1929年 12月 2日 朝鮮総督府 警務局長. 太平洋問題調査会関係一件 第四巻. B04122242000.

佐藤安之助. 1931.「太平洋会議の経過及所感」.≪外交時報≫, 649号, 60巻.

_____. 1932.「満洲問題」. 那須皓 編.『上海に於ける太平洋会議』. 東京: 太平洋問題調査会刊行.

佐々木豊. 2003.「ロックフェラー財団と太平洋問題調査会—冷戦初期の巨大財団と民間団体の協力/緊張関係」.『アメリカ研究』, 第37号. アメリカ学会誌.

_____. 2005.「現代アメリカ外交とNGO」.≪相愛大学研究論集≫, 第21巻.

_____. 2006.「太平洋問題調査会と第2トラック外交」.≪相愛大学研究論集≫, 第22巻.

中見真理, 1985.「太平洋問題調査会と日本の知識人」.≪世界≫, 728号.

陳衡哲.「1929年12月1日北平大学ニ於ケル新東北学会主催ノ講演会ニ於ケル演説要領」. 外

務省情報部, 「太平洋問題調査会第3回大会出席代表ノ同会議ニ関スル演説並感想」
(1930年9月). B04122242600.

青木節一. 1930. 「太平洋関係と国際聯盟」. 新渡戸稲造 編. 『太平洋問題: 1929年京都会議』.
東京: 太平洋問題調査会.

太平洋問題協議会(ホノルル). 1925年7月1日-7月15日 会議. B07080547300.

_____. B07080547300(2910010003: 外務省外交史料館).

阪谷芳郎, 1930. 「会議の所感」, 新渡戸稲造編, 『太平洋問題: 1929年京都会議』, 東京:
太平洋問題調査会.

片桐庸夫. 1985. 「太平洋問題調査会(IPR) と移民問題(二・完): 第一回ハワイ会議を中心
として」. 『法学研究: 法律・政治・社会』, Vol.58, Issue 7.

_____. 1985. 「太平洋問題調査会(IPR) と移民問題(一): 第一回ハワイ会議を中心として」.
≪法学研究: 法律・政治・社会≫, Vol.58, Issue 6.

_____. 2003. 『太平洋問題調査会の研究: 戦間期日本IPRの活動を中心として』. 慶応
義塾大学出版会.

浦松佐美太郎. 1932. 「会議の経緯」. 那須皓 編.『上海に於ける太平洋会議』. 東京: 洋問
題調査会刊行.

鶴見祐輔. 1932. 「プログラム委員会の配慮」. 那須皓 編.『上海に於ける太平洋会議』. 東
京: 太平洋問題調査会刊行.

_____. 1938. 「ヨセミチ会議の価値」. 日本国際協会太平洋問題調査部.『太平洋問題』.
日本国際協会.

横田喜三郎. 1932. 「太平洋に於ける平和機関」. 那須皓 編.『上海に於ける太平洋会議』.
東京: 太平洋問題調査会刊行.


『国際聯盟脱退ニ関スル措置案: 帝国ハ国際聯盟規約第1条第3項ニ依リ国際聯盟ヲ脱退
ス』. 国立公文書館. A03034177600.

『国際聯盟脱退ノ詔書』. 1933.3.27(官報 号外). 国立公文書館. A14110343100.

『太平洋問題調査会関係一件』第十一巻. B04122245200.

『太平洋問題調査会関係一件』第九巻, 情報部第1課主管. 「高裁案」. 1938年12月5日起
　　　案. 1938年12月7日決裁. B04122244900.

『太平洋問題調査会関係一件』第一巻. 「太平洋問題調査会事務所報」, 1929年3月1日.
　　　B04122240700.

『太平洋問題調査会関係一件』第一巻. B04122240700.

『太平洋問題調査会関係一件』第一巻. 太平洋問題調査会. 「会員名簿」, B04122240900.

『太平洋問題調査会関係一件』第二巻. B04122260300.

『太平洋問題調査会関係一件』第三巻. B04122241300.

『太平洋問題調査会関係一件』第四巻. B04122241900.


「柳賢三外一名第四回太平洋問題調査会大会出席ノ為メ上海へ私費旅行ノ件」.
　　　A04018331800.

「汎太平洋会議雑件附「ホノルル」通商会議／太平洋問題協議会」, 第二巻. B07080548800.

「余日章ノ講演」. 太平洋問題調査会関係一件 第一巻. B04122241000.

「第四回汎太平洋学術会議」. 1929. ≪天界≫, 9-99. 天文同好会.

「第三回汎太平洋学術会議」. 1926. ≪天界≫, 6-69. 天文同好会.

「太平洋問題調査会基本規約 附 規約制定の経過及其の要旨」. 太平洋問題調査会関係
　　　一件 第三巻. B04122241300.

「太平洋会議開催中止」. 1931. ≪外交時報≫, 645号, 60巻.

「太平洋会議の終了」. 1931. ≪外交時報≫, 647号, 60巻.

「太平洋会議開かる」. 1931. ≪外交時報≫, 646号, 60巻.

「太平洋会議開催反対」. 1931. ≪外交時報≫, 639号, 59巻.

「R. Greene 발언」. 1929.11.4. IPR 'Manchuria', Report of round table, No.1(Leader: James. G.
　　　McDonald). B10070179900.

"第九回太平洋問題調査会会議ノ概況". 1945.1.22. 太平洋問題調査会関係一件 第十

巻. B04122245100.

≪中外日報≫. 1931.10.20. "太平洋会議に満洲問題上程か: 日支代表の論戦展開か".

Angus, H. F. 「1930年1月17日晩香坡商業会議所外国貿易部午餐会席上ニ於ケル講演要領」.
            B04122242600.

Atherton, Frank C. 「ホノルルロータリー倶楽部ニ於ケル演説大要」. B04122242600.

Birks, William M. 「1929年11月20日晩香坡商業会議所午餐会席上ニ於ケル講演要領」.
            B04122242600.

Blackeslee, George H. 「1929年12月7日Foreign Policy Association主催ノ講演会ニ於ケ
            ル演説」. B04122242600.

Boyden, R. W. (米国代表ボストン在住弁護士). 「1929年12月3日沙港商業会議所主催ノ
            午餐会ニ於ケル演説」. B04122242600.

Coleman, Norman F. 「1929年12月8日モーニングオレゴニン紙所報」. B04122242600.

Corey, C. H. (米国代表判事). 「1929年12月16日オレゴンーチャナル紙所報」. B04122242600.

Ortor, William W. 「オブザーバー紙ヘノ寄稿文」. B04122242600.

Rowell, Hon and W. Newton. 「新聞記者ニ関スル感想談. B04122242600.

Young, Walter. ≪雑誌Pacific Affairs≫, 1930年3月号所載論文要訳. B04122242600.


## 4. 국문

강기철. 1982. 『토인비와 문명』. 샘터.

강수돌·서유석·이재봉·장희권·조현미·태혜숙·문재원, 2014. 「로컬리티, 글로컬리즘을 재사유
            하다」. ≪로컬리티 인문학≫, 3.

고구려연구회. 2008. 『동북공정과 한국학계의 대응논리』. 여유당.

고정휴. 1991. 「태평양문제연구회 조선지회와 조선사정연구회」. ≪역사와 현실≫, 6.

_____. 2004. 「A. J. 그라즈단제브와 ≪현대한국≫」. ≪한국사연구≫, 126.

_____. 2005. 「식민지시대 미국 지식인의 한국문제 인식: 태평양문제연구회(IPR)를 중심으로」. ≪역사와 현실≫, 58.

_____. 2008. 「미국의 남북한 정부 수립에 대한 인식: 태평양문제연구회(IPR)와 그 기관지를 중심으로」. ≪사총≫, 67.

곽상훈. 1931. 「반대에 잇어서 두말할 것 업다」. ≪비판≫, 6. 비판사.

김강녕. 2015. 「영구평화론 연구: 칸트의 이론을 중심으로」. ≪평화학논총≫, 5-1.

김경일. 2003. 「한국학의 기원과 계보: 한국과 동아시아·미국을 중심으로」. ≪사회와 역사≫, 64.

_____. 2004. 「식민지 시기 국제 민간 기구의 내용과 성격: 태평양문제연구회(IPR)와 태평양회의를 중심으로」. ≪한국민족운동사연구≫, 39.

김경재(개벽사). 1931. 「학술연구 운운은 가면」. ≪비판≫, 6. 비판사.

_____. 1933. 「만주국의 독립과 중국 국제 공관론, 세계정국의 추이와 전망(續)」. ≪삼천리≫, 5-3.

김성현. 2008. 「국제관계에서 상징적 장의 구성과 지식의 순환」. 홍성민 옮김. 『지식과 국제정치: 학문 속에 스며있는 정치 권력』. 한울.

김수봉. 1931. 「태평양회의의 분석과 비판」. ≪비판≫, 6. 비판사.

김영숙. 2006. 「중동철도 매각 문제와 동아시아 외교관계」. ≪일본학보≫, 68.

김영식. 2016. 「유라시아 이니셔티브와 극동 개발에 대하여: 블라디보스톡 자유항프로젝트와 나진항 개발에 대하여」. 『한국노어노문학회 학술대회발표집』(2016.10).

김종택(형평사 총본부). 1931. '도배들의 회합이니 반대'. ≪비판≫, 6호. 비판사.

김지환. 2013. 「중동철도 매각과 중일소 외교관계」. ≪중앙사론≫, 37.

_____. 2014. 「납빈철도 부설과 중국 동북지역 물류유통의 변화」. ≪중국근현대사연구≫, 63.

_____. 2015. 「만주 간선철도망 형성의 역사적 회고」. ≪만주연구≫, 20.

네이더, 로라(Laura Nader). 2001. 「신기루: 냉전이 인류학에 미친 영향」. 노엄 촘스키 외 엮음. 『냉전과 대학: 냉전의 서막과 미국의 지식인들』. 김종삼 옮김. 당대.

메르키오르, J. G(J. G. Merquior). 1998. 『푸코』. 이종인 옮김. 시공사.

박광현. 2009. 「식민지 조선에서 동양사학은 어떻게 형성되었는가?」. 도면회·윤해동 엮음. 『역사학의 세기』. 휴머니스트.

박선영. 2001. 「20세기 동아시아사 변동: 동북에서의 국공내전(1945~1949)」. ≪중국사연구≫, 16.

_____. 2004a. 동북프로젝트와 중국의 소수민족 문제: 다민족 통일국가의 일원화와 다원화 사이」. 『한중역사전쟁의 시작』. 예문당.

_____. 2004b. 「정체성 게임 시대의 중국과의 역사전쟁: 동북프로젝트를 통해 본 '동북'의 의미」. ≪역사학보≫, 182.

_____. 2004c. 「중국의 국가 주권과 통일의 기억 만들기: 동북프로젝트의 거시적 함의」. ≪중국근현대사연구≫, 24.

_____. 2011. 「일본의 군사 비밀 지도와 만주: 만몽지역 공중측량 지도를 중심으로」. ≪중국학보≫, 64.

_____. 2012a. 「관동군사령부 만주병요지도의 의미」. ≪중국사연구≫, 79

_____. 2012b. 「일본의 육지측량부가 그린 만주: 오차노미즈대학 소장 군사 비밀 만주 지도를 중심으로」. ≪동북아역사논총≫, 37.

_____. 2014. 「'건설'중인 중화민족주의와 서부 변경 교통 네트워크: '중화민족'의 역동적 확장」. ≪중국근현대사연구≫, 64.

_____. 2015. 「창과 방패의 딜레마: 태평양문제연구회(IPR)와 그 기관지를 중심으로」. ≪중국사연구≫, 98.

_____. 2016a. 「주권 회복을 위한 중국 민간의 노력: 1929년 IPR회의 치외법권 철폐 논쟁을 중심으로」. ≪중국근현대사연구≫, 71.

_____. 2016b. 「아시아·태평양학의 형성과 발전: IPR과 지역학의 연계성」. ≪중국사연구≫, 104.

_____. 2016c. 「만주모던은 1960년대 한국에서 실현되었는가?」. ≪역사문제연구≫, 36.

_____. 2017. 「중국의 북핵 인식과 중·미 관계」. ≪한국동북아논총≫, 83.

박승찬. 2003. 「아리스토텔레스의 학문 체계에 대한 중세의 비판적 수용: 토마스 아퀴나스의 주해서를 중심으로」. ≪중세철학≫, 9.

박영석 옮김. 1986. 『리턴보고서』. 탐구당.

박재규·정태동·염홍철. 1985. 「아시아·태평양문제 기초연구: 지역협력체 구상을 위한 방법론적 시안」. ≪한국과 국제정치≫, 1-1.

박정민. 2015. 「김정은 시대 북·러 경제협력」. ≪현대북한연구≫, 18-3.

서머벨, D. C.(D.C. Somervell) 엮음. 1992. 『(A.J.토인비의)역사의 연구』. 박광순 옮김. 범우사.

서병민 외. 2014. 「유라시아 이니셔티브 실현을 위한 실크로드 익스프레스 구축방향」. 『한국교통연구원 기본연구보고서』.

서병하(조선농민총동맹). 1931. '반대뿐만 아니라'. ≪비판≫, 6. 비판사.

성원용. 2014. 「유라시아 이니셔티브와 국제운송회랑의 지정학」. ≪월간교통≫, 2014-1.

성한용. 1931. 「죽은 반대도 반대」. ≪비판≫, 6. 비판사.

슐레스키, 로널드(Ronald Suleski). 2008. 『하버드대학의 동아시아 연구: 최근 50년의 발자취』. 김성규 옮김. 현학사.

신동준(Michael D. Shin)·하루투니안(Harry Harootunian)·커밍스(Bruce Cumings). 2001. 「대담 브루스 커밍스와 해리 하루투니안 미국 아시아학의 비판적 검토: 주류 학계의 국익에의 종속, 독선, 인종적 편견의 실상과 그에 맞서 온 두 학자의 학문과 인생」. ≪역사비평≫, 54.

심재훈. 2014. 「구미 동아시아학의 발전과 그 수용을 위한 한국판 DB 구축」. ≪대동문화연구≫, 87.

양준희. 2010. 「미국적 국제정치의 편향성과 학문적 자유의 억압: 국제정치 연구프로그램의 확장과 금기주제에 대한 논의의 필요성」. ≪아태연구≫, 17-2.

오생근. 1990. 「미셸 푸코, 지식과 권력의 해부학자」. 한상진 엮음. 『미셸 푸코론』. 한울.

우봉운(근우회). 1931. '소약민중의 영인으로서 반대'. ≪비판≫, 6. 비판사.

우준모. 2018. 「"신북방정책" 비전의 국제관계이론적 맥락과 러시아 신동방정책과의 접점」. ≪국제지역연구≫, 21-5.

원동욱. 2015a. 「변경의 정치경제학: 중국 동북지역 개발과 환동해권 국제협력 구상」. ≪아태연구』 22-2.

_____. 2015b. 「중국 동북지역 개발과 교통 물류 네트워크의 발전: 초국경 개발협력을 중심

으로」. 만주학회 발표문.

_____. 2015c. 「중국의 '일대일로'와 '유라시아 이시셔티브': 한중협력을 위한 제언」. ≪수은북한

경제≫, 가을호.

월러스틴, 이매뉴얼(Immanuel Wallerstein). 2001. 「의도하지 않은 결과: 냉전시대 지역 연구」. 노

엄 촘스키 외. 『냉전과 대학: 냉전의 서막과 미국의 지식인들』. 김종삼 옮김. 당대.

윤기황. 1998. 「발칸의 분쟁」. ≪독일어문학≫, 7.

윤휘탁. 2003. 「현대중국의 변강·민족인식과 동북공정」. ≪역사비평≫, 겨울호.

_____. 2009. 「'포스트(Post) 동북공정': 중국 동북변강전략의 새로운 패러다임」. ≪역사학보≫,

197.

이교덕. 1992. 「만주사변과 국제연맹: 집단안전보장체제의 한계」. 고려대 박사학위 논문.

이남철(이러타사). 1931. '이러한 이유하에서 반대'. ≪비판≫, 6. 비판사.

이상백. 1948. 「학문과 정치: 이론과 실천의 문제」. ≪학풍≫, 1948.11. 을유문화사.

이성우·우준모. 2016. 「환동해권의 유라시아 이니셔티브: 다자협력을 통한 광역두만강개발계획

(GTI)의 활성화와 확대 가능성 모색」. ≪국제지역연구≫, 19-4.

이용권. 2015. 「러시아, 신동방정책 추진 이유는?」. ≪통일한국≫, 374.

이재영. 2015. 「유라시아 이니셔티브와 협력전략 연구」. ≪슬라브학보≫, 30-2.

이재현. 2014. 「칸트 영구평화 연구: 정치철학적 관점을 중심으로」. ≪사회과학연구≫, 30-4.

이종린(천도교). 1931. '약소민족의 참가는 까닭을 몰라'. ≪비판≫, 6. 비판사.

이창운. 2015. 「유라시아 이니셔티브-일대일로 시너지」. ≪월간교통≫, 212.

이훈상. 2002. 「에드워드 와그너의 조선 시대 연구와 이를 둘러싼 논점들」. ≪역사비평≫, 59.

장덕준. 2014a. 「러시아의 신동방정책과 동북아」. ≪슬라브학보≫, 29-1.

_____. 2014b. 「러시아, 신동방정책 추진: 미·중 경쟁 균형자 될 수도」. ≪통일한국≫, 370권.

_____. 2017. 「'유라시아 이니셔티브'의 재검토 및 새로운 대륙지향 정책을 위한 원형 모색」.

≪슬라브학보≫, 32-1.

장세진. 2012. 「라이샤워, 동아시아, '권력/지식'의 테크놀로지: 전후 미국의 지역연구와 한국학의

배치」. ≪상허학보≫, 36.

정운영(조선노동총동맹). 1931. '노동대중과 갓치 반대'. ≪비판≫, 6. 비판사.

정태일. 2008. 「칸트 영구평화론의 현대적 조명」. ≪사회과학연구≫, 25-2.

정희찬(신간회). 1931. '사기적 회합이니 반대'. ≪비판≫, 6호. 비판사.

주요한. 1932. 「연맹조사단 보고내용 검토」. ≪동광≫, 39.

중화민국국민정부외교부. 2009. 『중일문제의 진상 국제연맹 조사단에 참여한 중국 대표가 제출한 29가지 진술(1932년 4~8월)』. 박선영 옮김. 동북아역사재단.

진, 하워드(Howard Zinn). 2001. 「냉전시대 역사의 정치학: 억압과 저항」. 노엄 촘스키 외 엮음. 『냉전과 대학: 냉전의 서막과 미국의 지식인들』. 김종삼 옮김. 당대.

_____. 2002. 『달리는 기차에 중립은 없다』. 유강은 옮김. 이후.

채오병. 2014. 「냉전과 지역학: 미국의 헤게모니 프로젝트와 그 파열, 1945~1996」. ≪사회와 역사≫, 104.

촘스키, 노엄(Noam Chomsky) 외. 2001. 『냉전과 대학: 냉전의 서막과 미국의 지식인들』. 김종삼 옮김. 당대.

최갑수. 2009. 「글로컬라이제이션의 역사학」. ≪인문연구≫, 57.

토인비, 아놀드 조셉(Arnold J. Toynbee). 1991. 『토인비와의 대화』 1권. 최혁순 옮김. 범우사.

필자. 1933. 「무력한 재판장 국제연맹」. ≪별건곤≫, 61.

하르투니언, 해리(Harry Harootunian). 2006. 『역사의 요동』. 윤영실·허정은 옮김. 휴머니스트.

한석정. 2012. 「만주국: 60년대 한국, 불도저 국가의 흐름」. ≪만주연구≫, 13.

_____. 2016. 『만주 모던: 60년대 한국개발체제의 기원』. 문학과지성사.

한종만. 2015. 「러시아 신동방정책 경제적 배경은?」. ≪통일한국≫, 375.

홍성민 엮음. 2008. 『지식과 국제정치: 학문 속에 스며있는 정치권력』. 한울.

홍효민. 1931. 「골동품과 태평양회의」. ≪비판≫, 6. 비판사.


「권두언: 태평양회의에 대한 우리의 태도」. 비판사. ≪비판≫, 6호, 1931.

"북방3각관계: 4. 푸틴의 블라디보스톡 방문과 동러시아 경제 포럼", http://2korea.hani.co.kr/

384412(2018년 3월 10일 검색).

≪신한민보≫. 1936.8.27. "태평양회의 토의회 정과".
_____. 1936.9.10. "태평양회의 결과".
≪아시아경제≫. 2016.2.19. "日, '대북송금 금지' 독자 대북제제안 확정".
≪연합뉴스≫. 2015.9.16. "집단안보조약기구(CSTO)정상회담".
≪한국증권신문≫. 2016.2.19. "미국, 초강경 대북제재안 공식 '발효'".

# Glocal Manchuria

IPR and League of Nation's Perspective on Manchuria in 20th Century

## IV. Manchuria Incident and IPR in 1931

1. Organization of the 4th IPR and its program
2. Manchuria Incident and benefit of League of Nation
3. Significance of Manchuria controversy

## V. The Lytton Commission and Nations Response

1. League of Nation and Manchuria Incident
2. Investigation and Report by the Lytton Commission
3. Nations response on Lytton Report

## VI. Present and Future of Manchuria

1. Differences between IPR and the League of Nation on Manchuria
2. In between Politics and Academy
3. Present and Outlook of Manchuria

# 찾아보기_용어, 지명 등

지은이

●

## 박선영

현재 세종대학교 국제학부 교수로, 중국 근현대사와 동아시아의 근현대 사회사·정치사 등을 연구하고 있다. 난징 대학교 역사학과에서 박사 학위를 받았으며, 일본 도쿄 대학교 동양문화연구소와 미국 하버드 옌칭 연구소에서 연구했다. 외교부 재외동포재단 이사, 국사편찬위원회 동아시아 교과서 검정위원을 역임했으며, 문화체육부장관 표창(2017), 우수학술논문상(2016), 한국을 이끄는 혁신 리더(인문사회학 부문, 2010), 대한민국 국민감동 대상(교육인 대상, 2010), 우수학술도서(『중일문제의 진상』, 2009) 등을 수상했다.

『중국의 변경연구』(2014), 『중국 랴오둥·산둥 반도 국제전 유적과 동북아 평화』(2014), 『만주란 무엇이었는가』(2013), 『중일문제의 진상』(2009) 등의 저·역서와 「적과의 소통과 불통」(2018), 「국제적 평화 조성을 위한 궤적」(2018), 「아시아·태평양학의 형성과 발전」(2016), 「주권 회복을 위한 중국 민간의 노력」(2016), 「창과 방패의 딜레마」(2014) 등의 논문이 있다.

한울아카데미 2071

# 글로컬 만주

ⓒ 박선영, 2018

**지은이** 박선영 ᅵ **펴낸이** 김종수 ᅵ **펴낸곳** 한울엠플러스(주) ᅵ **편집** 최진희
**초판 1쇄 인쇄** 2018년 4월 16일 ᅵ **초판 1쇄 발행** 2018년 4월 30일

**주소** 10881 경기도 파주시 광인사길 153 한울시소빌딩 3층 ᅵ **전화** 031-955-0655 ᅵ **팩스** 031-955-0656
**홈페이지** www.hanulmplus.kr ᅵ **등록** 제406-2015-000143호

Printed in Korea.
ISBN 978-89-460-7071-4 93910

* 책값은 겉표지에 표시되어 있습니다.